高职高专环境类专业教材编审委员会

顾　　问	刘大银
主任委员	沈永祥
副主任委员	许　宁　王文选　王红云
委　　员	（按姓氏汉语拼音排序）

白京生　陈　宏　冯素琴　傅梅绮　付　伟
顾　玲　郭　正　何际泽　何　洁　扈　畅
胡伟光　蒋　辉　金万祥　冷士良　李党生
李东升　李广超　李　弘　李洪涛　李旭辉
李耀中　李志富　牟晓红　司　颐　宋鸿筠
苏　炜　孙乃有　田子贵　王爱民　王春莲
王红云　王金梅　王文选　王小宝　王小平
王英健　魏振枢　吴国旭　徐忠娟　许　宁
薛叙明　杨保华　杨永红　杨永杰　尤　峥
于淑萍　于宗保　袁秋生　岳钦艳　张柏钦
张洪流　张慧利　张云新　赵连俊　智恒平
周凤霞　朱惠斌　朱延美　庄伟强

高职高专规划教材

环境法规

第二版

陈勇 郭正 主编

化学工业出版社

·北京·

本书对中国现行的环境法律和法规进行了较系统的阐述，介绍了环境保护法的基本原则和基本制度，对环境问题、自然资源保护法律、法规和污染防治法律、法规做了详细的介绍。本书层次分明、明确易懂、资料翔实。

本书为高职高专环境类各专业的教材，也可供非环境类专业师生选用，以及环境保护管理人员、技术人员及相关从业人员参考使用。

图书在版编目（CIP）数据

环境法规/陈勇，郭正主编．—2版．—北京：化学工业出版社，2016.9（2022.1重印）
高职高专规划教材
ISBN 978-7-122-27773-2

Ⅰ.①环… Ⅱ.①陈…②郭… Ⅲ.①环境保护法-中国-高等职业教育-教材 Ⅳ.①D922.68

中国版本图书馆 CIP 数据核字（2016）第 181644 号

责任编辑：王文峡　　　　　　　　　　　　装帧设计：史利平
责任校对：边　涛

出版发行：化学工业出版社（北京市东城区青年湖南街13号　邮政编码100011）
印　　装：三河市延风印装有限公司
787mm×1092mm　1/16　印张15¾　字数379千字　2022年1月北京第2版第7次印刷

购书咨询：010-64518888　　　　　　　　　售后服务：010-64518899
网　　址：http://www.cip.com.cn
凡购买本书，如有缺损质量问题，本社销售中心负责调换。

定　　价：48.00元　　　　　　　　　　　　　　　版权所有　违者必究

党的十八届三中全会通过《中共中央关于全面深化改革若干重大问题的决定》,提出实行最严格的源头保护制度、损害赔偿制度、责任追究制度,完善环境治理和生态修复制度,用制度保护生态环境,这标志着我国环境保护工作进入了一个崭新的发展时期。第十二届全国人民代表大会第四次会议通过的《国民经济和社会发展第十三个五年规划纲要》,把生态环境质量总体改善作为国家"十三五"期间的经济社会发展主要目标之一。而大力加强环境保护法制建设,则是实现这一战略目标的重要保障,是目前我国环境保护工作的当务之急。

《环境法规》(第一版)出版发行以来,我国环境保护立法取得重大发展。2011年通过的《刑法修正案(八)》降低了环境污染入罪门槛,2013年发布的《最高人民法院、最高人民检察院关于办理环境污染刑事案件适用法律若干问题的解释》,明确了环境污染犯罪的定罪量刑标准。2014年修订的《中华人民共和国环境保护法》,增设了按日连续处罚、查封扣押、行政拘留,并配套制定了具体实施办法,加大了对环境违法行为的处罚力度。2015年修订了《中华人民共和国大气污染防治法》,明确了大气污染防治以改善大气环境质量为目标,完善了相关制度,提高了违法成本。这期间,国家还颁布(修订)了《中华人民共和国环境影响评价法》《中华人民共和国海洋环境保护法》《中华人民共和国水污染防治法》《中华人民共和国固体废物污染环境防治法》《中华人民共和国土地管理法》《中华人民共和国水法》《中华人民共和国渔业法》《中华人民共和国草原法》《中华人民共和国野生动物保护法》《中华人民共和国水污染防治法》《中华人民共和国水土保持法》《中华人民共和国城乡规划法》等法律、法规和规章,以及《环境空气质量标准》《污染场地风险评估技术导则》等一系列环境标准。此外,国务院于2013年、2015年、2016年先后发布了被称为应对环保"三大战役"的三大污染防治行动计划——《大气污染防治行动计划》《水污染防治行动计划》《土壤污染防治行动计划》,对今后一个时期我国大气、水、土壤三大环境要素的污染防治工作做出全面战略部署。

本书第二版根据上述环境保护法律、法规、规章、标准及政策措施等的发展,并联系环境管理与执法实践,为适应我国高职高专和环境法制工作的需要而做了较为全面的修订,对内容进行更新,删除过时的内容。修订主要内容如下:新增一章专门介绍环境标准;第三章中基本原则根据修订的《中华人民共和国环境保护法》的规定做了全面更新,基本制度增加了"环境监测制度""总量控制制度与区域限批制度""环境信息公开制度""突发环境事件应急制度",删除了"限期治理制度";第五章重点修改有关大气、水、固体废物污染防治的法律法规,并增加了土壤污染防治法律规定；第八章增加了"环境行政命令""环境行政强制""环境监管失职罪"的内容；第九章将结构调整为"环境民事纠纷的处理""环境行政纠纷的解决"两节，增加"环境行政复议"的内容。每一章后设有练习题，所附案例均为近年来环境法制实践中的典型案例，反映了环境执法、司法理念的最新进展。

本教材层次分明、资料翔实，可作为大中专及职业技术学院环境类专业公共课教科书或作为非环境类专业选修、培训教材，同时对各级环境保护部门及企事业环境管理人员、技术人员及相关从业人员的工作也有参考价值。

本教材由长沙环境保护职业技术学院陈勇、郭正担任主编，由陈勇负责统稿。教材共十章，其中第一章、第三章、第五章、第八章由长沙环境保护职业技术学院陈勇编写，第二章、第四章、第九章由长沙环境保护职业技术学院郭正编写，第六章由广东环境保护工程职业学院杨薇编写，第七章、第十章由长沙环境保护职业技术学院张莎编写。教材在编写过程中得到了相关环境保护部门和有关专家的大力协助，参考了国内外的有关著作，书后附有主要参考的书目，在此，谨一并表示谢意。

由于编者水平有限，加之时间仓促，不当之处在所难免，恳请读者不吝赐教。

编者
2016 年 7 月

第一版前言

自 1979 年《中华人民共和国环境保护法（试行）》颁布以来，中国的环境法制建设取得了很大的进展，初步建立了符合中国国情的环境保护法律体系，环境执法不断加强。"依法治国，建设社会主义法治国家"是党和国家对环境保护工作纳入制度化、法制化轨道提出的更高要求，也是依法强化环境保护工作，实施可持续发展的实际需要。

本书对中国现行的环境法律和法规进行了比较系统的阐述，介绍了环境保护法的基本原则和基本管理制度，对环境问题、自然环境保护法律、法规和污染防治法律、法规做了详细的介绍。对 2003 年正式实施颁布的《环境影响评价法》《清洁生产促进法》《放射性污染防治法》《防沙治沙法》也做了详细介绍。根据高职教育教学改革的要求和环境保护工作的实际需要，教材中还安排了大量习题和思考题，供教学实践用，以提高学生的综合素质。

本书层次分明、明确易懂、资料翔实，主要适用于高职高专环境类文科、理科各专业，或作为非环境类专业选修用，也可供环境保护管理人员、技术人员及相关从业人员参考使用。

本书共分九章，由郭正担任主编，并负责统稿。第一章、第二章、第三章由卢莎编写，第四章、第五章、第九章由郭正编写，第六章、第七章由凌云编写，第八章由胡汉民编写。

在本书的编写过程中，编者参阅并引用了大量的国内外有关文献、书籍和资料，在此向所引用的参考文献的作者致以谢意。

虽然编审者做了较大努力，但书中不足之处在所难免，我们诚挚地期望使用本书的读者提出批评和建议，以便我们不断修订、完善。

编者
2004 年 5 月

目录

第一章　环境与环境保护　　1

第一节　环境与环境问题　　1
一、环境　　1
二、环境问题　　3

第二节　环境保护　　8
一、环境保护的概念　　8
二、环境保护的主要内容　　9
三、我国环境保护的历程　　10
四、环境保护的意义　　12

第二章　环境法概论　　14

第一节　环境法的概念和特征　　14
一、环境法的概念　　14
二、环境法的特征　　15

第二节　环境法的目的、任务和作用　　16
一、环境法的目的　　17
二、环境法的任务　　19
三、环境法的作用　　20

第三节　环境法律关系　　21
一、环境法律关系的概念和特征　　21
二、环境法律关系的构成要素　　22

第四节　环境法的体系　　24
一、我国环境法的发展概况　　24
二、我国的环境法体系　　27

第五节　环境保护监督管理体制　　32
一、环境保护监督管理体制的定义　　32
二、我国环境保护监督管理机构的职责　　32

第三章　环境法的基本原则和基本制度　38

第一节　环境法的基本原则 …………………………………………… 38
　一、环境法的基本原则的概念 …………………………………… 38
　二、经济社会发展与环境保护相协调原则 ……………………… 38
　三、保护优先、预防为主、综合治理原则 ……………………… 40
　四、公众参与原则 ………………………………………………… 41
　五、损害担责原则 ………………………………………………… 43
第二节　环境法的基本制度 …………………………………………… 44
　一、环境影响评价制度 …………………………………………… 45
　二、"三同时"制度 ……………………………………………… 50
　三、环境监测制度 ………………………………………………… 52
　四、排污申报制度与排污许可管理制度 ………………………… 58
　五、排污收费制度 ………………………………………………… 61
　六、总量控制制度与区域限批制度 ……………………………… 64
　七、现场检查制度 ………………………………………………… 67
　八、环境信息公开制度 …………………………………………… 69
　九、突发环境事件应急制度 ……………………………………… 73

第四章　环境标准　78

第一节　环境标准概述 ………………………………………………… 78
　一、环境标准的概念 ……………………………………………… 78
　二、环境标准的作用 ……………………………………………… 78
　三、环境标准体系 ………………………………………………… 79
第二节　环境标准的制定和实施 ……………………………………… 81
　一、环境标准的制定 ……………………………………………… 81
　二、环境标准的实施与监督 ……………………………………… 83
第三节　主要环境标准简介 …………………………………………… 84
　一、环境质量标准 ………………………………………………… 84
　二、污染物排放标准 ……………………………………………… 88

第五章　环境污染防治法　94

第一节　防治大气污染的法律规定 …………………………………… 94
　一、大气污染概述 ………………………………………………… 94
　二、大气污染防治的立法概况 …………………………………… 96
　三、大气污染防治的主要法律规定 ……………………………… 98
第二节　防治水污染的法律规定 ……………………………………… 108
　一、水污染概述 …………………………………………………… 108

二、水污染防治立法概况……………………………………………… 109
　　三、水污染防治的主要法律规定……………………………………… 110
　第三节　防治土壤污染的法律规定…………………………………………… 114
　　一、土壤污染概述……………………………………………………… 114
　　二、土壤污染防治立法概况…………………………………………… 116
　　三、土壤污染防治的法律规定………………………………………… 118
　第四节　防治固体废物污染的法律规定……………………………………… 121
　　一、固体废物的概述…………………………………………………… 121
　　二、固体废物污染防治的立法概况…………………………………… 122
　　三、固体废物污染防治的法律规定…………………………………… 122
　第五节　防治环境噪声污染的法律规定……………………………………… 127
　　一、环境噪声污染及危害……………………………………………… 127
　　二、环境噪声污染防治立法概况……………………………………… 128
　　三、环境噪声污染防治的法律规定…………………………………… 129
　第六节　防治海洋污染的法律规定…………………………………………… 131
　　一、海洋环境污染概述………………………………………………… 131
　　二、防治海洋污染的法律规定………………………………………… 132

第六章　防治环境污染的其他法律规定　　138

　第一节　清洁生产的法律规定………………………………………………… 138
　　一、清洁生产概述……………………………………………………… 138
　　二、清洁生产的立法概况……………………………………………… 138
　　三、清洁生产的法律规定……………………………………………… 139
　第二节　防治放射性污染的法律规定………………………………………… 141
　　一、放射性污染概述…………………………………………………… 141
　　二、放射性污染防治立法概述………………………………………… 141
　　三、放射性污染防治的法律规定……………………………………… 142
　第三节　防治电磁辐射污染的法律规定……………………………………… 145
　　一、电磁辐射概念及其污染危害……………………………………… 145
　　二、电磁辐射污染防治法律规定……………………………………… 146
　第四节　防治危险化学品污染的法律规定…………………………………… 147
　　一、危险化学品概念及其污染危害…………………………………… 147
　　二、危险化学品污染防治立法概况…………………………………… 147
　　三、危险化学品污染防治的主要法律规定…………………………… 148

第七章　自然资源保护法　　154

　第一节　保护土地和水资源的法律规定……………………………………… 154
　　一、保护土地资源的法律规定………………………………………… 154
　　二、保护水资源的法律规定…………………………………………… 157

第二节 水土保持与防沙治沙的法律规定 ……………………… 159
　　一、水土保持的法律规定………………………………………… 159
　　二、防沙治沙的法律规定………………………………………… 161
第三节 保护森林、草原的法律规定 …………………………… 164
　　一、保护森林的法律规定………………………………………… 164
　　二、保护草原的法律规定………………………………………… 167
第四节 保护野生动植物的法律规定 …………………………… 169
　　一、保护野生动物的法律规定…………………………………… 169
　　二、保护野生植物的法律规定…………………………………… 171
第五节 特殊环境保护法 ………………………………………… 172
　　一、特殊环境保护法概述………………………………………… 172
　　二、保护自然保护区的法律规定………………………………… 173
　　三、保护风景名胜区的法律规定………………………………… 174

第八章 环境法律责任　176

第一节 环境法律责任概述 ……………………………………… 176
　　一、法律责任……………………………………………………… 176
　　二、环境法律责任………………………………………………… 177
第二节 环境行政责任 …………………………………………… 178
　　一、环境行政责任概述…………………………………………… 178
　　二、环境行政处罚………………………………………………… 179
　　三、环境行政命令………………………………………………… 188
　　四、环境行政强制………………………………………………… 191
　　五、环境行政处分………………………………………………… 194
第三节 环境民事责任 …………………………………………… 196
　　一、环境民事责任的概念………………………………………… 196
　　二、无过错责任原则……………………………………………… 197
　　三、环境民事责任的形式………………………………………… 198
第四节 环境刑事责任 …………………………………………… 200
　　一、环境刑事责任的概念………………………………………… 200
　　二、破坏环境资源保护罪………………………………………… 202
　　三、环境监管失职罪……………………………………………… 206

第九章 环境纠纷的处理　209

第一节 环境民事纠纷的处理 …………………………………… 209
　　一、环境民事纠纷处理概述……………………………………… 209
　　二、环境行政调解处理…………………………………………… 211
　　三、环境民事诉讼………………………………………………… 215
第二节 环境行政纠纷的解决 …………………………………… 217

一、环境行政复议 ………………………………………………… 218
　　二、环境行政诉讼 ………………………………………………… 220

第十章　国际环境法　225

第一节　国际环境法概述 ………………………………………… 225
　　一、国际环境问题 ………………………………………………… 225
　　二、国际环境法的概念 …………………………………………… 226
　　三、国际环境法的产生与发展 …………………………………… 227
　　四、国际环境保护组织 …………………………………………… 227
第二节　国际环境法的基本原则 ………………………………… 229
　　一、国家环境主权及不损害国外环境责任原则 ………………… 229
　　二、国际环境合作原则 …………………………………………… 229
　　三、共同但有区别责任的原则 …………………………………… 229
　　四、损害预防原则 ………………………………………………… 230
　　五、风险预防原则 ………………………………………………… 230
第三节　国际环境公约 …………………………………………… 230
　　一、主要国际环境公约 …………………………………………… 230
　　二、我国参加和缔结的国际环境公约 …………………………… 233
　　三、我国履行国际环境公约情况 ………………………………… 234

参考文献　237

第一章 环境与环境保护

学习目标

环境法学既是法学的一个独立学科，也是环境科学的分支学科，但总体上属于法学学科。本章的学习目标主要是对环境科学的基本问题有所了解，为学习环境法规打下基础。

第一节 环境与环境问题

一、环境

1. 环境的概念

环境是相对于某一中心事物而言的，一般是指围绕某一中心事物的周围事物。中心事物不同，环境的内容也有所不同。

环境科学所指的环境是以人类为中心事物的空间及可以直接或者间接影响人类生存和发展的各种天然的和经过人工改造的自然因素的总体。又可将环境科学所指的环境称为人类环境。生态学所指的环境则是以整个生物界（包括动物、植物、微生物）为中心事物的并影响其生存和发展的外部空间及无生命物质，如大气、阳光、水等。从环境科学与生态学各自的环境定义中可以看出，生态学所称的环境范围要比人类环境广泛，包括了人类环境。

环境立法应该遵循环境科学的原则和规律，法律所指环境的概念也应该以环境科学上环境的定义为依据，但是二者有所不同，法律所指环境的概念，是指法律条文或有权法律解释所明确规定或阐释的环境概念，它反映的是立法机关的认可，其范围要小于环境科学所称的环境。

2015年1月1日起实施的《中华人民共和国环境保护法》第二条规定："本法所称环境，是指影响人类生存和发展的各种天然的和经过人工改造的自然因素的总体，包括大气、水、海洋、土地、矿藏、森林、草原、湿地、野生生物、自然遗迹、人文遗迹、自然保护区、风景保护区、风景名胜区、城市和乡村等。"这里所称的环境其特点如下：

1）法律上环境的概念，不仅有定义，而且有列举，明确又具体。

根据人类对环境内涵的知识，把组成环境的各个成分叫做环境因素，由于环境因素很多，将重要的环境因素叫做环境要素。环境要素，又称为环境基质，是指构成环境整体的各个独立的、性质不同而又服从整体演化规律的基本单元。它是人们认识环境、评价环境、保护和改善环境的基本依据。《中华人民共和国环境保护法》规定了环境的定义后，又具体列举了与人们社会生活密切相关的"大气、水、海洋、土地、矿藏、森林、草原、湿地、野生生物、自然遗迹、人文遗迹、自然保护区、风景名胜区、城市和乡村等"15类环境要素，作为环境保护法的保护对象，这样使环境的概念由定义和列举两部分组成，明确又具体。当然也应看到随着中国社会生产力的不断发展和科学技术的不断进步，《中华人民共和国环境保护法》保护的范围也将日益扩大。

2）作为法律上环境概念中的环境要素，除了与人们的生产、生活密切相关外，还必须是法律能够保护到的。

环境科学上环境的定义，不受人类支配能力的限制，具有无限性，而从法律的角度探讨环境，要受到法律调整范围的限制，环境法是通过调整人们在开发、利用、保护、改善环境和资源的过程中而形成的各种环境社会关系来达到保护环境目的的，由于整个自然界和宇宙空间的无限性，各种自然环境要素不可能都成为法律保护的对象。对于那些目前人类的行为和活动（包括利用经济和科学技术手段）尚不能影响、调节或者支配的自然环境因素（如太阳），即使它对人类的生存和发展至关重要，也不能成为法律保护的对象，从而列入法律上环境概念的范围内。

随着人类社会科学技术的不断进步和发展，人类活动对自然界影响的范围也会越来越大，法律保护的对象也会随之广泛。但是，在当今的历史阶段，作为法律保护对象的范围，只能是那些人类的行为和活动所能够影响、调节或者支配的环境要素。凡是人类不能对其产生影响的自然物，即使它与人类生存息息相关，也不属于法律保护的范围，否则法律的保护便没有了实际意义。

3）环境立法上环境的概念应当把自然资源包括在内。

《中国自然保护纲要》对自然资源做出如下解释：在一定的技术经济条件下，自然界中对人类有用的一切物质和能量都称为自然资源。即与人类生产或者其他活动有关并能为人类所利用的那部分环境因素。由此看来，自然资源的概念是从能否可以直接被人类利用的角度来理解可以为人类利用的自然资源的，是相对于非自然属性的"资源"而言的。而环境则一般是指客观存在的物质世界中同人类及人类社会发生相互影响的各种自然因素的总和。与环境的概念相比，两者虽有所差异，但是两者却是密不可分的。譬如，根据《中国自然保护纲要》的分类，主要的自然资源包括土地、森林、草原和荒漠、物种、陆地水资源、河流、湖泊和水库、沼泽和滩涂、海洋矿产资源、大气以及区域性的自然环境与资源。所有这些大多在《中华人民共和国环境保护法》对"环境"的概念中予以了列举。可见环境立法上环境的概念，应当把自然资源包括在内，自然资源是组成环境的因素。

2. 环境的分类

环境的分类方法很多，从不同的角度，有不同的分类，常见的有以下几种。

（1）依据环境要素形成的原因不同分类

依据环境要素形成的原因不同，可将环境分为自然环境和人工环境。亦可称为天然环境和经过人工改造的环境。这种分类方法是环境科学中最常用的分类方法，也是《中华人民共和国环境保护法》采用的分类法。

自然环境是指环绕于人类周围并对人类的生存和发展产生直接或间接影响的各种天然形成的物质和能量的总体。如大气、水、土壤、野生动植物等。人工环境是指人类在自然环境的基础上经过劳动创造出来的、体现了人类文明的物质和能量的总和。如城市、乡村、名胜古迹等。

（2）依据环境对人类生存的意义不同分类

依据环境对人类生存的意义不同，可将环境分为生活环境和生态环境。这是现行《中华人民共和国宪法》采用的分类法。

生活环境是指与人类生活密切相关的各种天然的和经过人工改造的自然因素。如房屋周围的空气、河流、水塘、花草、树木、城镇、乡村等。生态环境是指影响生态系统发展的各种生态因素，即环境条件。包括气候条件（如光、热、降水等）、土壤条件（如土壤的pH值、水分、营养元素等）、地理条件（如地势的高低、地形等）、生物条件（如地面、土壤中的动植物及微生物等）、人工条件（如采伐、开垦、栽培等）等的综合体。《中华人民共和国环境保护法》所称环境，既包括生活环境，也包括生态环境，体现了"大环境"的概念。

（3）依据环境要素的不同分类

依据组成人类环境的各种自然要素的不同，可将环境分为大气环境、水环境、土壤环境、生物环境等。中国的环境保护单行法立法中常采用这种分类方法。这种按环境要素进行的分类，对解决具体的环境问题，以及针对各种环境要素的不同特点分别采取有效的保护措施都具有十分重要的实际意义。

大气环境范围是指随地心引力而旋转的大气层。水环境是指地球表面的各种水体，包括海洋、河流、湖泊、沼泽以及地表以下的地下水等。土壤环境是指地球表面能够为绿色植物提供肥力的表层。生物环境是指地球表面除人类以外的其他生物。

（4）依据环境的功能不同分类

依据环境的功能不同，可将环境分为农业环境、工业环境、交通环境、生产环境、生活环境、旅游环境等。这是环境经济学最常用的分类法。

（5）依据环境范围的大小不同分类

依据环境范围的大小不同可将环境分为居室环境、车间环境、城市环境、农村环境、区域环境、地球环境、宇宙环境。这是环境科学研究环境的发展变化规律所采用的重要分类方法，也是环境法研究人类活动对环境的影响和研究环境法律行为的重要分类方法。

值得注意的是，以上各种分类都是相对的，它们之间均存在着相互交叉之处，不应加以绝对化。例如自然环境与人工环境、生活环境与生态环境就是如此。生态环境包括天然的自然因素（如森林生态环境）和经过人工改造的自然因素（乡村生态环境）。由此可以看出，它们之间有着密切的联系，只是为了研究和学习的方便才加以划分。

二、环境问题

1. 环境问题的概念

人类出现后，在为了生存而与自然界的斗争中，运用自己的智慧和劳动，不断地改造自然,创造和改善自己的生存条件,人类文明发展到今天,足以让人们感到自豪的东西很多。但是在产生这些进展过程的同时,又将经过改造和使用的自然物和各种废弃物还给自然界,使它们进入自然界参与了物质循环和能量流动过程。其中有些成分引起环境质量下降,带来了使地球和人类难以长期忍受的种种危机。譬如全球范围内不断出现的经济危机、生存危机和环境危机。其中严重危害人类的是由环境问题引发的环境危机。

环境问题指由于自然原因或者人类活动而引起的或者可能引起的环境质量下降或者生态失调,以致对人类的生存和发展产生有害影响的现象。它是当今人类社会面临的最重要的问题之一。

2. 环境问题的分类

(1) 依据环境问题发生的原因不同,可以把环境问题分为原生环境问题和次生环境问题

1) 原生环境问题 是指由于自然原因使环境条件发生不利于人类的变化,给人类带来灾害的现象。如火山爆发、地震、洪水泛滥、泥石流、干旱、雷电等,就像洪水泛滥造成水土流失、火山爆发引起大气污染。这些自然界的运动会在一定的时间内,在一定的地区和范围引起环境问题,给人类带来有害影响和危害,人们通常将其称为自然灾害。这类环境问题早于人类社会出现于自然界中,它的发生,在大多数情况下尚属人类难以预见和预防,其危害后果也难以为人类所估量。这类环境问题又称为第一类环境问题。

2) 次生环境问题 是指由于人类的生产和生活活动的原因使环境条件发生不利于人类的变化,给人类带来灾害的现象。在人类与环境之间,人类在利用物质和能量的同时,也向环境中排放着物质和能量,次生环境问题主要就是由于人类不适当地开发利用环境,与环境的物质能量的交流没有形成良性循环而引起的。如人们砍伐森林可以造成水土流失和荒漠化,排放污水可以造成水体污染等。随着人类人口的增多,对资源需求量的增大,生产与生活活动中废弃物排放量的增加,这类环境问题将逐步加剧。当代的环境问题主要指的是次生环境问题,也可称为第二类环境问题。

(2) 依据环境问题造成的危害后果不同,可以分为环境破坏与环境污染两大类。

这种分类主要是对第二环境问题所进行的再分类。

1) 环境破坏 指由于人类不合理的开发利用活动,过量地向环境索取物质和能量,使某些环境要素的数量减少,质量降低,自然环境的恢复和增殖能力及生态平衡遭到破坏的现象。环境破坏的主要原因是人类超出环境生态的限度开发和使用资源。如滥伐森林、过度放牧、过量抽取地下水、掠夺性捕捞、破坏性采矿、不适当的工程建设等造成水土流失、沙尘暴肆虐、土地沙化、地面沉降、水源枯竭、物种灭绝、气候条件恶化等严重后果。环境破坏造成的后果往往需要相当长的时间才能恢复,有的甚至不可恢复。

2) 环境污染 指由于人类活动产生的大量污染物排入环境,超过其自净能力,引起环境质量下降而有害于人类及其他生物正常生存和发展的现象。环境污染的主要原因是人类对资源的不合理利用,使有用的资源变成废物进入环境而造成危害。如向环境中排放废气、污水、废渣、粉尘、医疗废物、恶臭气体、放射性物质、光辐射、电磁辐射等造成环境质量恶化,影响人群健康、安全,影响其他生物生存、发展的严重后果。环境破坏造成的后果往往需要相当长的时间才能恢复,有的甚至不可恢复。

在环境保护和环境法中所涉及的环境问题,主要指的是人为原因引起的次生环境问题,

即狭义的环境问题。但是现实中人为活动引起的次生环境问题与自然原因引起的原生环境问题并不都是孤立存在的，它们之间有时相互作用，交叉发生，不能把它们截然分开。人类不适当的活动，可能会诱发或者加剧自然灾害的发生，如滥伐森林可以引发和加剧洪涝灾害；地震可以因修建大型水库而诱发；滥垦草原、过载放牧可以导致草原沙化、沙尘暴频繁出现。1998年，中国发生长江全流域特大洪水，表面看来似乎是由于降雨量过大、洪水百年不遇等自然界变化造成的自然灾害引起的，但是深入考察后就可以清楚地发现，多年来的森林破坏、围湖造田、人水争地等才是真正的原因。所以，环境法所要防止和解决的主要是第二类环境问题，也就是主要防止和解决占主导地位的次生环境问题，适当考虑和研究诱发次生环境问题的原生环境问题，但是目前对于第一类环境问题，由于科学水平有限，人们还不能加以控制或者避免。

（3）依据国家的发展程度不同，可以把环境问题分为发达国家的环境问题和发展中国家的环境问题

1972年在瑞典斯德哥尔摩召开的人类环境会议上通过的《联合国人类环境宣言》中，提出了当今社会两类性质不同的环境问题：一是发达国家的环境问题；二是发展中国家的环境问题。

1）发达国家的环境问题 发达国家的环境问题，"一般是同工业化和技术发展有关"，即主要是由于经济的畸形发展和生活方式上的享乐主义造成的。如果人们能够正确认识并改变其发展和生活方式，走持续发展的道路，降低对环境和自然资源的污染、破坏和浪费，这些国家的经济能力和科学技术条件完全可以维护一个良好的人类环境，还可以支持经济落后国家的发展和建设。

2）发展中国家的环境问题 发展中国家的环境问题"大多是由于发展不足造成的"。除了由于发展不足造成的贫穷之外，发达国家对发展中国家的自然资源的掠夺和污染转嫁，也是造成发展中国家环境状况恶化的重要原因。要想解决发展中国家的环境问题，"发展中国家必须致力于发展工作，牢记他们优先任务和保护及改善环境的必要"。一方面要扩大生产，满足不断增长的人口需要，另一方面必须要更加有效地利用有限的自然资源，使用清洁生产工艺和技术，抵制发达国家的污染转嫁，采用多种适合于自己国情的方法和措施，努力保护和改善环境。

这两类当今人类社会不同性质环境问题的提出，是人们对当前世界环境问题的正确表述，也是对环境问题所做出的科学的划分。这种表述十分清楚的提醒人们：发展程度不同的国家，他们环境问题产生的原因、表现形式及其性质不同；不同性质的环境问题，其解决的方式和途径也不同。不能生搬硬套别的国家环境保护模式，应该根据各自国家发展过程中的环境特点去解决环境问题，找出适合自己国家环境保护与经济社会相协调的可持续发展的道路。

3. 环境问题的产生和发展

严格地讲，从人类诞生之日起就有人与环境的矛盾和联系，存在着环境问题，但是环境问题在人类社会发展的不同历史发展阶段有不同的表现形式，其后果和危害程度也有所不同，环境问题与社会发展是同步的。

（1）原始捕猎和农牧业阶段的环境问题

原始捕猎阶段，社会生产力、科学技术和经济水平低下，人类改造环境的能力很差，人类活动对环境的冲击很难超越环境的承载能力、自净能力，这是一个人类在盲目的利用环境

和资源时期，人类社会早期的环境问题是由于人类聚居，人口增长，使局部地区的野生生物资源减少的问题。在农牧业阶段，社会生产力得到发展，人类利用和改造自然的能力随之提高，这时的环境问题，是在大量砍伐森林，破坏草原植被的基础上寻求农牧业生产的发展和城市的建立，它使区域性环境遭到破坏。如滥伐森林引起木材短缺，滥垦土地引起水土流失等。

(2) 近代工业阶段的环境问题

在工业革命以前，虽然已出现了城市化和手工业作坊（或工厂），但工业并不发达，由此引起的环境污染问题并不突出。当人类社会进入 18 世纪中叶至 19 世纪中叶，生产发展史上出现了一次伟大革命——工业革命。这一时期，以传统的家庭作坊为特征的小规模手工业迅速发展成为社会化大生产。一些工业发达的城市和工矿区的工业企业，排出大量废弃物污染环境，使污染事件不断发生，随之而来便出现了大量的环境问题。然而，当时人们将环境问题视为工业生产的必然产物，是生产附属问题。从而导致在长达近两个世纪的时间里，人类对环境问题的出现采取了熟视无睹、任其发展的态度。到了 20 世纪中叶，人类的环境污染问题更加突出，发展成了全球性公害。20 世纪 50~60 年代相继发生了震惊世界的"八大环境公害"事件，20 世纪 70 年代，又相继出现了全球十大环境公害事件。

(3) 当代全球性环境问题阶段

当今世界，人们关注的环境问题主要是酸雨、臭氧层破坏、温室效应及全球气候变异、突发性环境污染事故、大规模的生态破坏等。在现代环境问题及其危害已超越国界，令世界各国无法回避，解决这些环境问题需要各国的共同行动。联合国环境计划负责人克劳斯·特普费尔在公布《2000 年全球环境展望》时指出：我们不能再保持漠不关心的态度了，也不能在假设环境可以自己照顾自己，摆在我们面前的是一项艰巨的任务，这就是确保地球和人类社会能够拥有一个可以持续发展的未来。

4. 当前我国面临的环境问题

我国十分重视环境保护工作，在保护和改善环境方面做了许多工作，但是由于诸多原因，我国的环境问题日益严重，环境形势相当严峻。环境资源分布不平衡给工农业生产和城市建设带来许多不利影响，中国资源总量是大国，但人均占有量是小国，资源利用率是弱国。全国污染排放总量还很大，污染程度仍处在相当高的水平，一些地区的环境质量仍在继续恶化。生态恶化加剧的趋势尚未得到有效遏制，部分地区生态破坏的程度还在加剧。

目前中国的环境问题突出表现在两个方面。

(1) 环境破坏

我国生态环境破坏的范围在扩大、程度在加剧、危害在加重。主要表现在如下几方面。

1) 过度开采水资源　我国淡水资源占有量 2.8 万亿立方米，居世界第六位，但人均占有量却只约世界人均水平的 1/4，排在世界第 121 位，是世界公认的 13 个贫水国之一，全国总缺水量达 300 亿~400 亿立方米。除了水资源不足外，中国水资源还存在着十分严重的分布不均匀性，南方长江流域、珠江流域、浙闽台诸河各片和西南诸河 4 个流域片的耕地面积只占全国耕地面积的 36.59%，但水资源占有量却达全国总量的 82.9%，人均水资源量约为全国平均值的 1.6 倍；而北方的辽海黄淮诸河 4 个流域片耕地很多，人口密度也不低，但水资源占有量仅为全国总量的 17.7%，人均水资源占有量约为全国平均值的 19%。需要指出的是，人们在用水过程中的浪费是造成水资源短缺的一个重要原因，我国农业灌溉水利用率仅为52%，工业用水方面，有些地方布局产业结构根本不考虑水资源状况，在生活饮用水频频告急的情况下高耗水的企业投入生产。用水量过快增长超过环境容量，供需矛盾不断加剧，缺水的结果就是严重挤占生态用水，掠夺式的开采地下水。海河、辽河、淮河水资源开发程度高达70%以上，而国际公认的水资源开发程度警示线是40%，我国用水量已逼近可用储量的极限。

2) 耕地压力大　我国土地面积居世界第三位，但是人均土地面积仅为0.77公顷，相当于世界人均土地的1/3。根据《2014年中国国土资源公报》，截至2013年底，我国耕地面积约为135616.34万公顷，人均耕地面积约为0.10公顷，不足世界耕地面积的一半。现有的耕地质量普遍较差，高产稳产田和低产田只占耕地总面积的2/3，而且存在耕层变浅、保水肥能力下降、地力退化迅速、耕地理化性状恶化等问题，再加上由于污水灌溉、大面积施用农药等原因，耕地受污染严重，加剧了耕地不足。土地生态环境整体功能的下降，导致水土流失、沙尘暴、盐渍化的进一步加剧。我国是一个人口大国，靠占世界7%的耕地养活着世界22%的人口，单位面积耕地的人口压力巨大，我国的可持续发展很大程度上依赖于耕地的保护。耕地资源面临的形势十分严峻。

3) 森林和草地环境功能下降　我国森林生态系统质量不高，森林构成主要以人工林和中幼龄林为主，而最为重要的天然林及生态效益较为明显的成熟林仍在减少，特别是人工林林种、林相单一，抵御病虫害的能力弱，导致生物多样性、涵养水源、防风固沙等生态功能下降。2014年公布的第八次全国森林资源清查（2009—2013年）结果显示，我国森林覆盖率为21.63%，人均森林面积仅为世界人均水平的1/4，各类建设违法违规占用林地面积年均超过200万亩（15亩＝1公顷）。

4) 生物多样性形式严峻　我国是世界上生物多样性最丰富的国家之一，高等植物3万余种，居世界各国第三位，脊椎动物6000余种，占世界总数的13.7%。但我国也是世界上生物多样性破坏比较严重的国家，按已有资料统计，新疆虎、蒙古野马、高鼻羚羊、犀牛、麋鹿、白臂叶猴在我国已经灭绝；各种观赏鸟类，如画眉、相思鸟、太阳鸟等在个别地区被大量捕捉；高等植物中濒危物种达4000～5000种，约占全国高等植物总数的15%～20%，并导致与之相关联的40000多种生物的生存受到威胁。在联合国《国际濒危物种贸易公约》列出的640种世界濒危物种中，我国就有156种，约占总数的1/4。此外，我国还遭受外来物种入侵的严重威胁。目前已确认的外来入侵物种达到540余种，其中大面积发生、危害严重的达100多种。外来物种入侵不仅每年造成1000多亿元经济损失，同时对生物多样性造成影响，特别是侵占了本地物种的生存空间，造成本地物种死亡和濒危。

(2) 环境污染

目前，我国环境污染严重，环境质量恶化趋势尚未得到有效遏制，多年来粗放发展带来的环境问题集中爆发。主要表现在以下几个方面。

1) 水环境污染形势不容乐观　2015年，我国化学需氧量排放总量为2223.5万吨，氨氮排放总量为229.9万吨。长江、黄河、珠江、松花江、淮河、海河、辽河等七大流域和浙闽片河流、西北诸河、西南诸河的国控断面中，Ⅳ类占14.3.0%，Ⅴ类占4.7%，劣Ⅴ类占

8.9%。27.8%的湖泊处于富营养状态,部分城市河段污染较重。全国202个地市级行政区的5118个监测井(点)开展了地下水水质监测工作,较差和极差的监测点比例分别为42.5.5%、18.8%。近岸海域水质一般,局部污染严重。

2) 大气环境质量呈恶化趋势　2015年,我国二氧化硫排放总量为1859.1万吨,氮氧化物排放总量为1851.8万吨。全国383个地级城市开展《环境空气质量标准》(GB 3095—2012)监测,265个城市环境空气质量超标,占78.4%。2015年11月至12月,京津冀及周边地区发生多次中度、重度雾霾,北京市于12月8日7时至12月10日12时、12月19日7时至12月22日24时启动空气重污染红色预警措施。全国有480个城市(区、县)开展了降水监测,酸雨城市比例为40.4%,酸雨频率平均为14%。酸雨污染主要分布在长江以南-青藏高原以东地区,主要包括浙江、江西、福建、湖南、重庆的大部分地区,以及长三角、珠三角地区。

3) 土壤环境污染严重　全国土壤环境状况总体不容乐观,部分地区土壤污染较重,耕地土壤环境质量堪忧,工矿业废弃地土壤环境问题突出。全国土壤总的点位超标率为16.1%,其中轻微、轻度、中度和重度污染点位比例分别为11.2%、2.3%、1.5%和1.1%。从土地利用类型看,耕地、林地、草地土壤点位超标率分别为19.4%、10.0%、10.4%。从污染类型看,以无机型为主,有机型次之,复合型污染比重较小,无机污染物超标点位数占全部超标点位的82.8%。从污染物超标情况看,镉、汞、砷、铜、铅、铬、锌、镍8种无机污染物点位超标率分别为7.0%、1.6%、2.7%、2.1%、1.5%、1.1%、0.9%、4.8%;六六六、滴滴涕、多环芳烃3类有机污染物点位超标率分别为0.5%、1.9%、1.4%。从污染分布情况看,南方土壤污染重于北方;长江三角洲、珠江三角洲、东北老工业基地等部分区域土壤污染问题较为突出,而这些地区正是我国主要的粮食产区。

4) 固体废物污染形式严峻　2014年,全国工业固体废物产生量为325 620.0万吨,综合利用量(含利用往年贮存量)为204 330.2万吨,倾倒丢弃量为129.3万吨,综合利用率为62.13%。全国工业危险废物产生量3633.5万吨,综合利用量2061.8万吨,贮存量690.6万吨,处置量929.0万吨。危险废物非法转移和倾倒频发,成为突发环境事件的重要诱因。非法利用处置危险废物活动猖獗,产生单位自行简易利用处置危险废物现象普遍。历史遗留危险废物长期大量堆存,严重影响土壤和水环境质量。据估算,仅铬渣造成的土地污染面积就高达500万平方米,污染土方量约1500万立方。医疗废物非法流失现象时有发生。实验室废物和废荧光灯管等非工业源危险废物产生源分散,回收处理体系不健全,污染问题逐步凸显。农村生活垃圾污染日趋严重,超过6成的农村生活垃圾没有得到任何处理,少数省份垃圾得到处理的乡村甚至不到10%。农村垃圾已经严重污染到农村的土壤和水体,甚至影响农作物的生长。

第二节　环境保护

一、环境保护的概念

对于日益严重的环境问题,人们产生了多种不同的态度:有的是悲观失望,认为人口增加,粮食需求量加大,科学技术的迅猛发展会带来环境污染和资源枯竭的可怕前景,主张放弃经济发展，实现"零排放""零增长"；有的是盲目乐观，认为人类发展到今天已经几百万年了，环境问题不足以影响人类社会前进的步伐，没有必要为人类的生存和发展而担忧；有的是积极面对，认为人类是环境的产物，环境为人类提供了生存和发展的物质基础。但是人类具有主观能动性，不仅可以利用环境，还可以改造环境以适应自己的需要，人类可以通过正确认识客观规律，摆正人类在自然界中的地位，利用现代科学技术，妥善解决环境问题，找出一条环境与经济协调发展的道路。

经济建设的确会资源消耗，有废弃物的排放，但是忽视人类主观能动性，以停滞发展求得环境问题解决的消极悲观态度是不可取的。环境问题在一定时期内的确不会阻挡人类社会的进步，但是忽视人类面临的严重环境问题而任其发展的盲目乐观态度同样也是不可取的。经济和科学技术的发展是整个社会发展的物质基础，也包括环境保护在内，如果经济的发展停滞，环境保护失去了物质保障，最终也无法进行下去。环境问题与科学技术发展水平、社会经济发展水平、人类认识水平等多种因素有关，老的环境污染解决了，新的环境问题又会产生，不可能有一劳永逸的解决办法，需要人类在不断提高自己对自然规律认识水平的情况下，既看到环境问题的严重性，又从经济和社会发展的角度谋求环境问题的解决，随着经济和社会的发展不断采取适当的预防和治理措施，采取适当的方针和政策管理环境，保护环境，以求得环境、经济、社会三者的协调发展。

环境保护，是指为保护和改善生活环境与生态环境，合理开发利用自然资源，防止环境污染和生态环境破坏，推进生态文明建设，促进经济社会可持续发展而采取的行政、经济、科学技术、宣传教育、法律等各种行动和措施的总称。

二、环境保护的主要内容

人类在不同的时期对环境保护内容的认识有所不同。在工业革命以前，人类不能完全摆脱自然环境的控制，在处理人与自然环境的关系上，基本采取的是敬畏的态度。工业革命之后，社会生产力和科学技术、经济水平不断提高，人类在改造环境、战胜自然方面取得了巨大的成就，从而陷入了人类是自然主宰的误区，虽然曾针对性地对人类造成的巨大环境污染和破坏采取了一些措施，但是人们对环境保护的认识比较狭隘，认为环境保护是局部地区的问题，环境保护只是治理污染方面的单纯的技术问题，而没有将各种污染及污染治理与自然环境保护联系起来，把环境污染与整个生态危机联系起来，也没有把环境问题与社会因素联系起来，对环境问题的复杂性和危害性认识不足。二战后各国经济和发展，使环境问题更为严峻，直到1972年联合国人类环境会议发表《联合国人类环境宣言》，才有了环境保护的明确和科学的概念，环境保护工作才得到世界各国的普遍重视。时至今日，环境保护已是一个内容十分广泛的概念，而且这种广泛的内容正向综合性、系统性转变。环境保护不再只关注污染问题，而是致力于实现可持续发展核心思想；既要满足于当代人的需要，又不对后代人满足其需要的能力构成危害的基础上，综合考虑人口、文化、经济发展、资源与环境承载能力，调整生产力与科学技术发展方向，控制人口数量，按照自然生态整体演化规律来建立人与环境间的物质转换和能量传递关系，使其不断趋向协调。

环境保护的主要内容包括以下几个方面。

1. 预防和治理由生产和生活活动引起的环境污染

主要包括防治工业生产排放的"三废"、粉尘、医疗废物、放射性物质，以及产生的噪声、振动、光辐射和电磁辐射等造成的污染；防治运输活动产生的有害气体和噪声形成的污染；防治工农业生产和人们日常生活使用的有毒有害化学品和城镇生活排放的烟尘、污水、垃圾造成的污染。

2. 防止由建设和开发活动引起的环境破坏

主要包括：防止大中型水利工程、铁路、公路干线，大中型港口码头，机场和大中型工业项目等工程建设对环境引起的污染和破坏；防止农田、海岸带、沼泽地的开发，森林资源和矿产资源开发对环境的破坏与影响；防止新工业区和新城镇的建设对环境的破坏和影响等。

3. 保护有特殊价值的自然环境

主要包括珍稀濒危物种及其生境的保护，特殊的自然发展史遗迹的保护，人文遗迹的保护，湿地的保护，风景名胜区的保护，生物多样性的保护等。

此外，防止臭氧层破坏及气候变暖，国土整治，城乡规划，植树造林，控制水土流失和荒漠化等，也都属于环境保护的内容。

总之，从环境保护的概念出发，可以把环境保护的内容概括为合理开发利用环境资源，保护和改善生活环境和生态环境，防治环境污染和环境破坏，治理和建设环境等。环境保护的内容丰富、形式多样、手段繁多，并且正处于不断的发展变化之中。

三、我国环境保护的历程

我国环境保护工作起步较晚，人们对环境保护意义的认识，经历了一个不断深化的过程。

1. 萌芽阶段（新中国成立1949年至20世纪60年代末）

建国初期，由于中国人口相对较少，生产规模不大，所产生的环境问题大都是局部性的环境污染和生态破坏。20世纪50年代末至60年代初，环境污染和生态破坏明显加剧，资源浪费，新建项目布局不合理，城市污染，毁林毁草，围湖造田等环境问题相当突出，经济建设与环境保护之间的矛盾开始显现出来。但是中国这时还没有形成完整的环境保护的概念，环境保护工作主要是作为企业的经济技术规范。

2. 起步阶段（20世纪70年代）

1972年6月，联合国在瑞典首都斯德哥尔摩召开了第一次人类环境会议，中国政府派代表团参加会议，标志着中国把环境保护工作正式列入了议程。通过这次会议，中国高层的决策者开始认识到中国也同样存在着严重的环境问题，需认真对待。1973年8月，国务院召开了标志着中国环境保护事业开始兴起的第一次全国环境保护会议，通过了"全面规划、合理布局、综合利用、化害为利、依靠群众、大家动手、保护环境、造福人民"的环境保护工作32字方针和中国第一个环境保护文件《关于保护和改善环境的若干规定》。至此，中国环境保护事业开始起步。1974年10月国家成立了专门的环境保护机构，之后，全国和地方性环境保护领导小组、环境管理机构和环境保护科研、监测机构相继成立。1978年2月五届人大常委会第一次会议通过的《中华人民共和国宪法》规定："国家保护环境和自然资源，防治污染和其他公害。"这是新中国历史上第一次在宪法中对环境保护做出明确规定，为中国环境法制建设和环境保护事业开展奠定了坚实的基础。同年12月党的十一届三中全会召开，在全党确立了解放思想、实事求是的思想路线，为正确认识中国的环境形势奠定了思想基础。中国环境保护事业迎来了新的曙光。1979年9月五届人大常委会第十一次会议原则通过了《中华人民共和国环境保护法（试行）》，并予以颁布。作为中国环境保护综合性的基本法，为制定环境保护方面的其他法律法规提供了依据，标志着中国环境保护工作开始走上法制的轨道。

3. 发展阶段（20世纪80年代）

1983年12月，国务院召开第二次全国环境保护工作会议，确定了环境保护是中国的一项基本国策，摒弃了先污染后治理的发展模式，制定了中国环境保护事业的战略方针：经济建设、城乡建设、环境建设同步规划、同步实施、同步发展，实现经济效益、环境效益、社会效益的统一。这次会议标志着中国环境保护工作进入发展阶段。1989年4月，第三次全国环境保护会议召开，会议提出并重新确定了深化环境管理的八项环境保护基本制度，即环境保护目标责任制、城市环境综合整治定量考核制、排放污染物许可证制、污染集中控制和限期治理五项新制度和措施，及环境影响评价、"三同时"、排污收费三项老制度，使中国环境管理走上科学化、制度化的轨道。1989年12月第七届人大常委会第十一次会议通过并颁布了《中华人民共和国环境保护法》，把在实践中行之有效的制度和措施依法律的形式规定下来，形成了由环境保护专门法律、国家法规和地方法规相结合的环境法律体系，标志着中国环境保护法制建设跨入了一个崭新的阶段。

4. 深化阶段（20世纪90年代至今）

1992年联合国环境与发展大会之后，党中央、国务院发布《中国关于环境与发展问题的十大对策》，把实施可持续发展确立为国家战略。1994年3月，我国政府率先制定实施《中国21世纪议程》。1996年，国务院召开第四次全国环境保护会议，发布《关于环境保护若干问题的决定》，大力推进"一控双达标"（控制主要污染物排放总量、工业污染源达标和重点城市的环境质量按功能区达标）工作，全面开展"三河"（淮河、海河、辽河）、"三湖"（太湖、滇池、巢湖）水污染防治，"两控区"（酸雨污染控制区和二氧化硫污染控制区）大气污染防治、一市（北京市）、一海（渤海）（简称"33211"工程）的污染防治。启动了退耕还林、退耕还草、保护天然林等一系列生态保护重大工程。

进入21世纪后，党中央、国务院提出树立和落实科学发展观、构建社会主义和谐社会、建设资源节约型环境友好型社会、让江河湖泊休养生息、推进环境保护历史性转变、环境保护是重大民生问题、探索环境保护新路等新思想新举措。2002年、2006年和2011年国务院先后召开第五次全国环境保护会议、第六次全国环保大会、第七次全国环保大会，作出一系列新的重大决策部署。把主要污染物减排作为经济社会发展的约束性指标，完善环境法制和经济政策，强化重点流域区域污染防治，提高环境执法监管能力，积极开展国际环境交流与合作。

党的十八大将生态文明建设纳入中国特色社会主义事业总体布局，把生态文明建设放在突出地位，要求融入经济建设、政治建设、文化建设、社会建设各方面和全过程，努力建设美丽中国，实现中华民族永续发展，走向社会主义生态文明新时代。这是具有里程碑意义的科学论断和战略抉择，标志着党对中国特色社会主义规律认识的进一步深化，昭示着要从建设生态文明的战略高度来认识和解决我国环境问题。党的十八届三中全会通过《中共中央关于全面深化改革若干重大问题的决定》，进一步提出"建设生态文明，必须建立系统完整的生态文明制度体系，实行最严格的源头保护制度、损害赔偿制度、责任追究制度，完善环境治理和生态修复制度，用制度保护生态环境"。

建设生态文明，是党创造性地回答经济发展与环境关系问题所取得的重大成果。生态文明顺应了经济与环境协调发展的需要，只有尊重自然、顺应自然、保护自然，才能有效地维护经济发展与资源环境和生态系统的平衡，使经济建设在良性循环下源源不断地获得资源环境的有效供给，实现可持续发展。

四、环境保护的意义

将环境保护作为我国的一项基本国策，是国家在第二次全国环境保护会议上提出的，2014年修订后的《中华人民共和国环境保护法》再次确认了这一基本国策。环境保护关系到国家建设、民族复兴、人民健康和生命安全的大事，具有全局性、战略性的意义。

第一，我国的环境保护压力大。我国人口众多，人均资源贫乏，经济发展速度快，科技水平低，要以仅占全世界7%的陆地和远低于世界人均水平的自然资源，使占全世界人口22%的中国人民生活得跟世界工业发达国家的人民一样的富裕，困难是巨大的。尤其是我国加入WTO后，对环境保护提出了新的要求，经济结构调整、消费方式转变等方面还需要相当长的时间，我国的环境保护仍将面临巨大的压力和严峻的挑战。因此，在经济社会发展中必须加强环境保护工作，充分、合理地利用有限的自然资源，对可持续产生的自然资源予以最大限度地开发利用，对可再生的资源坚持保养和利用相结合，促进其更新增殖、永续利用，对不可再生的资源厉行节约、综合利用，尽量使用替代物，努力做到投资少、消耗资源少、经济效益高，才能实现经济建设和环境保护的"双赢"。

第二，我国环境污染严重，恶化的趋势尚未制止。环境恶化的趋势已经被抑制了，而不是制止了，部分地区有所改善，部分地区还在严重地恶化。环境问题仍然是制约经济建设和社会发展、影响人民健康和一些地区社会稳定的一个突出问题。既要实现国民经济持续、快速、健康发展，解决历史上遗留下来的环境污染问题，又要控制发展过程中出现的新的环境问题，所以必须保持清醒的头脑，对我国环境形势有足够的认识，克服消极或者盲目乐观倾向，采取有力措施，务实的加强和搞好环境保护工作，积极防治环境污染和生态破坏，遏制环境恶化，改善环境质量，为经济建设和生产发展扫清障碍，才能保障中国经济稳步增长。

第三，避免重蹈"先污染，后治理"的老路。我国历史遗留的生态环境已十分脆弱，加上人口、产业结构、经济体制等因素，环境保护和污染治理已达到刻不容缓的地步，已根本不存在先污染后治理的余地。所以为避免重蹈西方国家"先污染，后治理"的老路，必须正确处理经济发展与环境保护的关系，严格按自然生态规律办事，才能保障走经济、社会和环境相协调的可持续发展的道路。环境保护对中国至关重要。《中国21世纪议程》指出："本世纪以来，随着科技进步和社会生产力的极大提高，人类创造了前所未有的物质财富，加速推进了文明发展的进程。与此同时，人口剧增、资源过度消耗、环境污染、生态破坏和南北差距扩大等日益突出，成为全球性的重大问题，严重地阻碍着经济的发展和人民生活质量的提高，继而威胁着全人类的未来生存和发展。在这种严峻形势下，人类不得不重新审视自己的社会经济行为和走过的历程，认识到通过高消耗追求经济数量增长和'先污染后治理'的传统发展模式已不再适应当今和未来发展的要求，而必须努力寻求一条人口、经济、社会、环境和资源相互协调的，既能满足当代人的需求而又不对满足后代人需求的能力构成危害的可持续发展的道路。"这种新的环境观已在我国形成共识，指导中国的环境保护工作的发展。

第四，是落实科学发展观、走可持续发展道路的需要。科学发展观推动我国经济社会发展必须长期坚持的重要指导思想。科学发展观的本质和核心是以人文本。如果经济增长了，但是人们饮用的水变脏了，呼吸的空气被污染了，吃的食物不安全了，这就背离了经济发展的初衷。因此，必须坚持保护优先的方针，在保护中发展，在发展中保护。中国是社会主义国家,一切为了人民的利益是国家活动最基本的出发点。目前中国的环境问题已涉及国际政治、经济、贸易和文化等多个领域。环境质量是衡量国家富强、社会文明、人民幸福的一个重要标志,创建一个良好适宜的生活环境和生态环境是社会主义国家现代化建设的重要目标。环境保护直接关系到人民群众的正常生活、身心健康和切身利益。第五次全国环境保护会议强调保护和改善环境就是发展生产力。经济建设绝不能以破坏人类生存环境为代价,绝不能做"吃祖宗饭、断子孙生路"的事情。只有重视和搞好环境保护,从维护中华民族的全局利益和长远利益出发,严格把好环境保护关,才能有利于中华民族及其子孙后代的兴旺发达。所以既要为当代人的利益着想,也要为子孙后代的利益着想,正确处理好眼前利益和长远利益的关系,绝不做贻害子孙后代的蠢事。

练习题

一、判断题

1. 环境问题的产生,有两方面的原因:其一是自然原因;其二是人为原因。但主要是人为原因造成的。(   )
2. 环境保护是我国的一项基本政策。(   )
3. 环境问题从根本上影响了人类社会生存和发展。(   )
4. 环境保护必须坚持保护优先的方针,在保护中发展,在发展中保护。(   )
5. 环境问题包括原生环境问题和次生环境问题,在环境管理中,主要考虑解决原生环境问题。(   )

二、问答题

1. 环境问题产生的根本原因是什么?谈谈你所在区域面临的环境问题。
2. 环境保护的主要内容包括哪些方面?

三、案例分析

海南省是我国的热带岛屿省份。1999年2月,海南省人大二届二次会议通过《关于建设生态省的决定》。1999年3月,原国家环境保护总局批准海南建设生态示范省。海南省实施"生态立省"发展战略16年来,大力发展生态农业、改善生态环境、推进生态人居、培育生态文化,基本实现了生态省建设的近期和中期目标。海南省第一、二、三产业结构比例从1998年的35:21:44调整为2014年的23:25:52。1998年至2014年,海南省地区生产总值增长了6.9倍,生态环境保持优良水平。2014年,全省环境空气质量总体保持优良,海口市在环境保护部重点监测的74个重点城市空气质量排名第一。全省93.1%的监测河流和88.3%的监测湖库水质符合或优于地表水Ⅲ类标准,城市(镇)集中式饮用水源地水质达标率99.4%,近海域一、二类海水占94.6%。

问:从上述海南省的经济社会发展中分析环境保护与经济发展的关系。

第二章
环境法概论

> **学习目标**
>
> 了解我国环境法学中的一些最基本的问题,如环境法的概念和特征、目的和任务、体系和环境法律关系,掌握环境法的基本特征,掌握我国环境保护监督管理体制的特点。

第一节 环境法的概念和特征

一、环境法的概念

环境法是调整人们在开发和利用资源、保护和改善环境的活动中所产生的社会关系的法律规范的总称。

从上述定义中可以看出环境法主要包含如下含义。

第一,环境法是调整人们在开发和利用资源、保护和改善环境过程所产生的各种社会关系的法律规范。作为环境法调整对象的社会关系,主要包括两个方面的内容。

① 同保护、合理开发和利用自然环境与资源有关的各种社会关系。具体为人类在开发和合理利用大气、水、土地、矿藏、森林、草原、湿地、野生动植物等环境资源过程中产生的社会关系。

② 同防治各种公害有关的社会关系。具体为防治人类在生产和生活过程中所产生的大气污染、水污染、固体废物污染、噪声污染、有毒有害物质污染、电磁辐射污染、光辐射污染等活动中形成的各种社会关系。

那种认为环境法既调整人与人的关系,也调整人与自然的关系的观点,是不正确的。

首先,人与自然关系的产生是以人与人关系产生为前提,如果需要调整人与自然的关系,必须先通过调整人与人的关系才能够实现。国家通过以强制性为特征的法律途径,颁布环境法解决人与环境关系,其实质就是通过调整人与人之间在合理开发、利用自然资源和防治污染和其他公害所产生的社会关系,即规范人的行为,达到协调人类与环境关系的目的。

其次,一切法律都是调整社会关系的,而社会关系只有在人与人之间才能产生,人与动物之间、人与各种自然客体之间，都不能产生社会关系。社会关系经过法律的调整，成为法律关系。不管环境与人的关系如何紧密和重要，但它总是人与物之间的关系，而无法变成人与人之间的关系，更无法成为法律关系。

再则，环境法保护的对象是通过环境法调整人们在开发和利用资源、保护和改善环境过程所产生的社会关系来达到对其进行保护的。一般不将由于自然原因而导致的环境破坏所实施的法律控制也纳入环境法的内涵之中，虽然这些非人为因素引发的灾害可以造成环境破坏，但是一旦作为环境法保护的对象，除了对人类的生存和发展产生影响外，还应该是人类的行为和活动能够调节、影响和支配的，否则对其制定的各种法律措施进行保护就没有实际意义。

所以环境法的调整对象只能是人与人之间的环境社会关系，通过调整各种环境社会关系来协调人与环境的关系。

应当指出的是，环境法调整的对象与环境法保护的对象二者是不同的概念。如上所述，环境法调整的对象是环境社会关系，而环境法保护的对象是各种环境要素和作为整体的环境。

第二，环境法的调整对象是特定的社会关系。

并非所有与环境有关的社会关系都由环境法调整，环境法只调整人们在开发、利用、保护和改善环境中所产生的社会关系，即环境法律关系。以海洋资源为例，与海洋有关的法律包括对海洋的所有权、使用权、管理权和保护权等，都可以统称海洋法。但是海洋环境保护法只调整保护和改善海洋环境，合理开发利用海洋资源，防止海洋污染损害而产生的社会关系。

二、环境法的特征

环境法作为一个新兴的独立的法律部门，与其他部门法相比较，除了具有与其他部门法相同的一般特征，如阶级性、强制性等外，还具有与其他部门法所不同的固有的特征。

1. 综合性和广泛性

环境保护从根本上说是一个综合的系统工程，环境法保护的对象十分广泛，包括各种自然的和人为的环境要素；它调整的社会关系十分复杂，涉及生产、流通和生活各个领域，并同开发、利用、保护和改善环境和资源的各种社会活动有关；它涉及的主体很广泛，由于环境法调整的社会关系复杂，就必须涉及广泛众多的主体，既可以是国内的国家机关、社会团体、企事业单位、工商个体户、公民个人，也可以是外国的国家、国际组织、公司、团体和个人；它所采取的立法体系综合性极强，不仅包括大量的专门环境法规范，还包括宪法、刑法、民法、劳动法、行政法和经济法等多种法律部门中有关环境保护的规范；它所采取的法律措施多种多样，涉及法律、行政、经济、技术、宣传教育等多个领域；它涉及的环境保护监督管理机关很广，除了县级以上人民政府环境保护行政主管部门之外，还包括海洋、港监、渔政、军队环保、公安、交通、铁道、民航以及土地、矿产、林业、农业、水利等十多个依法实施环境监督管理权的行政主管部门。

2. 科学技术性

环境法不单纯是调整人与人之间的社会关系，更重要的是通过调整人与人之间的关系来协调人与自然的关系，这就决定环境法不仅要体现社会经济规律，而且还必须体现自然生态学规律。从具体环境保护基本制度和程序可以看出作为环境法科学技术性的反映，它含有许多法定化的技术性规范和技术性政策，环境影响评价、环境标准制定、征收补偿费、损失的赔偿、责任的分担、污染的控制等，都必须要建立在严格的科学与工程技术基础上。环境法许多规定的执行需要以先进的科学技术为前提，环境违法行为的发现需要采用先进科学技术进行监测和鉴别，环境纠纷案件解决过程中许多证据是否合法需要用先进科学技术手段进行甄别。总之，环境法的实施需要科学技术作保证，环境法许多规定措施都来自环境科学的研究成果，没有环境科学技术，就不会有切实可行的环境法规，这就使环境法成为一个科学技术性极强的法律部门。

3. 社会公益性

环境法的社会公益性，是指环境法不仅是统治阶级意志的反映，要为统治阶级利益服务，而且它还要反映全社会公众的要求，为全社会的公共利益服务。环境法不是阶级矛盾不可调和的产物，而是因人与自然的矛盾而诞生，它反映了全体社会成员的共同愿望和要求。

环境法的目的是通过调整人们的环境社会关系达到协调人类与环境的关系，保护人体健康，保障经济社会的可持续发展，其目的的实现必然惠及人民，而不是少数人。环境法的任务是保护环境和资源，防治污染和破坏，其任务的实现，必然给整个社会的所有成员带来福利。保护好环境，环境质量的改善，不仅对掌权阶级、执政阶层有利，也对全社会有利；不仅对当代人有利，也对子孙后代有利；不仅对本国有利，也对其他国家和所有居民有利。污染环境，环境质量的恶化，既对发展中国家也对发达国家，既对领导管理阶层也对劳动群众，既对当代人也对子孙后代产生危害。环境法的作用在于鼓励人们保护环境，打击、制裁污染和破坏环境的行为，这种作用的发挥，必然使整个人类生存的环境得到保护，而不是少数统治者或某个阶级的局部环境得到保护。环境法的保护对象是整个人类环境，包括与人类生存和发展息息相关的各种环境要素，保护了这些环境要素，也就保护了人类，从而也保护了每一个人的权利和利益。环境法比其他任何一个法律部门都更加明显和突出的体现社会公共利益的职能。

但仍需指出的是，任何一部法律都是由统治阶级制定或认可的，并由国家强制力保障实施的，都具有阶级性，环境法也不例外，但阶级性不是环境法的唯一本质属性。

4. 世界共同性

当代的环境问题已不是某个局部地区、某个国家的问题，例如，温室效应导致的全球气候变暖、排放二氧化硫产生的酸雨、荒漠化和水资源紧缺、生物物种锐减等问题已超越国界，发展到危及整个人类生存的灾难性程度，成为全球性问题，不再是可以仅依靠一个国家或一个地区采取局部的治理措施所能解决的，用封闭的、传统的方法来保护环境，只能使环境问题愈演愈烈，从局部发展到地区、从地区发展到国际、再从国际发展成为全球性的问题。因此，环境问题是人类共同面临的问题，保护环境和资源已成为全人类的共同要求，尤其是全球性环境问题的解决，需要世界各国的共同努力、交流与合作。同其他法律相比，各国环境法也有许多可以相互借鉴的内容，包括环境保护原则、手段、措施、标准、制度和程序等方面。在环境法所调整的社会关系中，也较多涉及了经济发展、管理技术、资源利用和科学技术方面的问题，而这些问题也是需要各国相互借鉴经验和提供帮助。环境与发展是全人类面临的共同问题，应当超越国界，超越民族、文化、宗教和社会制度的不同，为人类的共同、长远利益，同时也是为了各国的切身利益，同舟共济，通力合作，发挥各国人民的智慧，在发展经济的同时，治理和保护环境，实现可持续发展。

第二节　环境法的目的、任务和作用

2014年修订的《中华人民共和国环境保护法》第一条规定："为保护和改善环境，防治污染和其他公害，保障公众健康，推进生态文明建设，促进经济社会可持续发展，制定本法。"根据这一规定,结合其他环境法律的规定以及中国环境立法发展的趋势,中国环境法的目的和任务是十分明确的。

一、环境法的目的

任何法律文件的制定,都有一定的目的,立法的目的决定立法的指导思想和法律调整的方向,环境法的目的是制定环境法所要达到的目标或预期要实现的结果。了解环境法的目的,有利于正确理解立法意图,正确理解和执行法律。我国环境立法的目的是"保障公众健康,推进生态文明建设,促进经济社会可持续发展"。

1. 保障公众健康

环境的污染和破坏,会给人们的身体健康造成极大危害,危及人的生命安全,甚至会祸及子孙后代。清洁、适宜的生活环境是人们有效益工作、维持健康的身体和幸福生活的物质基础和必需条件,而现代环境污染却损害这些环境条件,严重的还会影响人的身心健康、导致人体各种疾病甚至把疾病遗传给后代。同时,人体健康受到损害,就是生产力的破坏,也会影响和阻碍经济、社会的发展。因此,环境法首先要为人保障一个安全、无害、卫生、适宜的生活环境,把环境质量保持在有利人体健康的水平;同时,要根据经济、社会的发展和人们生活水平的提高,不断改善环境质量以提高人的健康水平和生活舒适度,这些就决定了环境法必须把保护人体健康作为其立法目的之一。对于这项目标,中国各项污染防治法律均有明确规定,保障人体健康,被认为是防治环境污染立法的基本出发点、根本任务和起码目标。作为环境法体系中重要组成部分的环境标准在制定时,首先考虑的就是人体对污染物的承受限值,以确保人体不受危害。随着环境保护的深入,环境法的目的不仅要确保人们的身体不受污染的损害,而且还要确保人们能够生活在一个清洁、优美的环境中,不断改善环境质量以提高人的健康水平和生活舒适度。

2. 推进生态文明建设

党的十八大把生态文明建设纳入中国特色社会主义事业五位一体总体布局,提出建设美丽中国的宏伟目标。十八届三中全会提出必须建设系统完整的生态文明制度体系,用制度保护生态环境。2015年国务院《政府工作报告》对推进生态文明建设作了重大安排,提出要推进重大生态工程建设,拓展重点生态功能区,办好生态文明先行示范区,开展国土江河综合整治试点,扩大流域上下游横向补偿机制试点,保护好三江源。2015年9月,中共中央、国务院印发了《生态文明体制改革总体方案》,提出了生态文明体制改革的理念:一是树立尊重自然、顺应自然、保护自然的理念;二是树立发展和保护相统一的理念,坚持发展是硬道理的战略思想,发展必须是绿色发展、循环发展、低碳发展,平衡好发展和保护的关系;三是树立绿水青山就是金山银山的理念,清新空气、清洁水源、美丽山川、肥沃土地、生物多样性是人类生存必需的生态环境,坚持发展是第一要务,必须保护森林、草原、河流、湖泊、湿地、海洋等自然生态;四是树立自然价值和自然资本的理念,自然生态是有价值的,保护自然就是增值自然价值和自然资本的过程,就是保护和发展生产力,就应得到合理回报和经济补偿;五是树立空间均衡的理念,把握人口、经济、资源环境的平衡点推动发展,人口规模、产业结构、增长速度不能超出当地水土资源承载能力和环境容量;六是树立山水林田湖是一个生命共同体的理念,按照生态系统的整体性、系统性及其内在规律,进行整体保护、系统修复、综合治理,增强生态系统循环能力,维护生态平衡。

3. 促进经济社会的可持续发展

20世纪60年代初，美国一位海洋生物学家蕾切尔·卡尔逊（Rachel Karson）发表了环保科普著作《寂静的春天》，初步揭示了污染对生态系统的影响，引发了人类对自身的传统行为和观念的早期反思。20世纪70年代初，一个非正式的国际协会——罗马俱乐部（the Club of Rome）发表了一份研究报告《增长的极限》，虽然其结论和观点存在十分明显的缺陷，但是报告表现出的对人类前途的严重忧虑以及唤起人类自身的觉醒有着积极作用。同年联合国人类环境会议在瑞典的斯德哥尔摩召开，人类第一次将环境问题纳入世界各国政府和国际政治的事务议程，正式对环境问题宣战。1987年由布兰特伦夫人领导的世界环境与发展委员会在其代表作《我们共同的未来》中提出了可持续发展的观点，其主题可以用一句话来概括，即"今后人类发展的方向应该是可持续发展（sustainable development，SD）方向"。其出发点是：为了确保人类的持续生存和发展，必须要把环境保护与社会经济活动全面、有机地结合起来，并依照生态持续性、经济持续性和社会持续性的基本原则来组织和规范人类的一切活动。其核心思想是：既满足当代人的需要，又不对后代人满足其需要的能力构成危害。其基本内容是：强调人类的发展权利、环境权利和保护环境的义务的统一，当代人和后代人发展机会的平等，环境保护是发展进程中的重要组成部分。这一观点把人们从单纯考虑环境保护引导到把环境保护与人类发展切实结合起来，对各国的环境保护工作产生了深刻的影响，实现了人类有关环境与发展思想的重要飞跃。1992年在巴西里约热内卢召开的环境与发展大会（UNCED），把实现可持续发展写进了《里约宣言》中，成为世界各国所公认的正确的发展战略，把人类对环境与发展的认识提高到了一个崭新的阶段。中国也接受了可持续发展的战略，并在国家的一些政策性文件得到反映。1998年8月修订的《中华人民共和国土地管理法》第一次在法律中明确规定："促进社会经济的可持续发展。"现行《中华人民共和国环境保护法》也明确规定"促进经济社会可持续发展"。

在环境立法目的上，世界各国并不都是一致的。有的国家，主要是一些发达国家认为：今后人类发展将面临人口增加，粮食及各种能源需求迅猛增长，工农业生产飞速发展等导致环境污染严重和资源突变性枯竭的可怕前景，加之这些工业发达国家都曾经历过公害泛滥而付出了惨痛环境与资金代价，企业主不会是自觉自愿的环境保护者，所以提出限制甚至停止经济发展，保护人体健康才是唯一的目的；也有一些国家，主要是一些经济落后的不发达国家认为：环境保护耗资巨大，贫困的国家没有资金，如何谈环保，当务之急是尽快将经济搞上去，只有经济增长才是改变落后状态、改善人民生活、满足社会需要的基本手段，发展经济时牺牲环境在所难免。

这两种观点虽然相反，却都是将经济发展和环境保护对立起来。实际上一个国家在它的发展进程中正确认识并妥善处理发展与环境的辩证关系是十分重要的。

发展与环境的关系是相互制约，又相互促进的。首先，二者有相互制约的一面，许多时候难以互相妥协。例如，发展经济势必会带来资源消耗和污染物排放，对环境资源产生不利影响；进行环境保护又需要投入一定的财力和物力，在一国经济落后的情况下，这种矛盾可能表现得尤为突出。其次，二者有相互促进的一面，也是非常重要的一面。环境对发展的促进作用表现在：环境保护的任务就是保护自然资源，维持生态平衡，这就为经济健康发展提供了物质基础和必要条件；环境保护要求清洁生产、强调生产全过程的污染控制和预防，包括综合利用、技术革新等，有利于经济发展；环境质量得到改善，人们身体健康就有了保障，就会在生产劳动中充分发挥积极性和创造精神，从而促进现代经济特别是高科技经济的发展。经济发展对环保事业的促进作用表现在：经济的发展为环境保护提供了物质基础、污染防治资金、现代化科学技术手段和环境科学技术人才。因此，必须坚持在保护中发展、在发展中保护的方针，坚持节约发展、安全发展、清洁发展，实现可持续发展，才符合我国环境保护的目的。

二、环境法的任务

中国环境法具有以下两项主要任务。

1. 保护和改善生活环境与生态环境

我国正处于工业化和城镇化的快速发展阶段，发达国家一两百年间逐步出现的环境问题在我国集中显现，部分重点流域、海域水污染严重，部分区域大气灰霾现象突出，农村环境污染加剧。不仅要突出对生态环境的保护和改善，而且要加强对农业环境和海洋环境多方面的保护。不仅要重视生活环境的保护和改善，更要注意加强对生态环境的保护和改善，因为破坏生态环境的行为，迟早将会影响生活环境，而生态环境一旦遭到破坏，其危害性要比生活环境受到污染的影响大得多，对其治理使其恢复生态平衡也十分困难，甚至不可恢复。

保护环境的基本途径是必须努力贯彻国家在各个时期所确定的保护和改善生活环境和生态环境的各项任务，认真执行《中华人民共和国环境保护法》和各种自然资源保护与污染防治单行法的有关规定，加强对生态环境的保护和改善，建立和逐步完善自然资源有偿使用和生态环境恢复及补偿机制，减少污染物的排放和自然环境要求的不合理的开发利用，即预防新的污染发生，也治理已有的污染，用人工的方法恢复已被破坏的自然生态，遵循社会经济规律、自然生态规律以及人与自然相互作用的规律，采用先进可行的科学技术手段，以对环境资源无污染无破坏或少污染少破坏的方式方法，对环境与资源进行开发、利用。要从源头上扭转环境污染、生态破坏等环境恶化趋势，为人民创造良好的生活和生态环境，为子孙后代留下绿水青山。

2. 防治环境污染和其他公害

所谓环境污染和其他公害是指由于人类生产和生活等活动产生的超过环境自净能力的某些物质进入环境，导致环境的物理、化学、生物等特性发生改变，从而引起环境质量下降，破坏生态平衡，危害人类正常生存和发展的现象。

《中华人民共和国宪法》和《中华人民共和国环境保护法》虽然都使用"公害"一词，但对公害的定义并未做出规定，在立法上对环境污染和公害也没做严格区别。《中华人民共和国环境保护法》所列举的环境污染包括人们在生产建设或其他活动中产生的废气、废水、废渣、医疗废物、粉尘、恶臭气体、放射性物质等对环境的污染以及噪声、振动、光辐射、电磁辐射等对环境的危害，即指将某种物质引入环境而使环境质量恶化的现象。而其他公害是指除上述的环境污染和危害之外，现在尚未出现而今后可能出现的，或者现在已经出现但尚未包括在《中华人民共和国环境保护法》所列举的上述环境污染和危害之中的公害。

完成第二项任务，需要注意在污染防治战略上，从侧重于污染的末端治理，转向生产全过程的控制；在污染治理控制上，从分散的点源治理，转向集中控制和分散治理相结合，严格控制新的污染源，巩固和提高工业污染源主要污染物达标排放成果，努力控制污染物排放总量；同时还要加强环境监督管理，严格执行环境影响评价制度和"三同时"制度，淘汰落后设备工艺等制度；在技术工艺上，采用清洁生产工艺，减少污染物排放量，降低能耗物耗等；在环境保护机构的建设上，要努力提高干部的整体素质，建立健全环保机构的内部监督机制和各项管理制度，增加资金投入，充分发挥市场调节作用，运用科技进步治理污染。

要实现环境法的两项任务，不能将它们割裂开来。因为只有努力保护和改善环境，才能增加环境容量和自净能力，减少污染物排放量，这将有利于环境污染的防治。同时只有积极防治污染和其他公害，才能降低对环境的污染和危害，提高环境的质量和自然资源的有效利用。只有全面完成这两项任务，才能确保实现保障人体健康，促进我国经济可持续发展的目的。

三、环境法的作用

环境法的作用亦称环境法的功能，它表示环境法存在的价值。环境法的作用可以从环境、环境保护和法律的重要性这三个方面来认识。一般认为，环境法服务于环境工作，是国家组织环境活动的管理工具、法律依据和法律保障，是广大人民群众维护自己的环境权益的法律武器。环境法最基本的作用是调整因开发、利用、保护、改善环境中所产生的各种社会关系。环境法是实现环境法制、建立人与自然和谐共处的法制秩序的前提。环境法在保护环境，制裁环境违法行为，维护国家、集体和个人的环境权益，促进经济社会可持续发展等方面，都有着重要的作用。其具体表现在以下几个方面。

1. 环境法是保障经济社会可持续发展的重要手段

环境法的任务要求保护自然资源、保护生产力，从而为经济社会的健康发展提供物质基础。环境法的任务还要求不仅要保护和改善环境，还要建设一个清洁、适宜、优美的环境，从而激发人们的劳动热情和创造智慧，为经济社会的发展提供原动力。环境法要求技术革新、清洁生产、综合利用、采用先进技术、淘汰落后设备和工艺，可以促使有关单位和个人努力发展新的无污染的先进的科学技术，从而提高生产力、促进经济的发展。在我国环境法律体系中，有一系列为了适应社会主义市场经济体制要求的防治环境污染和生态破坏的单行法，建立了有利于国家和人民的法律秩序，明确了一系列的法律制度和违法者的法律责任，以保障各单位及个人的生产、开发、建设活动不超出环境的承载力，保证经济、社会发展是协调的和可持续的，保证环境质量的逐步改善，使人们有一个良好的、适宜的劳动生活发展空间。

2. 发展环境文化，建设绿色文明，促进先进文化的发展

环境法通过调整人与人在开发、利用、保护和改善环境和自然资源过程中所产生的各种社会关系，从而协调人与自然的关系，促进人与自然和谐相处，这本身就具有实践精神文明的作用。同时，环境法保障良好的环境质量是满足人民群众的发展需求，是满足人民群众基本生活需求上的更高层次文化生活的需要，促进建立生态良好的文明社会。

党的"十六大"报告中提出："必须看到，中国正处于并将长期处于社会主义初级阶段，现在达到的小康还是低水平的、不全面的、发展很不平衡的小康，人民日益增长的物质文化需求同落后的社会生产之间的矛盾仍然是中国社会的主要矛盾。……生态环境、自然资源和经济社会发展的矛盾日益突出。"全面建设小康社会的目标之一是"可持续发展能力不断增强，生态环境得到改善，资源利用效率显著提高，促进人与自然的和谐，推动整个社会走上生产发展、生活富裕、生态良好的文明发展道路。"

在这个新的发展阶段，环境法的发展面临机遇和挑战。环境法应及时回应时代要求，充分体现时代精神，为解决矛盾、实现目标而改革、创新和完善。"为着中华民族的繁荣昌盛，为着子孙后代的生生不息！"

3. 环境法是国家进行环境管理的法律依据

环境管理单靠环境保护的专门机构是很难进行的，它需要各部门、各地区、各行业分工协作，互相配合，各司其职，完成各自职责内的环境管理工作，需要组织协调和监督。环境法对环境管理部门及其职责、环境监督管理措施和制度及相应的执法程序、环境管理范围和管理关系以及各项环境保护工作作了全面规定，使其可以对其管辖范围内的排污行为，对环境有不利影响的开发建设活动进行监督、查处，从而防止环境的污染和破坏。环境法是环境行政管理的依据和法律保障，环境行政管理就是依法行政，就是实行环境法治管理。

4. 环境法是同污染和破坏环境与资源的违法行为作斗争的重要武器

环境法向全社会提出了保护环境的行为规范和政策措施，明确了法律提倡什么、禁止什么，以法律为准绳在环境资源工作领域树立起了判断是非善恶的标准。环境法规定了开发、利用、保护、改善环境的各种行为规范，规定了国家机关、企事业单位、公民个人在环境保护方面的权利和义务及相应的法律责任和补救措施，规定了一整套环境标准。环境法要求一切单位和个人，自觉履行保护环境的义务，并有权对污染和破坏环境的单位和个人进行检举和控告。掌握了这些具体而明确的法律规范，就可以保护自身的环境权利，监督、检举环境违法行为，使环境违法者受到应有的惩罚。

5. 环境法是处理中国与外国的环境关系，维护国家环境权益的重要工具

当代的许多环境污染，都具有突发性、危害性大、污染范围广甚至是超越国界给别国带来污染危害的特点，这就涉及国与国之间环境关系的处理和国家环境权益的维护问题。近年来，随着对外贸易、引进外资和旅游业的发展，一些发达国家或者地区向中国转嫁污染，外来物种的入侵，珍贵、濒危野生动植物的偷运出境等也在中国的一些地区发生。为了维护中国的环境权益，环境保护法已设置了相关规定，并注意了与有关国际条例的协调，参加、缔结了许多国际环境条约，纳入了有关国际环境法规范，宣布了中国的基本环境政策，明确了环境法的适用范围，并在国内环境法中规定了对各种环境污染和破坏行为的管理和惩罚措施，包括对国外越境污染的管理，有利于防止外国向中国转嫁污染以及侵犯中国的环境权益，保护人民身体健康。

第三节 环境法律关系

一、环境法律关系的概念和特征

1. 环境法律关系的概念

环境法律关系是指环境法主体之间在开发、利用、保护和改善环境的社会经济活动中形成的，由环境法律规范确认和调整的具有环境权利和环境义务内容的社会关系。

在现实的社会生产和生活中，人与人之间要发生各种各样的联系，从而形成各种各样的社会关系，而经过法律规范确认和调整后所形成的权利和义务关系便成为法律关系。一个国家调整多种多样的社会关系的法律规范是多种多样，从而形成的法律关系也是多种多样。例如具有平等性质的社会关系为民法调整之后，即形成了民事法律关系；具有行政隶属性质的社会关系为行政法调整之后，即形成了行政法律关系；人们在开发、利用、保护和改善环境活动中形成的社会关系为环境法所调整之后，即形成了环境法律关系。

同其他法律关系一样，环境法律关系的产生要以现行的环境法律规范的存在为前提，没

有相应的法律规定，就不会产生相应的法律关系。此外，还必须有法律规范适用的条件即法律事实的出现。一般来说法律规范本身不直接导致法律关系的产生、变更和消灭。

2. 环境法律关系的特征

环境法律关系除具有法律关系的共性外，还具有一些不同于一般法律关系的特征。

（1）环境法律关系是基于环境而产生的人与人之间的社会关系，并通过这种特定的社会关系体现人与自然的关系。

环境法律关系和一切法律关系一样，直接表现为人与人的关系，是人们之间的社会关系在法律上的反映。但是环境法律关系虽然发生于人与人之间，它却不是单纯的一种人与人之间的社会联系。人类在生产、生活活动中形成的社会关系多种多样，只有那些人们在同自然环境打交道的过程中，即涉及环境的开发、利用、污染、破坏、保护、改善的活动中所形成的人与人之间的关系才有可能成为环境法律关系，离开人与环境的关系，便无法形成环境法律关系。

环境法规定环境资源的开发者、利用者必须履行各种法律义务，并规定对危害环境的违法行为给予行政的、民事的或刑事的制裁等，这些看起来是直接调整人的行为，表现为人与人的关系，实际上调整人与人之间的社会关系，并不是环境法的唯一目的，其最终目的在于通过调整人与人的关系来防止人类活动对环境造成损害，从而协调人同自然的关系。

（2）环境法律关系是由环境法律规范确认和调整的具有环境权利义务内容的法律关系

人们在开发、利用、保护和改善环境的活动中，即基于环境可以产生许多社会关系，在这些社会关系中，只有受环境法律规范确认和调整的社会关系才是环境法律关系。例如排放的尾气超过国家规定的有关排放标准，有关部门对汽车所有人给予处罚，即形成了环境法律关系。此外，社会关系多种多样，其权利义务内容因其种类不同而不同，也只有环境法律关系主体在同自然环境打交道过程中具有环境权利义务内容的社会关系，才能构成环境法律关系。

（3）环境法律关系具有广泛性

环境法律关系与环境法一样也具有综合性和广泛性的特征。作为环境法律关系的主体，不仅包括国家、国家机关、也包括企业事业单位、社会团体和公民个人。作为适用环境法律体系中各种相关法律的法律关系，有依据刑法规范确立的环境刑事法律关系、有依据民法规范确立的环境民事法律关系、有依据行政法规范确立的环境行政法律关系。由这些不同的法律规范所确立的法律关系的当事人，在法律关系中的地位也不同，或者是当事人之间地位平等的社会关系，或者是当事人之间地位不平等的社会关系，但是环境法律关系不同，既有当事人之间地位平等的社会关系，又有当事人之间地位不平等的社会关系，它依赖于确立该环境法律关系的法律规范的本质属性，是当事人之间地位平等与不平等相结合的社会关系，其涉及的法律规范及形成的法律关系都十分广泛。例如某环境法律关系是环境民事法律关系，那么主体间的地位是平等的；如果是环境行政法律关系，那么主体间的地位就是不平等的。这些都体现了环境法律关系广泛性的特点。

二、环境法律关系的构成要素

环境法律关系的构成要素是指构成一个具体的环境法律关系的必要条件。它是由主体、内容、客体三要素构成。这三要素相互联系，相互制约，缺一不可。一个要素变更，原来的法律关系也随之发生变化。

1. 环境法律关系的主体

环境法律关系的主体，是指环境法律关系的参加者或当事人，或者说是指环境权利的享有者和环境义务的承担者。在环境法律关系中，享有环境权利或环境职权一方为权利主体；承担环境义务或环境职责一方为义务主体或职责主体。在我国，包括国家、国家机关、企事业单位、其他社会组织和公民都有可能成为环境法律关系的主体。

国家作为一个实体，能够参与环境法律关系，成为环境法律关系的主体。如土地、森林、水资源等自然资源属国家所有，它可以成为这些自然资源所有权的法律关系的主体。国家机关，包括国家权力机关、司法机关、行政管理机关和军事机关。国家权力机关通过行使环境立法权、环境保护事业的决定权、对各国家机构执法守法情况的监督权，参与环境法律关系；司法机关如各级人民法院通过行使审判权、各级人民检察院通过行使检察权，参与环境法律关系；行政管理机关通过行使行政权，参与环境法律关系，成为环境管理主体。企事业单位或其他组织，有的要开发利用环境和资源，有的要排放各种污染物等，会与其他环境法律关系主体就环境权益发生各种关系，从而成为环境法律关系的主体。公民个人，既有享受良好环境的权利，又有保护环境的义务，是环境法律关系广泛的参加者。在中国领域内的外国人和单位都必须遵守中国的环境法，《中华人民共和国海洋环境保护法》还对域外效力作出了相应的规定，所以外国人和单位在中国如果有开发利用环境和资源、污染破坏环境的行为，外国国家、组织和个人如果有使中国管辖领域污染损害的行为，会成为环境法律关系的主体。

环境法律关系的主体具有以下特征，一是环境法律关系的主体具有广泛性。任何机关、团体、社会组织、公民个人都可以成为环境法律关系的主体。国际环境法中，国家经常成为环境法律关系的主体。二是权利主体与义务主体具有相对性。在环境法律关系中一方既是权利主体，又是义务主体，不存在专门的权利主体或者义务主体。而且该权利与义务是相通的，权利主体所享有的权利实质上就是一种义务，任何一方都不得只享有权利而不承担义务，或者只承担义务而不享有权利。

2. 环境法律关系的内容

环境法律关系的内容是指环境法律主体依法所享有的环境权利和应承担的环境义务。这种权利和义务的实现受到法律的保护和强制。

环境权利，简称为环境权，是指法律规定的环境法律关系主体的某种权利或利益，它表现为权利主体做出或不做出一定的行为。法律所规定的环境法律主体的权利，只有通过主体主张才可能实现。环境法律主体主张权利的力量来源是法律，但实现自己利益的行为又必须遵守法律规定的范围。如作为环境法律主体的各级环境保护行政主管机关，依法享有审批环境影响报告书的权利，但同时也必须遵守有关管辖、时限等方面法律规定，不得超越法律的轨道。

我国现行法律中虽然尚无环境权的明确规定，但是隐含于宪法、民法和环境法之中。其中包括公民享有在国家保护和改善的生活环境与生态环境中生活的权利；公民享有生命健康权和其生命健康权不受污染和其他公害侵害的权利；对环境违法、犯罪者有监督检举和控告的权利；因环境污染受到损害者有请求排除危害、损失赔偿及向人民法院提起诉讼的权利；有要求有关行政机关履行法定职责，依法保护其环境权益的权利；在受到环境行政处罚时，有申请环境行政复议和提起环境行政诉讼的权利等。

环境义务是指环境法律规范对环境法律关系主体规定的必须履行的某种责任。它表现为义务主体必须做出某种行为或不得做出某种行为。环境义务是一种约束力，是与环境权利相对应的概念，是实现环境权利的前提和保障。如对环境可能产生影响的建设项目的建设者，事先必须进行环境影响评价。对成熟用材林进行砍伐的集体和个人，必须要在当年或次年完成更新造林任务。这都是环境法律关系主体应承担的义务。

环境法律关系中的权利和义务具有如下特征：第一，权利和义务的具体内容都与开发、利用、保护、改善环境和资源等有关，即都离不开环境资源，也就是说环境法律权利义务关系通过环境和资源反映了人与人的关系。第二，权利和义务既是把环境法律关系中的主体双方即人与人联结起来的纽带，又是把环境法律关系中的主体和客体即人与环境联结起来的纽带，从而使环境法能够通过调整人与人之间的环境社会关系达到协调人与环境之间关系的目的。例如，《中华人民共和国环境保护法》规定"一切单位和个人都有保护环境的义务"，"公民、法人和其他组织发现任何单位和个人有污染环境和破坏生态行为的，有权向环境保护主管部门或者其他负有环境保护监督管理职责的部门举报"，上述权利和义务不但把主体双方（保护人与受益人、举报人与被举报人）联系起来，而且把主体与客体（保护人与环境、举报人与环境）双方联系起来。

3. 环境法律关系的客体

环境法律关系的客体是指环境法律关系主体的环境权利与义务所指的对象。它是环境法律关系产生和变化的原因和基础。环境法律关系的客体包括物和环境行为两类。

（1）物

在环境法律关系中作为环境权利和义务对象的物，是指表现为自然物的各种环境要素。例如环境资源，国家禁止破坏和污染，禁止任何组织或个人以任何手段侵占和转让，对环境资源只能依法合理开发利用，并且进行综合利用，实行环境效益和经济效益相统一。

（2）环境行为

作为环境法律关系客体之一的环境行为，是指参加环境法律关系的主体的行为，包括作为和不作为。作为，又称积极的行为，是指要求从事一定的行为。如建设项目中防治污染的设施，应当与主体工程同时设计、同时施工、同时投产使用。而不作为，又称消极的行为，是指不能从事一定的行为。如禁止制造、销售或进口超过规定噪声限值的汽车。

环境法律关系的客体具有以下特征：一是作为环境法律关系客体之一物的环境资源有着强烈的生态效益性。民事法律关系和经济法律关系中的物所具有的都是物质利益或经济效益性，而在环境法律关系中，各环境要素的生态效益性是第一位的。二是环境行为是环境法律关系的重要客体。国家和人民对环境的保护行为表现在经济社会的诸多方面，环境法律主体的权利和义务，常常表现为从事一定行为，或者不得从事一定行为，这就决定了环境行为是环境法律关系最重要和最经常的客体。

第四节 ▎环境法的体系

一、我国环境法的发展概况

纵观我国环境法的发展史，我国作为一个历史悠久的文明古国，在中华人民共和国成立之前的几千年的历史长河中，虽然环境立法最早始于夏朝，辉煌于秦朝、唐朝，超过了当时的其他各国，但是到了封建社会的中后期和近代，环境立法却处于停滞状态，直到清王朝灭亡，环境法规范还只是零星散见于一些史书和律令中。"中华民国"时期，外强入侵，政局不稳，执政者忙于内战，根本谈不上环境保护，虽然有一些关于保护环境的法律，也只是纸上谈兵，未得到实施。中华人民共和国成立之后，环境法发展道路曲折、艰辛，建国初期，面临医治战争创伤，迅速发展工农业生产的紧迫任务，环境污染尚不明显。其后盲目追求经济建设的速度，自然资源、矿产资源和生物资源遭到了大规模的严重破坏，国民经济几乎崩溃，环境污染和自然生态破坏无遏制的蔓延，达到触目惊心的程度。在上述时期中，中国的环境立法较多的是关于自然资源的保护，尤其是作为农业命脉的某些自然资源的保护，但是尚未进行专门的环境立法，立法的形式大量地表现为行政法规和规章，立法技术尚不成熟，还谈不上形成环境法体系，环境立法远远落后于其他工业发达国家。1972年6月联合国人类环境会议以后，中国高层决策者们认识到环境保护的重要性，开始着手国家的环境保护工作，从此中国环境立法进入了一个崭新的时代。可以根据不同时期的环境立法的主要目标和成就，将我国环境法的发展分为四个阶段。

第一阶段，1949年新中国成立至1972年环境法孕育时期。新中国成立初期，百废待兴，国家大力发展工农业，并推动工业化进程，奠定了我国工业化的基础，在此过程中带来的环境污染和生态破坏开始出现，并不断加剧，国家开始制定有关的自然资源保护的法规和规范性文件。1951年颁布《中华人民共和国矿业暂行条例》，1953年颁布《国家建设征用土地办法》，1956年颁布《工厂安全卫生规程》，1959年颁布《生活饮用水卫生规程》，1960年颁布《放射性工作卫生防护暂行规定》，1963年颁布《森林保护条例》，1965年颁布《矿产资源保护试行条例》。

这一时期的环境立法主要是关于自然资源保护，防治污染的规定相对较少，主要侧重于保护工作环境。总体上，这一时期我国环境立法较为零散，且未得到认真的实施。

第二阶段，1973~1979年环境法起步时期。1972年联合国召开了的第一次人类环境会议，对我国的环境保护工作起了警戒和促进作用，推动了我国环境立法的开展。1973年国务院召开了第一次全国环境保护会议，拟定了《关于保护和改善环境的若干规定》，明确提出了环境保护的32字方针和"三同时"制度、奖励综合利用的政策，并对与环境保护有关的10个方面问题做出了较为全面的规定。这一法规是中国环境保护基本法的雏形。到1974年，我国成立了"国务院环境保护领导小组"，它标志着国家一级的环境保护行政机构从此在我国诞生。同年国务院颁布了《中华人民共和国防治沿海水域污染暂行规定》，这是我国第一个防治沿海海域污染的法规。这一时期还颁布了一系列的环境标准，如《工业三废排放试行标准》《生活饮用水卫生标准》等。特别是1978年修订的《中华人民共和国宪法》第一次对环境保护做了如下规定："国家保护环境和自然资源，防治污染和其他公害。"环境保护首次被列入中国的国家根本大法之中，为我国的环境立法奠定了宪法基础。

第三阶段，1980~1989年环境法发展时期。进入20世纪80年代，我国的环境立法发展十分迅速，成为国家法制体系建设中最活跃的部门之一。

1979年9月，五届全国人大第十一次会议原则通过了《中华人民共和国环境保护法（试行）》。该法以1978年宪法关于环境保护的规定为根据，结合我国国情，立足于我国环境保护的经验和教训，参考借鉴国外环境环境保护立法，规定了环境保护的对象、任务、方针和使用范围，规定了水污染谁治理原则，确定了环境影响评价、"三同时"、排污收费等重要制度，规定了环境保护政府机构及其职能。

1982年，《中华人民共和国宪法》又进行了修订，在第二十六条规定："国家保护和改善生活环境和生态环境，防治污染和其他公害"。与1978年宪法相比，新的宪法将环境的对象予以扩大，同时还增加了一些合理开发利用自然资源的条款。所有这些，为后来我国全方位的环境立法提供了依据。

在污染防治方面颁布了一系列单行法规，如1982年8月颁布了《中华人民共和国海洋环境保护法》，对防止海岸工程、海洋石油作业、陆源污染物、船舶和倾废对海洋环境的污染损害作了系统规定，并首次在法律上明确了环境保护工作实行环境保护部门统一监督、有关部门分工负责的环境管理体制。1983年至1989年又相继颁布了《中华人民共和国水污染防治法》《中华人民共和国大气污染防治法》《中华人民共和国噪声污染防治条例》及大量的环境法规、规章和标准，为有效地防治环境污染提供了法律依据。

在自然资源保护方面，也颁布、修改了一系列的有关法律，如1984年对1979年颁布的《中华人民共和国森林法》进行了修改，新颁布的法律主要有《中华人民共和国草原法》(1985)《中华人民共和国渔业法》(1986)《中华人民共和国矿产资源法》(1986)《中华人民共和国土地管理法》(1986)《中华人民共和国水法》(1988)《中华人民共和国野生动物保护法》(1988)等。

在环境管理方面，颁布了《征收排污费暂行办法》(1982)《全国环境监测管理条例》(1983)《环境保护标准管理办法》(1983)《关于开展资源综合利用若干问题的暂行规定》(1985)等。同时为了加强环境的定量管理，20世纪80年代颁布了一批具有规范性的环境质量标准、污染物排放标准和基础方法标准。

此外，在国家一些重要的民事、行政和诉讼等基本法律与企业法律中也规定了环境保护的内容。例如，《中华人民共和国民法通则》就有关于危险作业和污染环境造成他人损害应承担民事责任的规定；在1997年修订的《中华人民共和国刑法》中专门设立了一节"破坏环境资源保护罪"，确立了由于污染造成的环境事故或破坏自然资源所要承担的刑事责任。此间，由国务院和国家环境行政主管部门制定的环境法规和规章更是不胜枚举。

除制定国内环境法外，这一时期我国政府还积极参加国际环境保护合作，并参加了一些重要的国际环境保护公约和协定缔结，1981年加入《濒危野生动植物物种国际贸易公约》，1985年加入《保护世界文化和自然遗产公约》，1989年加入《保护臭氧层维也纳公约》，此后分别于1991年和2003年加入《蒙特利尔议定书》1990年伦敦修正和1992年哥本哈根修正。

1989年12月26日《中华人民共和国环境保护法》正式在全国颁布施行，它对1979年的试行法进行了重大修改。它的颁布施行，标志着中国环境法体系的建成和开始迈入完善阶段，也表明中国环境法制建设的重大发展。

这一时期，我国环境法得到较大发展，有关自然资源保护、环境污染防治的法律法规及相关环境标准逐步制定完成，环境法体系初具规模，成为一个独立的法律体系。

第四阶段，1990年至今环境法进一步发展和完善时期。20世纪90年代，国际国内形势发生了重大变化，1992年世界环境与发展大会的召开进一步促进了中国环境法的发展，中国环境保护工作和环境立法进入到"可持续发展阶段"，制定了《中国环境与发展十大对策》，发布了《中国21世纪议程——中国21世纪人口、环境与发展白皮书》，环境立法的重点有所调整，一方面继续填补立法空白，如1991年颁布了《中华人民共和国水土保持法》、1995年颁布了《固体废物污染环境防治法》、1996年颁布了《中华人民共和国环境噪声污染防治法》和《中华人民共和国煤炭法》等，另一方面制定各项配套的具体实施办法，如《水污染防治法实施细则》、《大气污染防治法实施细则》等。还先后修改了一些资源管理、自然保护和污染防治方面的法律，如 1995 年对《中华人民共和国大气污染防治法》进行了修改，1996 年对《中华人民共和国水污染防治法》《中华人民共和国矿产资源法》进行了修改，1998 年对《中华人民共和国森林法》《中华人民共和国土地管理法》进行了修改，1999 年对《中华人民共和国海洋环境保护法》进行了修改。

  进入 21 世纪，中国环境法面临着进一步发展、完善的良好机遇，2001 年 8 月颁布了《中华人民共和国防沙治沙法》，2002 年 6 月颁布了《中华人民共和国清洁生产促进法》，同年 10 月颁布了《中华人民共和国环境影响评价法》，2003 年 1 月国务院颁布了《排污费征收使用管理条例》，为了更好地贯彻执行国务院的条例，2 月和 3 月国家环境保护总局会同有关部门颁发了《排污费征收标准管理办法》《排污费资金收缴使用管理办法》，加强和规范了排污费的征收使用和管理。

  2008 年颁布了《中华人民共和国循环经济促进法》，2010 年环境保护部颁布了《突发环境事件应急预案管理暂行办法》。还先后对一些环境法律、法规进行了修订，2000 年对《中华人民共和国大气污染防治法》进行了再次修改，2004 年对《中华人民共和国固体废物污染环境防治法》进行了修订，此后又于 2013 年、2014 年对该法进行了两次修正，2008 年对《中华人民共和国水污染防治法》进行再次修订。

  党的十八大报告提出大力推进生态文明，努力建设美丽中国，实现中华民族永续发展，党的十八届三中全会决定对建设生态文明提出了具体要求，我国环境法迎来了新的发展机遇。2013 年颁布了《城镇排水与污水处理条例》《畜禽规模养殖污染防治条例》；同年，最高人民法院、最高人民检察院颁布了《关于办理环境污染刑事案件适用法律若干问题的解释》，有力地打击了严重污染和破坏环境的行为。2015 年中共中央国务院颁布《生态文明体制改革总体方案》。2014 年对《中华人民共和国环境保护法》进行了修订，2015 年对《中华人民共和国大气污染防治法》进行了再次修订，修订后的《中华人民共和国环境保护法》共七章七十条，增设了生态保护红线制度、生态保护补偿制度、区域限批制度、跨区域联防制度、环境信息公开制度、环境公益诉讼制度；强化了法律责任，规定了按日连续处罚、查封扣押、行政拘留、移送司法等。环境保护法的修改和贯彻实施，对于保护和改善环境，防治污染和其他公害，保障公众健康，推进生态文明建设，促进经济社会可持续发展，具有十分重要的意义。

  除制定国内环境法外，我国政府此间还积极参加国际环境保护合作，并参加了一些重要的国际环境保护公约和协定缔结，与周边国家签署了一些环境保护的双边协定。1992 年加入《联合国气候变化框架公约》《生物多样性公约》，1994 年加入《控制危险废物越境转移及其处置的巴塞尔公约》《防治荒漠化公约》，1996 年加入《联合国海洋法公约》，2002 年加入《联合国气候变化框架公约京都议定书》，2004 年加入《关于持久性有机污染物的斯德哥尔摩公约》（POPs 公约）。

二、我国的环境法体系

  环境法律体系是指一国现行的有关保护和改善环境和自然资源、防治污染和其他公害的各种法律规范所组成的相互联系、相互补充、协调一致的法律规范的统一整体。从上面这个定义，可以看出我国环境法律体系首先强调的一国的环境法律体系是由该国现行的国内环境法律规范所组成的，因此国际环境保护公约或协定不能成为一国环境法律体系的组成部分，中国参加和缔结的国际环境保护公约或协定除外。其次，环境法律体系在内容上是由一国现行的与环境有关的全部法律法规所组成的有机整体。这表明，任何尚未颁布实施或正在制定中的环境法律法规都不能作为环境法律体系的内容，任何与环境保护无关的法律规范也不能作为环境法律体系的内容。

在各种部门法中，目前环境法成为一个独立的法律部门并建立起比较完备的体系，虽然在时间上比别的部门法要晚得多，但由于它保护的对象和调整的社会关系十分广泛，使其立法的数量多于一般的部门法，并且形成了一个庞大的部门法体系。

我国现行的环境法体系在内容上是由现行的与环境有关的全部法律规范所组成的有机整体，包括以下几个方面的环境法律规范。

1. 宪法中的环境保护规定

宪法在一个国家中处于法律体系的最高地位，它是国家的根本大法，任何法律规范都必须首先符合宪法规定。宪法中关于环境保护的规定是环境法体系的基础，是各种环境法律法规和规章的立法依据。我国宪法中这类规定主要包括如下几方面。

（1）规定保护环境和维护生态平衡是国家的一项基本职责

《中华人民共和国宪法》第二十六条规定："国家保护和改善生活环境和生态环境、防治污染和其他公害。"这是国家环境保护的总政策，为国家环境保护活动和环境立法奠定了宪法基础。

（2）规定了公民环境权的基础

《中华人民共和国宪法》虽然还未直接规定公民的环境权，但《中华人民共和国宪法》第五十一条规定："中华人民共和国公民在行使自由和权利的时候，不得损害国家的、社会的、集体的利益和其他公民的合法的自由和权利。"这一规定既是公民主张环境权的基础，又是防止公民滥用权利造成对环境的污染和破坏的基本环境义务规范。

（3）规定对自然资源和一些重要的环境要素的所有权保护

《中华人民共和国宪法》第九条第一款规定："矿藏、水流、森林、山坡、草原、荒地、滩涂等自然资源，都属于国家所有，即全民所有；由法律规定属于集体所有的森林和山岭、草原、荒地、滩涂除外。"第九条第二款规定："国家保障自然资源的合理利用，保护珍贵的动物和植物。禁止任何组织或者个人用任何手段侵占或者破坏自然资源。"第十条第一款："城市的土地属于国家所有。"第十条第二款规定："农村和郊区的土地，除由法律规定属于国家所有的以外，属于集体所有。"第二十二条第二款规定："国家保护名胜古迹、珍贵文物和其他重要历史文化遗产。"第二十六条第二款规定："国家组织和鼓励植树造林，保护林木。"

宪法的上述各项规定，为中国的环境保护活动和环境立法提供了指导原则和立法依据。

2. 综合性环境基本法

现行的《中华人民共和国环境保护法》是以宪法中有关环境保护的规定为立法依据的，它是对环境保护方面的重大问题加以综合调整的综合性实体法，在环境法体系中，除宪法之外它占有核心的地位，是其他单行环境法的立法依据。它对环境保护的重要问题做了全面的规定。

（1）规定了环境法的任务和目的。《中华人民共和国环境保护法》第一条规定了本法的任务和目的，即保护和改善环境，防治污染和其他公害，保障公众健康，推进生态文明建设，促进经济社会可持续发展。

（2）规定环境保护的对象。《中华人民共和国环境保护法》所称环境，是指影响人类生存和发展的各种天然的和经过人工改造的自然因素的总体，包括大气、水、海洋、土地、矿藏、森林、草原、湿地、野生生物、自然遗迹、人文遗迹、自然保护区、风景名胜区、城市和乡村等。

（3）规定了环境保护的基本原则和基本制度。如保护优先、预防为主、综合治理、公众参与、损害担责的原则等；以及环境影响评价制度、许可证制度、环境监测制度、生态红线制度、污染物排放总量控制和区域限批制度、跨区域联防制度、环境信息公开制度、环境公益诉讼制度等。

（4）规定了政府的环境保护责任。各级政府承担的环境保护责任主要包括：改善环境质量、加大财政投入、加强环境保护宣传和普及工作、对生活废物进行分类处置、推广清洁能源生产和使用、做好突发环境事件的应急准备等。

（5）规定了企业事业单位和其他生产经营者的环保责任。主要有实施清洁生产、减少环境污染和危害、按照排污标准和总量排放、安装使用监测设备、缴纳排污费、制定突发环境事件应急预案、公布排污信息、建立环境保护责任制度。

（6）规定了环境保护主管部门和其他政府有关部门责任，还明确了环境监察机构的法律地位。规定了公民的环境权利和环保义务。

（7）规定了环境经济政策。国家采取财政、税收、价格、政府采购等方面的政策和措施，鼓励和支持环境保护技术装备、资源综合利用和环境服务等环境保护产业的发展。国家加大对生态保护地区的财政转移支付力度。有关地方人民政府应当落实生态保护补偿资金，确保其用于生态保护补偿。国家鼓励投保环境污染责任保险。

（8）规定了违反环境法的法律责任，即行政责任、民事责任和刑事责任。强化了法律责任，加大违法排污的责任，解决"违法成本低"的问题，规定了按日连续处罚、查封扣押、行政拘留、移送司法等。

3. 环境保护单行法

环境保护单行法是以宪法和环境保护基本法为依据，针对特定的保护对象或特定的污染防治对象而由国家立法机关制定的单项法律法规。一般单行环境法律法规比较具体，是进行环境管理、环境纠纷处理的直接依据。目前，我国环境保护单行法从内容上可分为以下几个部分。

（1）环境污染防治法单行法律、法规、规章

在我国环境保护单行法中，污染防治法数量最多，包括针对大气、海洋、水的污染，噪声、振动、放射性、电磁辐射以及有毒有害化学品和危险物品的危害制定的污染防治法等。例如《中华人民共和国固体废物污染环境防治法》《中华人民共和国水污染防治法》《中华人民共和国环境噪声污染防治法》《中华人民共和国海洋环境保护法》《中华人民共和国大气污染防治法》《中华人民共和国放射性污染防治法》。此外，国务院制定了配套的法规，如《排污费征收管理条例》《建设项目竣工环境保护验收管理办法》《城镇排水与污水处理条例》《畜禽规模养殖污染防治条例》等。有关部门还制定了配套的规章，如《固体废物进口管理办法》《放射性同位素与射线装置安全和防护管理办法》等。

（2）自然资源保护单行法律、法规、规章

自然资源保护法的建立是为了保护自然环境，使自然资源免受破坏，保证生物资源永续利用，维持生态平衡，因此这类规定是以保护某一环境要素为主要内容，也包括对自然资源管理和防治对该类自然资源污染和破坏的法律规范。重要的法律有《中华人民共和国水法》

《中华人民共和国森林法》《中华人民共和国草原法》《中华人民共和国土地管理法》《中华人民共和国矿产资源法》《中华人民共和国渔业法》《中华人民共和国野生动物保护法》《中华人民共和国水土保持法》《中华人民共和国防沙治沙法》等。国务院颁布的行政法规主要有《野生植物保护条例》《水产资源繁殖保护条例》《自然保护区条例》《风景名胜区条例》《土地管理法实施条例》《基本农田保护条例》《水土保持法实施条例》。此外，国务院有关部门还制定了配套的规章，如《取水许可制度实施办法》《森林和野生动物类型自然保护区管理办法》《土地复垦规定》。

4. 环境纠纷解决程序法律、法规、规章

即有关追究破坏或者污染环境的单位和个人的行政责任、民事责任、刑事责任的程序性的法律法规。我国环境纠纷的解决程序沿用国家的有关法律法规。如《中华人民共和国行政诉讼法》《中华人民共和国民事诉讼法》《中华人民共和国刑事诉讼法》，对环境行政争议的解决途径，还沿用《中华人民共和国行政复议法》《监察机关处理不服行政处分的申诉办法》和环境保护法律中的有关规定。

为了规范环境保护监督管理部门的行政处罚行为，颁布了《中华人民共和国行政处罚法》，国务院有关行政部门发布了如《环境保护行政处罚办法》《土地违法案件处理暂行办法》《突发环境事件调查处理办法》《环境监察执法证件管理办法》《环境保护主管部门实施限制生产、停产整治办法》《环境保护主管部门实施查封、扣押办法》《环境保护主管部门实施按日连续处罚办法》《行政主管部门移送适用行政拘留环境违法案件暂行办法》等。

5. 环境标准

环境标准是国家为了维护环境质量、控制污染、保护人体健康和生态平衡而制定的各种技术指标和规范的总称。环境标准是环境法体系的重要组成部分，是制定环境目标和环境规划的依据，是判断环境是否污染、排污行为是否合法及污染纠纷双方所出示的"证据"是否合法的依据。环境标准由环境保护基本法授权的国家特定机关即国务院环境保护行政主管部门制定。地方环境标准由省级环保部门组织草拟，报同级人民政府审批、发布，并报国务院环境保护行政主管部门备案。我国环境标准主要分为5类。

(1) 环境质量标准

是指对一定区域内，限制有害物质和因素的最高允许浓度所作的综合规定。它是衡量一个国家、一个地区环境是否受到污染的尺度，是制定污染物排放标准的依据。国家环境质量标准包括《地表水环境质量标准》(GB 3838—2002)、《海水水质标准》(GB 3097—1997)、地下水质量标准(GB/T 14848—93)、《农田灌溉水质标准》(GB 5084—92)、《环境空气质量标准》(GB 3095—2012)、《室内空气质量标准》(GB/T 18883—2002)、《声环境质量标准》(GB 3096—2008)、《土壤环境质量标准》(GB 15618—1995)、《电磁辐射防护规定》(GB 8702—88)等。

(2) 污染物排放标准

是为了实现环境质量标准，结合技术经济条件和环境特点，规定污染源允许排放的污染物的最高限额。国家污染物排放标准主要包括《污水综合排放标准》(GB 8978—1996)、《大气污染物综合排放标准》(GB 16297—1996)、《恶臭污染物排放标准》(GB 14554—1993)、《饮食业油烟排放标准（试行）》(GB 18483—2001)、《锅炉大气污染物排放标准》(GB 13271—2001)、《工业企业厂界环境噪声排放标准》(GB 12348—2008)、《建筑施工场界环境噪声排放标准》(GB 12523—2011)、《生活垃圾填埋场污染控制标准》(GB 16889—

2008）等。

（3）环境基础标准

是对环境保护工作中需要统一的技术术语、符号、指南、导则、代码及信息编码等所作的规定。其目的是为制定和执行各类环境标准提供一个统一遵循的准则。它是制定其他环境标准的基础，如《制定地方水污染物排放标准的技术原则与方法》（GB 3839—83）、《制定地方大气污染物排放标准的技术方法》（GBT 3840—1991）、《环境工程技术分类与命名》（HJ 496—2009）等。

（4）环境方法标准

是指为监测环境质量和污染物排放、规范采样、分析测试、数据处理等技术而制定的技术规范。它是使各种环境监测和统计数据准确、可靠并且具有可比性的保证。如《地表水和污水监测技术规范》（HJ/T 91—2002）、《水质　总大肠菌群和粪大肠菌群的测定　纸片快速法》（HJ 755—2015）、《固定污染源排气中颗粒物测定与气态污染物采样方法》（GB/T 16157—1996）、《环境空气 PM_{10} 和 $PM_{2.5}$ 的测定　重量法》（HJ 618—2011）等。

（5）环境标准样品标准

是为保证环境监测数据的准确、可靠，对用于量值传递或质量控制的材料、实物样品而制定的技术规范。它是一种实物标准，如《标准样品定值的一般原则与统计方法》（GB/T 15000.3—1994）、《水质　化学需氧量》（GSB Z50001—88）等。

6. 其他部门法中的环境保护规范

其他部门法如民法、行政法、刑法、经济法、劳动法中包含不少与环境保护有关的法律规范，尤其是法律责任、程序制度等方面的规范，它们也是环境法体系的组成部分。如《中华人民共和国民法通则》中关于单位及个人对自然资源管理、保护、合理利用义务的规定，关于物权关系、相邻关系中有关环境资源的规定，关于诉讼时效的规定；《中华人民共和国侵权责任法》中关于环境污染责任的规定。

《中华人民共和国刑法》中关于"破坏环境资源保护罪"有 14 种具体犯罪的规定：(1) 污染环境罪；(2) 非法处置进口的固体废物罪；(3) 擅自进口固体废物罪；(4) 非法捕捞水产品罪；(5) 非法猎捕、杀害、收购、运输、出售珍贵、濒危野生动物罪；(6) 非法收购、运输、出售珍贵、濒危野生动物制品罪；(7) 非法狩猎罪；(8) 非法占用农用地罪；(9) 非法采矿罪；(10) 破坏性采矿罪；(11) 非法采伐、毁坏珍贵树木罪；(12) 盗伐林木罪；(13) 滥伐林木罪；(14) 非法收购盗伐、滥伐的林木罪。

此外，两高关于办理环境污染刑事案件适用法律若干问题的解释，以及许多经济法中如企业法、农业法、交通运输法、涉外经济法、建筑法中包含的环境法的内容，也是环境法体系的重要组成部分。

7. 地方环境法规、规章

地方环境法规、规章，是指由省、自治区、直辖市和其他依法有制定权的地方人民代表大会及其常委会和地方人民政府制定的有关合理开发、利用和保护、改善环境方面的地方环境法规和地方环境行政规章。

环境问题的复杂性和地方性的特点，使地方环境规范在我国环境法体系中有着重要的意义，它不仅对保护和改善地方环境发挥着积极重要的作用，而且弥补了国家环境立法的不足，为国家环境法的完善提供了立法的经验。

地方性环境法规和规章是以实施国家环境法律、行政法规为目的，以解决本地区某一特定环境问题为目的因地制宜而制定的。地方性环境法规效力高于本级和下级地方人民政府环境规章。地方性环境法规和规章都只在制定的地方适用。

8. 我国缔结或者参加的国际环境条约

我国参加或缔结的重要的国际环境条约有《保护臭氧层维也纳公约》《联合国生物多样性公约》《联合国气候变化框架公约》《控制危险废物越境转移及其处置巴塞尔公约》《联合国海洋法公约》《世界文化和自然遗产保护公约》等。我国参加或缔结的与环境保护有关的国际条约，都是我国环境法体系的重要组成部分。这些国际环境保护规范，除我国声明保留的条款外，其效力优于国内法。但这些国际环境保护规范并不能直接在环境执法、司法中适用，它们必须通过国内法加以规定，才能得到贯彻实施。

第五节 ▍ 环境保护监督管理体制

一、环境保护监督管理体制的定义

环境保护监督管理体制，也称环境监督管理体制，是指国家环境保护监督管理机构的设置，以及这些机构之间环境监督管理权限的划分。

《中华人民共和国环境保护法》第十条对我国环境保护监督管理体制作了原则性规定："国务院环境保护主管部门，对全国环境保护工作实施统一监督管理；县级以上地方人民政府环境保护主管部门，对本行政区域环境保护工作实施统一监督管理。县级以上人民政府有关部门和军队环境保护部门，依照有关法律的规定对资源保护和污染防治等环境保护工作实施监督管理。"

《中华人民共和国环境保护法》关于环境保护监督管理体制的规定，贯彻了"统一监督管理与分级分部门监督管理相结合的体制"的原则，明确了县级以上人民政府环境保护行政主管部门和县级以上人民政府其他有关部门在环境保护监督管理方面各自的职责及权限，确立了分级、分部门管理的职责及权限。

二、我国环境保护监督管理机构的职责

根据《中华人民共和国环境保护法》的规定对环境保护实施监督管理的行政机关，包括国务院环境保护行政主管部门、地方各级人民政府、县级以上地方人民政府环境保护行政主管部门，以及依照法律规定行使环境污染防治或者自然资源保护监督管理权的有关部门。

1. 国务院环境行政主管部门的职责

根据《中华人民共和国环境保护法》第十条规定，国务院环境保护行政主管部门对全国的环境保护实施统一监督管理。国务院环境保护行政主管部门的主要职责共十三项。

① 负责建立健全环境保护基本制度。拟订并组织实施国家环境保护政策、规划，起草法律法规草案，制定部门规章。组织编制环境功能区划，组织制定各类环境保护标准、基准和技术规范，组织拟订并监督实施重点区域、流域污染防治规划和饮用水水源地环境保护规划，按国家要求会同有关部门拟订重点海域污染防治规划，参与制订国家主体功能区划。

② 负责重大环境问题的统筹协调和监督管理。牵头协调重特大环境污染事故和生态破坏事件的调查处理，指导协调地方政府重特大突发环境事件的应急、预警工作，协调解决有关跨区域环境污染纠纷，统筹协调国家重点流域、区域、海域污染防治工作，指导、协调和

监督海洋环境保护工作。

③ 承担落实国家减排目标的责任。组织制定主要污染物排放总量控制和排污许可证制度并监督实施，提出实施总量控制的污染物名称和控制指标，督查、督办、核查各地污染物减排任务完成情况，实施环境保护目标责任制、总量减排考核并公布考核结果。

④ 负责提出环境保护领域固定资产投资规模和方向、国家财政性资金安排的意见，按国务院规定权限，审批、核准国家规划内和年度计划规模内固定资产投资项目，并配合有关部门做好组织实施和监督工作。参与指导和推动循环经济和环保产业发展，参与应对气候变化工作。

⑤ 承担从源头上预防、控制环境污染和环境破坏的责任。受国务院委托对重大经济和技术政策、发展规划以及重大经济开发计划进行环境影响评价，对涉及环境保护的法律法规草案提出有关环境影响方面的意见，按国家规定审批重大开发建设区域、项目环境影响评价文件。

⑥ 负责环境污染防治的监督管理。制定水体、大气、土壤、噪声、光、恶臭、固体废物、化学品、机动车等的污染防治管理制度并组织实施，会同有关部门监督管理饮用水水源地环境保护工作，组织指导城镇和农村的环境综合整治工作。

⑦ 指导、协调、监督生态保护工作。拟订生态保护规划，组织评估生态环境质量状况，监督对生态环境有影响的自然资源开发利用活动、重要生态环境建设和生态破坏恢复工作。指导、协调、监督各种类型的自然保护区、风景名胜区、森林公园的环境保护工作，协调和监督野生动植物保护、湿地环境保护、荒漠化防治工作。协调指导农村生态环境保护，监督生物技术环境安全，牵头生物物种（含遗传资源）工作，组织协调生物多样性保护。

⑧ 负责核安全和辐射安全的监督管理。拟订有关政策、规划、标准，参与核事故应急处理，负责辐射环境事故应急处理工作。监督管理核设施安全、放射源安全，监督管理核设施、核技术应用、电磁辐射、伴有放射性矿产资源开发利用中的污染防治。对核材料的管制和民用核安全设备的设计、制造、安装和无损检验活动实施监督管理。

⑨ 负责环境监测和信息发布。制定环境监测制度和规范，组织实施环境质量监测和污染源监督性监测。组织对环境质量状况进行调查评估、预测预警，组织建设和管理国家环境监测网和全国环境信息网，建立和实行环境质量公告制度，统一发布国家环境综合性报告和重大环境信息。

⑩ 开展环境保护科技工作，组织环境保护重大科学研究和技术工程示范，推动环境技术管理体系建设。

⑪ 开展环境保护国际合作交流，研究提出国际环境合作中有关问题的建议，组织协调有关环境保护国际条约的履约工作，参与处理涉外环境保护事务。

⑫ 组织、指导和协调环境保护宣传教育工作，制定并组织实施环境保护宣传教育纲要，开展生态文明建设和环境友好型社会建设的有关宣传教育工作，推动社会公众和社会组织参与环境保护。

⑬ 承办国务院交办的其他事项。

2. 地方各级人民政府的职责

根据《中华人民共和国环境保护法》的规定，地方各级人民政府在环境保护方面的主要职责共有十二项。

① 各级人民政府对本辖区的环境质量负责，采取措施改善环境质量。

② 各级人民政府必须把环境保护规划纳入国家或本地区国民经济和社会发展计划，采取各种有利于环境保护的经济、技术政策和措施，使本地区的环境保护同经济建设和社会发展协调。

③ 省一级人民政府可以根据本辖区环境特点，制定地方环境质量补充标准和污染物排放标准。

④ 有关地方人民政府负责协商解决跨行政区的环境污染和环境破坏的防治工作，或由上级人民政府协调解决，作出决定。

⑤ 各级人民政府对各种特殊的自然生态系统，采取措施加以保护，严禁破坏。

⑥ 国务院、国务院有关部门和地方省一级人民政府负责划定风景名胜区、自然保护区等特别保护区域。

⑦ 各级人民政府加强对农业环境的保护，防止农业污染和农业生态破坏。

⑧ 国务院和沿海地方各级人民政府加强对海洋的环境保护，防止各种开发、建设活动对海洋环境的污染损害。

⑨ 县级以上人民政府，在环境受到严重污染威胁居民生命财产安全时，发布应急命令，并采取有效措施解除或者减轻危害。

⑩ 国务院和地方各级人民政府，采取措施鼓励本辖区环境科学教育事业的发展，加强环境保护科学技术的研究和开发，普及环境保护科学知识。

⑪ 对保护和改善环境有显著成绩的单位和个人，由人民政府给予奖励。

⑫ 排污者两年内因排放含重金属、持久性有机污染物等有毒物质超过污染物排放标准受过两次以上行政处罚，又实施前列行为的，或者被责令停产整治后拒不停产或者擅自恢复生产的，或者在停产整治决定解除后，跟踪检查发现又实施同一违法行为的，由环境保护主管部门报经有批准权的人民政府责令停业、关闭。

3. 县级以上地方人民政府环境行政主管部门的职责

根据《中华人民共和国环境保护法》的规定，地方县级以上人民政府环境保护行政主管部门的主要职责有十三项。

① 实施统一监督管理。

② 审批环境影响报告书。

③ 验收"三同时"，并监督防治污染设施的正常运行。

④ 实施排污申报登记。

⑤ 征收排污费。

⑥ 实施现场检查。

⑦ 实施行政处罚。

⑧ 作出行政复议决定（市级以上地方人民政府环境行政主管部门）。

⑨ 申请人民法院强制执行。

⑩ 负责环境监测和信息发布工作。

⑪ 编制环境保护规划。

⑫ 调解处理环境污染民事纠纷。

⑬ 组织开展环境科学研究和宣传教育。

4. 分管环境监督管理权的部门职责

根据《中华人民共和国环境保护法》第十条规定，我国对环境保护实施监督管理的行政机关，除县级以上人民政府环境保护行政主管部门之外，还有依照有关法律规定行使环境污染防治或者自然资源保护监督管理权的有关部门，具体如下。

① 海洋行政主管部门。根据《中华人民共和国环境保护法》《中华人民共和国海洋环境保护法》《海洋石油勘探开发环境保护管理条例》及《海洋倾废管理条例》的规定，负责对全国海洋工程建设项目和海洋倾倒废弃物对海洋污染损害的防治实施监督管理。

② 海事行政主管部门。根据《中华人民共和国海洋环境保护法》《防止船舶污染海域管理条例》《防止拆船污染环境管理条例》的规定，对所辖港区水域内非军事船舶和港区水域外非渔业、非军事船舶污染海洋环境防治实施监督管理，并负责污染事故的调查处理；对在我国管辖海域航行、停泊和作业的外国籍船舶造成污染事故登轮检查处理。

③ 港务监督行政主管部门。根据《中华人民共和国水污染防治法》《中华人民共和国环境噪声污染防治法》及《防治拆船污染环境管理条例》的规定，对我国内河船舶、拆船污染港区水域和港区的机动船舶噪声污染防治实施监督管理。

④ 渔政渔港监督行政主管部门。根据《中华人民共和国渔业法》《防止拆船污染环境管理条例》《中华人民共和国海洋环境保护法》的规定，对内河渔业船舶排污、拆船作业污染内河渔业港区水域的污染防治实施监督管理，并负责调查处理内河渔业污染事故；对我国海域渔港水域内非军事船舶和渔港水域外渔业船舶污染海洋环境实施监督管理，并参与船舶造成渔业海域污染事故的调查处理。

⑤ 军队环境保护部门。根据《中华人民共和国环境保护法》《中国人民解放军环境保护条例》和《中华人民共和国海洋环境保护法》的规定，负责军事演练、武器试验、军事科研、军工生产、运输以及部队生活等对环境的污染防治实施监督管理。

⑥ 各级公安机关。根据《中华人民共和国环境保护法》《中华人民共和国环境噪声污染防治法》《中华人民共和国大气污染防治法》《汽车排放污染监督管理办法》《道路交通管理条例》《中华人民共和国放射性污染防治法》《放射性同位素与射线装置放射性防治条例》《中华人民共和国治安管理处罚法》《中华人民共和国道路交通安全法》的规定，对环境噪声、汽车尾气污染、放射性污染、破坏野生动植物及破坏水土保持等环境污染防治和自然资源保护实施监督管理。对违反上述法律法规，情节严重，尚不构成犯罪的，实施行政拘留。

⑦ 各级交通部门的航政部门。根据《中华人民共和国环境保护法》《中华人民共和国大气污染防治法》《中华人民共和国水污染防治法》《中华人民共和国环境噪声污染防治法》的规定，对陆地水体（港区、渔业区除外）船舶的大气污染、水污染和环境噪声污染防治实施监督管理。

⑧ 铁道行政主管部门。根据《中华人民共和国环境保护法》《中华人民共和国大气污染防治法》《中华人民共和国环境噪声污染防治法》的规定，对铁路机动车环境污染防治实施监督管理。

⑨ 民航行政主管部门。根据《中华人民共和国环境保护法》《中华人民共和国环境噪声污染防治法》《民用机场管理暂行规定》和《通用航空管理暂行规定》的规定，对民用机场和经营通用航空业务的企事业单位的环境噪声污染防治实施监督管理。

⑩ 土地行政主管部门。根据《中华人民共和国环境保护法》《中华人民共和国土地管理法》《中华人民共和国农业法》和《土地复垦规定》等规定，对国土规划、土地使用、耕地与草地等土地的保护、土地复垦等土地资源保护实施监督管理。

⑪ 地质矿产主管部门。根据《中华人民共和国环境保护法》《中华人民共和国矿产资源法》的规定，对矿产开发、矿区复垦等的矿产资源保护实施监督管理。

⑫ 林业主管部门。根据《中华人民共和国环境保护法》《中华人民共和国森林法》《中华人民共和国野生动物保护法》《中华人民共和国野生植物保护法》和《中华人民共和国防沙治沙法》的规定，对森林资源、陆地野生动物、野生植物资源保护和防沙治沙工作实施监督管理。

⑬ 农业行政主管部门。根据《中华人民共和国环境保护法》《中华人民共和国农业法》《中华人民共和国草原法》《野生植物保护条例》和《农药管理条例》的规定，对耕地、农田保护、草原、野生植物资源保护以及农药的安全使用实施监督管理。

⑭ 水行政主管部门。根据《中华人民共和国环境保护法》《中华人民共和国水法》《中华人民共和国水土保护法》《中华人民共和国防洪法》的规定，对流域、区域规划和水资源保护及水土保持实施监督管理。

⑮ 渔业行政主管部门。根据《中华人民共和国渔业法》和《中华人民共和国野生动物保护法》的规定，对渔业资源、水生野生动物资源保护实施监督管理。

除上述环境保护管理部门外，经济综合主管部门、建设主管部门、卫生主管部门、海关主管部门、工商主管部门、质量监督主管部门、能源主管部门、城市管理主管部门等可根据相关法律规定对污染防治或自然资源保护实施监督管理。例如，根据2015年修订的《中华人民共和国大气污染防治法》第一百零一条、第一百零二条的规定，生产、进口、销售或者使用国家综合性产业政策目录中禁止的设备和产品，采用国家综合性产业政策目录中禁止的工艺，或者将淘汰的设备和产品转让给他人使用的，由县级以上人民政府经济综合主管部门、出入境检验检疫机构按照职责依法处罚。进口行为构成走私的，由海关依法予以处罚。煤矿未按照规定建设配套煤炭洗选设施的，由县级以上人民政府能源主管部依法处罚。

5. 环境联合执法

上述依照法律规定行使环境监督管理权的各部门，必须在法律规定的范围内实施其职权，既分工又合作，防止互相争权、越权或推诿的现象发生。只有这样才能充分发挥我国环境监督管理体制应有的整体功效。

然而，由于环境行政执法部门对法律规定理解上的差异，以及违法行为的多样化、复杂化，环境行政执法争议问题频繁发生，甚至出现了对一个环境违法行为没有执法部门去管的现象。针对这个问题，可以通过开展联合执法、建立联合执法协调机制进行解决。

建立联合执法机制，能够有效地统一各有关行政执法机关的执法理念、执法步骤、执法标准和执法要求，丰富执法手段。相关部门通过相互协作，确保对各种违法行为的全过程监督和处理，有利于提高执法效率，减少行政执法争议的发生。例如，针对未安装净化设施或设施不运行、工业企业扬尘物料未密闭贮存、施工工地未覆盖、露天焚烧、绿色施工达标等情况，环境保护主管部门可联合建设主管部门、城管部门进行执法检查。针对工业企业清洁能源改造、"三高"企业退出等情况，环境保护主管部门可联合发改委、经信委等部门进行执法检查。

需要指出的是，联合执法并不是指联合实施行政处罚。环境联合执法的前提是推行行政执法责任制，明确执法主体、依据和职权，必须对行政区域内的各级行政执法主体、依据和职权进行梳理，摸清各执法部门行政执法的底数，为建立联合执法工作机制奠定基础。环境联合执法的各个组成部门对于各类环境违法行为，应当根据各自的监管职责，依法独立作出行政处罚。

一、问答题

1. 什么是环境法？有哪些特点？
2. 环境法的任务是什么？它们之间关系如何？
3. 我国现行环境法体系包括哪些组成部分？
4. 我国环境保护监督管理体制有哪些特点？

二、案例分析

1. 2010年5月7日，安徽省某县环保局许副局长经乔局长同意，带领县环境监察大队长赵某、副大队长董某、队员王某，到位于固镇县经济开发区的蚌埠伊诺华轮胎有限公司检查，得知新扩建的盖胶密炼车间和仓库未经环评，锅炉由4吨改为10吨而未经环保验收时，即要求企业抓紧补办环保相关手续。5月20日，许副局长带领县环境监察副大队长董某、队员钱某按照排污费征收程序到伊诺华公司送达2010年第一季度污染物核定通知书和排污费核定通知书。5月26日，固镇县政府分管开发区的副县长汪某在固镇县环境保护局排污核定通知书上签批："吴县长：环保局做法有违政府有关涉企检查规定，也有背我县对伊诺华的承诺。建议：监察部门立即调查，尽快将结果报政府。"固镇县县长吴某当天批示："同意汪县意见，立即安排了解情况，提出处理意见，一周内报结（5月31日）。"2010年6月蚌埠市固镇县县委、县政府以影响招商为由对6名环保局干部集体停职。

问：如何加强地方政府在环境保护中的责任？

2. 2014年初，刘女士租用新建商住综合楼门面从事餐饮业，在未采取有效油烟及噪声污染防治措施，未履行环保审批手续的情况下，擅自开张营业。随着居民先后入住，油烟、噪声等环境问题引起的店群矛盾和纠纷日趋突出。从2015年初开始，该楼住户多次向县政府、县环保局、县工商局等单位投诉，强烈要求取缔该饭店的违法经营活动。接到投诉后，县环保局会同县工商等部门数次责令该饭店进行整改，并帮助调解店群纠纷，但成效不明显。2015年9月，县环保局、县工商局组成了联合执法组，联合签发了《环境行政处罚听证告知书》，后又联合签发《行政处罚决定书》，作出了责令改正、罚款5万元的处罚决定。

问：联合执法机构是否可作为行政执法主体？

第三章 环境法的基本原则和基本制度

学习目标

掌握环境法基本原则和基本制度,主要是"协调发展原则""预防为主原则""环境责任原则"和"公众参与原则"以及环境影响评价制度、环境监测制度、排污许可证制度、排污收费制度、现场检查制度、信息公开制度等的主要内容。

第一节 环境法的基本原则

一、环境法的基本原则的概念

环境法的基本原则,指贯穿于整个环境法之中,所有环境法律规范都必须遵循和贯彻的,调整并决定一切环境法律关系主体所有行为的指导思想和基本准则。环境法的基本原则贯穿于环境法领域,是环境立法、司法、执法、守法必须遵循的准则。它贯穿环境法制建设的全过程,是环境法的核心和灵魂,具有十分重要的意义。我国环境法的基本原则主要有四项:经济社会发展与环境保护相协调原则;保护优、预防为主、综合治理原则;公众参与原则;损害担责原则。

二、经济社会发展与环境保护相协调原则

1. 经济社会发展与环境保护相协调原则的概念

经济社会发展与环境保护相协调原则,又称协调发展原则,是指环境保护与经济建设和社会发展统筹规划、同步实施、协调发展,实现经济效益、社会效益和环境效益的统一。这一原则正确反映经济社会发展与环境保护的关系,符合当代环境法的发展趋势。

环境问题是伴随着经济社会发展而产生的,环境问题的解决,与经济发展模式有着密切联系。我国还处于社会主义初级阶段,发展仍然是解决我国所有问题的关键。但发展的基本内涵必须是科学发展,应当坚持以人为本,正确处理经济发展与环境保护的关系。要以环境保护优化经济发展,推动经济全面协调可持续发展,"既要绿水青山,也要金山银山"。要加快形成新的经济发展方式,把推动经济发展的立足点转到提高质量和效益上来,更多依靠节

约资源和循环经济推动。经济发展不能超越环境资源承载能力,当代人经济发展不能以牺牲下一代人的利益为代价。加强环境保护不是放弃对经济发展的追求,而是要在更高层次上实现经济发展与环境保护的和谐,保护环境就是保护生产力,改善环境就是发展生产力。要使环境保护是套在经济社会发展上的"紧箍咒",要加快经济发展方式绿色转型,为建设生态文明提供源源不断的强大动力。

1989年颁布的《中华人民共和国环境保护法》第四条规定:"国家制定的环境保护规划必须纳入国民经济和社会发展计划,国家采取有利于环境保护的经济、技术政策和措施,使环境保护工作同经济建设和社会发展相协调。"从而将环境保护和经法发展的关系定位于协调关系,但环境保护与经法发展相比,处于从属地位。2014年修订的《中华人民共和国环境保护法》,将"使环境保护工作同经济建设和社会发展相协调"修改为"使经济社会发展与环境保护相协调",从而彻底改变了环境保护在二者关系中的次要地位。

2. 经济社会发展与环境保护相协调原则的贯彻

切实贯彻经济社会发展与环境保护相协调原则,应从以下几方面着手。

第一,将环境保护切实纳入国民经济和社会发展规划。环境保护关系到经济能否持续发展,关系到人民的生活质量和子孙后代的生存、繁衍,是社会主义现代化建设的重要组成部分。因此,必须把环境保护纳入到国民经济和社会发展规划。对此,《中华人民共和国环境保护法》第十三条已经作了明确规定,为环境保护纳入国民经济和社会发展规划划提供了法律依据。

第二,建立环境与发展的综合决策机制。各级政府部门在进行经济和社会发展重大决策过程中,必须对环境保护和经济社会发展加以全面考虑、综合平衡、科学决策。完善政府负责、环保部门统一监督管理、有关部门协调配合、全社会共同参与的环境管理体系。把主要污染物总量控制要求、环境容量、环境功能区划和环境风险评估等作为区域和产业发展的决策依据。在制定区域开发、城市发展和行业发展规划,调整产业结构等经济社会发展重大决策时,不仅要根据经济社会发展需要,还要考虑环境和资源承载能力。

第三,加大产业结构调整力度,转变经济增长方式。环境问题归根结底是经济发展方式引起的,粗放式的经济发展方式和不合理的区域布局是造成环境问题的根本原因。当前,我国经济结构矛盾突出,高投入、高消耗、高排放的粗放发展方式没有根本改变。2012年我国经济总量占世界的比重为11.6%,但消耗了全世界21.3%的能源、54%的水泥、45%的钢。保护环境质量,防治环境污染,从根本上需要改变高投入、高消耗、高排放的粗放式发展方式,优化产业结构和布局,促进产业发展模式向绿色低碳、清洁安全转变。

要加快淘汰落后产能,加大钢铁、有色、建材、化工、电力、煤炭、造纸、印染、制革等行业落后产能淘汰力度。要建立新建项目与污染减排、淘汰落后产能相衔接的审批机制,落实产能等量或减量置换制度。要大力推行清洁生产和发展循环经济,推进农业、工业、建筑、商贸服务等领域清洁生产示范,深化循环经济示范试点,加快资源再生利用产业化,推进生产、流通、消费各环节循环经济发展,构建覆盖全社会的资源循环利用体系。

第四,落实环境保护的经济、技术政策和措施。经济社会发展与环境保护相协调原则应该体现于环境经济政策、环境社会政策、环境技术政策、环境行政管理政策等各个方面,而环境保护的经济、技术政策,是为了解决一定历史发展阶段的环境问题,落实环境保护战略方针、实现预期的环境保护目标、保障环境保护与经济、社会发展的有力手段。它对于环境保护工作具有诱导、约束和协调的功能,任何具体政策不得与该原则相抵触。

我国制定的环境经济政策主要有奖励综合利用政策、经济优惠政策、征收环境资源补偿费政策等。环境保护部先后会同有关部门先后发布了《危险废物污染防治技术政策》《燃煤二氧化硫排放污染防治技术政策》《废电池污染防治技术政策》等一系列环境技术政策，对有关的技术政策和技术措施分别作了规定。2013年发布的《国务院关于加快发展节能环保产业的意见》，要求通过加大财政投入，拓展融资渠道，完善价格、收费和土地政策支持节能环保产业发展。2014年修订后的《中华人民共和国环境保护法》将实践中行之有效的环境经济政策加以法定化。《中华人民共和国环境保护法》第二十一条规定：国家采取财政、税收、价格、政府采购等方面的政策和措施，鼓励和支持环境保护技术装备、资源综合利用和环境服务等环境保护产业的发展；第二十三条规定：企业事业单位和其他生产经营者，为改善环境，依照有关规定转产、搬迁、关闭的，人民政府应当予以支持；第三十一条规定：国家加大对生态保护地区的财政转移支付力度。有关地方人民政府应当落实生态保护补偿资金，确保其用于生态保护补偿；第五十二条规定：国家鼓励投保环境污染责任保险；第五十四条规定：将企业事业单位和其他生产经营者的环境违法信息记入社会诚信档案，及时向社会公布违法者名单，从而为推行绿色信贷奠定了基础。

三、保护优先、预防为主、综合治理原则

1. 保护优先、预防为主、综合治理原则的概念

保护优先、预防为主、综合治理原则，是指在环境保护工作中采取各种预防措施，防止环境问题的产生和恶化，或者把环境污染和生态破坏控制在能够维持生态平衡、保护人体健康和物质财富，以及保障经济、社会持续发展的限度之内。这一原则要求在经济建设中应当把环境保护放在优先位置，从根本上改变重经济增长轻环境保护，甚至以牺牲环境为代价发展经济的倾向。修订后的《中华人民共和国环境保护法》确立了保护优先、预防为主、综合治理的原则，该原则由保护、预防、综合治理三部分组成。

（1）保护优先

保护优先是生态文明建设规律的内在要求，就是要从源头上加强生态环境保护和合理利用资源，避免生态破坏。这一原则重新定位环境保护与经济发展的关系，要求在经济发展和环境保护之间发生矛盾时，要把环境保护放在优先位置，以环境资源承载能力为基础，科学决策各类经济社会活动。

《中华人民共和国环境保护法》规定，国家在重点生态功能区、生态环境敏感区和脆弱区等区域划定生态保护红线，实行严格保护。开发利用自然资源，应当合理开发，保护生物多样性，保障生态安全，依法制定有关生态保护和恢复治理方案并予以实施，这些规定都是保护优先原则的体现。

（2）预防为主

预防为主是指采取多种预防措施，防止环境问题的产生和恶化，或者把环境污染和破坏控制在能够维持生态平衡、保护人体健康和社会物质财富及经济、社会持续发展的限度之内。简而言之就是对环境问题应该立足于预防，防患于未然。对开发利用环境的活动，尽量预测和防范可能产生的环境危害；对老污染源和即将产生的新污染源把工作重点放在预防新污染上，尽量在生产的过程中解决环境问题，而不是等环境污染和资源破坏产生以后再去想办法治理；对已经产生的环境污染和破坏应当积极治理。

（3）综合治理

综合治理是指从环境的整体效益出发，正确处理防和治、单项治理和多因子治理、局部治理与区域间治理的关系，采取各种措施，治理环境污染和破坏。由于造成环境污染和破坏的原因是多方面的，所以采取单一的手段进行污染治理是难以取得效果的，应当采取经济、法律、行政、技术、教育等多种手段控制环境污染和破坏，发挥治理的综合效益。

综合治理原则包括了四个层次的含义：一是水、气、声、渣等环境要素的治理要统筹考虑，如治理土壤污染，要同时考虑地下水、地表水、大气的环境保护；二是综合运用政治、经济、法律、科技等多种手段治理环境；三是形成环保部门统一监督管理，各部门分工负责，企业承当社会责任，公民提升环保意识，社会积极参与的齐抓共管的环境治理格局；四是加强跨行政区域的环境污染和生态破坏的防治，由点上的管理扩展到面上的联防联治。

2. 保护优先、预防为主、综合治理原则的贯彻

(1) 全面规划、合理布局、宏观调控

这是指贯彻预防为主的原则，应该从各个方面、通过各种途径去预防环境污染和环境破坏，在经济和社会发展中，对工业、农业、城市、乡村生产和生活的各个方面做出统一考虑，把环境和资源保护作为国民经济和社会发展的重要组成部分来进行统筹安排、规划和布局。它要求首先应该重视和搞好政府行为中的源头活动即规划工作，制定科学的合理开发资源能源的规划、保护环境的规划、节约资源能源的规划和综合治理环境污染与环境破坏的行动方案，制定有利于保护环境的产业结构、资源利用、产品开发、区域建设、财政税收、能源分配、商品交换等各种政策。其次要从经济、社会、环境、生态等多个角度建立科学的开发整治环境的布局，调整不合理的工业、产业布局，形成有利于从根本上防治各种环境问题的合理的城镇体系、产业结构、能源结构和生态结构，以实现经济、社会和环境的协调发展。在进行经济建设和社会发展时，搞好全面规划、合理布局、宏观调控可以最大限度地防止环境污染和生态失调，减少资源破坏和过度消耗，缩小污染危害范围。

(2) 综合运用各种环境保护管理的方法和手段

加强环境法制、管理、宣传、教育、科学、技术等各项工作，充分发挥环境科学技术、环境宣传教育、道德力量和经济手段的作用，通过行政、经济、技术、法律教育等各种手段，提高人们的环境资源保护意识、道德观念、科学技术水平、环境法制观念和保护环境资源的能力，综合防治环境污染和环境破坏。例如通过各种经济手段和价值工具推动环境保护工作。

(3) 积极治理已有的环境污染和破坏

对已经产生的环境污染和破坏，要采取措施积极治理。企业事业单位和其他生产经营者超过污染物排放标准或者超过重点污染物排放总量控制指标排放污染物的，县级以上人民政府环境保护主管部门可以责令其采取限制生产、停产整治等措施；情节严重的，报经有批准权的人民政府批准，责令停业、关闭。

四、公众参与原则

1. 公众参与原则的概念

公众参与的原则，又可称为依靠群众保护环境原则或者环境保护的民主原则，是指在环境保护中，任何公民都享有保护环境的权利，同时也负有保护环境的义务，都有平等地参与环境保护事业、环境决策的权利。这一原则是正确处理政府与群众、生产经营者与公众关系的指导原则，它要求国家对环境保护的监督管理与公众的广泛参与相结合。因为环境质量的

好坏，关系到生产的发展和人民健康。环境保护工作是全民的事业，体现了全民的利益，涉及各地区、各部门、关系到千家万户。在我国人民当家做主，环境保护当然是公民的神圣权利，同时它也是公民义不容辞的义务。

2. 公众参与原则的内容

公众参与原则主要体现在两个方面：公众的环境权利和公众参与的保障机制。

修订后的《中华人民共和国环境保护法》首次以法律形式确认了公民的三项具体环境权利，即环境信息知情权、环境保护参与权和环境保护监督权。环境信息知情权是指公众有依法获得环境信息的权利。政府环境信息公开是公众获得环境信息的途径，否则，公众参与将是无源之水，无本之木，难以实现。环境保护参与权是指公众有权按照一定的程序和途径参与环境立法、执法、司法以及环境决策等活动。环境保护监督权是指公众有权监督环境违法行为。如有权对污染和破坏环境行为进行举报，有关社会组织有权向人民法院提起环境公益诉讼等。

《中华人民共和国环境保护法》还规定了保障有关环境权利实现的机制。各级人民政府环境保护主管部门和其他负有环境保护监督管理职责的部门，应当依法公开环境信息、完善公众参与程序，为公民、法人和其他组织参与和监督环境保护提供便利。负责审批建设项目环境影响评价文件的部门在收到建设项目环境影响报告书后，除涉及国家秘密和商业秘密的事项外，应当全文公开；发现建设项目未充分征求公众意见的，应当责成建设单位征求公众意见。

3. 公众参与原则的贯彻

(1) 加强环境保护宣传教育

环境保护直接关系到公众的切身利益，有必要利用各种手段和途径，加强环境保护法制宣传教育，提高全民的环境意识和法制观念，使广大公众认识到破坏环境可能导致的严重后果和保护环境的重要性，增加危机感，树立保护环境人人有责的良好社会风尚，形成对破坏环境行为人人谴责的社会氛围，引导全社会的人都来关心和参与环境保护工作，充分发挥公众的智慧和力量，群策群力，大家动手，使环境保护意识深入人心，把保护环境变成全体公众的自觉行动。

(2) 完善环境信息公开制度

环境信息公开是指政府和各种组织机构向公众公开其拥有的信息，使其他公民、法人或其他组织可以依法获得上述信息。依法实施政府信息公开是人民政府密切联系群众、转变政风的内在要求，是建设现代政府，提高政府公信力，稳定市场预期，保障公众知情权、参与权、监督权的重要举措。《中华人民共和国环境保护法》规定，国务院环境保护主管部门统一发布国家环境质量、重点污染源监测信息及其他重大环境信息。省级以上人民政府环境保护主管部门定期发布环境状况公报。县级以上人民政府环境保护主管部门和其他负有环境保护监督管理职责的部门，应当依法公开环境质量、环境监测、突发环境事件以及环境行政许可、行政处罚、排污费的征收和使用情况等信息。县级以上地方人民政府环境保护主管部门和其他负有环境保护监督管理职责的部门，应当将企业事业单位和其他生产经营者的环境违法信息记入社会诚信档案，及时向社会公布违法者名单。重点排污单位应当如实向社会公开其主要污染物的名称、排放方式、排放浓度和总量、超标排放情况，以及防治污染设施的建设和运行情况，接受社会监督。

今后应当进一步加强环境信息公开工作，环境信息公开范围要进一步拓展，公开载体要进一步丰富,依申请公开办理的效率和质量需进一步提升,各级人民政府及其环境保护主管部门应当进一步加强对下级环境保护主管部门环境信息公开的指导、检查和培训,积极推进依法督促企业公开环境信息。

(3) 鼓励成立民间环境保护社会团体

把公民组织起来,成立旨在保护环境的公民环境保护社会团体或环境保护非政府群众组织,发展环境保护社会团体和环境保护群众运动,进一步吸引和动员公众和社会团体积极参与环境保护活动。环境法中规定的公众参与原则是公众环境保护群众组织及其运动的法律依据和指导思想,只有在民主气氛中,公众才能通过环境团体开展环境保护活动、参与环境保护管理。公众或公民环境保护群众组织或环境保护民间团体自主地开展有关环境资源方面的宣传、教育、咨询、科学技术研究、信息交流、调查研究等各种活动,可以有效地提高全民族的环境意识,为政府在决策方面提供参考意见。在环境保护的国际大舞台上,民间环境保护团体,无论在工业发达国家还是发展中国家,都已成为推动环境保护管理的巨大力量,并对环境保护和促进环境问题的解决、监督政府依法行政等诸方面发挥着积极的作用。

五、损害担责原则

1. 损害担责原则的概念

损害担责原则是指环境损害者应当按照法律的规定承担相应的法律责任。所谓损害是指有污染环境和破坏生态的行为即为损害,行为人就要承担责任,而非有了损害结果才承担责任。损害担责原则涵盖了环境污染和生态破坏两个方面,环境损害者要为其造成的损害承担责任,是环境保护的一项重要原则。

2. 损害担责原则的形成和发展

损害担责原则是对国际上通行的污染者付费原则的拓展。联合国经济合作与发展组织于1972年提出了污染者付费原则,后来得到国际社会广泛认同和接受。污染者付费原则,亦称污染者负担原则,是指污染环境造成的损失及治理污染的费用应担由污染者承担,而不应转嫁给国家和社会。该原则的理论依据是经济学上的"外部性理论",是指一个人或者一群人的行动和决策使另一个人或另一群人受损或者受益的情况。外部性包括正面影响和负面影响。环境问题是负面影响的典型例子,如企业偷排废水造成水体污染,在没有被发现的情况下,企业由于偷排污水降低生产成本而非法获利,水体损害的成本却由社会承担。污染者付费原则旨在让外部成本内部化,迫使生产经营者采取有效措施治理污染。

1979年《中华人民共和国环境保护法(试行)》规定了"谁污染、谁治理"原则。这一原则只明确了污染者有责任对其造成的污染进行治理,没有包括对污染造成损失的赔偿责任。1989年《中华人民共和国环境保护法》通过具体规定贯彻了污染者付费原则。1996年国务院发布的《关于环境保护若干问题的决定》中规定了"污染者付费、利用者补偿、开发者保护、破坏者恢复"原则。2014年修订的《中华人民共和国环境保护法》草案二次审议稿、三次审议稿都采用了"污染者担责"的表述,四审时有意见提出,污染者担责原则只体现了污染者的责任,不能涵盖生态破坏的责任。因此,四审时将污染者担责原则修改为损害担责原则。修订后的《中华人民共和国环境保护法》对损害担责原则作出了具体规定:企业事业单位和其他生产经营者对所造成的损害依法承担责任;排放污染物的企业事业单位和其他生产经营者,应当按照国家有关规定缴纳排污费;排放污染物的企业事业单位,应当建立环境保护责任制度;因污染环境和破坏生态造成损害的,应当依照《中华人民共和国侵权责任法》的有关规定承担侵权责任。

3. 损害担责原则的贯彻

（1）落实环境保护目标责任制

根据《中华人民共和国环境保护法》的规定，国家实行环境保护目标责任制和考核评价制度。县级以上人民政府应当将环境保护目标完成情况纳入对本级人民政府负有环境保护监督管理职责的部门及其负责人和下级人民政府及其负责人的考核内容，作为对其考核评价的重要依据。考核结果应当向社会公开。排放污染物的企业事业单位，应当建立环境保护责任制度。

地方各级人民政府必须加强对环境保护工作的统一领导，制定措施，有计划地解决环境问题，切实对本辖区的环境质量负起责任，环境保护目标的完成情况应作为评定政府工作成绩的依据之一。同时加强企事业单位的环境管理，建立健全单位环境保护责任制和考核制度。借以推动企事业单位治理环境污染和保护生态环境的主动性和积极性。

（2）加强环境保护监督管理

开发利用环境资源的单位和个人，必须严格执行排污申报许可、环境影响评价等项制度，防止在开发建设活动中对自然资源和生态环境造成污染和破坏，加强对排污制度和开发利用环境资源活动的监督和管理。企业事业单位和其他生产经营者超过污染物排放标准或者超过重点污染物排放总量控制指标排放污染物的，县级以上人民政府环境保护主管部门可以责令其采取限制生产、停产整治等措施；情节严重的，报经有批准权的人民政府批准，责令停业、关闭。

（3）运用经济手段

环境保护中的经济手段主要涉及财政、税收、价格、信贷、保险等领域，目前我国实施的环境经济措施主要包括征收排污费、征收生态补偿费、环境责任保险、绿色信贷等。综合运用这些措施，有利于调整和影响生产经营者的行为，以实现经济发展与环境保护相协调。传统的环境管理主要通过行政、法律的手段，通过加大排污者的责任和对违法污染实施惩罚方面来实现环境保护的目的，缺乏正面的政策引导，效果不佳。环境经济手段通过内化企业污染治理成本，促进企业加强环保投入，提高环保管理水平，从而实现环境保护目的，是一种先进的环境管理手段。

（4）加强企业环境信用体系建设

新修订的《中华人民共和国环境保护法》规定，企业事业单位和其他生产经营者的环境违法信息应当记入社会诚信档案，违法者名单应当及时向社会公布。2014年国务院办公厅印发的《关于加强环境监管执法的通知》要求："建立环境信用评价制度，将环境违法企业列入'黑名单'并向社会公开，将其环境违法行为纳入社会信用体系，让失信企业一次违法、处处受限。"应当加强企业环境信用体系建设，以企业环境信用信息的归集共享为基础，以企业环境信用信息的公示为方法，以相关部门协同监管、联合惩戒为手段，以提高企业环保自律、诚信意识为目的，建立企业环保守信激励与环保失信惩戒并举的长效机制。

第二节 环境法的基本制度

环境法的基本制度，是指国家为了实现环境法的目的和任务，依据环境法的基本原则制定的调整某一类环境保护社会关系的法律规范的总称。环境法的基本制度是实现环境法目的任务的重要保障，是环境法基本原则的具体化。目前我国环境法的基本制度主要有环境影响评价制度、"三同时"制度、环境监测制度、排污许可管理制度、排污收费制度、总量控制与区域限批制度、环境信息公开制度、突发环境事件应急预案制度。

一、环境影响评价制度

1. 环境影响评价制度概述

环境影响评价制度，是指对规划和建设项目实施后可能造成的环境影响进行分析、预测和评估，提出预防或者减轻不良环境影响的对策和措施，进行跟踪监测的方法与制度。环境影响评价制度是实现经济社会发展与环境保护相协调的主要手段，是贯彻保护优先、预防为主原则的重要措施。

环境影响评价制度最早产生于美国。我国的环境影响评价制度最早的法律规定见诸于1979年颁布的《中华人民共和国环境保护法（试行）》。该法对环境影响评价制度作了原则性的规定。1998年颁布的《建设项目环境保护管理条例》对环境影响评价制度做了专章规定。2002年第九届全国人大通过的《中华人民共和国环境影响评价法》对环境影响评价的范围、原则、内容和程序以及法律责任作了全面规定。2016年7月，第十二届全国人大常委会通过了对《中华人民共和国环境影响评价法》的修改决定，对该法进行了重大修改，主要有六个方面：一是环评审批不再作为建设项目核准的前置条件；二是将环境影响登记表审批改为备案；三是不再将水土保持方案的审批作为环评审批的前置条件；四是取消了环境影响报告书、环境影响报告表的预审；五是增加了根据规划环评结论和审查意见对规划草案进行修改完善的规定；六是"未批先建"的最高罚款二十万元改为总投资额的 $1\%\sim5\%$。

此外，国务院及环境保护部还颁布了相关行政法规、规章及其他规范性文件，主要有：《规划环境影响评价条例》(2009)《环境影响评价公众参与暂行办法》(2006)《建设项目环境影响评价分类管理名录》(2015)《建设项目环境影响评价政府信息公开指南（试行）》(2013)。

2. 环境影响评价制度的主要内容

（1）环境影响评价的范围

根据《中华人民共和国环境影响评价法》的规定，我国环境影响评价的范围包括规划和建设项目两个方面。

规划又分为综合性规划和专项规划。前者指的是国务院有关部门、设区的市级以上地方人民政府及其有关部门编制的土地利用的有关规划和区域、流域、海域的建设、开发利用规划；后者指的是工业、农业、畜牧业、林业、能源、水利、交通、城市建设、旅游、自然资源开发的有关专项规划。规划环境影响评价的具体范围，由国务院环境保护主管部门会同国务院有关部门拟定，报国务院批准后执行。

建设项目是指按照固定资产投资方式进行的一切开发建设活动，包括所有在建设过程及项目建成后产生废水、废气、废渣、粉尘、噪声、振动、电磁波辐射、放射性物质、有毒有害物质、恶臭等影响环境质量的建设项目及其他影响自然生态环境的建设项目。根据《建设项目环境保护管理条例》的规定，建设项目环境影响评价的范围，包括一切对环境有影响的新建、改建、扩建项目以及区域开发项目。

（2）环境影响评价文件的形式和内容

1）规划环境影响评价文件的形式和内容。编制综合性规划或者编制专项规划中的指导性规划，应当根据其实施后对环境可能造成的影响，编写环境影响篇章或者说明，该篇章或者说明的主要内容包括：

① 规划实施对环境可能造成影响的分析、预测和评估。主要包括资源环境承载能力分析、不良环境影响的分析和预测以及与相关规划的环境协调性分析。

② 预防或者减轻不良环境影响的对策和措施。主要包括预防或者减轻不良环境影响的政策、管理或者技术等措施。

编制专项规划，应当在规划草案报送审批前编制环境影响报告书。环境影响报告书除包括上述内容外，还应当包括环境影响评价结论。主要包括规划草案的环境合理性和可行性，预防或者减轻不良环境影响的对策和措施的合理性和有效性，以及规划草案的调整建议。

2) 建设项目环境影响评价文件的形式和内容。国家根据建设项目对环境的影响程度，对建设项目的环境影响评价实行分类管理。建设单位应当按照下列规定组织编制环境影响报告书、环境影响报告表或者填报环境影响登记表。

① 可能造成重大环境影响的，应当编制环境影响报告书，对产生的环境影响进行全面评价；

② 可能造成轻度环境影响的，应当编制环境影响报告表，对产生的环境影响进行分析或者专项评价；

③ 对环境影响很小、不需要进行环境影响评价的，应当填报环境影响登记表。

建设项目所处环境的敏感性质和敏感程度，是确定建设项目环境影响评价类别的重要依据。涉及环境敏感区的建设项目，应当严格按照本名录确定其环境影响评价类别，不得擅自提高或者降低环境影响评价类别。环境影响评价文件应当就该项目对环境敏感区的影响作重点分析。环境敏感区，是指依法设立的各级各类自然、文化保护地，以及对建设项目的某类污染因子或者生态影响因子特别敏感的区域，主要包括：①自然保护区、风景名胜区、世界文化和自然遗产地、饮用水水源保护区；②基本农田保护区、基本草原、森林公园、地质公园、重要湿地、天然林、珍稀濒危野生动植物天然集中分布区、重要水生生物的自然产卵场、索饵场、越冬场和洄游通道、天然渔场、资源性缺水地区、水土流失重点防治区、沙化土地封禁保护区、封闭及半封闭海域、富营养化水域；③以居住、医疗卫生、文化教育、科研、行政办公等为主要功能的区域，文物保护单位，具有特殊历史、文化、科学、民族意义的保护地。

名录未作规定的建设项目，其环境影响评价类别由省级环境保护行政主管部门根据建设项目的污染因子、生态影响因子特征及其所处环境的敏感性质和敏感程度提出建议，报国务院环境保护行政主管部门认定。

建设项目的环境影响报告书应当包括下列内容：①建设项目概况；②建设项目周围环境现状；③建设项目对环境可能造成影响的分析、预测和评估；④建设项目环境保护措施及其技术、经济论证；⑤建设项目对环境影响的经济损益分析；⑥对建设项目实施环境监测的建议；⑦环境影响评价的结论。涉及水土保持的建设项目，还必须有经水行政主管部门审查同意的水土保持方案。

(3) 环境影响评价的程序

1) 规划环境影响评价文件的编制和审批程序。环境影响篇章或者说明、环境影响报告书（以下称环境影响评价文件），由规划编制机关编制或者组织规划环境影响评价技术机构编制。规划编制机关应当对环境影响评价文件的质量负责。

综合性规划和专项规划中的指导性规划编制机关，应当在规划草案报送审批前，编写该规划有关的环境影响篇章或者说明，作为规划草案的组成部分一并报送规划审批机关。未编写环境影响篇章或者说明的，规划审批机关应当要求其补充；未补充的，规划审批机关不予审批。

专项规划编制机关，应当在规划草案报送审批前，组织进行环境影响评价，在报送审批专项规划草案时，应当将环境影响报告书一并附送规划审批机关审查；未附送环境影响报告书的，规划审批机关应当要求其补充；未补充的，规划审批机关不予审批。

设区的市级以上人民政府审批的专项规划，在审批前由其环境保护主管部门召集有关部门代表和专家组成审查小组，对环境影响报告书进行审查。审查小组应当提交书面审查意见。审查小组提出修改意见的，专项规划的编制机关应当根据环境影响报告书结论和审查意见对规划草案进行修改完善，并对环境影响报告书结论和审查意见的采纳情况作出说明，不采纳的，应当说明。审查小组的成员应当客观、公正、独立地对环境影响报告书提出书面审查意见，规划审批机关、规划编制机关、审查小组的召集部门不得干预。审查意见是规划的重要依据，但不是行政许可文件。

省级以上人民政府有关部门审批的专项规划，其环境影响报告书的审查办法，由国务院环境保护主管部门会同国务院有关部门制定。审查小组的专家应当从依法设立的专家库内相关专业的专家名单中随机抽取。但是，参与环境影响报告书编制的专家，不得作为该环境影响报告书审查小组的成员。审查小组中专家人数不得少于审查小组总人数的二分之一；少于二分之一的，审查小组的审查意见无效。

规划审批机关在审批专项规划草案时，应当将环境影响报告书结论以及审查意见作为决策的重要依据。规划审批机关对环境影响报告书结论以及审查意见不予采纳的，应当逐项就不予采纳的理由作出书面说明，并存档备查。有关单位、专家和公众可以申请查阅；但是，依法需要保密的除外。

2）建设项目环境影响评价文件的编制和审批

① 建设项目环境影响评价文件的编制。环境影响评价文件中的环境影响报告书或者环境影响报告表，应当由具有相应环境影响评价资质的机构编制。建设单位可以采取公开招标的方式，选择从事环境影响评价工作的单位，对建设项目进行环境影响评价。任何行政机关不得为建设单位指定从事环境影响评价工作的单位，进行环境影响评价。

② 建设项目环境影响评价文件报批时间。建设单位应当在建设项目开工前报批建设项目环境影响报告书、环境影响报告表。根据修改后的《环境影响评价法》第二十五条规定："建设项目的环境影响评价文件未依法经审批部门审查或者审查后未予批准的，建设单位不得开工建设。"据此，环评审批作不再作为项目可行性研究报告审批或项目核准的前置条件，环评审批与可行性研究报告审批或项目核准同时进行，但仍须在开工前完成。

建设项目的环境影响评价文件经批准后，建设项目的性质、规模、地点、采用的生产工艺或者防治污染、防止生态破坏的措施发生重大变动的，建设单位应当重新报批建设项目的环境影响评价文件。建设项目的环境影响评价文件自批准之日起超过五年，方决定该项目开工建设的，其环境影响评价文件应当报原审批部门重新审核；原审批部门应当自收到建设项目环境影响评价文件之日起十日内，将审核意见书面通知建设单位。

③ 建设项目环境影响报告书、报告表的审批机关。建设项目的环境影响报告书、报告表，由建设单位按照国务院的规定报有审批权的环境保护行政主管部门审批。海洋工程建设

项目的海洋环境影响报告书的审批，由海洋行政主管部门核准，并报环境保护行政主管部门备案，接受环境保护行政主管部门监督。审批部门应当自收到环境影响报告书之日起六十日内，收到环境影响报告表之日起三十日内，分别作出审批决定并书面通知建设单位。环境影响登记表实行备案制度。审核、审批建设项目环境影响评价报告书、报告表以及备案环境影响登记表，不得收取任何费用。

国务院环境保护行政主管部门负责审批下列建设项目的环境影响评价文件：核设施、绝密工程等特殊性质的建设项目；跨省、自治区、直辖市行政区域的建设项目；由国务院审批的或者由国务院授权有关部门审批的建设项目。

(4) 环境影响评价中的公众参与

1) 规划环境影响评价中的公众参与。规划编制机关对可能造成不良环境影响并直接涉及公众环境权益的专项规划，应当在规划草案报送审批前，采取调查问卷、座谈会、论证会、听证会等形式，公开征求有关单位、专家和公众对环境影响报告书的意见。但是，依法需要保密的除外。有关单位、专家和公众的意见与环境影响评价结论有重大分歧的，规划编制机关应当采取论证会、听证会等形式进一步论证。规划编制机关应当在报送审查的环境影响报告书中附具对公众意见采纳与不采纳情况及其理由的说明。

2) 建设项目环境影响评价中的公众参与。建设单位或者其委托的环境影响评价机构在编制环境影响报告书的过程中，应当在报送环境保护行政主管部门审批或者重新审核前，向公众公开环境影响评价信息，征求公众意见。

环境保护主管部门在履行环境影响评价文件审批过程中，应当在其政府网站或者采用其他便利公众知悉的方式，公告环境影响评价文件受理情况、拟作出的审批意见、作出的审批决定。根据《中华人民共和国行政许可法》第三十六条的规定，行政机关对行政许可申请进行审查时，发现行政许可事项直接关系他人重大利益的，应当告知该利害关系人。根据该法第四十七条第一款的规定，行政许可直接涉及申请人与他人之间重大利益关系的，行政机关在作出行政许可决定前，应当告知申请人、利害关系人享有要求听证的权利。

根据环境保护部《关于环评审批利害关系人申请听证资格问题的复函》（环函〔2015〕152号），环境影响评价是指对规划和建设项目实施后可能造成的环境影响进行分析、预测和评估，提出预防或者减轻不良环境影响的对策和措施，进行跟踪监测的方法与制度。环境影响评价工作需要遵照国家发布的环境影响评价技术导则所确定的标准进行，其中包括环境影响评价范围的确定。因此，位于环评影响评价范围内，但不属于城乡规划主管部门批复的建设项目建设用地范围的利害关系人，方有资格提出听证申请。

(5) 环境影响评价后评价及跟踪检查

对环境有重大影响的规划实施后，规划编制机关应当及时组织规划环境影响的跟踪评价，将评价结果报告规划审批机关，并通报环境保护等有关部门；发现重大不良环境影响的，规划编制机关应当及时提出改进措施，向规划审批机关报告，并通报环境保护等有关部门。在建设项目建设、运行过程中产生不符合经审批的环境影响评价文件的情形的，建设单位应当组织环境影响的后评价，采取改进措施，并报原环境影响评价文件审批部门和建设项目审批部门备案；原环境影响评价文件审批部门也可以责成建设单位进行环境影响的后评价，采取改进措施。

环境保护行政主管部门应当对建设项目投入生产或者使用后所产生的环境影响进行跟踪检查，对造成严重环境污染或者生态破坏的，应当查清原因、查明责任。对属于为建设项目环境影响评价提供技术服务的机构编制不实的环境影响评价文件的，或者属于审批部门工作人员失职、渎职，对依法不应批准的建设项目环境影响评价文件予以批准的，依法追究其法律责任。

（6）环境影响评价资质管理

为规范环境影响评价机构，原国家环境保护总局于1999年3月发布《建设项目环境影响评价资格证书管理办法》，并于2005年7月对其进行修订，发布《建设项目环境影响评价资质管理办法》，2015年4月，环境保护部对该办法再次进行修订，对环评机构的资质条件、管理等作出了进一步规定。

1）环境影响评价机构资质条件。为建设项目环境影响评价提供技术服务的机构，应当向环境保护部申请建设项目环境影响评价资质，经审查合格，取得《建设项目环境影响评价资质证书》后，方可在资质证书规定的资质等级和评价范围内接受建设单位委托，编制建设项目环境影响报告书或者环境影响报告表。环境影响报告书（表）应当由具有相应资质的机构（以下简称环评机构）编制。环境影响评价资质分为甲级和乙级。

环评机构应当为依法经登记的企业法人或者核工业、航空和航天行业的事业单位法人。为建设项目环境影响评价提供技术服务的机构，不得与负责审批建设项目环境影响评价文件的环境保护主管部门或者其他有关审批部门存在任何利益关系。下列机构不得申请资质：①由负责审批或者核准环境影响报告书（表）的主管部门设立的事业单位出资的企业法人；②由负责审批或者核准环境影响报告书（表）的主管部门作为业务主管单位或者挂靠单位的社会组织出资的企业法人；③受负责审批或者核准环境影响报告书（表）的主管部门委托，开展环境影响报告书（表）技术评估的企业法人；④前三项中的企业法人出资的企业法人。

2）环境影响评价机构的义务。环评机构应当坚持公正、科学、诚信的原则，遵守职业道德，执行国家法律、法规及有关管理要求，确保环境影响报告书（表）内容真实、客观、全面和规范。环评机构应当积极履行社会责任和普遍服务的义务，不得无正当理由拒绝承担公益性建设项目环境影响评价工作。

接受委托提供环境影响评价技术服务的机构在环境影响评价工作中不得弄虚作假。

3. 法律责任

（1）规划环评法律责任

规划编制机关在组织环境影响评价时弄虚作假或者有失职行为，造成环境影响评价严重失实的，对直接负责的主管人员和其他直接责任人员，依法给予处分。

规划环境影响评价技术机构弄虚作假或者有失职行为，造成环境影响评价文件严重失实的，由国务院环境保护主管部门予以通报，处所收费用1倍以上3倍以下的罚款；构成犯罪的，依法追究刑事责任。

（2）建设项目环评法律责任

1）未批先建的法律责任。根据修改后的《中华人民共和国环境影响评价法》规定，建设单位未依法报批建设项目环境影响报告书、报告表，或者未依照规定重新报批或者报请重新审核环境影响报告书、报告表，擅自开工建设的，由县级以上环境保护行政主管部门责令停止建设，根据违法情节和危害后果，处建设项目总投资额百分之一以上百分之五以下的罚款，并可以责令恢复原状；对建设单位直接负责的主管人员和其他直接责任人员，依法给予行政处分。

根据《中华人民共和国环境保护法》第六十一条规定："建设单位未依法提交建设项目

环境影响评价文件或者环境影响评价文件未经批准，擅自开工建设的，由负有环境保护监督管理职责的部门责令停止建设，处以罚款，并可以责令恢复原状"。

根据上述规定，对于"未批先建"的行政处罚：第一，执法主体不限于环保部门，还包括其他负有环境保护监督管理职责的部门，如海洋行政主管部门。第二，环保部门作为执法主体的，包括涉案违法建设项目所在地的县级以上各级环保部门。在环境执法实践中，两个以上环保部门都有管辖权的环境行政处罚案件，根据《环境行政处罚办法》第十八条的规定，由"最先发现或者最先接到举报的环境保护主管部门管辖。"立案处罚的环保部门在决定立案处罚的同时，应当将立案情况通报其他有处罚权的各级环保部门。

《中华人民共和国环境保护法》第六十三条规定，建设项目未依法进行环境影响评价，被责令停止建设，拒不执行，尚不构成犯罪的，除依照有关法律法规规定予以处罚外，由县级以上人民政府环境保护主管部门或者其他有关部门将案件移送公安机关，对其直接负责的主管人员和其他直接责任人员，处十日以上十五日以下拘留；情节较轻的，处五日以上十日以下拘留。

关于"未批先建项目"是否适用"限期补办手续"的问题，根据修改后的《中华人民共和国环境影响评价法》和《中华人民共和国环境保护法》的规定，建设单位未依法提交建设项目环境影响评价文件或者环境影响评价文件未经批准，擅自开工建设的，由负有环境保护监督管理职责的部门责令停止建设，处以罚款，并可以责令恢复原状。不再适用原《中华人民共和国环境影响评价法》第三十一条有关"限期补办手续"的规定。

2）环境影响评价机构的法律责任。根据《建设项目环境影响评价资质管理办法》第四十四条、第四十五条规定，环境影响评价机构的法律责任主要如下：

环评机构拒绝接受监督检查或者在接受监督检查时弄虚作假的，由实施监督检查的环境保护主管部门处三万元以下的罚款，并责令限期整改六至十二个月。

环评机构涂改、出租、出借资质证书或者超越资质等级、评价范围接受委托和主持编制环境影响报告书（表）的，由环境保护部处三万元以下的罚款，并责令限期整改一至三年。

接受委托为建设项目环境影响评价提供技术服务的机构在环境影响评价工作中不负责任或者弄虚作假，致使环境影响评价文件失实的，由授予环境影响评价资质的环境保护行政主管部门降低其资质等级或者吊销其资质证书，并处所收费用一倍以上三倍以下的罚款；构成犯罪的，依法追究刑事责任。

根据《中华人民共和国环境保护法》第六十五条规定，环境影响评价机构在有关环境服务活动中弄虚作假，对造成的环境污染和生态破坏负有责任的，除依照有关法律法规规定予以处罚外，还应当与造成环境污染和生态破坏的其他责任者承担连带责任。

二、"三同时"制度

1. "三同时"制度概述

"三同时"制度，是指新建、改建、扩建的基本建设项目、技术改造项目、区域或自然资源开发项目，其防治环境污染和生态破坏的设施，必须与主体工程同时设计、同时施工、同时投产使用的制度。"三同时"制度是环境影响评价制度的继续，是防止产生新的环境污染和生态破坏的重要制度。凡是通过环境影响评价确认可以开发建设的项目，建设时必须按照"三同时"制度，把环境保护措施落到实处，防止建设项目建成投产使用后产生新的环境问题，在项目建设过程中也要防止环境污染和生态破坏。

"三同时"制度是我国早期一项环境管理制度，它来自20世纪70年代初防治污染工作的实践。1979年《中华人民共和国环境保护法（试行）》确认了这项制度。1986年又对其进行了修改和完善，并由国务院环境保护委员会、国家计委、国家经委联合颁布了《建设项目环境保护管理办法》，具体规定了"三同时"内容。1989年《中华人民共和国环境保护法》第二十六条规定，建设项目中防治污染的设施，必须与主体工程同时设计、同时施工、同时投产使用。防治污染的设施必须经原审批环境影响报告书的环境保护行政主管部门验收合格后，该建设项目方可投入生产或者使用。防治污染的设施不得擅自拆除或者闲置，确有必要拆除或者闲置的，必须征得所在地的环境保护行政主管部门同意。1998年发布实施了新的《建设项目环境保护管理条例》，对"三同时"制度同样作了进一步的具体规定。"三同时"制度中的环境保护验收审批程序对于加强建设项目环保监管发挥了重要作用，但实践中这一审批环节还可以进一步优化、简化，提高环保监管效率，也符合我国现阶段行政审批事项改革的精神，因此，2014年修订的《中华人民共和国环境保护法》对此做出了回应，该法第四十一条规定，建设项目中防治污染的设施，应当与主体工程同时设计、同时施工、同时投产使用。防治污染的设施应当符合经批准的环境影响评价文件的要求，不得擅自拆除或者闲置。

2. "三同时"制度的内容

"三同时"制度适用于以下方面：新建、改建、扩建的基本建设项目；技术改造项目；一切可能对环境造成污染或者破坏的开发建设项目；确有经济效益的综合利用项目。"三同时"制度的执行分为设计、施工和竣工验收三个阶段。具体要求是：

（1）设计阶段

建设项目在初步设计阶段，应当按照环境保护设计规范的要求，编制环境保护篇章，并依据经批准的建设项目环境影响报告书或者环境影响报告表，在环境保护篇章中落实防治环境污染和生态破坏的措施以及环境保护设施投资概算。建设项目环境保护设施施工图的设计，必须按已批准的初步设计文件及其环境保护篇章所确定的各项措施和要求进行。

（2）施工阶段

建设项目环保设施必须与主体工程同时施工。建设项目施工时，要保护好施工现场周围的环境，防止对自然环境造成破坏，防止或者减轻粉尘、噪声振动等对周围生活居住区的污染和危害，影响职工群众的工作、生活。

（3）竣工验收阶段

1）取消试生产审批。建设项目试生产审批目前的主要依据是2001年12月27日原国家环境保护总局发布的《建设项目竣工环境保护验收管理办法》。2015年10月11日，国务院发布了《关于第一批取消62项中央指定地方实施行政审批事项的决定》，其中第25项取消了省、市、县级环境保护行政主管部门实施的建设项目试生产审批。2016年4月8日，环境保护部发布《关于环境保护主管部门不再进行建设项目试生产审批的公告》，决定自本公告发布之日起，省、市、县级环境保护主管部门不再受理建设项目试生产申请，也不再进行建设项目试生产审批。

2）竣工环保验收。为减少行政审批环节，修订后的《中华人民共和国环境保护法》没有对"三同时"验收再作规定，而是提出"防治污染的设施应当符合经批准的环境影响评价文件的要求，不得擅自拆除或者闲置"的规定，为今后整合环保审批环节、简化审批程序留下余地。今后"三同时"验收将与排污许可管理制度衔接，对依《中华人民共和国环境保护法》实行排污许可管理的，"三同时"验收将纳入排污许可管理；对未实行排污许可管理的，可以根据污染防治单行法律法规的相关规定进行"三同时"验收。但是，不管是否实行排污许可管理，防治污染的设施应当符合经批准的环境影响评价文件的要求，不得擅自拆除或者闲置。

3. 法律责任

建设项目需要配套建设的环境保护设施未建成、未经验收或者经验收不合格，主体工程正式投入生产或者使用的，由审批该建设项目环境影响报告书、环境影响报告表或者环境影响登记表的环境保护主管部门责令停止生产或者使用，可以处10万元以下的罚款。

三、环境监测制度

1. 环境监测概述

（1）环境监测概念

环境监测是指按照规定程序和有关法规要求，对代表环境质量各种环境要素进行技术性监视、测试和解释，以确定环境质量或污染程度及其变化趋势的全过程操作。环境监测通常包括背景调查、确定方案、优化布点、现场采样、样品运送、实验分析、数据收集、分析综合等过程。

（2）环境监测的对象

主要包括三个方面：①反映环境质量变化的各种自然因素，或称环境质量状况，包括水、大气、声、土壤环境、辐射、自然生态、土地、森林、草原等方面；②对人类活动与环境有影响的各种人为因素，或称污染源，包括工业、农业、第三产业、交通、能源等方面；③对环境造成污染危害的各种成分，如PM_{10}、$PM_{2.5}$、挥发性有机物、臭氧、化学需氧量等。

（3）环境监测的任务

环境监测的任务主要是准确、及时、全面地反映环境质量现状及发展趋势，为环境管理、污染源控制、环境规划等提供科学依据。具体包括四个方面：①根据环境质量标准，评价环境质量；②根据污染分布情况，追踪寻找污染源，为实现监督管理、控制污染提供依据；③收集本底数据，积累长期监测资料，为研究环境容量、实施总量控制、目标管理、预测预报环境质量提供数据；④为保护人类健康、保护环境、合理使用自然资源、制定环境法规、标准、规划等服务。

（4）环境监测的内容

环境监测的内容主要包括以下四个方面：①监视反映环境质量状况的各种要素；②监督控制对环境造成污染或危害的各种行为，督促有关环境保护法律规定的贯彻执行；③为环境管理提供技术支持和服务；④为制定环境法规、标准及环境规划和污染防治对策提供科学依据。

（5）环境监测的分类

环境监测依据不同标准，可以划分成多种类型。

1）依据监测目的的不同，可以分为监视性监测、特定目的监测和研究性监测。

监视性监测，又称例行监测或常规监测，是监测工作中量最大面最广的工作。包括对污染源的监测和环境质量监测，以确定环境质量及污染源状况，评价控制措施的效果、衡量环境标准实施情况和环境保护工作的进展。

特定目的的监测，又称特例监测，主要有以下几类：①污染事故监测，在发生污染事故时及时深入事故地点进行应急监测，确定污染物的种类、扩散方向、扩散速度和污染程度及危害范围，查找污染发生的原因，为控制污染事故提供科学依据。这类监测常采用流动监测（车、船等）、简易监测、低空航测、遥感等手段。②纠纷仲裁监测，主要针对污染事故纠纷、环境执法过程中所产生的矛盾进行监测，提供公证数据。③考核验证监测，包括人员考核、方法验证、新建项目的环境考核评价、排污许可证制度考核监测、"三同时"项目验收监测、污染治理项目竣工时的验收监测。④咨询服务监测，为政府部门、科研机构、生产单位所提供的服务性监测。为国家政府部门制订环境保护法规、标准、规划提供基础数据和手段。如建设新企业应进行环境影响评价，需要按评价要求进行监测。

研究性监测，亦称科研监测，是通过监测了解污染机理、弄清污染物的迁移变化规律、研究环境受到污染的程度，例如环境本底的监测及研究、有毒有害物质对从业人员的影响研究、为监测工作本身服务的科研工作的监测（如统一方法和标准分析方法的研究、标准物质研制、预防监测）等。

2）依据监测对象不同，可分为水质监测、空气监测、土壤监测、固体废物监测、生物监测、噪声和振动监测、电磁辐射监测、放射性监测、热监测、光监测、卫生监测（病原体、病毒、寄生虫等）等。

3）依据监测分析方法不同，可分为化学监测、物理监测、生物监测、生态监测等。

4）依据监测实施主体不同，可分为政府监测、排污单位自行监测、社会监测机构监测。此外，根据监测设施的不同，还可分为手工监测和自动监测。

（6）环境监测的特点和意义

1）环境监测的特点。环境监测具有以下特点：第一，综合性。环境监测手段包括化学、物理、生物、物理化学、生物化学及生物物理等一切可以表征环境质量的方法。监测对象包括空气、水体、土壤、固废、生物等客体。对监测数据进行统计处理、综合分析时，涉及该地区的自然和社会各个方面的情况，必须综合考虑。第二，连续性。由于环境污染具有时空性等特点，只有坚持长期测定，才能从大量的数据中揭示其变化规律。第三，追踪性。为保证监测结果具有一定的准确性、可比性、代表性和完整性，需要有一个量值追踪体系予以监督。

2）环境监测的意义。环境监测被誉为环境保护工作的"哨兵"和"耳目"，是环境保护工作的基础。环境监测为环境管理决策提供科学依据，是科学管理环境和进行环境执法的基础，是掌握环境质量状况和发展趋势的重要手段。

2. 环境监测制度的主要内容

（1）环境监测主体

1）各级人民政府环境保护部门

我国涉及环境监测的政府行政部门，主要包括环境保护、农业、水利、林业、气象、卫生、城建和国土等主管部门。

① 环境保护主管部门　根据《中华人民共和国环境保护法》第十七条规定，国家建立、健全环境监测制度。国务院环境保护主管部门制定监测规范，会同有关部门组织监测网络，统一规划国家环境质量监测站（点）的设置，建立监测数据共享机制，加强对环境监测的管理。

《中华人民共和国大气污染防治法》第二十三条规定，国务院环境保护主管部门负责制定大气环境质量和大气污染源的监测和评价规范，组织建设与管理全国大气环境质量和大气污染源监测网，组织开展大气环境质量和大气污染源监测，统一发布全国大气环境质量状况信息。

县级以上地方人民政府环境保护主管部门负责组织建设与管理本行政区域大气环境质量和大气污染源监测网，开展大气环境质量和大气污染源监测，统一发布本行政区域大气环境质量状况信息。

② 农业主管部门　农业主管部门开展农业污染源的监测。

③ 卫生主管部门　与环保主管部门联合开展环境与健康监测、调查，提取基础数据；对环境污染可能导致的健康损害风险进行评估，并根据评估结论采取相应防控措施；组织开展环境质量对公众健康影响的研究，采取措施预防和控制与环境污染有关的疾病。

2）排污单位

企事业单位和其他生产经营者对其排污状况进行监测并向社会公开监测数据是其应尽的义务。全面客观了解排污单位的排污状况，不仅要依靠环境保护主管部门的监督性监测数据，还要依靠排污单位自行监测的数据。自行监测，是指企事业单位和其他生产经营者按照环境保护法律法规要求，为掌握本单位的污染物排放状况及其对周边环境质量的影响等情况，组织开展的环境监测活动。

① 自行监测的形式。主要有两种形式：一是企业可依托自有人员、场所、设备开展自行监测；二是委托其他监测机构代其开展自行监测，应当委托经省级环境保护主管部门认定的社会检测机构或环境保护主管部门所属环境监测机构进行监测。

根据《国家重点监控企业自行监测及信息公开办法（试行）》的规定，企业可依托自有人员、场所、设备开展自行监测，也可委托其他检（监）测机构代其开展自行监测。根据《污染源自动监控设施运行管理办法》第三条规定，本办法所称自动监控设施的运行，是指从事自动监控设施操作、维护和管理，保证设施正常运行的活动，分为委托给有资质的专业化运行单位的社会化运行和排污单位自运行两种方式。

② 自行监测的主体责任。企事业单位和其他生产经营者对监控设施正常运行承担主体责任，对其自行监测结果的真实性、准确性负责。

根据《中华人民共和国环境保护法》第四十二条第三款规定，重点排污单位应当按照国家有关规定和监测规范安装使用监测设备，保证监测设备正常运行，保存原始监测记录。

根据《中华人民共和国大气污染防治法》第二十四条规定，企业事业单位和其他生产经营者应当按照国家有关规定和监测规范，对其排放的工业废气和有毒有害大气污染物进行监测，并保存原始监测记录。其中，重点排污单位应当安装、使用大气污染物排放自动监测设备，与环境保护主管部门的监控设备联网，保证监测设备正常运行并依法公开排放信息。

根据《中华人民共和国水污染防治法》第二十三条规定，重点排污单位应当安装水污染物排放自动监测设备，与环境保护主管部门的监控设备联网，并保证监测设备正常运行。排放工业废水的企业，应当对其所排放的工业废水进行监测，并保存原始监测记录。

根据《污染源自动监控设施运行管理办法》第十七条规定，排污单位不得损坏设施或蓄意影响设施正常运行。该法第十八条规定，污染源自动监控设施运行委托单位不得以任何理由干扰运行单位的正常工作或污染源自动监控设施的正常运行，不得将应当承担的排污法定责任转嫁给运行单位。因此，无论排污单位是委托第三方运营还是自运营，都有义务保证自动监控设施正常运行。无论是排污单位自己或是指使第三方运营单位自动监测设备做手脚，篡改监测数据的，排污单位均要承担法律责任。

③ 社会环境监测机构和社会化运营单位的责任。根据《中华人民共和国环境保护法》第十七条规定，有关行业、专业等各类环境质量监测站（点）的设置应当符合法律法规规定和监测规范的要求。监测机构应当使用符合国家标准的监测设备，遵守监测规范。监测机构及其负责人对监测数据的真实性和准确性负责。

运营单位接受污染物产生单位委托，按照双方签订的合同，为其提供自动监控设施操作、维护和管理，保证设施正常运行，并承担相应环境责任。《污染源自动监控设施运行管理办法》规定，第三方运营单位在自动监控设施运营中，按照规定程序和途径取得或放弃设施运行权；严格执行有关管理制度，确保设施正常运行。县级以上环境保护行政主管部门组织对污染源自动监控设施的运行状况进行定期检查，出现检查不合格的情况，可责令其限期整改。

（2）环境监测数据

1）严禁篡改、伪造监测数据

根据《中华人民共和国环境保护法》第四十二条第四款的规定，严禁企事业单位和其他生产经营者通过篡改、伪造监测数据等逃避监管的方式违法排放污染物。《中华人民共和国大气污染防治法》对篡改或者伪造监测数据等逃避监管的行为也作了规定，根据该法第二十条第二款规定，禁止通过篡改或者伪造监测数据等逃避监管的方式排放大气污染物。

篡改监测数据，系指利用某种职务或者工作上的便利条件，故意干预环境监测活动的正常开展，导致监测数据失真的行为。包括故意改动、干扰仪器设备的环境条件或运行状态或者删除、修改、增加、干扰监测设备中存储、处理、传输的数据和应用程序的行为。伪造监测数据，系指没有实施实质性的环境监测活动，凭空编造虚假监测数据的行为。

2014年12月，公安部、工业和信息化部、环境保护部、农业部、国家质量监督检验检疫总局联合发布《行政主管部门移送适用行政拘留环境违法案件暂行办法》，其中第六条规定，通过篡改、伪造监测数据等逃避监管的方式违法排放污染物，是指篡改、伪造用于监控、监测污染物排放的手工及自动监测仪器设备的监测数据，包括以下情形：①违反国家规定，对污染源监控系统进行删除、修改、增加、干扰，或者对污染源监控系统中存储、处理、传输的数据和应用程序进行删除、修改、增加，造成污染源监控系统不能正常运行的；②破坏、损毁监控仪器站房、通信线路、信息采集传输设备、视频设备、电力设备、空调、风机、采样泵及其他监控设施的，以及破坏、损毁监控设施采样管线，破坏、损毁监控仪器、仪表的；③稀释排放的污染物故意干扰监测数据的；④其他致使监测、监控设施不能正常运行的情形。

为保障环境监测数据真实准确，依法查处环境监测数据弄虚作假行为，环境保护部于2015年12月制定了《环境监测数据弄虚作假行为判定及处理办法》，自2016年1月1日实施。根据该办法规定，篡改监测数据的14种情形，主要包括：未经批准部门同意，擅自停运、变更、增减环境监测点位或者故意改变环境监测点位属性的；采取人工遮挡、堵塞和喷淋等方式，干扰采样口或周围局部环境的；人为操纵、干预或者破坏排污单位生产工况、污染源净化设施，使生产或污染状况不符合实际情况的等。伪造监测数据的情形主要包括：纸质原始记录与电子存储记录不一致，或者谱图与分析结果不对应，或者用其他样品的分析结果和图谱替代的；监测报告与原始记录信息不一致，或者没有相应原始数据的；监测报告的副本与正本不一致的等。涉嫌指使篡改、伪造监测数据的行为主要包括以下情形：强令、授意有关人员篡改、伪造监测数据的；将考核达标或者评比排名情况列为下属监测机构、监测人员的工作考核要求，意图干预监测数据的等。

2）在线监测数据与现场监测数据不一致时的证据适用

在对某一污染源进行环境监测时，在线监测所得到的数据和现场监测得到的数据并不一致，应当以哪个数据为准呢？根据环境保护部 2016 年 5 月作出的《关于污染源在线监测数据与现场监测数据不一致时证据适用问题的复函》（环政法函〔2016〕98 号），现场监测可视为对企业在线监测设备进行的比对监测，若同一时段的现场监测数据与经过有效性审核的在线监测数据不一致，现场监测数据符合法定的监测标准和监测方法的，以该现场监测数据作为优先证据使用。

3）环境污染刑事案件中环境监测数据的认可

根据 2013 年 6 月 19 日起施行的《最高人民法院、最高人民检察院关于办理环境污染刑事案件适用法律若干问题的解释》（法释〔2013〕15 号），其第十一条第二款要求"县级以上环境保护部门及其所属监测机构出具的监测数据，经省级以上环境保护部门认可的，可以作为证据使用"。为规范环境污染刑事案件中环境监测数据认可工作，目前广东、浙江、江苏、山东、湖南、湖北、四川、安徽、江西、河南、河北、辽宁、青海等地方省级环境保护主管部门已制定关于环境污染刑事案件中的环境监测数据认可的规定。根据上述规定，有关环境污染刑事案件中环境监测数据的认可规定，主要包括以下方面。

① 认可主体：省级以上环境保护部门，包括省级环境保护部门和国家环境保护主管部门。

② 认可对象：县级以上环境保护部门及其所属监测机构出具的监测数据，县级以上环境保护部门及其所属监测机构，包括县级环境保护部门、县级环境监测站、地市级环境保护部门、地市级环境监测站，不包括社会检测机构。

③ 认可内容：省级环境保护主管部门对个案监测数据产生的程序规范性和监测报告的完整性等进行审查。出具监测数据的县级以上环境保护部门及其所属环境监测机构必须对环境监测数据的客观性和真实性负责。省级环境保护主管部门对个案监测数据认可具体包括以下方面。

第一，环境监测机构资质情况。审查环境监测报告涉及的监测项目是否在依法持有的资质认定计量认证证书的认定范围及有效期内。

第二，仪器设备检定情况。审查环境监测报告所涉及的计量器具是否依法检定。

第三，环境监测人员上岗情况。审查环境监测报告涉及的环境监测人员是否持证上岗，上岗证是否在有效期内。

第四，监测方法适用情况。审查环境监测报告涉及的监测方法是否符合国家相关要求和技术规范。

第五，监测活动是否按质量管理体系运行。主要包括监测点位布设、样品采集、保存、分析中质量控制措施是否能保证监测数据准确可靠。

④ 认可程序。

第一，申请。由县级以上环境保护主管部门向省级环境保护主管部门报送，同时应抄送省级环境监测中心站。申请需提交资料主要包括：申请文件，附案件基本情况介绍，适用标准及结论，明确申请认可的监测（检测）数据使用在环境污染刑事案件中；环境监测报告原件；计量认证认可证书及其附表；相关采样人员和分析人员的名单、上岗证复印件；相关监测仪器计量检定、校准信息；采样、样品交接、分析的原始记录；环境监测质控记录；环境监测机构质量手册与程序文件;其他有关资料。

第二,初审。省级环境监测中心在收到抄送的书面申请报告后,对出具监测报告的监测站是否具备实验室资质、计量认证,监测的项目是否执行国家和省有关法律、法规、标准和检测技术规范,监测活动是否按质量管理体系运行,监测的项目是否在实验室资质认定(计量认证)证书批准的工作范围和有效期内等进行审核,并出具报告是否客观公正的书面意见。

第三,认可。省级环境保护主管部门依据申请和省级环境监测中心站的初步审查意见,出具认可意见。

3. 法律责任

(1) 排污单位的法律责任

1) 篡改、伪造监测数据

《中华人民共和国环境保护法》第六十三条规定,通过篡改、伪造监测数据等逃避监管的方式违法排放污染物,尚不构成犯罪的,除依照有关法律法规规定予以处罚外,由县级以上人民政府环境保护主管部门或者其他有关部门将案件移送公安机关,对其直接负责的主管人员和其他直接责任人员,处十日以上十五日以下拘留;情节较轻的,处五日以上十日以下拘留。

根据《中华人民共和国大气污染防治法》第九十九条规定,通过篡改、伪造监测数据等逃避监管的方式排放污染物的,由县级以上人民政府环境保护主管部门责令改正或者限制生产、停产整治,并处十万元以上一百万元以下的罚款;情节严重的,报经有批准权的人民政府批准,责令停业、关闭。

根据《中华人民共和国水污染防治法》第七十条规定,在接受环境监督检查时弄虚作假的,由县级以上人民政府环境保护主管部门或者其他依照本法规定行使监督管理权的部门责令改正,处一万元以上十万元以下的罚款。篡改、伪造监测数据行为属于弄虚作假、逃避监管的行为,由于《中华人民共和国水污染防治法》未对篡改、伪造监测数据行为作出直接规定,因此,在对水污染监测数据篡改或伪造行为进行处罚时,适用该条规定。

2) 违反自动监测设备及原始监测记录的有关规定

根据《中华人民共和国大气污染防治法》第一百条规定,违反本法规定,有下列行为之一的,由县级以上人民政府环境保护主管部门责令改正,处二万元以上二十万元以下的罚款;拒不改正的,责令停产整治:①侵占、损毁或者擅自移动、改变大气环境质量监测设施或者大气污染物排放自动监测设备的;②未按照规定对所排放的工业废气和有毒有害大气污染物进行监测并保存原始监测记录的;③未按照规定安装、使用大气污染物排放自动监测设备或者未按照规定与环境保护主管部门的监控设备联网,并保证监测设备正常运行的。

根据《中华人民共和国水污染防治法》第七十二条规定,违反本法规定,有下列行为之一的,由县级以上人民政府环境保护主管部门责令限期改正;逾期不改正的,处一万元以上十万元以下的罚款:①未按照规定安装水污染物排放自动监测设备或者未按照规定与环境保护主管部门的监控设备联网,并保证监测设备正常运行的;②未按照规定对所排放的工业废水进行监测并保存原始监测记录的。

(2) 运营单位的法律责任

《中华人民共和国环境保护法》第六十五条规定,环境影响评价机构、环境监测机构以及从事环境监测设备和防治污染设施维护、运营的机构,在有关环境服务活动中弄虚作假,对造成的环境污染和生态破坏负有责任的，除依照有关法律法规规定予以处罚外，还应当与造成环境污染和生态破坏的其他责任者承担连带责任。

《污染源自动监控设施运行管理办法》规定，县级以上环境保护行政主管部门组织对污染源自动监控设施的运行状况进行定期检查，出现检查不合格的情况，可责令其限期整改；对社会化运行单位可建议国务院环境保护行政主管部门对其运营资质进行降级、停用、吊销等处罚。

（3）政府及其环保部门的法律责任

根据《中华人民共和国环境保护法》第六十八条规定，地方各级人民政府、县级以上人民政府环境保护主管部门和其他负有环境保护监督管理职责的部门，对采用逃避监管的方式排放污染物等行为，发现或者接到举报未及时查处的，或者篡改、伪造或者指使篡改、伪造监测数据的，对直接负责的主管人员和其他直接责任人员给予记过、记大过或者降级处分；造成严重后果的，给予撤职或者开除处分，其主要负责人应当引咎辞职。

四、排污申报制度与排污许可管理制度

1. 排污申报制度

（1）排污申报制度概述

排污申报制度，具体是指向环境排放污染物的单位，按照环境保护法的规定，向所在地环境保护行政主管部门申报在各种活动中排放污染物的种类、数量和浓度，污染物排放设施、处理设施运行和其他防治污染的有关情况，以及排放污染物发生重大变化时及时申报的制度。排污申报制度主要是为使环境保护部门掌握本地区的环境污染状况和变化情况，为环境监督管理提供科学依据。排污申报制度也是排污许可管理、排污收费等制度的基础。

《中华人民共和国大气污染防治法》第十二条第一款规定："向大气排放污染物的单位，必须按照国务院环境保护行政主管部门的规定向所在地环境保护行政主管部门申报拥有的污染物排放设施、处理设施和正常作业情况下排放污染物的种类、数量、浓度，并提供防治大气污染方面的有关技术资料。"此外，《中华人民共和国水污染防治法》《中华人民共和国固体废物污染环境防治法》《中华人民共和国环境噪声污染防治法》《排污费征收使用管理条例》等法律法规都对排污申报制度作出了规定。

（2）排污申报制度的主要内容

2014年环境保护部办公厅印发了《关于排污申报与排污费征收有关问题的通知》（环办〔2014〕80号，以下简称《通知》），对排污申报、核定及排污费征收工作的方式、内容、工作流程和具体工作时限进行了调整，简化了排污申报和排污费征收工作程序。

① 排污申报的适用对象　排污申报适用于在中华人民共和国领域内及中华人民共和国管辖的其它海域内直接或者间接向环境排放污染物、工业和建筑施工噪声或者产生固体废物的企业事业单位。放射性废物、生活废水、废气、噪声不需要申报。排放放射性废物的单位，应当履行特殊的申报手续。

② 排污申报的内容　自2015年1月1日起，排污申报工作启用新版《排放污染物申报表（试行）》。《排放污染物申报表（试行）》整体分为基本信息申报和动态信息申报两部分。基本信息申报一般包括企业法人、地址、联系电话、主要产品名、生产工艺、废水、废气、噪声、污染治理设施基本情况等；动态信息申报主要指企业一个生产阶段的产品产量、污染物排放量等与排污费核定相关的信息数据。

③ 排污申报程序

a. 填报登记表。《通知》取消了原来的年度预申报，改为根据实际排污状况动态申报。申报方式变更为"按月或季度动态申报"，排污单位如实申报上月或上季度实际排污情况。排污申报表的结构调整为"基本信息申报表＋动态申报表"。将原有申报表中排污单位的基本信息和污染物排放情况分开，排污单位初次申报或者基本信息发生变化时需填写《排放污染物基本信息申报表（试行）》，经环保部门审核后无需重复填写；排污单位上月或上季的实际排污情况，应填写《排放污染物动态申报表（试行）》。

排污单位投入生产、经营（含试生产、试营业）后，按月或季度污染物实际排放情况填写相关《排放污染物动态申报表（试行）》，并根据要求在每月或每季结束后 7 日（以下均为工作日）内向负责其排污费征收管理的环境监察机构进行申报，同时提供与污染物排放有关的资料。

b. 审核。环境监察机构应当在收到排污单位《排放污染物动态申报表（试行）》后 20 日内，结合掌握的情况，对排污单位排放污染物的种类、数量进行审核，该审核结果将作为后续实施排污收费或者排污许可管理的基础。

（3）法律责任

拒报或谎报水污染物排放申报事项的违法行为，根据《中华人民共和国水污染防治法》第四十六条第一款第（一）项和《水污染防治法实施细则》第三十八条第一款第（一）项的规定，给予警告或处以 1 万元以下的罚款。

拒报或谎报噪声污染物排放申报事项的违法行为，根据《中华人民共和国噪声污染防治法》第四十九条的规定，给予警告或处以罚款。

拒报或谎报固体废物污染物排放申报事项的违法行为，根据《中华人民共和国环境保护法》第三十五条第（二）项的规定，给予警告或处以罚款。

2. 排污许可管理制度

（1）排污许可管理制度概述

排污许可管理制度，也称排污许可证制度，是指向环境排放特定污染物的单位和个人，应当事先向环境保护主管部门申请，经批准后才能排放污染物的制度。该制度的核心是将排污者应当遵守的有关国家环境保护法律、法规、政策、标准、总量控制目标和环境保护技术规范等方面的要求具体化，有针对性地、集中地规定在每个排污者的排污许可证上。

排污许可管理制度是世界上一些国家用来控制污染的一项有效措施。我国在 1989 年召开的第三次环境保护会议上确定在全国逐步推行这项制度。修订后的《中华人民共和国环境保护法》第四十五条规定，国家依照法律规定实行排污许可管理制度；实行排污许可管理的企业事业单位和其他生产经营者应当按照排污许可证的要求排放污染物；未取得排污许可证的，不得排放污染物。此外，《中华人民共和国水污染防治法》第二十条规定，国家实行排污许可制度。《中华人民共和国大气污染防治法》第十九条规定，排放工业废气或者本法第七十八条规定名录中所列有毒有害大气污染物的企业事业单位、集中供热设施的燃煤热源生产运营单位以及其他依法实行排污许可管理的单位，应当取得排污许可证。但目前，我国还没有全国统一的排污许可证管理的具体政策。2014 年 12 月，环境保护部公布《排污许可证管理暂行办法（征求意见稿）》，并向社会征求意见，目前《排污许可证管理暂行办法》尚未正式公布。

(2) 排污许可管理制度的主要内容
1) 适用范围。
① 排放工业废气或排放国家规定的有毒有害大气污染物的排污单位；
② 直接或间接向水体排放工业废水和医疗污水的排污单位；
③ 集中供热设施的运营单位；
④ 规模化畜禽养殖场；
⑤ 城镇或工业污水集中处理单位；
⑥ 其他依法应当取得排污许可证的情形。
2) 申领排污许可证的条件。
① 建设项目环境影响评价文件经有审批权的环境保护主管部门批准或者按照规定重新审核同意；
② 有符合国家和地方标准规定的污染防治设施和污染物处理能力。环境污染治理设施委托运营的，运营单位应当取得环境污染治理设施运营资质；
③ 按照规定进行了排污申报；
④ 按照规定标准和技术规范设置排污口；
⑤ 有污染物排放总量控制要求的，应当符合环境功能区划和所在区域污染物排放总量控制指标的要求；
⑥ 按照规定应当安装污染源自动监控设施的，安装了污染源自动监控设施，并与当地环境保护主管部门的自动监控系统联网；
⑦ 法律、法规和规章规定的其他情形。
3) 排污许可的程序。
① 排污申报。排污单位必须在指定时间内，向当地环境保护行政主管部门办理排污申报手续，并提供有关技术资料。
② 申请排污许可证。排污单位必须在规定的时间内，持当地环境保护行政主管部门批准的排污申报表及其他所需资料申请排污许可证。
③ 受理、审核、发放排污许可证。环境保护主管部门应当自受理排污许可证申请之日起 20 日内，对申请单位提交的证明材料进行审查，符合条件的，颁发排污许可证，并予以公告；不符合条件的，书面通知申请单位并说明理由。
4) 排污许可证申请时限和有效期限　现有排污单位应在环境保护行政主管部门规定时限内申请排污许可证；新建排污单位应在取得环境保护验收批复文件之后，依法申请排污许可证。

排污许可证有效期最长不得超过 5 年。排污单位需要延续排污许可证的有效期的，应当在有效期限届满 30 日前，向原发证的环境保护主管部门提出延续申请。
(3) 法律责任
未依法取得排污许可证排放大气污染物的，由县级以上人民政府环境保护主管部门责令改正或者限制生产、停产整治，并处十万元以上一百万元以下的罚款；情节严重的，报经有批准权的人民政府批准，责令停业、关闭。

企业事业单位和其他生产经营者违反法律规定，未取得排污许可证排放污染物，被责令停止排污，拒不执行，尚不构成犯罪的，除依照有关法律法规规定予以处罚外，由县级以上人民政府环境保护主管部门或者其他有关部门将案件移送公安机关，对其直接负责的主管人员和其他直接责任人员,处十日以上十五日以下拘留;情节较轻的,处五日以上十日以下拘留。

五、排污收费制度

1. 排污收费制度概述

排污收费制度,也称征收排污费制度,是指国家环境保护主管部门依照环境保护法律、法规的规定,对于向环境排放污染物的企事业单位和其他生产经营者征收一定数额的费用的制度。

排污收费制度是我国环境管理的一项基本制度,是促进污染防治的一项重要经济政策。排污收费制度是"损害担责"原则的体现,在环境保护管理中具有重要意义。它有利于促使排污者加强经营管理,减少污染物排放,促进经济发展与环境保护相协调;有利于促使排污者进行技术改造,推行清洁生产,提高资源、能源效率;为国家治理污染,改善环境质量开辟了一条重要的资金渠道。

1989 年颁布的《中华人民共和国环境保护法》和 2002 年国务院颁布的《排污费征收使用管理条例》,对排污收费制度做了明确规定,此后原国家环境保护总局于 2003 年发布了配套的部门规章:《排污费征收标准管理办法》《关于排污费征收核定有关工作的通知》《排污费资金收缴管理办法》《排污费征收标准及计算办法》《关于减免及缓缴排污费有关问题的通知》,从而建立起了一套完整的排污费征收使用管理体系。2014 年 9 月,国家发展改革委、财政部和环境保护部联合印发《关于调整排污费征收标准等有关问题的通知》,要求各省(区、市)结合实际,调整污水、废气主要污染物排污费征收标准,提高收缴率,实行差别化排污收费政策,建立有效的约束和激励机制,促使企业主动治污减排,保护生态环境。修订后的《中华人民共和国环境保护法》第四十三条规定,排放污染物的企业事业单位和其他生产经营者,应当按照国家有关规定缴纳排污费;排污费应当全部专项用于环境污染防治,任何单位和个人不得截留、挤占或者挪作他用;依照法律规定征收环境保护税的,不再征收排污费。

2. 排污收费制度的主要内容

(1) 排污收费的对象

根据《排污费征收使用管理条例》的规定,直接向环境排放污染物的单位和个体工商户(以下简称排污者),应当依照规定缴纳排污费。排污者向城市污水集中处理设施排放污水、缴纳污水处理费用的,不再缴纳排污费。排污者建成工业固体废物贮存或者处置设施、场所并符合环境保护标准,或者其原有工业固体废物贮存或者处置设施、场所经改造符合环境保护标准的,自建成或者改造完成之日起,不再缴纳排污费。《中华人民共和国环境保护法》规定,依照法律规定征收环境保护税的,不再征收排污费。

(2) 排污收费的范围

《排污费征收标准管理办法》规定征收排污费的范围包括污水、废气、危险废物和噪声四个大类。

(3) 排污费的征收标准

国务院价格主管部门、财政部门、环境保护行政主管部门和经济贸易主管部门,根据污染治理产业化发展的需要、污染防治的要求和经济、技术条件以及排污者的承受能力,制定国家排污费征收标准。国家排污费征收标准中未作规定的,省、自治区、直辖市人民政府可以制定地方排污费征收标准,并报国务院价格主管部门、财政部门、环境保护行政主管部门和经济贸易主管部门备案。

污水、废气、固体废物和危险废物排污费征收标准及噪声超标排污征收标准及计算方法，按照《排污费征收标准管理办法》《关于调整排污费征收标准等有关问题的通知》的规定执行。

1) 污水排污费征收标准。

① 污水排污费按排污者排放污染物的种类、数量以污染当量计征。根据《排污费征收标准管理办法》规定，每一污染当量征收标准为0.7元。根据《关于调整排污费征收标准等有关问题的通知》规定，2015年6月30日前，污水中化学需氧量、氨氮和五项主要重金属（铅、汞、铬、镉、类金属砷）污染物排污费征收标准应当调整至不低于每污染当量1.4元，具体征收标准由各省、自治区、直辖市确定。

② 对每一排放口征收污水排污费的污染物种类数，以污染当量数从多到少的顺序，最多不超过3项。

2) 废气排污费征收标准。

① 废气排污费按排污者排放污染物的种类、数量以污染当量计算征收。根据《排污费征收标准管理办法》规定，每一污染当量征收标准为0.6元。根据《关于调整排污费征收标准等有关问题的通知》规定，2015年6月30日前，废气中的二氧化硫和氮氧化物排污费征收标准调整至不低于每污染当量1.2元，具体征收标准由各省、自治区、直辖市确定。

② 对难以监测的烟尘，可按林格曼黑度征收排污费。每吨燃料的征收标准为：1级1元、2级3元、3级5元、4级10元、5级20元。

3) 固废和危险废物排污费征收标准。

① 对暂时不利用或者不能利用的工业固体废物未建设贮存的设施、场所安全分类存放，或者未采取无害化处置措施的工业固体废物，责令停止违法行为，限期改正，处以一万元以上十万元以下罚款。

② 对以填埋方式处置危险废物不符合国家有关规定的，危险废物排污费征收标准为每次每吨1000元。

4) 污水、废气超标排污或超过总量控制指标的收费标准。企业污染物排放浓度值高于国家或地方规定的污染物排放限值，或者企业污染物排放量高于规定的排放总量指标的，按照各省（区、市）规定的征收标准加一倍征收排污费；同时存在上述两种情况的，加二倍征收排污费。企业生产工艺装备或产品属于《产业结构调整指导目录（2011年版）（修正）》规定的淘汰类的，加一倍征收排污费。

5) 噪声超标排污费征收标准。对排污者产生环境噪声，超过国家规定的环境噪声排放标准，且干扰他人正常生活、工作和学习的，按照超标的分贝数征收噪声超标排污费。

(4) 排污收费的程序

1) 排污申报。排污单位投入生产、经营（含试生产、试营业）后，按月或季度污染物实际排放情况填写相关《排放污染物动态申报表（试行）》，并根据要求在每月或每季结束后7日（以下均为工作日）内向负责其排污费征收管理的环境监察机构进行申报。

2) 排污申报审核与核定。环境监察机构应当在收到排污单位《排放污染物动态申报表（试行）》后20日内对排污单位排放污染物的种类、数量进行审核，并根据排污费征收标准确定排污单位该时段应当缴纳的排污费数额，向排污单位送达《排污核定与排污费缴纳决定书》，同时向社会公告。排污单位对核定缴纳结果有异议的，自收到《排污核定与排污费缴纳决定书》之日起 7 日内，可以向发出决定的环境监察机构书面申请复核；环境监察机构应当自收到复核申请之日起 10 日内，做出复核决定。

县级环境保护局负责行政区划范围内排污费的征收管理工作。直辖市、设区的市级环境保护局负责本行政区域市区范围内排污费的征收管理工作。省、自治区环境保护局负责装机容量 30 万千瓦以上的电力企业排放二氧化硫排污费的征收管理工作。

3）排污费征收与缴纳。排污单位应当自收到《排污核定与排污费缴纳决定书》之日起 7 日内，到指定的商业银行缴纳排污费。排污单位逾期未缴纳的，负责其排污费征收管理的环境监察机构从逾期未缴纳之日起 15 日内向排污单位下达《排污费限期缴纳决定书》，并从滞纳之日起每日加收 2‰ 的滞纳金。

排污者缴纳排污费，不免除其防治污染、赔偿污染损害的责任和法律、行政法规规定的其他责任。

4）排污费减缴、免缴和缓缴。

① 排污费减缴、免缴。第一，排污者因不可抗力遭受重大经济损失的，可以申请减半缴纳排污费或者免缴排污费。排污者因未及时采取有效措施，造成环境污染的，不得申请减半缴纳排污费或者免缴排污费。第二，企业污染物排放浓度值低于国家或地方规定的污染物排放限值 50% 以上的，减半征收排污费。

② 排污费缓缴。排污者因有特殊困难不能按期缴纳排污费的，或者在申请减免排污费期间，自接到排污费缴纳通知单之日起 7 日内，可以向发出缴费通知单的环境保护行政主管部门申请缓缴排污费。环境保护行政主管部门应当自接到申请之日起 7 日内，作出书面决定；期满未作出决定的，视为同意。排污费的缓缴期限最长不超过 3 个月。

(5) 排污费的使用

排污费必须纳入财政预算，列入环境保护专项资金进行管理，主要用于重点污染源防治；区域性污染防治；污染防治新技术、新工艺的开发、示范和应用；国务院规定的其他污染防治项目。

环境保护专项资金不得用于环境卫生、绿化、新建企业的污染治理项目以及与污染防治无关的其他项目。

3. 法律责任

违反排污收费制度规定应承担的法律责任主要有如下几方面。

① 排污者未按照规定缴纳排污费的，由县级以上地方人民政府环境保护行政主管部门依据职权责令限期缴纳；逾期拒不缴纳的，处应缴纳排污费数额 1 倍以上 3 倍以下的罚款，并报经有批准权的人民政府批准，责令停产停业整顿。

② 排污者以欺骗手段骗取批准减缴、免缴或者缓缴排污费的，由县级以上地方人民政府环境保护行政主管部门依据职权责令限期补缴应当缴纳的排污费，并处所骗取批准减缴、免缴或者缓缴排污费数额 1 倍以上 3 倍以下的罚款。

③ 环境保护专项资金使用者不按照批准的用途使用环境保护专项资金的，由县级以上人民政府环境保护行政主管部门或者财政部门依据职权责令限期改正；逾期不改正的，10 年内不得申请使用环境保护专项资金，并处挪用资金数额 1 倍以上 3 倍以下的罚款。

④ 县级以上地方人民政府环境保护行政主管部门应当征收而未征收或者少征收排污费的，上级环境保护行政主管部门有权责令其限期改正，或者直接责令排污者补缴排污费。

⑤ 县级以上人民政府环境保护行政主管部门、财政部门、价格主管部门的工作人员有

违法行为的，依照刑法关于滥用职权罪、玩忽职守罪或者挪用公款罪的规定，依法追究刑事责任；尚不够刑事处罚的，依法给予行政处分。

六、总量控制制度与区域限批制度

1. 总量控制制度

（1）总量控制制度概述

总量控制制度，又称重点污染物排放总量控制制度，是指通过向一定地区和排污单位分配特定污染物排放量指标，将一定地区和排污单位产生的特定污染物数量控制在规定限度内的污染控制方式及其管理规范的总称。

我国早期对污染物主要采取达标排放的方式进行管控，实践证明，这种方式无法遏制污染物排放总量的增长，也满足不了改善环境质量的现实需要。许多地区即使所有排放单位实现了达标排放，区域环境质量仍然达不到标准。

我国总量控制制度在"九五"期间（1996—2000年）开始起步，总量控制的范围明确为12种污染物，包括烟尘、工业粉尘、二氧化硫、化学需氧量、石油类、氰化类、砷、汞、铅、镉、六价铬、工业固体废物排量。"十五"时期（2001—2005年），总量控制制度的管理范围缩减为5种污染物，即二氧化硫、尘（烟尘和工业粉尘）、化学需氧量、氨氮、工业固体废物。"十一五"时期（2006—2010年），总量控制制度全面推进，总量控制制度的管理范围进一步缩减为二氧化硫、化学需氧量，这两项污染物被确定为国家"十一五"规划纲要的约束性指标。"十二五"时期（2011—2015年），总量控制制度的管理范围调整为二氧化硫、氮氧化物、化学需氧量、氨氮。

《中华人民共和国环境保护法》第四十四条规定，国家实行重点污染物排放总量控制制度。重点污染物排放总量控制指标由国务院下达，省、自治区、直辖市人民政府分解落实。企业事业单位在执行国家和地方污染物排放标准的同时，应当遵守分解落实到本单位的重点污染物排放总量控制指标。《中华人民共和国水污染防治法》第十八条规定，国家对重点水污染物排放实施总量控制制度。《中华人民共和国大气污染防治法》第二十一条规定，国家对重点大气污染物排放实行总量控制。重点大气污染物排放总量控制目标，由国务院环境保护主管部门在征求国务院有关部门和各省、自治区、直辖市人民政府意见后，会同国务院经济综合主管部门报国务院批准并下达实施。

（2）总量控制制度的主要内容

1) 总量控制对象及约束性指标　"十二五"期间，重点水污染物是化学需氧量和氨氮；重点大气污染物是二氧化硫和氮氧化物。2015年，全国化学需氧量和二氧化硫排放总量分别控制在2347.6万吨、2086.4万吨，比2010年的2551.7万吨、2267.8万吨分别下降8%；全国氨氮和氮氧化物排放总量分别控制在238.0万吨、2046.2万吨，比2010年的264.4万吨、2273.6万吨分别下降10%。

2) "十二五"主要污染物总量减排统计　环境统计污染物排放量包括工业污染源、城镇生活污染源及机动车、农业污染源和集中式污染治理设施排放量。化学需氧量和氨氮的排放量为工业污染源、城镇生活污染源、农业污染源和集中式污染治理设施排放量之和。

3) 污染物总量控制指标分解

① 逐级分解总量指标。国家向省，省向市，市向县（市区）分解总量控制指标，各级主要污染物总量控制指标的确定，应充分考虑行政区域面积、产业结构、环境容量、污染物

排放现状及其削减空间，兼顾完成上级下达的总量控制目标和本区域环境质量改善与达标需要，并为新建项目提供可置换排污总量，制订符合当地实际情况、严于上一级下达的总量控制指标的总量削减和分配方案。对于环境质量超标、污染物排放量大、超标排污企业和淘汰取缔企业多的区域，应多承担削减任务，并制订达到环境容量总量要求的分年度削减目标。

② 向污染源分配许可排污总量。对现有污染源进行全面摸底调查，将污染负荷占到当地污染负荷的 80% 以上的排污单位列为重点污染源。对清理出的重点污染源，结合环境统计、排污申报登记数据，核定其现有生产能力的排污量，逐个企业登记造册，建立管理台账。

各级环境保护主管部门将总量控制指标分解到重点污染源。重点污染源排污总量指标的核定要综合考虑改善当地环境质量的要求和环境容量、上级下达的区域总量控制指标以及企业实现污染物排放全面达标后的排污量、达到先进排放绩效时的排放量等多种因素。其中，以企业达到污染物排放标准和达到当地环境容量总量指标为最基本要求。企业现有排放量超过总量指标的，必须制定分年度排污达标和总量削减计划，通过淘汰、关闭和污染治理等措施，在规定的期限内完成污染物削减任务，达到控制指标，使区域排污总量达到上级下达的总量指标和当地环境容量总量要求。

（3）法律责任

《中华人民共和国环境保护法》第六十条规定，企业事业单位和其他生产经营者超过污染物排放标准或者超过重点污染物排放总量控制指标排放污染物的，县级以上人民政府环境保护主管部门可以责令其采取限制生产、停产整治等措施；情节严重的，报经有批准权的人民政府批准，责令停业、关闭。

《中华人民共和国大气污染防治法》第九十九条规定，超过重点大气污染物排放总量控制指标排放大气污染物的，由县级以上人民政府环境保护主管部门责令改正或者限制生产、停产整治，并处十万元以上一百万元以下的罚款；情节严重的，报经有批准权的人民政府批准，责令停业、关闭。

《中华人民共和国水污染防治法》第七十四条规定，排放水污染物超过重点水污染物排放总量控制指标的，由县级以上人民政府环境保护主管部门按照权限责令限期治理，处应缴纳排污费数额二倍以上五倍以下的罚款。

2. 区域限批制度

（1）区域限批制度概述

区域限批，也称建设项目环评区域限批，是指一个地区若超过国家重点污染物排放总量控制指标或者未完成国家确定的环境质量目标，省级以上环保部门有权暂停之一地区所有新增重点污染物排放总量的建设项目的审批，直到该地区完成整改。区域限批是环境保护主管部门在加强对地方政府环保履职监管行为上的创新。区域限批以解决区域严重环境问题为切入点，推进地区产业结构调整与经济发展模式的转变，使一些过去遗留的环境问题得以解决，对遏制地方政府不顾环境质量而盲目追求 GDP，具有杀手锏的作用。2006 年 12 月 16 日原四川省环境保护局决定从即日起暂停泸州市除污染治理项目以外新建项目的环评审批。这是区域环评限批的首次使用。2007 年 1 月，原国家环境保护总局首次采取"区域限批"措施，对环境问题突出的河北省唐山市、山西省吕梁市、贵州省六盘水市、山东省莱芜市等 4 个行政区域，大唐国际、华能、华电、国电等 4 个电力集团实施限批，督促这些地区和行业较快地进行了整改。

《中华人民共和国环境保护法》第四十四条规定，对超过国家重点污染物排放总量控制指标或者未完成国家确定的环境质量目标的地区，省级以上人民政府环境保护主管部门应当暂停审批其新增重点污染物排放总量的建设项目环境影响评价文件。此外，《中华人民共和国水污染防治法》《中华人民共和国大气污染防治法》以及《国务院关于落实科学发展观加强环境保护的决定》均对区域限批制度作了规定。2015年12月，环境保护部发布《建设项目环境影响评价区域限批管理办法（试行）》，对区域限批适用情形、决定权限、实施程序等作了详细规定。

（2）区域限批制度的内容

1）区域限批适用情形。有下列情形之一的地区，环境保护部或省级环境保护主管部门暂停审批有关建设项目环境影响评价文件。

① 对在规定期限内未完成国家确定的水环境质量改善目标、大气环境质量改善目标、土壤环境质量考核目标的地区，暂停审批新增排放重点污染物的建设项目环境影响评价文件；

② 对未完成上一年度国家确定的重点水污染物、大气污染物排放总量控制指标的地区，或者未完成国家确定的重点重金属污染物排放总量控制目标的地区，暂停审批新增排放重点污染物的建设项目环境影响评价文件；

③ 对生态破坏严重或者尚未完成生态恢复任务的地区，暂停审批对生态有较大影响的建设项目环境影响评价文件；

④ 对违反主体功能区定位、突破资源环境生态保护红线、超过资源消耗和环境容量承载能力的地区，暂停审批对生态有较大影响的建设项目环境影响评价文件；

⑤ 对未依法开展环境影响评价即组织实施开发建设规划的地区，暂停审批对生态有较大影响的建设项目环境影响评价文件；

⑥ 其他法律法规和国务院规定要求实施区域限批的情形。

2）区域限批决定权限　根据《中华人民共和国环境保护法》的规定，区域限批的决定主体为省级以上人民政府环境保护主管部门，即省级人民政府环境保护主管部门和环境保护部。《建设项目环境影响评价区域限批管理办法（试行）》适用于环境保护部实施的建设项目环境影响评价文件区域限批。省级环境保护部门实施建设项目环境影响评价文件区域限批，参照该办法执行。

省级以上人民政府环境保护主管部门主管环境影响评价的机构（以下简称环评管理机构）负责区域限批的归口管理和组织实施，汇总限批建议，办理报审手续，起草限批决定文书，组织实施区域限批决定，并监督指导地方环境保护部门落实区域限批管理要求。

省级以上人民政府环境保护主管部门主管污染防治、生态保护等工作的管理机构（以下简称相关管理机构）负责认定限批情形，提出限批建议，以及限批期间的整改督查和现场核查。

3）区域限批实施程序　区域限批按照下列程序组织实施：认定限批情形；下达限批决定；整改督查和现场核查；解除限批。

相关管理机构通过日常管理、监督检查、专项检查、突发环境事件调查处理及举报等途径，发现存在限批情形的，应当进行调查取证，认定相关事实，并提出限批区域、限批内容、限批期限、整改要求等建议。限批建议及限批情形认定报告应当转环评管理机构。

4）区域限批实期限　区域限批期限为三个月至十二个月。限批期限届满后一个月内，提出限批建议的相关管理机构应当会同环境保护区域督查中心组织现场核查,提出现场核查报告。对全面落实整改要求的地区,相关管理机构应当提出解除限批建议;对未落实整改要求的地区,相关管理机构应当提出延长限批建议。延长限批期限最长不超过六个月。

(3) 法律责任

对未执行同步限批要求的地方环境保护部门审批的建设项目环境影响评价文件,上级环境保护部门应当责令其撤销该审批决定;拒不撤销的,上级环境保护部门可以直接撤销,并对作出该审批决定的直接负责的主管人员和其他直接责任人员,移交纪检监察机关和组织(人事)部门,由纪检监察机关和组织(人事)部门依法依规追究相关责任。

实施区域限批期间,被限批地区未依法开展环境影响评价的建设项目擅自开工建设的,由负有环境保护监督管理职责的部门依法责令建设单位停止建设,处以罚款,并责令恢复原状。

对干预限批决定实施、包庇纵容环境违法行为、履职不力、监管不严的地方人民政府、地方环境保护部门的相关责任人员,环境保护部将相关材料移交纪检监察机关和组织(人事)部门,由纪检监察机关和组织(人事)部门依法依规追究相关责任。

七、现场检查制度

1. 现场检查制度概述

现场检查制度是指环境保护行政主管部门或者其他依法行使环境保护监督管理权的部门,进入辖区的排污单位现场,对其排污情况、污染治理等进行检查的法律规定的总称。现场检查制度是环境保护行政机关在环境执法中普遍采用的一项重要的行政监督管理手段。可以督促排污单位遵守环境保护法律规定,采取措施积极防治污染;促进排污单位加强环境管理,减少污染物的排放和消除污染事故隐患。

现场检查权是行政机关进行日常监管活动,实现行政目的的一项基础性、普遍性权利。现场检查制度具有以下特点:①执法主体只能由负有环境保护监督管理职责的行政部门或者经环境保护主管部门委托的环境监察机构执行;②具有强制性,不需要被检查单位的同意;③执法主体只能对管辖范围内的排污企业事业单位和其他生产经营者进行检查,不能检查管辖范围以外的,也不能检查与污染物排放无关的单位和个人;④现场检查有一定的随机性,有关执法主体可以随时进行检查,不得以限制环保部门执法次数的方式阻碍现场检查;⑤现场检查内容应当于法有据,不能任意检查。

2. 主要法律、法规和规章

根据《中华人民共和国环境保护法》第二十四条规定,县级以上人民政府环境保护主管部门及其委托的环境监察机构和其他负有环境保护监督管理职责的部门,有权对排放污染物的企业事业单位和其他生产经营者进行现场检查。被检查者应当如实反映情况,提供必要的资料。此外,《中华人民共和国大气污染防治法》第二十九条、《中华人民共和国水污染防治法》第二十七条和《中华人民共和国固体废物污染环境防治法》第十五条也作了相关规定。

为加强和规范环境监察工作,环境保护部于2012年颁布了《环境监察办法》,重点对现场检查作了规定。为规范环境监察执法人员的执法行为,环境保护部于2013年颁布了《环境监察执法证件管理办法》,对现场检查权限及执法证件的管理作了规定。

3. 现场检查制度的主要内容

(1) 现场检查的主体

现场检查的主体包括以下三类。

① 县级以上人民政府环境保护主管部门。主要包括：环境保护部，省级人民政府环保厅、局，设区的市级人民政府环境保护局，县级人民政府环境保护局等。

② 环境主管部门委托的环境监察机构。环境保护主管部门委托环境监察机构行驶环境监督管理职权时，不论环境监察机构的性质如何，它依据委托行驶职权的性质属于行政执法性质。

③ 其他负有环境监督管理职责的部门。主要是指依照其他法律法规履行环境保护监督管理职责的各级公安、交通、铁道、渔业、林业、农业、国土、工信、能源以及经济综合等部门。

（2）现场检查的对象

① 排污单位。这是现场检查的主要对象，包括排放污染物的企事业单位和其他生产经营者。

② 产品生产、销售企业。《中华人民共和国大气污染防治法》规定，能源主管部门有权对煤矿企业是否按照规定建设配套煤炭洗选设施进行现场检查；质量监督、工商管理部门有权对煤炭、石油焦等销售单位所售产品是否符合质量标准进行现场检查。

（3）现场检查的程序

① 现场检查准备。明确现场检查的目的，确定检查的内容、方式。必要时应制订现场检查计划。

② 实施现场检查。从事现场执法工作的环境监察人员进行现场检查时，有权依法采取以下措施：进入有关场所进行勘察、采样、监测、拍照、录音、录像、制作笔录；查阅、复制相关资料；约见、询问有关人员，要求说明相关事项，提供相关材料；责令停止或者纠正违法行为；适用行政处罚简易程序，当场作出行政处罚决定；法律、法规、规章规定的其他措施。

实施现场检查时，从事现场执法工作的环境监察人员不得少于两人，并出示《中国环境监察执法证》等行政执法证件，表明身份，说明执法事项。未取得环境监察执法证件的，不得从事环境监察执法工作。

③ 归档。现场检查工作中形成的污染源监察、建设项目检查、排放污染物申报登记、排污费征收、行政处罚等材料，应当及时进行整理，立卷归档。

4. 法律责任

《中华人民共和国水污染防治法》第七十条规定，拒绝环境保护主管部门或者其他依照本法规定行使监督管理权的部门的监督检查，或者在接受监督检查时弄虚作假的，由县级以上人民政府环境保护主管部门或者其他依照本法规定行使监督管理权的部门责令改正，处一万元以上十万元以下的罚款。

《中华人民共和国大气污染防治法》第九十八条规定，以拒绝进入现场等方式拒不接受环境保护主管部门及其委托的环境监察机构或者其他负有大气环境监督管理职责的部门的监督检查，或者在接受监督检查时弄虚作假的，由县级以上人民政府环境保护主管部门或者其他负有大气环境保护监督管理职责的部门责令改正，处二万元以上二十万元以下的罚款；构成违反治安管理行为的，由公安机关依法予以处罚。

《中华人民共和国固体废物污染环境防治法》第七十条规定，拒绝环境保护部门或者其他固体废物污染环境防治工作的监督管理部门现场检查的，由执行现场检查的部门责令限期改正；拒不改正或者检查时弄虚作假的，处二千元以上二万元以下的罚款。

八、环境信息公开制度

1. 环境信息公开制度概述

环境信息是人类活动中产生的多种物质能量流进环境系统之后所引起的环境影响及其后果的反馈性识别信号，为人们正确认识和解决环境问题所必需的人事手段和共享资源。环境信息包括政府环境信息和企业环境信息。政府环境信息，是指环保部门在履行环境保护职责中制作或者获取的，以一定形式记录、保存的信息。企业环境信息，是指企业以一定形式记录、保存的，与企业经营活动产生的环境影响和企业环境行为有关的信息。环境信息公开制度，是指有关环境信息公开的主体、范围、方式、程序等规定的总称。

环境信息公开是保障公众环境知情权的需要，是公众参与和监督环境保护的基础，是促进环境决策科学、合理，改善环境质量的重要手段。环境信息的公开透明有利于消除误解、建立信任，可以防止因环境信息不公开而酿成环境群体性事件，维护社会稳定。

《中华人民共和国宪法》第二条规定："国家的一切权利属于人民，人民可以依照法律规定，通过各种途径和形式参与国家经济、文化和社会事务的管理。"这从一定程度上说明，我国公民参与国家环境管理和享有环境知情权有宪法基础，相对应的，政府履行信息公开的义务也就有了宪法规定。《中华人民共和国环境保护法》第五章专章对环境信息公开作了规定。环境保护部颁布的配套《环境保护公众参与办法》对环境保护公众参与的信息公开主体、范围、方式等作了具体规定。作为环境立法中的基本法，对环境知情权进行的规定，也为环境信息公开制度提供了法律依据。《中华人民共和国环境影响评价法》第十一条规定，对直接涉及公众环境权益的规划，应当举行论证会、听证会或者其他形式征求有关单位、专家和公众对环境影响报告书草案的意见。与此相应的《环境影响评价公众参与暂行办法》规定了公众参与环境影响评价的信息公开主体、内容、方式和程序等。2007 年国务院和原国家环保总局先后制定了我国的《政府信息公开条例》和《环境信息公办法（试行）》，这两个关于环境信息公开的法律规范对我国环境信息公开的具体实施作了详细的规定。2013 年，环境保护部颁发《建设项目环境影响评价政府信息公开指南》，对建设项目环境影响评价政府信息公开范围、公开方式、公开期限等作了具体规定。2014 年 12 月环境保护部颁布《企业事业单位环境信息公开办法》，对企业环境信息公开方式、范围、时限、法律责任等作了具体规定。

2. 环境信息公开制度的主要内容

（1）环境信息公开主体

1）政府环境信息公开的主体　主要包括以下几类：第一，国务院环境保护主管部门。主要负责统一发布国家环境质量、重点污染源监测信息及其他重大环境信息。第二，省级以上人民政府环境保护主管部门。负责定期发布环境状况公报。第三，县级以上人民政府环境保护主管部门和其他负有环境保护监督管理职责的部门。负责依法公开环境质量、环境监测、突发环境事件以及环境行政许可、行政处罚、排污费的征收和使用情况等信息；负责将企业事业单位和其他生产经营者的环境违法信息记入社会诚信档案，及时向社会公布违法者名单。

2）企业环境信息公开主体　重点排污单位是企业环境信息公开的主体。重点排污单位应当如实向社会公开其主要污染物的名称、排放方式、排放浓度和总量、超标排放情况，以及防治污染设施的建设和运行情况，接受社会监督。环境保护主管部门确定重点排污单位名录时，应当综合考虑本行政区域的环境容量、重点污染物排放总量控制指标的要求，以及企业事业单位排放污染物的种类、数量和浓度等因素。具备下列条件之一的企业事业单位，应当列入重点排污单位名录：

① 被设区的市级以上人民政府环境保护主管部门确定为重点监控企业的；

② 具有试验、分析、检测等功能的化学、医药、生物类省级重点以上实验室、二级以上医院、污染物集中处置单位等污染物排放行为引起社会广泛关注的或者可能对环境敏感区造成较大影响的；

③ 三年内发生较大以上突发环境事件或者因环境污染问题造成重大社会影响的；

④ 其他有必要列入的情形。

（2）环境信息公开的内容

1）政府环境信息公开的内容　环保部门应当在职责权限范围内向社会主动公开以下政府环境信息。

① 环境保护法律、法规、规章、标准和其他规范性文件；

② 环境保护规划；

③ 环境质量状况；

④ 环境统计和环境调查信息；

⑤ 突发环境事件的应急预案、预报、发生和处置等情况；

⑥ 主要污染物排放总量指标分配及落实情况，排污许可证发放情况，城市环境综合整治定量考核结果；

⑦ 大、中城市固体废物的种类、产生量、处置状况等信息；

⑧ 建设项目环境影响评价文件受理情况，受理的环境影响评价文件的审批结果和建设项目竣工环境保护验收结果，其他环境保护行政许可的项目、依据、条件、程序和结果；

⑨ 排污费征收的项目、依据、标准和程序，排污者应当缴纳的排污费数额、实际征收数额以及减免缓情况；

⑩ 环保行政事业性收费的项目、依据、标准和程序；

⑪ 经调查核实的公众对环境问题或者对企业污染环境的信访、投诉案件及其处理结果；

⑫ 环境行政处罚、行政复议、行政诉讼和实施行政强制措施的情况；

⑬ 污染物排放超过国家或者地方排放标准，或者污染物排放总量超过地方人民政府核定的排放总量控制指标的污染严重的企业名单；

⑭ 发生重大、特大环境污染事故或者事件的企业名单，拒不执行已生效的环境行政处罚决定的企业名单；

⑮ 环境保护创建审批结果；

⑯ 环保部门的机构设置、工作职责及其联系方式等情况；

⑰ 法律、法规、规章规定应当公开的其他环境信息。

值得注意的是，在建设项目环评审批中，负责审批的环境保护主管部门应当将环境影响报告书、表全本（除涉及国家秘密和商业秘密等内容外）主动公开。在建设项目竣工环境保护验收中，负责竣工验收的环境保护主管部门应当将验收监测（调查）报告书、表全本（除涉及国家秘密和商业秘密等内容外）主动公开。作出环评审批决定或验收决定后，应当将决定的相关文件名称、文号、时间及全文主动公开。

在规划的环境影响评价中，规划及规划环评由规划编制机关组织编制，对规划环评报告书进行审查形成的审查意见不是行政许可文件。根据《政府信息公开条例》的规定，行政机关制作的政府信息，由制作该政府信息的行政机关负责公开。因此，规划及规划环境影响报告书的信息公开事宜应由规划编制机关负责。

2) 企业环境信息公开的内容　重点排污单位应当公开下列信息。

① 基础信息，包括单位名称、组织机构代码、法定代表人、生产地址、联系方式，以及生产经营和管理服务的主要内容、产品及规模；

② 排污信息，包括主要污染物及特征污染物的名称、排放方式、排放口数量和分布情况、排放浓度和总量、超标情况，以及执行的污染物排放标准、核定的排放总量；

③ 防治污染设施的建设和运行情况；

④ 建设项目环境影响评价及其他环境保护行政许可情况；

⑤ 突发环境事件应急预案；

⑥ 其他应当公开的环境信息。

列入国家重点监控企业名单的重点排污单位还应当公开其环境自行监测方案。国家鼓励企业事业单位自愿公开有利于保护生态、防治污染、履行社会环境责任的相关信息。

(3) 环境信息公开的方式和程序

1) 政府环境信息公开的种类　政府环境信息公开方式分为两种：一种是主动公开；另一种是依申请公开。信息主动公开，是指按照有关法律、法规和规章的规定，对于某些环境信息，政府必须按照一定的方式主动向社会公开。信息依申请公开，是指对于某些环境信息，必须由公众根据自身的需要向环境保护主管部门和其他负有环境保护监管职责的部门提出申请，这些部门依照有关规定向申请人公开环境信息。关于哪些环境信息属于主动公开的信息，《政府信息公开条例》规定，行政机关对符合下列基本要求之一的政府信息应当主动公开：

① 涉及公民、法人或者其他组织切身利益的；

② 需要社会公众广泛知晓或者参与的；

③ 反映本行政机关机构设置、职能、办事程序等情况的；

④ 其他依照法律、法规和国家有关规定应当主动公开的。

2) 政府环境信息公开的方式和程序。环保部门应当将主动公开的政府环境信息，通过政府网站、公报、新闻发布会以及报刊、广播、电视等便于公众知晓的方式公开。属于主动公开范围的政府环境信息，环保部门应当自该环境信息形成或者变更之日起20个工作日内予以公开。法律、法规对政府环境信息公开的期限另有规定的，从其规定。

公民、法人和其他组织申请环保部门提供政府环境信息的，应当采用信函、传真、电子邮件等书面形式；采取书面形式确有困难的，申请人可以口头提出，由环保部门政府环境信息公开工作机构代为填写政府环境信息公开申请。

环保部门在公开政府环境信息前，应当依照《中华人民共和国保守国家秘密法》以及其他法律、法规和国家有关规定进行审查。环保部门不得公开涉及国家秘密、商业秘密、个人隐私的政府环境信息。环保部门认为申请公开的政府信息涉及商业秘密、个人隐私，公开后可能损害第三方合法权益的，应当书面征求第三方的意见；第三方不同意公开的，不得公开。但是，环保部门认为不公开可能对公共利益造成重大影响的，应当予以公开，并将决定公开的政府信息内容和理由书面通知第三方。环保部门对政府环境信息不能确定是否可以公开时，应当依照法律、法规和国家有关规定报有关主管部门或者同级保密工作部门确定。申请公开的政府信息中含有不应当公开的内容，但是能够作区分处理的，行政机关应当向申请人提供可以公开的信息内容。

行政机关制作的政府信息，由制作该政府信息的行政机关负责公开；行政机关从公民、法人或者其他组织获取的政府信息，由保存该政府信息的行政机关负责公开。对政府环境信息公开申请，环保部门应当根据下列情况分别作出答复：

① 申请公开的信息属于公开范围的，应当告知申请人获取该政府环境信息的方式和途径；

② 申请公开的信息属于不予公开范围的，应当告知申请人该政府环境信息不予公开并说明理由；

③ 依法不属于本部门公开或者该政府环境信息不存在的，应当告知申请人；对于能够确定该政府环境信息的公开机关的，应当告知申请人该行政机关的名称和联系方式；

④ 申请内容不明确的，应当告知申请人更改、补充申请。

环保部门应当在收到申请之日起 15 个工作日内予以答复；不能在 15 个工作日内作出答复的，经政府环境信息公开工作机构负责人同意，可以适当延长答复期限，并书面告知申请人，延长答复的期限最长不得超过 15 个工作日。申请公开的政府信息涉及第三方权益的，行政机关征求第三方意见所需时间不计算在上述规定的答复期限内。

3) 企业环境信息公开的方式和程序。重点排污单位应当通过其网站、企业事业单位环境信息公开平台或者当地报刊等便于公众知晓的方式公开环境信息，同时可以采取以下一种或者几种方式予以公开：

① 公告或者公开发行的信息专刊；

② 广播、电视等新闻媒体；

③ 信息公开服务、监督热线电话；

④ 本单位的资料索取点、信息公开栏、信息亭、电子屏幕、电子触摸屏等场所或者设施；

⑤ 其他便于公众及时、准确获得信息的方式。

重点排污单位应当在环境保护主管部门公布重点排污单位名录后九十日内按照有关规定公开环境信息；环境信息有新生成或者发生变更情形的，重点排污单位应当自环境信息生成或者变更之日起 30 日内予以公开。

3. 法律责任

（1）环保部门的法律责任

环保部门违反本办法规定，有下列情形之一的，上一级环保部门应当责令其改正；情节严重的，对负有直接责任的主管人员和其他直接责任人员依法给予行政处分：

① 不依法履行政府环境信息公开义务的；

② 不及时更新政府环境信息内容、政府环境信息公开指南和政府环境信息公开目录的；

③ 在公开政府环境信息过程中违反规定收取费用的；

④ 通过其他组织、个人以有偿服务方式提供政府环境信息的；

⑤ 公开不应当公开的政府环境信息的；

⑥ 违反本办法规定的其他行为。

（2）企业的法律责任

重点排污单位违反本办法规定，有下列行为之一的，由县级以上环境保护主管部门责令公开，处三万元以下罚款，并予以公告：
① 不公开或者不按规定的内容公开环境信息的；
② 不按照规定的方式公开环境信息的；
③ 不按照规定的时限公开环境信息的；
④ 公开内容不真实、弄虚作假的。

污染物排放超过国家或者地方排放标准，或者污染物排放总量超过地方人民政府核定的排放总量控制指标的污染严重的企业，不公布或者未按规定要求公布污染物排放情况的，由县级以上地方人民政府环保部门处十万元以下罚款，并代为公布。

九、突发环境事件应急制度

1. 突发环境事件应急制度概述

突发环境事件，是指由于污染物排放或者自然灾害、生产安全事故等因素，导致污染物或者放射性物质等有毒有害物质进入大气、水体、土壤等环境介质，突然造成或者可能造成环境质量下降，危及公众身体健康和财产安全，或者造成生态环境破坏，或者造成重大社会影响，需要采取紧急措施予以应对的事件。这类事件往往发生突然，形式多样，危害严重，处理处置艰巨。

突发环境事件应急制度是指各级政府及其环境保护部门和企业事业单位组织开展突发环境事件风险控制、应急准备、应急处置、事后恢复等法律法规的总称。这一制度有利于做好环境污染的源头控制，预防突发环境事件的产生；还有利于提高政府及其相关部门处理、处置突发环境事件的能力。

《中华人民共和国环境保护法》第四十七条规定，各级人民政府及其有关部门和企业事业单位，应当依照《中华人民共和国突发事件应对法》的规定，做好突发环境事件的风险控制、应急准备、应急处置和事后恢复等工作。《中华人民共和国大气污染防治法》第九十四条规定，县级以上地方人民政府应当将重污染天气应对纳入突发事件应急管理体系。省、自治区、直辖市、设区的市人民政府以及可能发生重污染天气的县级人民政府，应当制定重污染天气应急预案，向上一级人民政府环境保护主管部门备案，并向社会公布。此外，《中华人民共和国水污染防治法》《中华人民共和国固体废物污染环境防治法》《中华人民共和国海洋环境保护法》等也对该制度作了规定。

国务院于 2006 年发布了《国家突发环境事件应急预案》。环境保护部于 2010 年发布了《环境保护部突发环境事件信息报告情况通报办法（试行）》和《突发环境事件应急预案管理暂行办法》。为适应新时期突发环境事件应急的需要，环境保护部于 2015 年发布了《突发环境事件应急管理办法》，对突发环境事件风险控制、应急准备、应急处置、事后恢复做了具体规定。

2. 突发环境事件应急制度的主要内容

（1）突发环境事件应急工作原则和管理体制

1）突发环境事件应急工作原则　突发环境事件应急工作应当遵循以下原则：坚持预防为主、预防与应急相结合；坚持平战结合，专兼结合，资源共享的原则。

2）突发环境事件应急管理体制　突发环境事件应对，应当在县级以上地方人民政府的统一领导下，建立分类管理、分级负责、属地管理为主的应急管理体制。县级以上环境保护主管部门应当在本级人民政府的统一领导下，对突发环境事件应急管理日常工作实施监督管理，指导、协助、督促下级人民政府及其有关部门做好突发环境事件应对工作。

县级以上地方环境保护主管部门应当按照本级人民政府的要求，会同有关部门建立健全突发环境事件应急联动机制，加强突发环境事件应急管理。相邻区域地方环境保护主管部门应当开展跨行政区域的突发环境事件应急合作，共同防范、互通信息，协力应对突发环境事件。

（2）突发环境事件分类和分级

1）突发环境事件分类　主要分为三类：突发环境污染事件，主要包括大气污染、水体污染、土壤污染等；辐射污染环境事件；生物物种安全事件。

2）突发环境事件分级　突发环境事件按照事件严重程度，分为特别重大、重大、较大和一般四级。

（3）突发环境事件应急工作机制

1）风险控制机制　企事业单位义务。企业事业单位应当按照国务院环境保护主管部门的有关规定开展突发环境事件风险评估，确定环境风险防范和环境安全隐患排查治理措施。企业事业单位应当按照环境保护主管部门的有关要求和技术规范，完善突发环境事件风险防控措施，包括有效防止泄漏物质、消防水、污染雨水等扩散至外环境的收集、导流、拦截、降污等措施。企业事业单位应当按照有关规定建立健全环境安全隐患排查治理制度，建立隐患排查治理档案，及时发现并消除环境安全隐患。

环保主管部门职责。县级以上地方环境保护主管部门应当按照本级人民政府的统一要求，开展本行政区域突发环境事件风险评估工作，分析可能发生的突发环境事件，提高区域环境风险防范能力；应当对企业事业单位环境风险防范和环境安全隐患排查治理工作进行抽查或者突击检查，将存在重大环境安全隐患且整治不力的企业信息纳入社会诚信档案，并可以通报行业主管部门、投资主管部门、证券监督管理机构以及有关金融机构。

2）应急准备机制　企业事业单位义务。应当按照国务院环境保护主管部门的规定，在开展突发环境事件风险评估和应急资源调查的基础上制定突发环境事件应急预案，并按照分类分级管理的原则，报县级以上环境保护主管部门备案。应当定期开展突发环境事件应急预案演练，撰写演练评估报告，分析存在问题，并根据演练情况及时修改完善应急预案。应当储备必要的环境应急装备和物资，并建立完善相关管理制度。应当将突发环境事件应急培训纳入单位工作计划，对从业人员定期进行突发环境事件应急知识和技能培训，并建立培训档案。

环保主管部门职责。环境污染可能影响公众健康和环境安全时，县级以上地方环境保护主管部门可以建议本级人民政府依法及时公布环境污染公共监测预警信息，启动应急措施。县级以上地方环境保护主管部门应当建立本行政区域突发环境事件信息收集系统，通过"12369"环保举报热线、新闻媒体等多种途径收集突发环境事件信息；应当建立健全环境应急值守制度，确定应急值守负责人和应急联络员并报上级环境保护主管部门。省级环境保护主管部门以及具备条件的市、县级环境保护主管部门应当设立环境应急专家库；应当加强环境应急能力标准化建设，配备应急监测仪器设备和装备，提高重点流域区域水、大气突发环境事件预警能力。

3）应急处置机制　企业事业单位责任。造成或者可能造成突发环境事件时，应当立即启动突发环境事件应急预案，采取切断或者控制污染源以及其他防止危害扩大的必要措施，及时通报可能受到危害的单位和居民，并向事发地县级以上环境保护主管部门报告，接受调查处理。应急处置期间，企业事业单位应当服从统一指挥，全面、准确地提供本单位与应急处置相关的技术资料,协助维护应急秩序,保护与突发环境事件相关的各项证据。

环保主管部门职责。获知突发环境事件信息后,事件发生地县级以上地方环境保护主管部门应当按照《突发环境事件信息报告办法》规定的时限、程序和要求,向同级人民政府和上级环境保护主管部门报告。突发环境事件已经或者可能涉及相邻行政区域的,事件发生地环境保护主管部门应当及时通报相邻区域同级环境保护主管部门,并向本级人民政府提出向相邻区域人民政府通报的建议。获知突发环境事件信息后,县级以上地方环境保护主管部门应当立即组织排查污染源,初步查明事件发生的时间、地点、原因、污染物质及数量、周边环境敏感区等情况;应当按照《突发环境事件应急监测技术规范》开展应急监测,及时向本级人民政府和上级环境保护主管部门报告监测结果。应急处置期间,事发地县级以上地方环境保护主管部门应当组织开展事件信息的分析、评估,提出应急处置方案和建议报本级人民政府。突发环境事件的威胁和危害得到控制或者消除后,事发地县级以上地方环境保护主管部门应当根据本级人民政府的统一部署,停止应急处置措施。

4) 事后恢复机制 应急处置工作结束后,县级以上地方环境保护主管部门应当及时总结、评估应急处置工作情况,提出改进措施,并向上级环境保护主管部门报告;应当在本级人民政府的统一部署下,组织开展突发环境事件环境影响和损失等评估工作,并依法向有关人民政府报告;应当按照有关规定开展事件调查,查清突发环境事件原因,确认事件性质,认定事件责任,提出整改措施和处理意见。应当在本级人民政府的统一领导下,参与制定环境恢复工作方案,推动环境恢复工作。

5) 信息公开机制 企业事业单位应当按照有关规定,采取便于公众知晓和查询的方式公开本单位环境风险防范工作开展情况、突发环境事件应急预案及演练情况、突发环境事件发生及处置情况,以及落实整改要求情况等环境信息。

突发环境事件发生后,县级以上地方环境保护主管部门应当认真研判事件影响和等级,及时向本级人民政府提出信息发布建议。履行统一领导职责或者组织处置突发事件的人民政府,应当按照有关规定统一、准确、及时发布有关突发事件事态发展和应急处置工作的信息。县级以上环境保护主管部门应当在职责范围内向社会公开有关突发环境事件应急管理的规定和要求,以及突发环境事件应急预案及演练情况等环境信息;应当对本行政区域内突发环境事件进行汇总分析,定期向社会公开突发环境事件的数量、级别,以及事件发生的时间、地点、应急处置概况等信息。

(4) 法律责任

较大、重大和特别重大突发环境事件发生后,企业事业单位未按要求执行停产、停排措施,继续违反法律法规规定排放污染物的,环境保护主管部门应当依法对造成污染物排放的设施、设备实施查封、扣押。

企业事业单位有下列情形之一的,由县级以上环境保护主管部门责令改正,可以处一万元以上三万元以下罚款:

① 未按规定开展突发环境事件风险评估工作,确定风险等级的;

② 未按规定开展环境安全隐患排查治理工作,建立隐患排查治理档案的;

③ 未按规定将突发环境事件应急预案备案的;

④ 未按规定开展突发环境事件应急培训,如实记录培训情况的;

⑤ 未按规定储备必要的环境应急装备和物资的;

⑥ 未按规定公开突发环境事件相关信息的。

一、问答题

1. 简述环境法基本原则的概念及主要原则的内容。
2. 简述环境法的基本制度的概念及各项基本制度。
3. 我国环境保护实行"保护优先、预防为主、综合治理、公众参与、损害担责"的原则,为什么其中特别强调"保护优先、预防为主"原则?
4. 简述损害担责原则的内容及意义。
5. 试述环境影响评价制度的概念及内容。
6. 简述排污许可管理制度的内容及意义。
7. 简述环境监测制度的主要内容。
8. 简述环境信息公开制度的主要内容及其意义。

二、案例分析

1. 贵州省遵义市以前主要依赖冶金、化工等产业,环境压力巨大。然而自2007年以来,遵义坚持"生态立市、绿色发展"理念,环境质量不断改善。遵义中心城区曾经是全国污染最严重的重点城市之一,通过开展产业结构调整,搬迁了遵义电厂等企业,城区空气质量显著改善。自2007年至2015年8年间,共投入103亿元,建设8大类共计223项环保工程。先后建成乡镇污水处理厂55座,改造完善污水收集管网400余公里;完成2个水泥窑协同处置生活垃圾及污泥项目。遵义市委、市政府高度重视环保工作,实行"党政同责",将环境质量目标责任落实、环境风险防范、公众满意率明确纳入目标责任考核体系。2015年全市森林覆盖率达到48.56%,中心城区空气质量优良率为91.0%,城区集中式饮用水源地水质达标率为100%,开展水环境质量监测的9条河流水质达标率94.4%。2015年全市完成地区生产总值2168.3亿元,比上年增长13.2%,实现五年翻番,年均增长15%。

遵义通过积极探索新型工业化道路,不仅仅较好的回答了转型期经济社会发展与生态环境保护这一矛盾综合体的公共命题,更彰显了遵义这座中国西部欠发达城市求证"既要绿水青山又要金山银山"的科学态度。

问:遵义市近年的经济发展和环境保护中贯彻了环境法的哪些基本原则?

2. 江苏省电力公司镇江供电公司为建设110千伏双井变电站等一批工程,委托环评机构编制了《环境影响报告表》,该报告表预测工程建成运行后对周边环境的影响程度符合国家标准。2009年11月,江苏省环境保护厅作出环评批复,同意镇江供电公司建设该批工程。张小燕等三人不服诉至法院,主张所涉区域不宜建设变电站、环评方法不科学、建设项目不符合环评许可条件、环评许可违法,请求撤销省环保厅的上述批复。

南京市中级人民法院一审认为,被告省环保厅在其他部门出具意见基础上作出的涉案批复,符合《中华人民共和国环境影响评价法》第二十二条以及国家有关技术规范与政策规定,程序合法,遂判决驳回原告张小燕等三人的诉讼请求。张小燕等三人上诉后,江苏省高级人民法院二审判决驳回上诉、维持原判。二审法院同时认为,虽然被诉环评行政许可行为合法适当,但环保部门应采取措施加强信息公开,督促镇江供电公司将相关电磁场监测显示屏置于更加醒目的位置,方便公众及时了解实时数据,保障其环境信息知情权。

问:本案二审判决贯彻了环境法的哪一项基本原则,并请说明理由?

3. 2014年8月,贵州省锦屏县人民检察院(以下简称县检察院)向锦屏县环境保护局

（以下简称县环保局）发出检察建议书，就其所发现的雄军公司、鸿发公司等石材加工企业在该局下达环境违法行为限期改正通知书后，仍未建设完成环保设施并擅自开工，建议该局及时加强督促与检查，确保上述企业按期完成整改。其后于 2015 年 4 月再次向该局发出两份检察建议书，该局未在要求期限内答复。在 2015 年 7 月和 10 月的走访中，县检察院发现有关企业仍存在环境违法行为。县环保局于 12 月 1 日对雄军、鸿发两公司分别作出罚款 1 万元的行政处罚决定。同年 12 月 18 日，县检察院以县环保局为被告提起行政公益诉讼，请求法院确认该局怠于履行监管职责行为违法，并判令该局对雄军、鸿发两公司进行处罚。后鸿发、雄军两公司在当地政府集中整治专项行动中被关停，县检察院申请撤回第二项诉讼请求。

问：（1）县环保局在对涉案企业的环境监管中是否存在违法，并请说明理由？
（2）请结合本案谈谈环境公益诉讼在环境保护中的作用。

4. 2015 年 1 月 26 日，北京市环境监察总队执法人员对北京金科展昊置业有限公司位于大兴区生物医药基地项目进行检查，发现该项目环境影响评价文件未经批准，主体工程已于 2014 年 12 月开工建设。北京市环境保护局依法对该违法行为进行了处罚。2015 年 3 月 26 日，北京市环境监察总队执法人员对工地复查，现场有工人约 100 人，从事钢筋绑扎等施工工序。2015 年 3 月 27 日再次检查，工地水泥罐车正在进行地板浇铸，部分工人在绑扎与切割钢筋，仍未停止建设。

问：本案中涉案项目违反了环境法的哪些规定，应当如何处罚？

5. 2015 年 1 月 6 日，根据群众举报，桐庐县环保局组织执法人员对桐庐淦城污水处理有限公司进行现场检查。执法人员在污水总排口采样，样品呈灰色、浑浊。同时执法人员到该公司在线监控房调取废水在线监控数据，废水在线监测数据显示化学需氧量浓度为 33.03mg/L，总磷浓度为 0.573mg/L。经检测，其总排口外排废水实际 COD 浓度为 173mg/L，总磷浓度为 1.73mg/L，且均超过该公司允许的污水排放标准［《城镇污水处理厂污染物排放标准》（GB 18918—2002）一级 B］。桐庐县环保局于 1 月 7 日对桐庐淦城污水处理有限公司超标排放水污染物行为立案调查，经监控视频回放和现场调查，证实该公司两名员工 2015 年 1 月初将监控设备的污水采样管拨出，插入装有符合排放标准的废水矿泉水瓶中，导致在线监控设备数据无法真实反映标排口废水污染物浓度。

问：本案中污水处理有限公司违反了环境法的哪些规定，应当如何处罚？

6. 青岛某钢材加工公司主要污染物为废水。2014 年 10 月 15 日，青岛市环境保护局执法人员至该公司现场检查，被该公司保安以未经公司负责人同意为由拒之门外。执法人员当场制作了现场检查笔录并向该公司送达了《环境违法行为协助调查告知书》，要求其协助调查。其后，市环保局作出《责令改正违法行为决定书》，并在收到该公司提交的《关于积极配合环保部门监督检查的整改措施》后，作出行政处罚决定。

问：本案中钢材加工公司行为违反了环境法的哪些规定？应当如何处罚？

7. 朱某于 2014 年 4 月 21 日向某市环境保护局提出信息公开申请，其申请公开政府信息为"位于某市高新区某村的房屋所在区域的拟建设项目环境影响评价文件的审批意见及申报材料，申报材料包括但不限于《环境影响报告书》、《环境影响报告表》、《环境影响登记表》"。某市环境保护局收到申请后，查询到涉及朱某房屋所在区域并由某市环境保护局审批的建设项目。某市环境保护局于 2014 年 5 月 7 日向朱某邮寄了该建设项目《环境影响报告书》和《环境影响批复》。

问：某市环境保护局政府信息公开行为是否符合法律规定？

第四章 环境标准

学习目标

环境标准是国家环境法体系的重要组成部分,是环境执法的主要技术依据。本章主要掌握环境标准的概念和特点,熟悉我国环境标准体系的构成,掌握我国主要的环境质量标准和污染物排放标准及其实施。

第一节 环境标准概述

一、环境标准的概念

环境标准是对某些环境要素所作的统一的、法定的和技术的规定。环境标准是环境保护工作中最重要的工具之一。环境标准用来规定环境保护技术工作,考核环境保护和污染防治的效果。环境标准主要有:环境质量标准,污染物排放标准,分析方法标准,排污收费标准等。另外还有一些关于标准的环境词汇、术语、标志等的规定。其中环境质量标准和污染物排放标准是环境标准体系的核心。

环境标准是按照严格的科学方法和程序制定的。环境标准的制定还要参考国家和地区在一定时期的自然环境特征、科学技术水平和社会经济发展状况。环境标准过于严格,不符合实际,将会限制社会和经济的发展;过于宽松,又不能达到保护环境的基本要求,造成人体危害和生态破坏。

我国的环境标准,既是标准体系的一个分支,又属于环境保护法体系的重要组成部分,具有法的性质。具体体现在以下几方面。

① 具有规范性。它不是以法律条文、而是通过具体数字、指标、技术规范来表示行为规则的界限,以规范人们的行为。

② 具有强制性。环境保护的污染物排放标准和环境质量标准"属于强制性标准"。

③ 环境标准同环境保护规章一样,要经授权由有关国家机关制定和发布。

二、环境标准的作用

1. 环境标准是环境保护规划的体现

环境规划主要就是指标准,规划的目标主要是用标准来表示的。环境规划通俗地讲指在什么地方到什么时候达到什么标准。也就是通过环境规划来实施环境标准。通过环境标准提供了可列入国民经济和社会发展计划中的具体环境保护指标，为环境保护计划切实纳入各级国民经济和社会发展计划创造了条件；环境标准为其他行业部门提出了环境保护具体指标，有利于其他行业部门在制定和实施行业发展计划时协调行业发展与环境保护工作；环境标准提供了检验环境保护工作的尺度，有利于环保部门对环保工作的监督管理，对于人民群众加强对环保工作的监督和参与，提高全民族的环境意识也有积极意义。

2. 环境标准是环境保护行政主管部门依法行政的依据

环境管理制度和措施的一个基本特征是定量管理，定量管理就要求在污染源控制与环境目标管理之间建立定量评价关系，并进行综合分析。因而就需要通过环境保护标准统一技术方法，作为环境管理制度实施的技术依据。

环境质量标准提供了衡量环境质量状况的尺度，污染物排放标准为判别污染源是否违法提供了依据。同时，方法标准、标准样品标准和基础标准统一了环境质量标准和污染物排放标准实施的技术要求，为环境质量标准和污染物排放标准正确实施提供了技术保障，并相应提高了环境监督管理的科学水平和可比程度。

3. 环境标准是推动环境保护科技进步的一个动力

环境标准与其他任何标准一样，是以科学技术与实践的综合成果为依据制定的，具有科学性和先进性，代表了今后一段时期内科学技术的发展方向。使标准在某种程度上成为判断污染防治技术、生产工艺与设备是否先进可行的依据，成为筛选、评价环保科技成果的一个重要尺度；对技术进步起到导向作用。同时，环境方法、样品、基础标准统一了采样、分析、测试、统计计算等技术方法，规范了环保有关技术名词、术语等，保证了环境信息的可比性，使环境科学各学科之间，环境监督管理各部门之间以及环境科研和环境管理部门之间有效的信息交往和相互促进成为可能。标准的实施还可以起到强制推广先进科技成果的作用，加速科技成果转化及污染治理新技术、新工艺、新设备尽快得到推广应用。

三、环境标准体系

我国的环境标准分为五个类别，即环境质量标准、污染物排放标准、环境监测方法标准、环境标准样品标准和环境基础标准；包括两个级别，即国家级标准和地方级（省级）标准。

1. 环境标准的分类

（1）环境质量标准

环境质量标准是指对一定区域内，限制有害物质和因素的最高允许浓度所作的综合规定。它是衡量一个国家、一个地区环境是否受到污染的尺度，是制定污染物排放标准的依据。省、自治区、直辖市人民政府对国家环境质量标准中未作规定的项目，可以制定地方环境质量标准；对国家环境质量标准中已作规定的项目，可以制定严于国家环境质量标准的地方环境质量标准。地方环境质量标准应当报国务院环境保护主管部门备案。

（2）污染物排放标准

污染物排放标准是为了实现环境质量标准，结合技术经济条件和环境特点，对排入环境的污染物或者有害因素所作的控制规定。省、自治区、直辖市人民政府对国家污染物排放标准中未作规定的项目，可以制定地方污染物排放标准；对国家污染物排放标准中已作规定的项目，可以制定严于国家污染物排放标准的地方污染物排放标准。地方污染物排放标准应当报国务院环境保护主管部门备案。

（3）环境监测方法标准

环境监测方法标准是指为监测环境质量和污染物排放、规范采样、分析测试、数据处理等技术而制定的技术规范。它是使各种环境监测和统计数据准确、可靠并且具有可比性的保证。如《地表水和污水监测技术规范》（HJ/T 91—2002）、《固定污染源排气中颗粒物测定与气态污染物采样方法》（GB/T 16157—1996）、《环境空气 PM_{10} 和 $PM_{2.5}$ 的测定　重量法》（HJ 618—2011）等。

（4）环境标准样品标准

环境标准样品标准，是为了保证环境监测数据的准确、可靠，对用于量值传递或质量控制的材料、实物样品所制定的标准样品。它是一种实物标准，如《水质　化学需氧量》（GSB Z 50001—88）等。环境标准样品是具有一种或多种足够均匀并充分确定了特性值、通过技术评审且附有适用证书的样品或材料，它可以是纯的或混合的气体、液体或固体。环境标准样品在我国环境监测仪器校准和检定、环境监测方法验证和评价、环境监测过程的质量管理、环境监测实验室资质认证认可以及环境监测技术仲裁等多个领域得到了广泛应用。依据环境要素和样品基体不同，环境标准样品分为九大类，即纯物质标准样品、空气和废气监测标准样品、空气颗粒物和粉尘监测标准样品、水和废水监测标准样品、沉积物监测标准样品、土壤监测标准样品、生物监测标准样品、固体废物监测标准样品和其他环境监测标准样品。

（5）环境基础标准

是对环境保护工作中需要统一的技术术语、符号、指南、导则、代码及信息编码等所作的规定。其目的是为制定和执行各类环境标准提供一个统一遵循的准则。它是制定其他环境标准的基础。如《制定地方水污染物排放标准的技术原则与方法》（GB 3839—83）、《制定地方大气污染物排放标准的技术方法》（GB/T 3840—1991）等。

2．环境标准的分级

我国环境标准依据制定、发布机关不同，分为国家环境标准（包括环境保护行业标准）和地方环境标准两级。

（1）国家环境标准

是指由国务院环境保护行政主管部门制定，由国务院环境保护行政主管部门和国务院标准化行政主管部门共同发布，在全国范围内适用的标准，如《污水综合排放标准》（GB 11607—89）、《地表水环境质量标准》（GB 3838—2002）、《环境空气质量标准》（GB 3095—2012）、《污水综合排放标准》（GB 8978—1996）、《大气污染物综合排放标准》（GB 16297—1996）等。国家环境标准主要包括国家环境质量标准、国家污染物排放标准、国家环境监测方法标准、国家环境标准样品标准和国家环境基础标准。

（2）环境保护行业标准

环境保护行业标准又称国家环境保护总局标准，是指由国务院环境保护行政主管部门制定发布的，在全国环境保护行业范围内适用的标准。如《建设项目环境风险评价技术导则》（HJ/T 169—2004）、《环境影响评价技术导则　总纲》（HJ 130—2014）、《集中式饮用水水源地环境保护状况评估技术规范》（HJ 774—2015）等。环境保护行业标准主要包括国家环境监测方法标准。

（3）地方环境标准

是指由省、自治区、直辖市人民政府批准颁布的，在特定行政区适用。国家环境标准在环境管理方面起宏观指导作用，不可能充分兼顾各地的环境状况和经济技术条件，各地应酌情制定严于国家标准的地方标准，对国家标准中的原则性规定进一步细化和落实。如北京市地方标准《水污染物综合排放标准》（DB 11/307—2013）、《锅炉大气污染物排放标准》（DB 11/139—2015），上海市地方标准《污水综合排放标准》（DB 31/199—2009），内蒙古自治区人民政府针对包头市氟化物污染严重的问题制定了《包头地区氟化物大气质量标准》和《包头地区大气氟化物排放标准》等。地方环境标准包括地方环境质量标准和地方污染物排放标准（或控制标准）。

第二节 ▌ 环境标准的制定和实施

一、环境标准的制定

1. 遵循的基本原则

1999年1月5日，原国家环境保护总局发布《环境标准管理办法》，规定国家环境保护总局负责全国环境标准管理工作，负责制定国家环境标准和国家环境保护总局标准，负责地方环境标准的备案审查，指导地方环境标准管理工作。县级以上地方人民政府环境保护行政主管部门负责本行政区域内的环境标准管理工作，负责组织实施国家环境标准、国家环境保护总局标准和地方环境标准。

2006年8月，原国家环境保护总局于发布《国家环境保护标准制修订工作管理办法》，规定环境标准制修订工作遵循下列基本原则。

① 以科学发展观为指导，以实现经济、社会的可持续发展为目标，以国家环境保护相关法律、法规、规章、政策和规划为根据，通过制定和实施标准，促进环境效益、经济效益和社会效益的统一；

② 有利于保护生活环境、生态环境和人体健康；

③ 有利于形成完整、协调的环境保护标准体系；

④ 有利于相关法律、法规和规范性文件的实施；

⑤ 与经济、技术发展水平和相关方的承受能力相适应，具有科学性和可实施性，促进环境质量改善；

⑥ 以科学研究成果和实践经验为依据，内容科学、合理、可行；

⑦ 根据本国实际情况，可参照采用国外相关标准、技术法规；

⑧ 制定过程和技术内容应公开、公平、公正。

2. 制定程序

环境标准的制修订应按照下列程序进行。

① 根据国家环境保护工作的需要，编制年度标准制修订项目计划草案，并对项目计划草案征求意见、修改，必要时进行专题论证，形成项目计划；

② 根据确定标准技术内容的需要，进行必要的验证实验，编制标准征求意见稿及编制说明；

③ 公布标准的征求意见稿，向社会公众或有关单位征求意见，编制标准送审稿及编制说明；

④ 对标准草案进行技术审查和格式审查；

⑤ 按照各类环境标准规定的程序编号发布。

3. 制定、发布机关

（1）国家环境标准

1）国家环境质量标准、国家污染物排放标准。由国务院环境保护主管部门提出计划，国务院质量技术监督主管部门下达计划，由国务院环境保护主管部门组织制定。由国务院质量技术监督主管部门编号，再由国务院环境保护主管部门和质量技术监督主管部门联合发布。

2）国家环境标准样品标准、国家环境基础标准。由国务院环境保护主管部门提出计划、组织制定，由国务院质量技术监督主管部门下达计划、审批、编号、发布。

根据《环境标准管理办法》，对需要统一的技术规范和技术要求，应制定相应的环境标准：

① 为保护自然环境、人体健康和社会物质财富，限制环境中的有害物质和因素，制定环境质量标准；

② 为实现环境质量标准，结合技术经济条件和环境特点，限制排入环境中的污染物或对环境造成危害的其他因素，制定污染物排放标准（或控制标准）；

③ 为监测环境质量和污染物排放，规范采样、分析测试、数据处理等技术，制定国家环境监测方法标准；

④ 为保证环境监测数据的准确、可靠，对用于量值传递或质量控制的材料、实物样品，制定国家环境标准样品；

⑤ 对环境保护工作中，需要统一的技术术语、符号、代号（代码）、图形、指南、导则及信息编码等，制定国家环境基础标准。

（2）环境保护行业标准

环境保护行业标准由国务院环境保护主管部门负责组织制定、审批、编号、发布，向国务院质量技术监督主管部门备案。根据《环境标准管理办法》，需要在全国环境保护工作范围内统一的技术要求而又没有国家环境标准时，应制定国家环境保护总局标准。

（3）地方环境标准

省、自治区、直辖市人民政府对国家环境质量标准中未作规定的项目，可以制定地方环境质量标准；对国家环境质量标准中已作规定的项目，可以制定严于国家环境质量标准的地方环境质量标准。地方环境质量标准应当报国务院环境保护主管部门备案。

省、自治区、直辖市人民政府对国家污染物排放标准中未作规定的项目，可以制定地方污染物排放标准；对国家污染物排放标准中已作规定的项目，可以制定严于国家污染物排放标准的地方污染物排放标准。地方污染物排放标准应当报国务院环境保护主管部门备案。

需要注意的方面，省、自治区、直辖市人民政府无权制定环境基础标准、环境方法标准和环境标准样品标准。

二、环境标准的实施与监督

1. 环境质量标准的实施

① 县级以上地方人民政府环境保护行政主管部门在实施环境质量标准时，应结合所辖区域环境要素的使用目的和保护目的划分环境功能区，对各类环境功能区按照环境质量标准的要求进行相应标准级别的管理。

② 县级以上地方人民政府环境保护行政主管部门在实施环境质量标准时，应按国家规定，选定环境质量标准的监测点位或断面。经批准确定的监测点位、断面不得任意变更。

③ 各级环境监测站和有关环境监测机构应按照环境质量标准和与之相关的其他环境标准规定的采样方法、频率和分析方法进行环境质量监测。

④ 承担环境影响评价工作的单位应按照环境质量标准进行环境质量评价。

⑤ 跨省河流、湖泊以及由大气传输引起的环境质量标准执行方面的争议，由有关省、自治区、直辖市人民政府环境保护行政主管部门协调解决，协调无效时，报国家环境保护总局协调解决。

2. 污染物排放标准的实施

1) 县级以上人民政府环境保护行政主管部门在审批建设项目环境影响报告书（表）时，应根据下列因素或情形确定该建设项目应执行的污染物排放标准。

① 建设项目所属的行业类别、所处环境功能区、排放污染物种类、污染物排放去向和建设项目环境影响报告书（表）批准的时间；

② 建设项目向已有地方污染物排放标准的区域排放污染物时，应执行地方污染物排放标准，对于地方污染物排放标准中没有规定的指标，执行国家污染物排放标准中相应的指标；

③ 实行总量控制区域内的建设项目，在确定排污单位应执行的污染物排放标准的同时，还应确定排污单位应执行的污染物排放总量控制指标；

④ 建设从国外引进的项目，其排放的污染物在国家和地方污染物排放标准中无相应污染物排放指标时，该建设项目引进单位应提交项目输出国或发达国家现行的该污染物排放标准及有关技术资料，由市（地）人民政府环境保护行政主管部门结合当地环境条件和经济技术状况，提出该项目应执行的排污指标，经省、自治区、直辖市人民政府环境保护行政主管部门批准后实行，并报国家环境保护总局备案。

2) 建设项目的设计、施工、验收及投产后，均应执行经环境保护行政主管部门在批准的建设项目环境影响报告书（表）中所确定的污染物排放标准。

3) 企事业单位和个体工商业者排放污染物，应按所属的行业类型、所处环境功能区、排放污染物种类、污染物排放去向执行相应的国家和地方污染物排放标准，环境保护行政主管部门应加强监督检查。

3. 国家环境监测方法标准的实施

被环境质量标准和污染物排放标准等强制性标准引用的方法标准具有强制性，必须执行。在进行环境监测时，应按照环境质量标准和污染物排放标准的规定，确定采样位置和采样频率，并按照国家环境方法标准的规定测试与计算。对于地方环境质量标准和污染物排放标准中规定的项目，如果没有相应的国家环境监测方法标准时，可由省、自治区、直辖市人民政府环境保护行政主管部门组织制定地方统一分析方法，与地方环境质量标准或污染物排放标准配套执行。相应的国家环境监测方法标准发布后,地方统一分析方法停止执行。因采用不同的国家环境监测方法标准所得监测数据发生争议时,由上级环境保护行政主管部门裁定,或者指定采用一种国家环境监测方法标准进行复测。

4. 国家环境监测方法标准的实施

在下列环境监测活动中应使用国家环境标准样品。

① 对各级环境监测分析实验室及分析人员进行质量控制考核;

② 校准、检验分析仪器;

③ 配制标准溶液;

④ 分析方法验证以及其他环境监测工作。

第三节　主要环境标准简介

一、环境质量标准

我国的环境质量标准,经过不断的发展,目前日趋完善,主要包括以下组成部分,见表4-1。

表 4-1　我国主要环境质量标准一览表

序号	编号	标准名称	发布日期	实施日期
1	GB 3838—2002	地表水环境质量标准	2002-04-28	2002-06-01
2	GB 3097—1997	海水水质标准	1997-12-03	1998-07-01
3	GB/T 14848—93	地下水质量标准	1993-12-30	1994-10-01
4	GB 5084—92	农田灌溉水质标准	1992-01-04	1992-10-01
5	GB 11607—89	渔业水质标准	1989-08-12	1990-03-01
6	GB 3095—2012	环境空气质量标准	2012-02-29	2016-01-01
7	GB/T 27630—2011	乘用车内空气质量评价指南	2011-10-27	2012-03-01
8	GB/T 18883—2002	室内空气质量标准	2002-11-19	2003-03-01
9	GB 9137—88	保护农作物的大气污染物最高允许浓度	1998-4-30	1998-10-01
10	GB 3096—2008	声环境质量标准	2008-08-19	2008-10-01
11	GB 10070—88	城市区域环境振动标准	1988-12-10	1989-07-01
12	GB 9660—88	机场周围飞机噪声环境标准	1988-08-11	1988-11-01
13	GB 15618—1995	土壤环境质量标准	1995-07-13	1996-03-01

1. 环境空气质量标准

为贯彻落实第七次全国环境保护大会和2012年全国环境保护工作会议精神,加快推进我国大气污染治理,切实保障人民群众身体健康,环境保护部于2012年2月批准发布了《环境空气质量标准》(GB 3095—2012)。该标准中增设了颗粒物(粒径小于等于$2.5\mu m$)(以下简称$PM_{2.5}$)年平均浓度和24小时平均浓度限值、臭氧8小时平均浓度限值、苯并[a]芘年平均限值。

环境空气污染物基本项目浓度限值和其他项目浓度限值分别见表4-2、表4-3。

表 4-2 环境空气污染物基本项目浓度限值

序号	污染物项目	平均时间	浓度限值 一级	浓度限值 二级	单位
1	二氧化硫(SO_2)	年平均	20	60	$\mu g/m^3$
		24 小时平均	50	150	
		1 小时平均	150	500	
2	二氧化氮(NO_2)	年平均	40	40	
		24 小时平均	80	80	
		1 小时平均	200	200	
3	一氧化碳(CO)	24 小时平均	4	4	mg/m^3
		1 小时平均	10	10	
4	臭氧(O_3)	日最大 8 小时平均	100	160	$\mu g/m^3$
		1 小时平均	160	200	
5	颗粒物(粒径小于等于 $10\mu m$)	年平均	40	70	
		24 小时平均	50	150	
6	颗粒物(粒径小于等于 $2.5\mu m$)	年平均	15	35	
		24 小时平均	35	75	

表 4-3 环境空气污染物其他项目浓度限值

序号	污染物项目	平均时间	浓度限值 一级	浓度限值 二级	单位
1	总悬浮颗粒物(TSP)	年平均	80	200	$\mu g/m^3$
		24 小时平均	120	300	
2	氮氧化物(NO_x)	年平均	50	50	
		24 小时平均	100	100	
		1 小时平均	250	250	
3	铅(Pb)	年平均	0.5	0.5	
		季平均	1	1	
4	苯并[a]芘(BaP)	年平均	0.001	0.001	
		24 小时平均	0.0025	0.0025	

我国不同地区的空气污染特征、经济发展水平和环境管理要求差异较大，新增指标监测需要开展仪器设备安装、数据质量控制、专业人员培训等一系列准备工作。为确保各地有仪器、有人员、有资金，做到测得出、测得准、说得清，确保按期实施新修订的《环境空气质量标准》，国家分期实施新修订的《环境空气质量标准》，分期实施新标准的时间要求如下：2012 年，京津冀、长三角、珠三角等重点区域以及直辖市和省会城市；2013 年，113 个环境保护重点城市和国家环保模范城市；2015 年，所有地级以上城市；2016 年 1 月 1 日，全国实施新标准。

2. 水环境质量标准

我国水环境质量标准包括地表水、海水及地下水的质量标准系列。主要有《地表水环境质量标准》(GB 3838—2002)、《海水水质标准》(GB 3097—1997)、《农田灌溉水质标准》(GB 5084—92)、《渔业水质标准》(GB 1607—89)和《地下水质标准》(GB/T 14848—93)。

水环境质量标准中最重要也是应用最普遍的是地表水环境质量标准。地表水环境质量标准适用于我国江河、湖泊、运河、渠道、水库等具有使用功能的地表水域其基本项目标准限值见表4-4。

表4-4 地表水环境质量标准基本项目标准限值　　　　单位：mg/L

序号	标准值项目 分类		I类	II类	III类	IV类	V类
1	水温(℃)		\multicolumn{5}{c}{人为造成的环境水温变化应限制在 周平均最大温升≤1 周平均最大温降≤2}
2	pH		\multicolumn{5}{c}{6~9}
3	溶解氧	≥	饱和率90% (或7.5)	6	5	3	2
4	高锰酸盐指数	≤	2	4	6	10	15
5	化学需氧量(COD)	≤	15	15	20	30	40
6	五日生化需氧量(BOD_5)	≤	3	3	4	6	10
7	氨氮(NH_3-N)	≤	0.15	0.5	1.0	1.5	2.0
8	总磷(以P计)	≤	0.02 (湖、库0.01)	0.1 (湖、库0.025)	0.2 (湖、库0.05)	0.3 (湖、库0.1)	0.4 (湖、库0.2)
9	总氮(湖、库以N计)	≤	0.2	0.5	1.0	1.5	2.0
10	铜	≤	0.01	1.0	1.0	1.0	1.0
11	锌	≤	0.05	1.0	1.0	2.0	2.0
12	氟化物(以F计)	≤	1.0	1.0	1.0	1.54	1.5
13	硒	≤	0.01	0.01	0.01	0.02	0.02
14	砷	≤	0.05	0.05	0.05	0.1	0.1
15	汞	≤	0.00005	0.00005	0.0001	0.001	0.001
16	镉	≤	0.001	0.005	0.005	0.005	0.01
17	铬(六价)	≤	0.01	0.05	0.05	0.05	0.1
18	铅	≤	0.01	0.01	0.05	0.05	0.1
19	氰化物	≤	0.005	0.05	0.2	0.2	0.2
20	挥发酚	≤	0.002	0.002	0.005	0.01	0.1
21	石油类	≤	0.05	0.05	0.05	0.5	1.0
22	阴离子表面活性剂	≤	0.2	0.2	0.2	0.3	0.3
23	硫化物	≤	0.05	0.1	0.2	0.5	1.0
24	粪大肠菌群(个/L)	≤	200	2000	10000	20000	40000

根据地表水域使用目的和保护目标将水域功能划分为五类：I类主要适用于源头水、国家自然保护区；II类主要适用于集中式生活饮用水水源地区一级保护区、珍贵鱼类保护区、鱼虾产卵场等；III类主要适用于集中式生活饮用水水源地区二级保护区、一般鱼类保护区及

游泳区；Ⅳ类主要适用于一般工业区及人体非直接的娱乐用水区；Ⅴ类主要适用于农业用水区及一般景观要求水域。对同一水域兼有多种功能的依照最高类别功能划分。

3. 声环境质量标准

我国声环境质量标准主要是《声环境质量标准》（GB 3096—2008）。此外还对一些特殊环境区域制定了一系列的标准，如对飞机场周围、铁路、公路两侧、建筑施工场地、船舶、车辆等都有具体的噪声限制规定。根据《声环境质量标准》（GB 3096—2008），各类声环境功能区适用的环境噪声等效声级限值见表4-5。

表 4-5　环境噪声限值　　　　　　　　　　　单位：dB（A）

声环境功能区类别		时段	
		昼间	夜间
0 类		50	40
1 类		55	45
2 类		60	50
3 类		65	55
4 类	4a 类	70	55
	4b 类	70	60

按区域的使用功能特点和环境质量要求，声环境功能区分为以下五种类型。

0 类声环境功能区：指康复疗养区等特别需要安静的区域。

1 类声环境功能区：指以居民住宅、医疗卫生、文化教育、科研设计、行政办公为主要功能，需要保持安静的区域。

2 类声环境功能区：指以商业金融、集市贸易为主要功能，或者居住、商业、工业混杂，需要维护住宅安静的区域。

3 类声环境功能区：指以工业生产、仓储物流为主要功能，需要防止工业噪声对周围环境产生严重影响的区域。

4 类声环境功能区：指交通干线两侧一定距离之内，需要防止交通噪声对周围环境产生严重影响的区域，包括4a类和4b类两种类型。4a类为高速公路、一级公路、二级公路、城市快速路、城市主干路、城市次干路、城市轨道交通（地面段）、内河航道两侧区域；4b类为铁路干线两侧区域。

4. 土壤环境质量标准

我国土壤环境质量标准主要是 1995 年制定的《土壤环境质量标准》（GB 15618—1995）。该标准适用于农田、蔬菜地、菜园、果园、牧场、林地和自然保护区等地的土壤。《土壤环境质量标准》（GB 15618—1995）规定的土壤环境质量标准值见表4-6。

表 4-6　土壤环境质量标准值

级别	一级	二级			三级
土壤 pH 值	自然背景	<6.5	6.5～7.5	>7.5	>6.5
项目					
镉≤	0.20	0.30	0.30	0.60	1.0
汞≤	0.15	0.30	0.50	1.0	1.5

续表

级别	一级	二级			三级
砷					
水田≤	15	30	25	20	30
旱田≤	15	40	30	25	40
铜					
农田等≤	35	50	100	100	400
果园≤	—	150	200	200	400
铅≤	35	250	300	350	500
铬					
水田≤	90	250	300	350	400
旱田≤	90	150	200	250	300
锌≤	100	200	250	300	500
镍≤	40	40	50	60	200
六六六≤	0.05	0.50			1.0
滴滴涕≤	0.05	0.50			1.0

1）根据土壤应用功能和保护目标，土壤环境质量分为三类。

Ⅰ类主要适用于国家的自然保护区（原有背景重金属含量高的除外）、集中式生活饮用水源地、茶园、牧场和其他保护区的土壤，土壤质量基本上保持自然背景水平；

Ⅱ类主要适用于一般农田、蔬菜地、茶园、牧场等土壤，土壤质量基本上对植物和环境不造成危害和污染；

Ⅲ类主要适用于林地土壤及污染物容量较大的高背景值土壤和矿厂附近的农田土壤（蔬菜地除外）。

2）土壤质量基本上分三级。

一级为保护区自然生态，维持自然背景的土壤质量的限制值，Ⅰ类土壤环境执行一级标准；

二级为保障农业生产，维护身体健康的土壤限制值，Ⅱ类土壤环境执行二级标准；

三级为保障农林业生产和植物正常生长的土壤临界值，Ⅲ类土壤环境执行三级标准。

二、污染物排放标准

污染物排放标准包括了污水综合排放标准、大气污染物综合排放标准外，还同时对噪声、振动、放射性、电磁辐射也作了排放的规定，以下主要介绍有关水、大气、噪声和固体废物的排放标准。

1. 水污染物排放标准

按照《中华人民共和国环境保护法》、《中华人民共和国水污染防治法》和《中华人民共和国海洋环境保护法》要求，为控制水污染，保护江河、湖泊、运河、渠道、水库和海洋等地面水以及地下水水质的良好状态，保障人体健康，维护生态平衡，促进国民经济和城乡建设的发展，制定了《污水综合排放标准》（GB 8978—1996）。并代替原《污水综合排放标准》（GB 8978—88）标准。

1) 标准适用范围。该标准适用于现有单位水污染物的排放管理，以及建设项目的环境影响评价、建设项目环境保护设施设计、竣工验收及其投产后的排放管理。

需要说明的是按照国家综合排放标准与国家行业排放标准不交叉执行的原则，国家已经制定并实行的行业标准优先于综合排放标准执行。其他水污染物排放均执行综合排放标准。

标准按照污水排放去向，综合排放标准分年限规定了 69 种水污染物最高允许排放浓度及部分行业最高允许排水量。

2) 标准分级。综合排放标准共分为三级。

排入 GB 3838 Ⅲ 类水域（划定的保护区和游泳区除外）和排入 GB3097 中二类海域的污水，执行一级排放标准。

排入 GB 3838 中 Ⅳ、Ⅴ 类水域和排入 GB3097 中三类海域的污水，执行二级标准。

排入设置二级污水处理厂的城镇排水系统的污水，执行三级标准。

排入未设置二级污水处理厂的城镇排水系统的污水，必须根据排水系统出水受纳水域的功能要求，分别执行一级或二级排放标准的规定。

3) 标准值。综合排放标准将排放的污染物按其性质及控制方式分为两类。

第一类污染物，共 13 种，不分行业和污水排放方式，也不分受纳水体的功能类别，一律在车间或车间处理设施排放口采样，其最高允许排放浓度必须达到本标准要求（采矿行业的尾矿坝出水口不得视为车间排放口）。

第二类污染物，共 56 种，在排污单位排放口采样，其最高允许排放浓度必须达到本标准要求。

4) 年限规定。标准按年限规定了第一类污染物和第二类污染物最高允许排放浓度及部分行业最高允许排水量，分别为如下。

1997 年 12 月 31 日之前建设（包括改、扩建）的单位，水污染物的排放必须同时执行附录一中表 1、表 2、表 3 的规定。

1998 年 1 月 1 日起建设（包括改、扩建）的单位，水污染物的排放必须同时执行附录一中表 1、表 4、表 5 的规定。

建设（包括改、扩建）单位的建设时间，以环境影响评价报告书（表）批准日期为准划分。

2. 大气污染物综合排放标准

《大气污染物综合排放标准》（GB 16297—1996）在原有《工业"三废"排放试行标准》（GBJ 4—73）废气部分和有关其他行业性国家大气污染物排放标准的基础上制定。标准规定了 33 种大气污染物的排放限值，其指标体系为最高允许浓度、最高允许排放速率和无组织排放监控浓度限值。标准从 1997 年 1 月 1 日起实施。

1) 标准应用范围。本标准适用于现有污染源大气污染物排放管理，以及建设项目的环境影响评价、设计、环境保护设施竣工验收及其投产后的大气污染物排放管理。

在我国现有的国家大气污染物排放标准体系中，按照综合性排放标准与行业性排放标准不交叉执行的原则，部分行业优先执行行业标准。其他大气污染物排放均执行本标准。

本标准实施后再行发布的行业性国家大气污染物排放标准，按其适用范围规定的污染源不再执行本标准。

2) 标准的定义。本标准采用下列定义。

① 标准状态　指温度为 273K，压力为 101.325Pa 时的状态。本标准规定的各项标准

值，均以标准状态下的干空气为基准。

② 最高允许排放浓度　指处理设施后排气筒中污染物任何 1 小时浓度平均值不得超过的限值；或指无处理设施排气筒中污染物任何 1 小时浓度平均值不得超过的限值。

③ 最高允许排放速率　指一定高度的排气筒任何 1 小时排放污染物的质量不得超过的限值。

④ 无组织排放　指大气污染物不经过排气筒的无规则排放。低矮排气筒的排放属有组织排放，但在一定条件下也可造成与无组织排放相同的后果。因此，在执行无组织排放监控浓度限值指标时，由低矮排气筒造成的监控点污染物浓度增加不予扣除。

⑤ 无组织排放监控点　依照本标准附录 C 的规定，为判别无组织排放是否超过标准而设立的监测点。

⑥ 无组织排放监控浓度限值　指监控点的污染物浓度在任何 1 小时的平均值不得超过的限值。

⑦ 污染源　指排放大气污染物的设施或指排放大气污染物的建筑构造（如车间等）。

⑧ 单位周界　指单位与外界环境接界的边界。通常应依据法定手续确定边界；若无法定手续，则按目前的实际边界确定。

⑨ 无组织排放源　指设置于露天环境中具有无组织排放的设施，或指具有无组织排放的建筑构造（如车间、工棚等）。

⑩ 排气筒高度　指自排气筒（或其主体建筑构造）所在的地平面至排气筒出口计的高度。

3）排放速率标准分级。本标准规定的最高允许排放速率，现有污染源分为一、二、三级，新污染源分为二、三级。按污染源所在的环境空气质量功能区类别，执行相应级别的排放速率标准。

位于一类区的污染源执行一级标准（一类区禁止新、扩建污染源，一类区现有污染源改建时执行现有污染源的一级标准）；

位于二类区的污染源执行二级标准；

位于三类区的污染源执行三级标准。

4）标准值。1997 年 1 月 1 日前设立的污染源（以下简称为现有污染源）执行附录表 1 所列标准值。

1997 年 1 月 1 日起设立（包括新建、扩建、改建）的污染源（以下简称为新污染源）执行附录表 2 所列标准值。

按下列规定判断污染源的设立日期。一般情况下应以建设项目环境影响报告书（表）批准日期作为其设立日期。未经环境保护行政主管部门审批设立的污染源，应按补做的环境影响报告书（表）批准日期作为其设立日期。

5）其他规定。

① 排气筒高度除须遵守表列排放速率标准值外，还应高出周围 200m 半径范围的建筑 5m 以上，不能达到该要求的排气筒，应按其高度对应的表列排放速率标准值严格 50% 执行。

② 两个排放相同污染物（不论其是否由同一生产工艺过程产生）的排气筒，若其距离小于其几何高度之和，应合并视为一根等效排气筒。若有三根以上的近距排气筒，且排放同一种污染物时，应以前两根的等效排气筒，依次与第三、四根排气筒取等效值。

③ 若某排气筒的高度处于本标准列出的两个值之间，其执行的最高允许排放速率以内插法计算，当某排气筒的高度大于或小于本标准列出的最大或最小值时，以外推法计算其最高允许排放速率。

④ 新污染源的排气筒一般不应低于 15m。

⑤ 新污染源的无组织排放应从严控制，一般情况下不应有无组织排放存在。

⑥ 工业生产尾气确需燃烧排放的，其烟气黑度不得超过林格曼 1 级。

3. 噪声排放标准

(1)《工业企业厂界环境噪声排放标准》(GB 12348—2008)

本标准规定了工业企业和固定设备厂界环境噪声排放限值及其测量方法。本标准适用于工业企业噪声排放的管理、评价及控制。机关、事业单位、团体等对外环境排放噪声的单位也按本标准执行。

① 工业企业厂界环境噪声排放限值。工业企业厂界环境噪声不得超过表 4-7 规定的排放限值。

表 4-7　工业企业厂界环境噪声排放限值　　　　　　　单位：dB（A）

厂界外声环境功能区类别	时段	
	昼间	夜间
0	50	40
1	55	45
2	60	50
3	65	55
4	70	55

② 其他。夜间频发噪声的最大声级超过限值的幅度不得高于 10dB（A）。夜间偶发噪声的最大声级超过限值的幅度不得高于 15dB（A）。

工业企业若位于未划分声环境功能区的区域，当厂界外有噪声敏感建筑物时，由当地县级以上人民政府参照 GB 3096 和 GB/T 15190 的规定确定厂界外区域的声环境质量要求，并执行相应的厂界环境噪声排放限值。

当厂界与噪声敏感建筑物距离小于 1m 时，厂界环境噪声应在噪声敏感建筑物的室内测量，并将表 4-7 中相应的限值减 10dB（A）作为评价依据。

(2)《建筑施工场界环境噪声排放标准》(GB 12523—2011)

本标准规定了建筑施工场界环境噪声排放限值及测量方法。本标准适用于周围有噪声敏感建筑物的建筑施工噪声排放的管理、评价及控制。市政、通信、交通、水利等其他类型的施工噪声排放可参照本标准执行。本标准不适用于抢修、抢险施工过程中产生噪声的排放监管。

① 建筑施工场界环境噪声排放限值。建筑施工过程中场界环境噪声不得超过表 4-8 规定的排放限值。

表 4-8　建筑施工场界环境噪声排放限值　　　　　　　单位：dB（A）

昼间	夜间
70	55

② 其他。夜间噪声最大声级超过限值的幅度不得高于 15dB（A）。当场界距噪声敏感建筑物较近，其室外不满足测量条件时，可在噪声敏感建筑物室内测量，并将表 4-8 中相应的限值减 10dB（A）作为评价依据。

（3）《社会生活环境噪声排放标准》（GB 22337—2008） 本标准规定了营业性文化娱乐场所和商业经营活动中可能产生环境噪声污染的设备、设施边界噪声排放限值和测量方法。本标准适用于对营业性文化娱乐场所、商业经营活动中使用的向环境排放噪声的设备、设施的管理、评价与控制。

① 社会生活噪声排放源边界噪声排放限值。社会生活噪声排放源边界噪声不得超过表 4-9 规定的排放限值。

表 4-9 社会生活噪声排放源边界噪声排放限值　　　　　单位：dB（A）

边界外声环境功能区类别	时段	
	昼间	夜间
0	50	40
1	55	45
2	60	50
3	65	55
4	70	55

② 其他。在社会生活噪声排放源边界处无法进行噪声测量或测量的结果不能如实反映其对噪声敏感建筑物的影响程度的情况下，噪声测量应在可能受影响的敏感建筑物窗外 1m 处进行。当社会生活噪声排放源边界与噪声敏感建筑物距离小于 1m 时，应在噪声敏感建筑物的室内测量，并将表 4-9 中相应的限值减 10dB（A）作为评价依据。

一、问答题

1. 简述我国环境标准的分类和分级。
2. 简述我国环境标准体系的构成。
3. 什么是环境质量标准？什么是污染物排放标准？二者有何联系？

二、案例分析

1. 某市天天食品有限公司污水经处理后排入龙王河，该河属于《地表水环境质量标准》中 V 类水体。2013 年 12 月 20 日，某市发布修订后的《水污染物排放标准》（DB 11/307—2013），代替《水污染物排放标准》（DB 11/307—2005），自 2014 年 1 月 1 日起实施。依据 DB 11/307—2013，直接排入 V 类水体的污水，执行表 1 中 B 排放限值（其中化学需氧量 30mg/L，氨氮 1.5mg/L，悬浮物 10mg/L）。其中新（改、扩）建设单位（指本标准实施之日起环评文件通过审批的单位）自本标准实施之日起执行；现有单位（指本标准实施之日前环评文件通过审批的单位）自 2015 年 12 月 31 日起执行新标准的排放限值，2015 年 12 月 30 日前执行原标准 DB 11/307—2005 的排放限值（其中化学需氧量 100mg/L，氨氮 15mg/L，悬浮物 80mg/L）。

2014 年 5 月 21 日，某市环境保护局对天天食品有限公司进行现场检查时，在其污水处理站总排口进行了水样采集,后监测分析结果显示水样中化学需氧量为1420mg/L、氨氮1.03mg/L、悬浮物586mg/L。某市环境保护局依法对该食品公司进行了处罚,其依据的主要事实是食品公司排放废水中化学需氧量和悬浮物浓度超过了《水污染物排放标准》(DB 11/307—2013)中规定的排放限值(化学需氧量100mg/L,氨氮15mg/L,悬浮物80mg/L)。天天食品有限公司认为其污水排放标准应当适用DB 11/307—2005,该行政处罚适用标准错误,于是向复议机关提起复议申请,请求撤销该行政处罚决定。

问:本案中某市环境保护局作出行政处罚决定适用标准是否正确?请说明理由。

2. 甘肃省武威市凉州区环境保护局(以下简称区环保局)接到其辖区陆羽茶楼对动感酒吧环境噪声污染的投诉后,组织环境检查执法人员和环境检测人员先后于2012年11月23日、12月20日和12月22日22时零5分至23时零5分,对动感酒吧环境噪声污染防治情况实施了现场检查(勘查)和采样检测,其夜间场界4个检测点环境噪声排放值分别达到58.9dB(A);55.4dB(A);52.9dB(A);56.9dB(A);均超过国家《社会生活环境噪声排放标准》(GB 22337—2008)规定的环境噪声排放标准。区环保局于2013年1月18日依据《中华人民共和国噪声污染防治法》第五十九条规定,对动感酒吧作出责令改正违法行为决定书。动感酒吧不服该决定书,认为其应当适用《声环境质量标准》(GB 3096—2008),区环保护适用标准错误,遂以区环保局为被告,诉请法院撤销上述责令改正违法行为决定书。

问:本案中区环境局适用标准是否正确?

第五章
环境污染防治法

学习目标

了解大气、水、固体废物及噪声污染防治法的概况,理解大气、水、土壤、固体废物及噪声污染防治的主要法律规定。掌握大气、水、土壤、固体废物及噪声污染环境的主要违法行为及其法律责任。

第一节 ▍防治大气污染的法律规定

一、大气污染概述

1. 大气污染的概念

大气污染就是指由于人们的生产活动和其他活动,使有毒有害物质进入大气,导致大气的物理、化学、生物或放射性等方面的特性发生改变,使生活环境和生态环境受到污染,危害人体健康和生命安全的现象。正常的大气中主要含对植物生长有好处的氮气(占78%)和人体、动物需要的氧气(占21%),还含有少量的二氧化碳(0.032%)和其他气体。当本不属于大气成分的气体或物质,如硫化物、氮氧化物、粉尘、有机物等进入大气之后,大气污染就发生了。

雾霾天气是一种大气污染状态。雾霾是指各种源排放的污染物(气体和颗粒物如CO、SO_2、NO_x、NH_3、VOC_s、$PM_{2.5}$),在特定的大气流场条件下,经过一系列物理化学过程,形成的细粒子,并与水汽相互作用导致的大气消光现象。$PM_{2.5}$(空气动力学当量直径小于等于2.5μm的颗粒物)被认为是造成雾霾天气的"元凶"。$PM_{2.5}$涉及30000种以上有机和无机化合物(包括硫酸盐、硝酸盐、氨盐、有机物、炭黑、重金属等),可谓"小粒子、大世界"。$PM_{2.5}$直接排放少,以排放源一次排放的气体通过物理和光化学过程生成的二次粒子为主。一次颗粒物是由天然污染源和人为污染源释放到大气中直接造成污染的颗粒物,例如土壤粒子、海盐粒子、燃烧烟尘等等。二次颗粒物是由大气中某些污染气体组分(如二氧化硫、氮氧化物、碳氢化合物等)之间,或这些组分与大气中的正常组分(如氧气)之间通过光化学氧化反应、催化氧化反应或其他化学反应转化生成的颗粒物,例如二氧化硫转化生成硫酸盐。

按照大气污染物的来源,可以将大气污染分为煤烟型污染(由烟尘、二氧化硫、一氧化碳和氮氧化物引起)、石油型污染(由一氧化碳、碳氢化合物、氮氧化物、颗粒物和铅引起)以及特殊型污染(废气或粉尘)等类型。城市大气中的主要污染物是二氧化硫、氮氧化物和可吸入颗粒物,这些颗粒物主要是炭(炭黑),主要的发生源是燃烧煤炭及汽车尾气排放造成的。目前,我国大气污染严重的重点领域是燃煤、工业、机动车、扬尘等。

2. 我国大气污染的状况

随着我国经济社会快速发展,特别是机动车保有量的急剧增加,我国大气污染正向煤烟与机动车尾气复合型过渡,区域性大气环境问题日益突出,雾霾等重污染天气频发。尤其是2013年以来,我国中东部地区多次出现重度雾霾天气,持续时间长,影响范围大,严重影响人民群众的生产生活和身体健康。根据世界资源研究所的测算,全球十大污染严重的城市中,我国就占了七个。首都北京被世界卫生组织列为大气污染最严重的城市之一。根据环境保护部发布的《2015年中国环境状况公报》,全国383个地级城市开展《环境空气质量标准》(GB 3095—2012)监测,265个城市空气质量超标,占78.4%。

3. 大气污染的危害

大气污染的危害主要表现在对人体健康的损害等方面。大气污染对人体健康和环境的影响主要取决于污染物的浓度和接触时间,危害程度与某一区域污染物浓度的大小与污染成分供给大气的总量到被去除为止的平均时间即滞留时间有关,滞留时间长的污染物在大气中有一定的浓度。例如,在火电厂、焦化厂、冶炼厂集中的地区,大气中烟尘、硫氧化物、氮氧化物及重金属和它的氧化物居多,浓度也较高。而在化工企业集中地区,大气中的无机物颗粒和有机物居多。当污染物达到一定浓度时,会对人和动植物造成危害。不同的污染物对人体健康和环境造成的危害程度各不相同。

(1) 大气污染物对人体健康的影响

大气污染对人体健康的侵害主要有直接和间接两个途径。成年人每天约吸入 $10\sim12m^3$ 空气,直接的侵害是大气中的有害化学物质一般是通过呼吸道进入人体的,造成对人体呼吸和消化系统以及对体表肌肤等的侵害。间接的侵害是指降落在食品、水体或土壤等物体上的大气污染物或二次污染物(如酸雨等)。例如,粒径大于 $10\mu m$ 的颗粒物可被鼻腔和咽喉所阻隔,而小于 $10\mu m$ 的飘尘能经过呼吸道沉积于肺泡上。工业生产过程中产生的氧化铅、氟化合物、锌尘等会引起中毒或变态反应,导致金属热、枯草病等中毒性疾病。而硅石、碳粉、铁粉等能引起尘肺,如硅沉着病(旧称矽肺)、碳肺、铁肺等疾病,燃烧排放的烟尘和焦油也会引起其他的肺病甚至肺癌。SO_2 是一种无色并具有刺激性气体,对人体的主要影响是造成呼吸道内径狭窄,从而增大了呼吸阻力,使空气进入肺部受阻,同时,使呼吸道对细菌和病毒的抵抗力降低。排入到大气中的 SO_2 与空气中的水反应生成亚硫酸和硫酸并随着降水回到地面,这就是酸雨。如果形成的硫酸雾的浓度较高,则具有很强的氧化性,将对人和动植物形成严重的危害。1962年12月5日历时五天的伦敦硫酸烟雾事件,造成4000多人死亡。构成大气污染的氮氧化物主要是 NO 和 NO_2。它们都是以同样的变态反应原对呼吸道及肺组织产生强烈的刺激和腐蚀作用,引起肺气肿。

(2) 对其他环境要素的侵害

大气污染物对环境的影响已经扩大到整个大气圈。人类活动所排放的二氧化碳已经可能导致全球气候变暖。向环境排放的氟氯烃类消耗臭氧层物质已经造成臭氧层的破坏,由于许多大气污染物的化学活性比较强,所以它们对暴露在空气中的各种物体具有侵蚀和破坏作用。例如,排放到大气中的二氧化硫等含酸类化合物就对金属制品、建筑物以及文物古迹等具有强烈的腐蚀作用,各国政府每年都要为此而拨出巨款进行保护和维修。此外许多长期暴露在空气中的物体还会因大气污染物的侵蚀而加快老化的进程。

二、大气污染防治的立法概况

1. 大气污染防治法律法规

在我国,大气污染防治工作最早是从对工矿企业劳动场所的环境卫生保护和职业病预防开始进行的。1979年,我国制定的首部环境保护法律《中华人民共和国环境保护法(试行)》,首次以法律的形式对大气污染防治作出了原则性的规定。

20世纪80年代中叶以来,国务院有关部门还相继发布了《关于防治煤烟型污染技术政策的规定》(1984年),《城市烟尘控制区管理办法》(1987年)和《关于发展民用型煤的暂行办法》(1987年)等大气污染防治的行政规章。1987年9月5日由第六届全国人大常委会第二十二次会议通过了《中华人民共和国大气污染防治法》。该法对防治大气污染的一般原则,监督管理,防治烟尘污染,防治废气、粉尘和恶臭污染,法律责任等方面作出了规定。经国务院批准,1991年5月24日原国家环境保护局公布了《大气污染防治法实施细则》并自1991年7月1日起施行。

1995年8月29日,第八届全国人大常委会第十五次会议对《中华人民共和国大气污染防治法》进行了第一次修改,将法律条文由原来的41条增至50条。

2000年4月29日第九届全国人民代表大会常务委员会第十五次会议对《中华人民共和国大气污染防治法》进行了第二次修改。这次修改的主要内容包括:集中力量抓重点城市的大气污染防治;加强机动车污染防治;加大城市扬尘的控制力度;禁止超过排放标准排放污染物,实行大气污染物排放的总量控制和许可制度,建立排污收费制度,强化法律责任。修改后的《中华人民共和国大气污染防治法》于2000年9月1日起实行,同时废止了《大气污染防治法实施细则》。

2015年8月29日,第十二届全国人民代表大会常务委员会第十六次会议对《中华人民共和国大气污染防治法》进行了第三次修改。这次修改按照中央加快推进生态文明建设的精神,主要从以下几个方面进行了修改完善:一是以改善大气环境质量为目标,强化地方政府责任,加强考核和监督;二是坚持源头治理,推动转变经济发展方式,优化产业结构布局,调整能源结构,提高相关产品质量标准;三是从实际出发,根据我国经济社会发展的实际情况,制定大气污染防治标准,增加了排污许可证、联合防治、区域限批、环保约谈等制度,完善了环境影响评价、总量控制、环境监测等相关制度;四是坚持问题导向,抓住主要矛盾,着力解决燃煤、机动车船等大气污染问题;五是加强重点区域大气污染联合防治,完善重污染天气应对措施;六是加大对大气环境违法行为的处罚力度,有违法行为就有处罚,提高了罚款上限,如超过大气污染物排放标准或超过总量控制指标排放大气污染物的,处十万元以上一百万元以下罚款。此外规定了按日计罚,丰富了处罚种类。

2. 大气环境保护标准

我国1962年颁布的《工业企业设计卫生标准》中首次对居民区大气中的有害物质规定了最高容许浓度。1973年,我国制定了《工业"三废"排放试行标准》对大气污染物的排放作出了定量的规定。1982年颁布了《大气环境质量标准》（GB 3095—82），1996年第一次修订，颁布了《环境空气质量标准》（GB 3095—1996）；2000年进行了第二次修订；2012年进行了第三次修订，颁布了《环境空气质量标准》（GB 3095—2012），于2016年1月1日起在全国实施。

实施《环境空气质量标准》（GB 3095—2012）是落实《中华人民共和国大气污染防治法》及《大气污染防治行动计划》的重要保障，是落实《国务院关于加强环境保护重点工作的意见》、《关于推进大气污染联防联控工作改善区域空气质量的指导意见》以及《重金属污染综合防治"十二五"规划》中关于完善空气质量标准及其评价体系，加强大气污染治理，改善环境空气质量的工作要求。实施《环境空气质量标准》（GB 3095—2012）是满足公众需求和提高政府公信力的必然要求。与新标准同步实施的《环境空气质量指数（AQI）技术规定（试行）》增加了环境质量评价的污染物因子，可以更好地表征我国环境空气质量状况，反映当前复合型大气污染形势；调整了指数分级分类表述方式，完善了空气质量指数发布方式，有利于提高环境空气质量评价工作的科学水平，更好地为公众提供健康指引，努力消除公众主观感观与监测评价结果不完全一致的现象。

3. 大气污染防治规划

2011年，国务院印发《国家环境保护"十二五"规划》，规划提出实施多种大气污染物综合控制，深化颗粒物污染控制，加强挥发性有机污染物和有毒废气控制，推进城市大气污染防治。

2012年，环境保护部、发展改革委、财政部联合印发《重点区域大气污染防治"十二五"规划》，根据该规划，到2015年，重点区域二氧化硫、氮氧化物、工业烟粉尘排放量分别下降12%、13%、10%，挥发性有机物污染防治工作全面展开；环境空气质量有所改善，可吸入颗粒物、二氧化硫、二氧化氮、细颗粒物年均浓度分别下降10%、10%、7%、5%，臭氧污染得到初步控制，酸雨污染有所减轻；建立区域大气污染联防联控机制，区域大气环境管理能力明显提高。京津冀、长三角、珠三角区域将细颗粒物纳入考核指标，细颗粒物年均浓度下降6%；其他城市群将其作为预期性指标。规划基准年为2010年。

然而"十二五"期间，我国大气污染形势严峻，以可吸入颗粒物（PM_{10}）、细颗粒物（$PM_{2.5}$）为特征污染物的区域性大气环境问题日益突出，损害人民群众身体健康，影响社会和谐稳定。并且，随着我国工业化、城镇化的深入推进，能源资源消耗持续增加，大气污染防治压力继续加大。《重点区域大气污染防治"十二五"规划》已不能满足大气污染防治的要求。为切实改善空气质量，2013年9月，国务院发布《大气污染防治行动计划》。《大气污染防治行动计划》规定我国大气污染防治的奋斗目标：经过五年努力，全国空气质量总体改善，重污染天气较大幅度减少；京津冀、长三角、珠三角等区域空气质量明显好转。力争再用五年或更长时间，逐步消除重污染天气，全国空气质量明显改善。具体指标：到2017年，全国地级及以上城市可吸入颗粒物浓度比2012年下降10%以上，优良天数逐年提高；京津冀、长三角、珠三角等区域细颗粒物浓度分别下降25%、20%、15%左右，其中北京市细颗粒物年均浓度控制在60微克/立方米左右。《大气污染防治行动计划》具体内容如下。

① 加大综合治理力度，减少多污染物排放。加强工业企业大气污染综合治理，加快重点行业脱硫、脱硝、除尘改造工程建设，推进挥发性有机物污染治理；综合整治城市扬尘，开展餐饮油烟污染治理；强化移动源污染防治，提升燃油品质，加强机动车环保管理，加快推进低速汽车升级换代，大力推广新能源汽车。

② 调整优化产业结构，推动产业转型升级。严控"两高"行业新增产能，修订高耗能、高污染和资源性行业准入条件，明确资源能源节约和污染物排放等指标，加快淘汰落后产能，压缩过剩产能，坚决停建产能严重过剩行业违规在建项目。

③ 加快企业技术改造，提高科技创新能力。强化科技研发和推广，加强灰霾、臭氧的形成机理、来源解析、迁移规律和监测预警等研究，为污染治理提供科学支撑；全面推行清洁生产，对钢铁、水泥、化工、石化、有色金属冶炼等重点行业进行清洁生产审核；大力发展循环经济；大力培育节能环保产业。

④ 加快调整能源结构，增加清洁能源供应。控制煤炭消费总量。到2017年，煤炭占能源消费总量比重降低到65%以下；加快清洁能源替代利用，加大天然气、煤制天然气、煤层气供应；推进煤炭清洁利用；提高能源使用效率。

⑤ 严格节能环保准入，优化产业空间布局。调整产业布局，按照主体功能区规划要求，合理确定重点产业发展布局、结构和规模，重大项目原则上布局在优化开发区和重点开发区；强化节能环保指标约束；优化空间格局。

⑥ 发挥市场机制作用，完善环境经济政策。发挥市场机制调节作用。本着"谁污染、谁负责，多排放、多负担，节能减排得收益、获补偿"的原则，积极推行激励与约束并举的节能减排新机制；完善价格税收政策；拓宽投融资渠道。

⑦ 健全法律法规体系，严格依法监督管理。完善法律法规标准；提高环境监管能力；加大环保执法力度；实行环境信息公开。

⑧ 建立区域协作机制，统筹区域环境治理。建立区域协作机制。建立京津冀、长三角区域大气污染防治协作机制，由区域内省级人民政府和国务院有关部门参加，协调解决区域突出环境问题；分解目标任务，国务院制定考核办法，每年初对各省（区、市）上年度治理任务完成情况进行考核；实行严格责任追究。

⑨ 建立监测预警应急体系，妥善应对重污染天气。环保部门要加强与气象部门的合作，建立重污染天气监测预警体系；制定完善应急预案，按不同污染等级确定企业限产停产、机动车和扬尘管控、中小学校停课以及可行的气象干预等应对措施。要依据重污染天气的预警等级，迅速启动应急预案，引导公众做好卫生防护。

⑩ 明确政府企业和社会的责任，动员全民参与环境保护。明确地方政府统领责任，地方各级人民政府对本行政区域内的大气环境质量负总责；加强部门协调联动；强化企业施治；广泛动员社会参与。

三、大气污染防治的主要法律规定

2015年修订的《中华人民共和国大气污染防治法》共8章129条，主要内容如下。

1. 大气污染防治新理念

根据《中华人民共和国大气污染防治法》的规定，防治大气污染，应当以改善大气环境质量为目标，源头治理，规划先行，转变经济发展方式，优化产业结构和布局，调整能源结构。

防治大气污染，应当加强对燃煤、工业、机动车船、扬尘、农业等大气污染的综合防治，推行区域大气污染联合防治，对颗粒物、二氧化硫、氮氧化物、挥发性有机物、氨等大气污染物和温室气体实施协同控制。

2. 各级人民政府在大气污染防治中的职责

县级以上人民政府应当将大气污染防治工作纳入国民经济和社会发展规划，加大对大气污染防治的财政投入。

地方各级人民政府应当对本行政区域的大气环境质量负责，制订规划，采取措施，控制或者逐步削减大气污染物的排放量，使大气环境质量达到规定标准并逐步改善。

3. 大气污染防治监督管理体制

我国对大气污染防治工作实行人民政府领导、政府各行政主管部门按职权划分，实施统一监督管理与部门分工负责管理的监督管理体制。《中华人民共和国大气污染防治法》第五条规定，县级以上人民政府环境保护主管部门对大气污染防治实施统一监督管理。县级以上人民政府其他有关部门在各自职责范围内对大气污染防治实施监督管理。

4. 大气环境标准及其制定权限

国务院环境保护主管部门或者省、自治区、直辖市人民政府制定大气环境质量标准，应当以保障公众健康和保护生态环境为宗旨，与经济社会发展相适应，做到科学合理。国务院环境保护主管部门或者省、自治区、直辖市人民政府制定大气污染物排放标准，应当以大气环境质量标准和国家经济、技术条件为依据。制定大气环境质量标准、大气污染物排放标准，应当组织专家进行审查和论证，并征求有关部门、行业协会、企业事业单位和公众等方面的意见。

省级以上人民政府环境保护主管部门应当在其网站上公布大气环境质量标准、大气污染物排放标准，供公众免费查阅、下载。大气环境质量标准、大气污染物排放标准的执行情况应当定期进行评估，根据评估结果对标准适时进行修订。制定燃煤、石油焦、生物质燃料、涂料等含挥发性有机物的产品、烟花爆竹以及锅炉等产品的质量标准，应当明确大气环境保护要求。制定燃油质量标准，应当符合国家大气污染物控制要求，并与国家机动车船、非道路移动机械大气污染物排放标准相互衔接，同步实施。

5. 大气污染防治的基本法律制度

（1）环境影响评价制度

《中华人民共和国大气污染防治法》第十八条规定，企业事业单位和其他生产经营者建设对大气环境有影响的项目，应当依法进行环境影响评价、公开环境影响评价文件。

（2）总量控制制度

《中华人民共和国大气污染防治法》第二十一条规定，国家对重点大气污染物排放实行总量控制。重点大气污染物排放总量控制目标，由国务院环境保护主管部门在征求国务院有关部门和各省、自治区、直辖市人民政府意见后，会同国务院经济综合主管部门报国务院批准并下达实施。省、自治区、直辖市人民政府应当按照国务院下达的总量控制目标，控制或者削减本行政区域的重点大气污染物排放总量。确定总量控制目标和分解总量控制指标的具体办法，由国务院环境保护主管部门会同国务院有关部门规定。省、自治区、直辖市人民政府可以根据本行政区域大气污染防治的需要，对国家重点大气污染物之外的其他大气污染物排放实行总量控制。

（3）排污许可管理制度

排污许可管理制度是对污染源进行监督管理最基本和最重要的手段。根据《中华人民共和国大气污染防治法》第十九条的规定，应当取得排污许可证的对象包括四类：①排放工业废气的单位，即石油化工、冶金、建材等生产过程中产生废气的企业事业单位；②本法第七十八条规定名录中所列有毒有害大气污染物的企业事业单位；③集中供热设施的燃煤热源生产运营单位；④其他依法实行排污许可管理的单位，应当取得排污许可证。取得排污许可证的主体仅限于单位，个体工商户等其他生产经营者不需要进行排污许可管理。

（4）环保约谈和区域限批制度

1）环保约谈制度　环保约谈是指省级以上人民政府环境保护主管部门会同有关部门约见超过国家重点大气污染物排放总量控制指标或者未完成国家下达的大气环评质量改善目标的地区的人民政府主要负责人，依法进行告诫谈话、指出相关问题、提出整改要求并督促整改到位的一种行政措施。

环保约谈的主体是省级以上人民政府环境保护主管部门和有关部门；约谈的对象是超过国家重点大气污染物排放总量控制指标或者未完成国家下达的大气环评质量改善目标的地区的人民政府主要负责人。

2）区域限批制度　区域限批的主体是省级以上人民政府环境保护主管部门。区域限批的前提条件：一是超过国家重点污染物排放总量控制指标；二是未完成国家确定的大气环境质量改善目标。这两个条件是选择性的，只要具备一个，即可对该地方实施区域限批。区域限批的内容是新增重点大气污染物排放总量的建设项目环境影响评价文件。

（5）环境监测制度

大气环境监测是大气污染防治工作的基础性工作，无论是对大气环境形势的总体评价还是对个别案件的查处，都要以大气环境监测数据为依据。

国务院环境保护主管部门负责制定大气环境质量和大气污染源的监测和评价规范，组织建设与管理全国大气环境质量和大气污染源监测网，组织开展大气环境质量和大气污染源监测，统一发布全国大气环境质量状况信息。县级以上地方人民政府环境保护主管部门负责组织建设与管理本行政区域大气环境质量和大气污染源监测网，开展大气环境质量和大气污染源监测，统一发布本行政区域大气环境质量状况信息。

企业事业单位和其他生产经营者应当按照国家有关规定和监测规范，对其排放的工业废气和本法第七十八条规定名录中所列有毒有害大气污染物进行监测，并保存原始监测记录。其中，重点排污单位应当安装、使用大气污染物排放自动监测设备，与环境保护主管部门的监控设备联网，保证监测设备正常运行并依法公开排放信息。重点排污单位应当对自动监测数据的真实性和准确性负责。

环境保护主管部门发现重点排污单位的大气污染物排放自动监测设备传输数据异常，应当及时进行调查。禁止侵占、损毁或者擅自移动、改变大气环境质量监测设施和大气污染物排放自动监测设备。

（6）联合防治制度

国家建立重点区域大气污染联防联控机制，统筹协调重点区域内大气污染防治工作。国务院环境保护主管部门根据主体功能区划、区域大气环境质量状况和大气污染传输扩散规律，划定国家大气污染防治重点区域，报国务院批准。省、自治区、直辖市可以参照这一规定划定本行政区域的大气污染防治重点区域。

重点区域内有关省、自治区、直辖市人民政府应当确定牵头的地方人民政府，定期召开联席会议，按照统一规划、统一标准、统一监测、统一的防治措施的要求，开展大气污染联合防治，落实大气污染防治目标责任。国务院环境保护主管部门应当加强指导、督促。

国务院环境保护主管部门会同国务院有关部门、国家大气污染防治重点区域内有关省、自治区、直辖市人民政府，根据重点区域经济社会发展和大气环境承载力，制定重点区域大气污染联合防治行动计划，明确控制目标，优化区域经济布局，统筹交通管理，发展清洁能源，提出重点防治任务和措施，促进重点区域大气环境质量改善。

国务院经济综合主管部门会同国务院环境保护主管部门，结合国家大气污染防治重点区域产业发展实际和大气环境质量状况，进一步提高环境保护、能耗、安全、质量等要求。重点区域内有关省、自治区、直辖市人民政府应当实施更严格的机动车大气污染物排放标准，统一在用机动车检验方法和排放限值，并配套供应合格的车用燃油。

（7）限期淘汰制度

《中华人民共和国大气污染防治法》规定，国家对严重污染大气环境的工艺、设备和产品实行淘汰制度。国务院经济综合主管部门会同国务院有关部门确定严重污染大气环境的工艺、设备和产品淘汰期限，并纳入国家综合性产业政策目录。生产者、进口者、销售者或者使用者应当在规定期限内停止生产、进口、销售或者使用列入前款规定目录中的设备和产品。工艺的采用者应当在规定期限内停止采用列入前款规定目录中的工艺。被淘汰的设备和产品，不得转让给他人使用。

（8）现场检查制度

环境保护主管部门及其委托的环境监察机构和其他负有大气环境保护监督管理职责的部门，有权通过现场检查监测、自动监测、遥感监测、远红外摄像等方式，对排放大气污染物的企业事业单位和其他生产经营者进行监督检查。被检查者应当如实反映情况，提供必要的资料。实施检查的部门、机构及其工作人员应当为被检查者保守商业秘密。

6. 大气污染防治的主要措施

（1）燃煤和其他能源污染防治

1）调整能源结构、优化煤炭使用方式。近年来，随着经济的高速发展和能源消耗量的快速增长，我国出现了严重的区域性复合型大气污染。究其原因，这与我国以煤炭为主的能源结构和粗放的能源利用方式密切相关。2014 年以来，我国主要城市开展了大气污染来源解析工作。从公布的来源解析结果显示：在北京 $PM_{2.5}$ 的本地污染贡献中，源于燃煤的大气污染占 22.4%，位列第二，仅次于机动车；天津占 23%，位列第一；石家庄占 28.5%，位列第二。我国二氧化硫排放量的 90%、氮氧化物排放量的 70%、烟尘排放量的 70%、人为源大气汞排放量的 40% 都来自燃煤。可见，燃煤污染排放是我国环境空气污染的重要来源。因此，控制煤炭消费总量对减少大气污染物排放具有重要作用。

根据《中华人民共和国大气污染防治法》第三十二条规定，国务院有关部门和地方各级人民政府应当采取措施，调整能源结构，推广清洁能源的生产和使用；优化煤炭使用方式，推广煤炭清洁高效利用，逐步降低煤炭在一次能源消费中的比重，减少煤炭生产、使用、转化过程中的大气污染物排放。

2）推行煤炭清洁高效利用。煤炭是我国能源结构的重要组成部分，我国城市能源消耗仍然是以煤炭为主。在能源结构短期内无法根本改变的情况下，推行煤炭的清洁利用对控制大气污染尤为重要。

根据《中华人民共和国大气污染防治法》第三十三条、第三十四条、第三十五条、第三十六条的规定，国家采取以下措施推行煤炭清洁高效利用。

① 国家推行煤炭洗选加工，降低煤炭的硫分和灰分，限制高硫分、高灰分煤炭的开采，禁止开采含放射性和砷等有毒有害物质超过规定标准的煤炭。

② 国家采取有利于煤炭清洁高效利用的经济、技术政策和措施，鼓励和支持洁净煤技术的开发和推广。

③ 国家鼓励煤矿企业对煤层气进行开采利用，对煤矸石进行综合利用。

④ 国家禁止进口、销售和燃用不符合质量标准的煤炭，鼓励燃用优质煤炭。

⑤ 地方各级人民政府应当采取措施，加强民用散煤的管理，禁止销售不符合民用散煤质量标准的煤炭。

3）发展集中供热。目前我国还有一些地区采用分散的燃煤小锅炉供热，不仅能源得不到充分、有效利用，还加重了大气污染。发展集中供热，有助于节约能源、综合防治大气污染。根据《中华人民共和国大气污染防治法》第三十九条规定，城市建设应当统筹规划，在燃煤供热地区，推进热电联产和集中供热。在集中供热管网覆盖地区，禁止新建、扩建分散燃煤供热锅炉；已建成的不能达标排放的燃煤供热锅炉，应当在城市人民政府规定的期限内拆除。

4）强化锅炉产品环保要求。我国近一半的煤炭集中在电力行业燃烧，而另一半煤炭则在分散的、难以监控的工业锅炉、窑炉和民用炉灶等设施燃烧，污染治理难度大。锅炉的污染物初始排放水平，属于产品质量要求，应纳入技术监督部门的产品质量监管范围。《大气污染防治行动计划》明确全面整治燃煤小锅炉，推广应用高效节能环保型锅炉。根据《中华人民共和国大气污染防治法》第四十条规定，县级以上人民政府质量监督部门应当会同环境保护主管部门对锅炉生产、进口、销售和使用环节执行环境保护标准或者要求的情况进行监督检查。不符合环境保护标准或者要求的，不得生产、进口、销售和使用。

5）控制燃煤污染。从我国目前实际来看，燃煤电厂和燃煤企业排放的二氧化硫、氮氧化物和烟尘对大气污染的"贡献率"相当高，是造成酸雨和雾霾的重要来源。因此《中华人民共和国大气污染防治法》第四十一条规定，燃煤电厂和其他燃煤单位应当采用清洁生产工艺，配套建设除尘、脱硫、脱硝等装置，或者采取技术改造等其他控制大气污染物排放的措施。国家鼓励燃煤单位采用先进的除尘、脱硫、脱硝、脱汞等大气污染物协同控制的技术和装置，减少大气污染物的排放。

此外，煤炭、煤矸石、煤渣、煤灰等物料堆放管理不当，容易自燃，既浪费资源，又产生污染。因此，《中华人民共和国大气污染防治法》第三十五条规定，单位存放煤炭、煤矸石、煤渣、煤灰等物料，应当采取防燃措施，防止大气污染。否则，将依照该法第一百六十一条的规定承担相应的法律责任。

(2) 工业污染防治

1）工业粉尘、硫化物和氮氧化物的防治。工业是排放粉尘、硫化物和氮氧化物等大气污染物的最主要来源。不仅应当关注钢铁、建材、有色金属、石油、化工等工业企业排放粉尘、硫化物和氮氧化物是否符合标准，还应当采用清洁生产工艺，配套建设除尘、脱硫、脱硝等装置。根据《中华人民共和国大气污染防治法》第四十三条规定，企业生产过程中排放粉尘、硫化物和氮氧化物的，应当采用清洁生产工艺，配套建设除尘、脱硫、脱硝等装置，或者采取技术改造等其他控制大气污染物排放的措施。

此外，钢铁、建材、有色金属、石油、化工、制药、矿产开采等企业生产过程中产生大量无组织排放的粉尘和气态污染物，具有分散性、随机性，成为目前我国工业企业大气污染监管的难点。根据《中华人民共和国大气污染防治法》第四十八条规定，钢铁、建材、有色金属、石油、化工、制药、矿产开采等企业，应当加强精细化管理，采取集中收集处理等措施,严格控制粉尘和气态污染物的排放。

2) 含挥发性有机物废气的防治。挥发性有机物是空气中普遍存在且组成复杂的有机物污染物的统称,不仅可以促进二次有机气溶胶的形成,而且能够与大气中的氧化性自由基发生复杂的化学反应。挥发性有机物作为对流层臭氧形成过程中重要的前体物,能促使臭氧逐渐积累造成污染,严重影响大气质量。部分挥发性有机物还具有致癌、致畸、致突变的强烈毒性。

根据《中华人民共和国大气污染防治法》第四十四条、第四十五条、第四十六条、第四十七条规定,含挥发性有机物废气的防治措施主要有:

① 生产、进口、销售和使用含挥发性有机物的原材料和产品的,其挥发性有机物含量应当符合质量标准或者要求。

② 产生含挥发性有机物废气的生产和服务活动,应当在密闭空间或者设备中进行,并按照规定安装、使用污染防治设施。

③ 工业涂装企业应当使用低挥发性有机物含量的涂料,并建立台账。

④ 石油、化工以及其他生产和使用有机溶剂的企业,应当采取措施对管道、设备进行日常维护、维修,减少物料泄漏,对泄漏的物料应当及时收集处理;储油储气库、加油加气站、原油成品油码头、原油成品油运输船舶和油罐车、气罐车等,应当按照国家有关规定安装油气回收装置并保持正常使用。

(3) 机动车船等污染防治

1) 从源头减少机动车排放污染。当前,我国机动车污染问题日益突出。截至 2014 年底,全国机动车保有量达 2.64 亿辆,其中汽车保有量达 1.54 亿辆。机动车尾气排放已成为我国空气污染的重要来源,是造成灰霾、光化学烟雾污染的重要原因。解决机动车污染需要加强源头治理,体现"车、油、路"统筹原则。

根据《中华人民共和国大气污染防治法》第五十条规定,一是要减少机动车使用量,国家倡导低碳、环保出行,根据城市规划合理控制燃油机动车保有量,大力发展城市公共交通,提高公共交通出行比例。城市人民政府应当加强并改善城市交通管理,优化道路设置,保障人行道和非机动车道的连续、畅通。二是减少在用机动车尾气排放,国家采取财政、税收、政府采购等措施推广应用节能环保型和新能源机动车船、非道路移动机械,限制高油耗、高排放机动车船、非道路移动机械的发展,减少化石能源的消耗。

2) 新车管理。机动车、非道路移动机械生产企业应当对新生产的机动车和非道路移动机械进行排放检验。经检验合格的,方可出厂销售。检验信息应当向社会公开。省级以上人民政府环境保护主管部门可以通过现场检查、抽样检测等方式,加强对新生产、销售机动车和非道路移动机械大气污染物排放状况的监督检查。

3) 在用机动车管理。机动车船、非道路移动机械不得超过标准排放大气污染物。在用机动车应当按照国家或者地方的有关规定,由机动车排放检验机构定期对其进行排放检验。经检验合格的,方可上道路行驶。未经检验合格的,公安机关交通管理部门不得核发安全技术检验合格标志。县级以上地方人民政府环境保护主管部门可以在机动车集中停放地、维修地对在用机动车的大气污染物排放状况进行监督抽测;在不影响正常通行的情况下,可以通过遥感监测等技术手段对在道路上行驶的机动车的大气污染物排放状况进行监督抽测。鼓励燃油机动车驾驶人在不影响道路通行且需停车三分钟以上的情况下熄灭发动机。在用机动车排放大气污染物超过标准的,应当进行维修;经维修或者采用污染控制技术后,大气污染物排放仍不符合国家在用机动车排放标准的,应当强制报废。在用重型柴油车、非道路移动机械未安装污染控制装置或者污染控制装置不符合要求,不能达标排放的,应当加装或者更换符合要求的污染控制装置。

4)机动车环保召回制度。生产、进口企业获知机动车、非道路移动机械排放大气污染物超过标准,属于设计、生产缺陷或者不符合规定的环境保护耐久性要求的,应当召回;未召回的,由国务院质量监督部门会同国务院环境保护主管部门责令其召回。

5)机动车船燃油品质管理。制定燃油质量标准,应当符合国家大气污染物控制要求,并与国家机动车船、非道路移动机械大气污染物排放标准相互衔接,同步实施。禁止生产、进口、销售不符合标准的机动车船、非道路移动机械用燃料;禁止向汽车和摩托车销售普通柴油以及其他非机动车用燃料;禁止向非道路移动机械、内河和江海直达船舶销售渣油和重油。

(4)扬尘污染防治

1)职责分工。为做好扬尘污染防治工作,确保扬尘污染防治管理有序、措施有效、考核到位,应当理顺扬尘污染防治体系,明确政府职责和管理部分。《中华人民共和国大气污染防治法》规定,住房城乡建设、市容环境卫生、交通运输、国土资源等有关部门,应当根据本级人民政府确定的职责,做好扬尘污染防治工作。

2)建筑施工扬尘污染防治。建筑施工活动中,通常建设单位作为甲方,施工单位作为乙方。为确保建筑施工扬尘污染防治责任清晰,措施到位,《中华人民共和国大气污染防治法》第六十九条对各方责任作了明确规定。

建设单位的责任主要是:建设单位应当将防治扬尘污染的费用列入工程造价,并在施工承包合同中明确施工单位扬尘污染防治责任。暂时不能开工的建设用地,建设单位应当对裸露地面进行覆盖;超过三个月的,应当进行绿化、铺装或者遮盖。

施工单位的责任主要有:向负责监督管理扬尘污染防治的主管部门备案;在施工工地设置硬质围挡,并采取覆盖、分段作业、择时施工、洒水抑尘、冲洗地面和车辆等有效防尘降尘措施。建筑土方、工程渣土、建筑垃圾应当及时清运;在场地内堆存的,应当采用密闭式防尘网遮盖。在施工工地公示扬尘污染防治措施、负责人、扬尘监督管理主管部门等信息。

3)交通扬尘污染防治。根据《中华人民共和国大气污染防治法》第七十条规定,交通扬尘污染防治措施主要包括以下几方面。

① 运输煤炭、垃圾、渣土等散装、流体物料的车辆应当采取密闭或者其他措施防止物料遗撒造成扬尘污染,并按照规定路线行驶。

② 装卸物料应当采取密闭或者喷淋等方式防治扬尘污染。

③ 城市人民政府应当加强道路、广场、停车场和其他公共场所的清扫保洁管理,推行清洁动力机械化清扫等低尘作业方式。

4)裸地扬尘污染防治。根据《中华人民共和国大气污染防治法》第七十一条规定,市政河道以及河道沿线、公共用地的裸露地面以及其他城镇裸露地面,有关部门应当按照规划组织实施绿化或者透水铺装。

5)料堆扬尘污染防治规定。根据《中华人民共和国大气污染防治法》第七十二条规定,贮存煤炭、煤矸石、煤渣、煤灰、水泥、石灰、石膏、砂土等易产生扬尘的物料应当密闭;不能密闭的,应当设置不低于堆放物高度的严密围挡,并采取有效覆盖措施防治扬尘污染。码头、矿山、填埋场和消纳场应当实施分区作业,并采取有效措施防治扬尘污染。

（5）农业和其他污染防治

1）化肥、农药污染大气防治。农业生产经营者应当改进施肥方式，科学合理施用化肥并按照国家有关规定使用农药，减少氨、挥发性有机物等大气污染物的排放。

2）畜禽养殖大气污染防治。畜禽养殖场、养殖小区应当及时对污水、畜禽粪便和尸体等进行收集、贮存、清运和无害化处理，防止排放恶臭气体。

3）农业秸秆焚烧大气污染防治。按照"疏堵结合，以疏为主"的原则，加强农业秸秆焚烧大气污染防治。一是明确规定省、自治区、直辖市人民政府应当划定区域，禁止露天焚烧秸秆、落叶等产生烟尘污染的物质。二是规定各级人民政府及其农业行政等有关部门应当鼓励和支持采用先进适用技术，对秸秆、落叶等进行肥料化、饲料化、能源化、工业原料化、食用菌基料化等综合利用，加大对秸秆还田、收集一体化农业机械的财政补贴力度。

4）有毒有害大气污染防治。国务院环境保护主管部门应当会同国务院卫生行政部门，根据大气污染物对公众健康和生态环境的危害和影响程度，公布有毒有害大气污染物名录，实行风险管理。

5）持久性有机污染物大气污染防治。向大气排放持久性有机污染物的企业事业单位和其他生产经营者以及废弃物焚烧设施的运营单位，应当按照国家有关规定，采取有利于减少持久性有机污染物排放的技术方法和工艺，配备有效的净化装置，实现达标排放。

6）恶臭污染防治。企业事业单位和其他生产经营者在生产经营活动中产生恶臭气体的，应当科学选址，设置合理的防护距离，并安装净化装置或者采取其他措施，防止排放恶臭气体。禁止在人口集中地区和其他依法需要特殊保护的区域内焚烧沥青、油毡、橡胶、塑料、皮革、垃圾以及其他产生有毒有害烟尘和恶臭气体的物质。

7）餐饮服务业油烟污染防治。排放油烟的餐饮服务业经营者应当安装油烟净化设施并保持正常使用，或者采取其他油烟净化措施，使油烟达标排放，并防止对附近居民的正常生活环境造成污染。禁止在居民住宅楼、未配套设立专用烟道的商住综合楼以及商住综合楼内与居住层相邻的商业楼层内新建、改建、扩建产生油烟、异味、废气的餐饮服务项目。任何单位和个人不得在当地人民政府禁止的区域内露天烧烤食品或者为露天烧烤食品提供场地。

8）祭祀及火葬场大气污染防治。鼓励和倡导文明、绿色祭祀。火葬场应当设置除尘等污染防治设施并保持正常使用，防止影响周边环境。

9）服装干洗、机动车维修大气污染防治。从事服装干洗和机动车维修等服务活动的经营者，应当按照国家有关标准或者要求设置异味和废气处理装置等污染防治设施并保持正常使用，防止影响周边环境。

10）淘汰消耗臭氧层物质。国家鼓励、支持消耗臭氧层物质替代品的生产和使用，逐步减少直至停止消耗臭氧层物质的生产和使用。国家对消耗臭氧层物质的生产、使用、进出口实行总量控制和配额管理。具体办法由国务院规定。

7. 重污染天气应对措施

修订后的《中华人民共和国大气污染防治法》增设专章，规定重污染天气应对。一是建立重污染天气监测预警体系。建立重点区域重污染天气监测预警机制，统一预警分级标准。可能发生区域重污染天气的，应当及时向重点区域内有关省、自治区、直辖市人民政府通报。二是县级以上地方人民政府应当将重污染天气应对纳入突发事件应急管理体系。应当制定重污染天气应急预案。三是省、自治区、直辖市、设区的市人民政府依据重污染天气预报信息，进行综合研判，确定预警等级并及时发出预警。预警信息发布后，人民政府及其有关部门应当通过电视、广播、网络、短信等途径告知公众采取健康防护措施，指导公众出行和调整其他相关社会活动。四是县级以上地方人民政府应当依据重污染天气的预警等级，及时启动应急预案，根据应急需要可以采取责令有关企业停产或者限产、限制部分机动车行驶等应急措施。五是发生造成大气污染的突发环境事件，人民政府及其有关部门和相关企业事业单位，应当法做好应急处置工作。环境保护主管部门应当及时对突发环境事件产生的大气污染物进行监测，并向社会公布监测信息。

8. 违反《中华人民共和国大气污染防治法》的法律责任

《中华人民共和国大气污染防治法》第九十八条至第一百二十七条中，规定了有关违法行为的处罚措施，主要包括以下内容。

① 以拒绝进入现场等方式拒不接受环境保护主管部门及其委托的环境监察机构或者其他负有大气环境保护监督管理职责的部门的监督检查，或者在接受监督检查时弄虚作假的，由县级以上人民政府环境保护主管部门或者其他负有大气环境保护监督管理职责的部门责令改正，处二万元以上二十万元以下的罚款；构成违反治安管理行为的，由公安机关依法予以处罚。

② 有下列行为之一的，由县级以上人民政府环境保护主管部门责令改正或者限制生产、停产整治，并处十万元以上一百万元以下的罚款；情节严重的，报经有批准权的人民政府批准，责令停业、关闭：未依法取得排污许可证排放大气污染物的；超过大气污染物排放标准或者超过重点大气污染物排放总量控制指标排放大气污染物的；通过逃避监管的方式排放大气污染物的。

③ 有下列行为之一的，由县级以上人民政府环境保护主管部门责令改正，处二万元以上二十万元以下的罚款；拒不改正的，责令停产整治：侵占、损毁或者擅自移动、改变大气环境质量监测设施或者大气污染物排放自动监测设备的；未按照规定对所排放的工业废气和有毒有害大气污染物进行监测并保存原始监测记录的；未按照规定安装、使用大气污染物排放自动监测设备或者未按照规定与环境保护主管部门的监控设备联网，并保证监测设备正常运行的；重点排污单位不公开或者不如实公开自动监测数据的；未按照规定设置大气污染物排放口的。

④ 生产、进口、销售或者使用国家综合性产业政策目录中禁止的设备和产品，采用国家综合性产业政策目录中禁止的工艺，或者将淘汰的设备和产品转让给他人使用的，由县级以上人民政府经济综合主管部门、出入境检验检疫机构按照职责责令改正，没收违法所得，并处货值金额一倍以上三倍以下的罚款；拒不改正的，报经有批准权的人民政府批准，责令停业、关闭。进口行为构成走私的，由海关依法予以处罚。

⑤ 煤矿未按照规定建设配套煤炭洗选设施的，由县级以上人民政府能源主管部门责令改正，处十万元以上一百万元以下的罚款；拒不改正的，报经有批准权的人民政府批准，责令停业、关闭。

⑥ 有下列行为之一的，由县级以上地方人民政府质量监督、工商行政管理部门按照职责责令改正，没收原材料、产品和违法所得，并处货值金额一倍以上三倍以下的罚款：销售不符合质量标准的煤炭、石油焦的；生产、销售挥发性有机物含量不符合质量标准或者要求的原材料和产品的；生产、销售不符合标准的机动车船和非道路移动机械用燃料、发动机油、氮氧化物还原剂、燃料和润滑油添加剂以及其他添加剂的；在禁燃区内销售高污染燃料的。

⑦ 有下列行为之一的,由出入境检验检疫机构责令改正,没收原材料、产品和违法所得,并处货值金额一倍以上三倍以下的罚款;构成走私的,由海关依法予以处罚:进口不符合质量标准的煤炭、石油焦的;进口挥发性有机物含量不符合质量标准或者要求的原材料和产品的;进口不符合标准的机动车船和非道路移动机械用燃料、发动机油、氮氧化物还原剂、燃料和润滑油添加剂以及其他添加剂的。

⑧ 单位燃用不符合质量标准的煤炭、石油焦的,由县级以上人民政府环境保护主管部门责令改正,处货值金额一倍以上三倍以下的罚款。

⑨ 在禁燃区内新建、扩建燃用高污染燃料的设施,或者未按照规定停止燃用高污染燃料,或者在城市集中供热管网覆盖地区新建、扩建分散燃煤供热锅炉,或者未按照规定拆除已建成的不能达标排放的燃煤供热锅炉的,由县级以上地方人民政府环境保护主管部门没收燃用高污染燃料的设施,组织拆除燃煤供热锅炉,并处二万元以上二十万元以下的罚款。生产、进口、销售或者使用不符合规定标准或者要求的锅炉,由县级以上人民政府质量监督、环境保护主管部门责令改正,没收违法所得,并处二万元以上二十万元以下的罚款。

⑩ 有下列行为之一的,由县级以上人民政府环境保护主管部门责令改正,处二万元以上二十万元以下的罚款;拒不改正的,责令停产整治:产生含挥发性有机物废气的生产和服务活动,未在密闭空间或者设备中进行,未按照规定安装、使用污染防治设施,或者未采取减少废气排放措施的;工业涂装企业未使用低挥发性有机物含量涂料或者未建立、保存台账的;石油、化工以及其他生产和使用有机溶剂的企业,未采取措施对管道、设备进行日常维护、维修,减少物料泄漏或者对泄漏的物料未及时收集处理的;储油储气库、加油加气站和油罐车、气罐车等,未按照国家有关规定安装并正常使用油气回收装置的;钢铁、建材、有色金属、石油、化工、制药、矿产开采等企业,未采取集中收集处理、密闭、围挡、遮盖、清扫、洒水等措施,控制、减少粉尘和气态污染物排放的;工业生产、垃圾填埋或者其他活动中产生的可燃性气体未回收利用,不具备回收利用条件未进行防治污染处理,或者可燃性气体回收利用装置不能正常作业,未及时修复或者更新的。

⑪ 伪造机动车、非道路移动机械排放检验结果或者出具虚假排放检验报告的,由县级以上人民政府环境保护主管部门没收违法所得,并处十万元以上五十万元以下的罚款;情节严重的,由负责资质认定的部门取消其检验资格。伪造船舶排放检验结果或者出具虚假排放检验报告的,由海事管理机构依法予以处罚。

⑫ 擅自向社会发布重污染天气预报预警信息,构成违反治安管理行为的,由公安机关依法予以处罚。拒不执行停止工地土石方作业或者建筑物拆除施工等重污染天气应急措施的,由县级以上地方人民政府确定的监督管理部门处一万元以上十万元以下的罚款。

⑬ 造成大气污染事故的,由县级以上人民政府环境保护主管部门依照本条第二款的规定处以罚款;对直接负责的主管人员和其他直接责任人员可以处上一年度从本企业事业单位取得收入百分之五十以下的罚款。

对造成一般或者较大大气污染事故的,按照污染事故造成直接损失的一倍以上三倍以下计算罚款;对造成重大或者特大大气污染事故的,按照污染事故造成的直接损失的三倍以上五倍以下计算罚款。

⑭ 企业事业单位和其他生产经营者有下列行为之一,受到罚款处罚,被责令改正,拒不改正的,依法作出处罚决定的行政机关可以自责令改正之日的次日起,按照原处罚数额按日连续处罚:未依法取得排污许可证排放大气污染物的;超过大气污染物排放标准或者超过

重点大气污染物排放总量控制指标排放大气污染物的；通过逃避监管的方式排放大气污染物的；建筑施工或者贮存易产生扬尘的物料未采取有效措施防治扬尘污染的。

⑮ 排放大气污染物造成损害的，应当依法承担侵权责任。目前我国侵权责任法设专章对"环境污染"和"免责事由"作了具体规定，修订后的《中华人民共和国大气污染防治法》关于大气污染损害责任的规定，不再具体规定归责原则、免责事由，而是直接适用相关法律规定，规定了一个衔接性条款。

第二节 ▎防治水污染的法律规定

一、水污染概述

1. 水污染的概念

水污染是指水体因某种物质的介入而导致其化学、物理、生物或者放射线等方面特性的改变而影响水的有效利用，危害人体健康或者破坏生态环境，造成水质恶化的现象。

水体的污染有两类：一类是自然污染，另一类是人为污染。自然污染是自然因素造成的。人为污染是人类生活和生产活动中所产生的废弃物对水的污染，它包括生活污水、工业废水、农田排水、矿山排水等。此外，废渣和垃圾堆积在土地上或水中、岸边，废气排放到大气中，经过降雨淋洗及地面径流所夹带的各种杂质进入天然水体中都会造成水的污染。对水体造成危害较大的是人为污染。

2. 水污染的危害

（1）对人体健康的危害

人直接饮用含病菌、病毒或寄生虫的水后，会导致如腹水、腹泻、肠道线虫、肝炎、胃癌、肝癌等很多疾病的产生。与不洁的水接触也会染上如皮肤病、沙眼、血吸虫、钩虫病等疾病。长期饮用重金属及有毒化学品污染的水及食物后，也会引起中毒。

（2）降低农作物的产量和质量

由于污水提供的水量和肥分，很多地区的农民有采用污水灌溉农田的习惯。尽管不少地区也有获得作物丰收的现象，但是在作物丰收的背后，掩盖的是作物受到污染的危机。研究表明，在一些污水灌溉区生长的蔬菜或粮食作物中，可以检出痕量有机物，包括有毒有害的农药等，它们必将危及消费者的健康。

（3）影响渔业生产的产量和质量

渔业生产的产量和质量与水质直接紧密相关。淡水渔场由于水污染而造成鱼类大面积死亡事故，已经不是个别事例，还有很多天然水体中的鱼类和水生物正濒临灭绝或已经灭绝。海水养殖事业也受到了水污染的破坏和威胁。水污染除了造成鱼类死亡影响产量外，还会使鱼类和水生物发生变异。此外，在鱼类和水生物体内还发现了有害物质的积累，使它们的食用价值大大降低。

3. 我国水环境现状

根据《2015年中国环境状况公报》，我国水污染形势严峻。长江、黄河、珠江、松花江、淮河、海河、辽河等七大流域和浙闽片河流、西北诸河、西南诸河的国控断面中，Ⅳ类占14.3%，Ⅴ类占4.7%，劣Ⅴ类占8.9%。27.8%的湖泊处于富营养状态，部分城市河段污染较重。全国202个地市级行政区的5118个监测井（点）开展了地下水水质监测工作，较差和极差的监测点比例分别为 42.5%、18.8%。

二、水污染防治立法概况

1. 水污染防治法律法规

1984 年 5 月 11 日，第六届全国人大常委会第五次会议通过了《中华人民共和国水污染防治法》，该法成为我国第一部防治水污染的综合性专门法律。国务院于 1989 年 7 月发布《水污染防治法实施细则》。1996 年 5 月 15 日，第八届全国人民代表大会常务委员会第十九次会议对《中华人民共和国水污染防治法》进行了修正。2008 年 2 月 28 日第十届全国人民代表大会常务委员会第三十二次会议对《中华人民共和国水污染防治法》进行了修订，自 2008 年 6 月 1 日起施行。2000 年 3 月 20 日，国务院颁布了修改后的《水污染防治法实施细则》，自发布之日起施行。

2. 水环境保护标准

国家先后发布了水环境质量标准和污染物排放标准。水环境质量标主要有《地表水环境质量标准》（GB 3838—2002）、《海水水质标准》（GB 3097—1997）、《农田灌溉水质标准》（GB 5084—92）、《渔业水质标准》（GB 1607—89）和《地下水质标准》（GB/T 14848—93）。水污染物排放标准主要有《污水综合排放标准》（GB 8978—1996）、《城镇污水处理厂污染物排放标准》（GB 18918—2002），此外还有《电池工业污染物排放标准》（GB 30484—2013）等六十多个行业标准。

3. 水污染防治规划

2012 年，环境保护部、国家发展和改革委员会、财政部和水利部联合发布《重点流域水污染防治规划（2011—2015 年）》，明确要求，到 2015 年，重点流域总体水质由中度污染改善到轻度污染，Ⅰ～Ⅲ类水质断面比例提高 5 个百分点，劣Ⅴ类水质断面比例降低 8 个百分点。重点流域主要污染物排放总量和入河总量持续削减，化学需氧量排放总量较 2010 年削减 9.7%；氨氮排放总量削减 11.3%。

然而随着我国经济快速发展，我国一些地区水环境质量差、水生态受损重、环境隐患多等问题十分突出，影响和损害群众健康，不利于经济社会持续发展。为切实加大水污染防治力度，保障国家水安全，2015 年 4 月 2 日，国务院发布《水污染防治行动计划》。

《水污染防治行动计划》主要指标：到 2020 年，长江、黄河、珠江、松花江、淮河、海河、辽河等七大重点流域水质优良（达到或优于Ⅲ类）比例总体达到 70% 以上，地级及以上城市建成区黑臭水体均控制在 10% 以内，地级及以上城市集中式饮用水水源水质达到或优于Ⅲ类比例总体高于 93%，全国地下水质量极差的比例控制在 15% 左右，近岸海域水质优良（一、二类）比例达到 70% 左右。京津冀区域丧失使用功能（劣于Ⅴ类）的水体断面比例下降 15 个百分点左右，长三角、珠三角区域力争消除丧失使用功能的水体。到 2030 年，全国七大重点流域水质优良比例总体达到 75% 以上，城市建成区黑臭水体总体得到消除，城市集中式饮用水水源水质达到或优于Ⅲ类比例总体为 95% 左右。

《水污染防治行动计划》提出了水污染防治的十项目措施，即全面控制污染物排放、推动经济结构转型升级、着力节约保护水资源、强化科技支撑、充分发挥市场机制作用、严格环境执法监管、切实加强水环境管理、全力保障水生态环境安全、明确和落实各方责任、强化公众参与和社会监督。

三、水污染防治的主要法律规定

1. 各级人民政府的水污染防治职责

① 水环境保护工作纳入计划并对水环境质量负责。县级以上人民政府应当将水环境保护工作纳入国民经济和社会发展规划。县级以上地方人民政府应当采取防治水污染的对策和措施，对本行政区域的水环境质量负责。

② 水环境保护目标完成情况作为政府及其负责人考评的内容。国家实行水环境保护目标责任制和考核评价制度，将水环境保护目标完成情况作为对地方人民政府及其负责人考核评价的内容。

③ 建立水环境生态保护补偿制度。国家通过财政转移支付等方式，建立健全对位于饮用水水源保护区区域和江河、湖泊、水库上游地区的水环境生态保护补偿机制。生态补偿机制有利于实现不同地区、不同利益主体的和谐发展。

2. 水污染防治监督管理体制

根据《中华人民共和国水污染防治法》第八条规定，县级以上人民政府环境保护主管部门对水污染防治实施统一监督管理。交通主管部门的海事管理机构对船舶污染水域的防治实施监督管理。县级以上人民政府水行政、国土资源、卫生、建设、农业、渔业等部门以及重要江河、湖泊的流域水资源保护机构，在各自的职责范围内，对有关水污染防治实施监督管理。这些部门是水污染的分管部门，其地位与作为统管部门的环境保护主管部门是平等的，只有分工的差别，并无监督与被监督、领导与被领导的法律关系。

3. 水污染防治主要法律制度

（1）环境影响评价制度

新建、改建、扩建直接或者间接向水体排放污染物的建设项目和其他水上设施，应当依法进行环境影响评价。依据《中华人民共和国环境保护法》第六十一条建设单位未依法提交建设项目环境影响评价文件或者环境影响评价文件未经批准，擅自开工建设的，由负有环境保护监督管理职责的部门责令停止建设，处以罚款，并可以责令恢复原状。

（2）三同时制度

建设项目的水污染防治设施，应当与主体工程同时设计、同时施工、同时投入使用。水污染防治设施应当经过环境保护主管部门验收，验收不合格的，该建设项目不得投入生产或者使用。

（3）重点水污染物排放总量控制制度

① 总量指标逐级分解。省、自治区、直辖市人民政府应当按照国务院的规定削减和控制本行政区域的重点水污染物排放总量，并将重点水污染物排放总量控制指标分解落实到市、县人民政府。市、县人民政府根据本行政区域重点水污染物排放总量控制指标的要求，将重点水污染物排放总量控制指标分解落实到排污单位。省、自治区、直辖市人民政府可以根据本行政区域水环境质量状况和水污染防治工作的需要，确定本行政区域实施总量削减和控制的重点水污染物。

② 区域限批。对超过重点水污染物排放总量控制指标的地区，有关人民政府环境保护主管部门应当暂停审批新增重点水污染物排放总量的建设项目的环境影响评价文件。

（4）排污许可管理制度

直接或者间接向水体排放工业废水和医疗污水以及其他按照规定应当取得排污许可证方

可排放的废水、污水的企业事业单位,应当取得排污许可证。向水体排放污染物的企业事业单位和个体工商户,应当按照法律、行政法规和国务院环境保护主管部门的规定设置排污口。在饮用水水源保护区内,禁止设置排污口。

(5) 排污申报登记制度

直接或者间接向水体排放污染物的企业事业单位和个体工商户,应当按照国务院环境保护主管部门的规定,向县级以上地方人民政府环境保护主管部门申报登记拥有的水污染物排放设施、处理设施和在正常作业条件下排放水污染物的种类、数量和浓度,并提供防治水污染方面的有关技术资料。

企业事业单位和个体工商户排放水污染物的种类、数量和浓度有重大改变的,应当及时申报登记;其水污染物处理设施应当保持正常使用;拆除或者闲置水污染物处理设施的,应当事先报县级以上地方人民政府环境保护主管部门批准。

(6) 禁止超标排污和超总量排污制度

排放水污染物,不得超过国家或者地方规定的水污染物排放标准或重点水污染物排放总量控制指标。

4. 水污染防治措施

(1) 一般规定

《中华人民共和国水污染防治法》第四章第一节对水污染防治措施作了具体规定,主要内容见表 5-1。

表 5-1　水污染防治的一般规定

义务性规定	法律责任
禁止向水体排放油类、酸液、碱液; 禁止向水体排放、倾倒工业废渣、城镇垃圾和其他废弃物; 禁止在江河、湖泊、运河、渠道、水库最高水位线以下的滩地和岸坡堆放、存贮固体废弃物和其他污染物; 禁止利用无防渗漏措施的沟渠、坑塘等输送或者存贮含有毒污染物的废水、含病原体的污水和其他废弃物	由县级以上地方人民政府环境保护主管部门责令停止违法行为,限期采取治理措施,消除污染,处以 2 万元以上 20 万元以下罚款;逾期不采取治理措施的,环境保护主管部门可以指定有治理能力的单位代为治理,所需费用由违法者承担
禁止向水体排放剧毒废液; 禁止将含有汞、镉、砷、铬、铅、氰化物、黄磷等的可溶性剧毒废渣向水体排放、倾倒或者直接埋入地下; 禁止向水体排放、倾倒放射性固体废物或者含有高放射性和中放射性物质的废水; 禁止利用渗井、渗坑、裂隙和溶洞排放、倾倒含有毒污染物的废水、含病原体的污水和其他废弃物	由县级以上地方人民政府环境保护主管部门责令停止违法行为,限期采取治理措施,消除污染,处以 5 万元以上 50 万元以下罚款;逾期不采取治理措施的,环境保护主管部门可以指定有治理能力的单位代为治理,所需费用由违法者承担
禁止在水体清洗装贮过油类或者有毒污染物的车辆和容器; 向水体排放含低放射性物质的废水,应当符合国家有关放射性污染防治的规定和标准; 向水体排放含热废水,应当采取措施,保证水体的水温符合水环境质量标准; 含病原体的污水应当经过消毒处理;符合国家有关标准后,方可排放	由县级以上地方人民政府环境保护主管部门责令停止违法行为,限期采取治理措施,消除污染,处以 1 万元以上 10 万元以下罚款;逾期不采取治理措施的,环境保护主管部门可以指定有治理能力的单位代为治理,所需费用由违法者承担

2014 年修订的《中华人民共和国环境保护法》对等逃避监管的方式违法排放污染物的违法行为(尚未构成犯罪)规定了更加严厉的处罚措施。第六十三条规定,通过暗管、渗井、渗坑等行为违法排放污染物,除依照有关法律规定处罚外,由县级以上人民政府环境保

护主管部门或者其他有关部门将案件移送公安机关,对其直接负责的主管人员和其他直接责任人员,处十日以上十五日以下拘留;情节较轻的,处五日以上十日以下拘留。

(2) 工业水污染防治

国务院经济综合宏观调控部门会同国务院有关部门,公布限期禁止采用的严重污染水环境的工艺名录和限期禁止生产、销售、进口、使用的严重污染水环境的设备名录。

生产者、销售者、进口者或者使用者应当在规定的期限内停止生产、销售、进口或使用列入前款规定的设备名录中的设备。

国家禁止新建不符合国家产业政策的小型造纸、制革、印染、染料、炼焦、炼硫、炼砷、炼汞、炼油、电镀、农药、石棉、水泥、玻璃、钢铁、火电以及其他严重污染水环境的生产项目。

违反本法规定,建设不符合国家产业政策的小型造纸、制革、印染、染料、炼焦、炼硫、炼砷、炼汞、炼油、电镀、农药、石棉、水泥、玻璃、钢铁、火电以及其他严重污染水环境的生产项目的,由所在地的市、县人民政府责令关闭。

(3) 城镇水污染防治

城镇污水集中处理设施的运营单位按照国家规定向排污者提供污水处理的有偿服务,收取污水处理费用,保证污水集中处理设施的正常运行。向城镇污水集中处理设施排放污水、缴纳污水处理费用的,不再缴纳排污费。收取的污水处理费用应当用于城镇污水集中处理设施的建设和运行,不得挪作他用。

向城镇污水集中处理设施排放水污染物,应当符合国家或者地方规定的水污染物排放标准。城镇污水集中处理设施的出水水质达到国家或者地方规定的水污染物排放标准的,可以按照国家有关规定免缴排污费。城镇污水集中处理设施的运营单位,应当对城镇污水集中处理设施的出水水质负责。

(4) 饮用水水源和其他特殊水体保护制度

① 建立饮用水水源保护区制度。保护区分为三级。所谓"饮用水水源保护区",是指国家为防止饮用水水源地污染、保证水源地环境质量而划定,并要求加以特殊保护的一定面积的水域和陆域。

根据规定,饮用水水源保护区分为一级和二级保护区,必要时还可以在饮用水水源保护区外围划定一定的区域作为准保护区。

一级保护区的水质不得低于《地表水环境质量标准》(GB 3838—2002) 中的Ⅱ类标准,并须符合《生活饮用水卫生标准》;在饮用水水源一级保护区外划定一定的水域和陆域作为饮用地表水水源二级保护区。

二级保护区的水质标准不得低于国家规定的《地表水环境质量标准》(GB 3838—2002) 中的Ⅲ类标准;准保护区的水质标准应保证二级保护区的水质满足规定的标准。

② 保护区水体的保护。其一,对饮用水水源一级保护区的保护。禁止在饮用水水源一级保护区内新建、改建、扩建与供水设施和保护水源无关的建设项目;已建成的与供水设施和保护水源无关的建设项目,由县级以上人民政府责令拆除或者关闭。禁止在饮用水水源一级保护区内从事网箱养殖、旅游、游泳、垂钓或者其他可能污染饮用水水体的活动。

其二,对饮用水水源二级保护区的保护。禁止在饮用水水源二级保护区内新建、改建、扩建排放污染物的建设项目;已建成的排放污染物的建设项目,由县级以上人民政府责令拆除或者关闭。在饮用水水源二级保护区内从事网箱养殖、旅游等活动的,应当按照规定采取措施，防止污染饮用水水体。

其三，对饮用水水源准保护区的保护。即禁止新建、扩建污染严重的建设项目，改建项目的，不得增加排污量。

其四，防止供水水体受威胁的特殊保护措施。当饮用水水源受到污染可能威胁供水安全时，当地环境保护行政主管部门应当责令有关企事业单位采取停止或者减少排放污染物等措施。

（5）水污染事故处置。

① 各级人民政府有关部门应当做好应对突发水污染事故准备工作。各级人民政府及其有关部门，可能发生水污染事故的企业事业单位，应当依照《中华人民共和国突发事件应对法》的规定，做好突发水污染事故的应急准备、应急处置和事后恢复等工作。

② 可能发生水污染事故的企业事业单位的职责。可能发生水污染事故的企业事业单位，应当制定有关水污染事故的应急方案，做好应急准备，并定期进行演练。生产、储存危险化学品的企业事业单位，应当采取措施，防止在处理安全生产事故过程中产生的可能严重污染水体的消防废水、废液直接排入水体。

③ 企业事业单位发生突发性水污染事故应当立即启动应急方案，并向事故发生地的县级以上地方人民政府或者环境保护主管部门报告。造成渔业污染事故或者渔业船舶造成水污染事故的，应当向事故发生地的渔业主管部门报告，接受调查处理。其他船舶造成水污染事故的，应当向事故发生地的海事管理机构报告，接受调查处理。

5. 法律责任

（1）违反现场检查制度

拒绝环境保护主管部门或者其他依照本法规定行使监督管理权的部门的监督检查，或者在接受监督检查时弄虚作假的，由县级以上人民政府环境保护主管部门或者其他依照本法规定行使监督管理权的部门责令改正，处一万元以上十万元以下的罚款。

（2）违反三同时制度

建设项目的水污染防治设施未建成、未经验收或者验收不合格，主体工程即投入生产或者使用的，由县级以上人民政府环境保护主管部门责令停止生产或者使用，直至验收合格，处五万元以上五十万元以下的罚款。

（3）违反环境监测制度

拒报或者谎报国务院环境保护主管部门规定的有关水污染物排放申报登记事项的；未按照规定安装水污染物排放自动监测设备或者未按照规定与环境保护主管部门的监控设备联网，并保证监测设备正常运行的；未按照规定对所排放的工业废水进行监测并保存原始监测记录。由县级以上人民政府环境保护主管部门责令限期改正；逾期不改正的，处一万元以上十万元以下的罚款。

（4）超标违法

不正常使用水污染物处理设施，或者未经环境保护主管部门批准拆除、闲置水污染物处理设施的，由县级以上人民政府环境保护主管部门责令限期改正，处应缴纳排污费数额一倍以上三倍以下的罚款。

排放水污染物超过国家或者地方规定的水污染物排放标准，或者超过重点水污染物排放总量控制指标的，由县级以上人民政府环境保护主管部门按照权限责令限期治理，处应缴纳排污费数额二倍以上五倍以下的罚款。

限期治理期间，由环境保护主管部门责令限制生产、限制排放或者停产整治。限期治理的期限最长不超过一年；逾期未完成治理任务的，报经有批准权的人民政府批准，责令关闭。

（5）违反法律、行政法规和国务院环境保护主管部门的规定设置排污口或者私设暗管的，由县级以上地方人民政府环境保护主管部门责令限期拆除，处二万元以上十万元以下的罚款；逾期不拆除的，强制拆除，所需费用由违法者承担，处十万元以上五十万元以下的罚款；私设暗管或者有其他严重情节的，县级以上地方人民政府环境保护主管部门可以提请县级以上地方人民政府责令停产整顿。

（6）违反饮用水水源保护规定

① 在饮用水水源保护区内设置排污口的，由县级以上地方人民政府责令限期拆除，处十万元以上五十万元以下的罚款；

逾期不拆除的，强制拆除，所需费用由违法者承担，处五十万元以上一百万元以下的罚款，并可以责令停产整顿。

② 在饮用水水源一级保护区内新建、改建、扩建与供水设施和保护水源无关的建设项目的；在饮用水水源二级保护区内新建、改建、扩建排放污染物的建设项目的；在饮用水水源准保护区内新建、扩建对水体污染严重的建设项目，或者改建建设项目增加排污量的。由县级以上地方人民政府环境保护主管部门责令停止违法行为，处十万元以上五十万元以下的罚款；并报经有批准权的人民政府批准，责令拆除或者关闭。

③ 在饮用水水源一级保护区内从事网箱养殖或者组织进行旅游、垂钓或者其他可能污染饮用水水体的活动的，由县级以上地方人民政府环境保护主管部门责令停止违法行为，处二万元以上十万元以下的罚款。

④ 个人在饮用水水源一级保护区内游泳、垂钓或者从事其他可能污染饮用水水体的活动的，由县级以上地方人民政府环境保护主管部门责令停止违法行为，可以处五百元以下的罚款。

（7）造成水污染事故的法律责任

① 代为治理。企业事业单位违反本法规定，造成水污染事故的，由县级以上人民政府环境保护主管部门依照规定处以罚款，责令限期采取治理措施，消除污染；不按要求采取治理措施或者不具备治理能力的，由环境保护主管部门指定有治理能力的单位代为治理，所需费用由违法者承担。

② 对造成重大或者特大水污染事故的，可以报经有批准权的人民政府批准，责令关闭；对直接负责的主管人员和其他直接责任人员可以处上一年度从本单位取得的收入百分之五十以下的罚款。

③ 对造成一般或者较大水污染事故的，按照水污染事故造成的直接损失的百分之二十计算罚款。

第三节　防治土壤污染的法律规定

一、土壤污染概述

1. 土壤的概念

土壤是人类赖以生存的自然资源，也是经济社会可持续发展的重要物质基础，关系人民群众身体健康。土壤有广义和狭义之分。狭义的土壤是指地球表面能够生长植物的疏松层，主要指农用地土壤。广义的土壤泛指地球表面的疏松层，不仅包括农用地土壤，还包括建设用地土壤。土壤的形成和演变尺度大约在 1000 年至 100 万年。地球表层的岩石经过风化作用，逐渐破坏成疏松的、大小不等的矿物颗粒，称为"成土母质"。土壤是在母质、生物、气候、地形、时间等多种成土因素的综合作用下形成和演变而成的。土壤由固体、液体和气体三类物质组成，其中固体物质包括土壤矿物质、有机质和微生物；液体物质主要指土壤水分；气体是存在土壤孔隙中的空气。

土壤具有重要功能，提供植物生长的场所，提供植物生长必需的养分、水分和适宜的物理条件，提供各种生物及微生物的生存空间，具有环境净化作用。此外，土壤提供建筑物的基础和工程材料。

2. 土壤污染及其危害

（1）土壤污染概念

土壤污染是指人类活动产生的污染物进入土壤并累计到一定程度而引起土壤质量恶化并出现危害的现象。土壤污染具有隐蔽性、滞后性、不可逆转性、长期性、后果严重性等特点。土壤污染被称为看不见的污染，一般很难由感官直接发现。例如，日本的"痛痛病"，是经过了 10~20 年之后才逐渐被人们认识的。土壤一旦污染极难修复或恢复，尤其是重金属对土壤的污染几乎是一个不可逆转的过程。

（2）土壤污染危害

土壤污染的危害是复杂和多方面的，主要有以下方面。

一是对人群的危害。人群通过许多途径接触暴露在土壤中的污染物，如饮用受污染的水、食用受污染的粮食和蔬菜、呼吸来自土壤的挥发性气态污染物等。如美国"拉夫运河"污染事件中，1942 年至 1953 年，美国一家电化学公司向废弃的拉夫运河填埋了 21000 吨有害废物。此后，纽约市政府在这片土地上陆续开发了房地产，盖起了大量的住宅和一所学校。从 1977 年开始，这里的居民不断发生各种怪病，孕妇流产、儿童夭折、婴儿畸形、癫痫、直肠出血等病症也频频发生。

二是对生态环境的危害。土壤受到汞、铬、镉、铅、砷、镍、铜等污染后，会影响植物的生长和发育。土壤中的化学物质，如重金属、农药、除草剂等的积累和残留对动物和微生物影响很大，可以使一些土壤动物的正常代谢受到抑制甚至停止而死亡。

三是对水和大气环境的影响。水环境中的污染物质可以通过径流、浇灌等方式进入土壤，土壤中的污染物通过地表径流等过程最终有一部分进入饮用水源、渔业水体和地下水中，对水资源安全造成极大威胁。大气中的污染物质可以降落到土壤中，土壤中的污染物可以随着扬尘、挥发性污染物的挥发进入大气中，造成大气污染。这种循环周而复始的交替进行。

3. 我国土壤环境质量现状

根据国务院决定，2005 年 4 月至 2013 年 12 月，我国开展了首次全国土壤污染状况调查。2014 年 4 月，环境保护部和国土资源部联合发布了《全国土壤污染状况调查报告》。全国土壤环境状况总体不容乐观，部分地区土壤污染较重，耕地土壤环境质量堪忧，工矿业废弃地土壤环境问题突出。工矿业、农业等人为活动以及土壤环境背景值高是造成土壤污染或超标的主要原因。

全国土壤总的超标率为 16.1%，其中轻微、轻度、中度和重度污染点位比例分别为

11.2%、2.3%、1.5%和1.1%。污染类型以无机型为主，有机型次之，复合型污染比重较小，无机污染物超标点位数占全部超标点位的82.8%。

从污染分布情况看，南方土壤污染重于北方；长江三角洲、珠江三角洲、东北老工业基地等部分区域土壤污染问题较为突出，西南、中南地区土壤重金属超标范围较大；镉、汞、砷、铅4种无机污染物含量分布呈现从西北到东南、从东北到西南方向逐渐升高的态势。

4. 我国土壤污染的主要原因

我国土壤污染是在工业化发展过程中长期累积形成的。工矿业、农业生产以及自然背景值高是造成土壤污染的主要原因。

① 工矿企业生产经营活动中排放的废气、废水、废渣是造成其周边土壤污染的主要原因。尾矿渣、危险废物等各类固体废物堆放等，导致其周边土壤污染。汽车尾气排放导致交通干线两侧土壤铅、锌等重金属和多环芳烃污染。

② 农业生产活动是造成耕地土壤污染的重要原因。污水灌溉，化肥、农药、农膜等农业投入品的不合理使用和畜禽养殖等，导致耕地土壤污染。

③ 生活垃圾、废旧家用电器、废旧电池、废旧灯管等随意丢弃，以及日常生活污水排放，造成土壤污染。

④ 自然背景值高是一些区域和流域土壤重金属超标的原因。如我国西南、中南地区分布着大面积的有时金属成矿带，镉、汞、砷、铅等元素背景值高，加上金属矿冶、高镉磷肥施用，导致区域性土壤重金属污染。

二、土壤污染防治立法概况

1. 主要国家和地区土壤污染防治立法概况

土壤作为一种不可再生的自然资源，其保护问题历来受到各国的重视。自20世纪70年代起，世界主要国家和地区陆续制定了关于土壤污染防治的专门性法律。

日本于1970年公布《农用地土壤污染防治法》，2002年颁布了《土壤污染对策法》，弥补了城市用地土壤污染防治方面的法律空白。美国有关土壤污染防治的立法主要是1980年颁布的《综合环境反应、赔偿与责任法》（又称《超级基金法》）。该法是受到拉夫运河污染事件的推动而出台。此后，美国国会又通过四部法案对该法进行修订，它们分别是：1986年的《超级基金修正及再授权法》，1996年的《财产保存、贷方责任及抵押保险保护法》，2000年的《超级基金回收平衡法》，2002年的《小规模企业责任减免和综合地块振兴法》。德国政府于1985年制定了《联邦政府土壤保护战略》，明确了扭转土地恶化趋势、降低污染物侵入土壤的保护目标。1987年颁布了《土壤污染保护行动计划》，强调将土壤保护作为今后环境保护的最重要领域之一。1998年德国颁布了《联邦土壤保护法》，旨在规范垃圾填埋、工业场地污染、农业土地利用等问题，是德国土壤环境保护立法体系的核心。我国台湾地区于2000年1月制定了《土壤及地下水污染整治法》，此后于2003年、2010年进行了两次修改。为配合该法施行，2001年10月又颁布了《土壤及地下水污染整治法实施细则》，同年11月完成土壤及地下水污染的监测和管制基准。此外，韩国、荷兰、加拿大、英国等都颁布了有关土壤污染防治的法律。

2. 我国土壤污染防治立法现状

目前，我国与土壤污染防治相关的规定零散分散在有关政策、法律法规和规范性文件中，缺乏有关土壤污染防治的专门性立法。

(1) 政策

2014 年 10 月 23 日，党的十八届四中全会通过的《中共中央关于全面推进依法治国若干重大问题的决定》提出，"制定完善生态补偿和土壤、水、大气污染防治及海洋生态环境保护等法律法规，促进生态文明建设。"2015 年 4 月 25 日印发的《中共中央 国务院关于加强推进生态文明建设的意见》提出，"加快解决人民群众反映强烈的大气、水、土壤污染等突出问题"，"制定实施土壤污染防治行动计划，优先保护耕地土壤环境，强化工业污染场地治理，开展土壤污染治理与修复试点"。

(2) 法律法规

目前，我国土壤污染防治相关规定主要分散在环境污染防治、自然资源保护和农业类法律法规之中。全国人大于 2006 年委托环境保护部进行土壤污染防治立法工作，土壤污染防治法草案已于 2014 年 12 月底提交全国人大环资委，继续进行修改完善。

《中华人民共和国环境保护法》对土壤污染防治做了原则性规定。根据该法第三十二条、第三十三条以及第五十条规定，国家加强对大气、水、土壤等的保护，建立和完善相应的调查、监测、评估和修复制度。各级人民政府应当加强对农业环境的保护，统筹有关部门采取措施，防治土壤污染，应当在财政预算中安排资金，支持土壤污染防治等环境保护工作。

根据《中华人民共和国农产品质量安全法》第十五条、第十七条、第十八条规定，县级以上地方人民政府农业行政主管部门根据生产区域大气、土壤、水体中有毒有害物质状况等因素，提出禁止生产的区域，报本级人民政府批准后公布。禁止在有毒有害物质超过规定标准的区域生产、捕捞、采集食用农产品和建立农产品生产基地。禁止违反法律、法规的规定向农产品产地排放或者倾倒废水、废气、固体废物或者其他有毒有害物质。

《中华人民共和国水污染防治法》第五十一条规定，利用工业废水和城镇污水进行灌溉，应当防止污染土壤、地下水和农产品。《中华人民共和国固体废物污染环境防治法》第十九条规定，使用农用薄膜的单位和个人，应当采取回收利用等措施，防止或者减少农用薄膜对环境的污染。《中华人民共和国草原法》第五十四条规定，禁止在草原上使用剧毒、高残留以及可能导致二次中毒的农药。《土地复垦条例》规定，土地复垦人应当对拟损毁的耕地、林地、牧草地进行表土剥离，剥离的表土用于被损毁土地的复垦。禁止将重金属污染物或者其他有毒有害物质用作回填或者充填材料。受重金属污染物或者其他有毒有害物质污染的土地复垦后，达不到国家有关标准的，不得用于种植食用农作物。

此外，《中华人民共和国农业法》《中华人民共和国土地管理法》《中华人民共和国矿产资源法》《基本农田保护条例》《农药管理条例》《危险化学品安全管理条例》《废弃危险化学品污染环境防治办法》对土壤污染防治均作了规定。

(3) 规划

2011 年 2 月，经国务院批准后环境保护部印发的《重金属污染综合防治"十二五"规划》指出，"全国一些地区土壤存在不同程度的重金属污染"，提出了"十二五"重金属污染综合防治的指导思想、基本原则、工作重点和目标。

2016 年 5 月 31 日，国务院发布《土壤污染防治行动计划》（以下简称"土十条"）。《土壤污染防治行动计划》与《大气污染防治行动计划》《水污染防治行动计划》一起被称为应对环保"三大战役"的三大污染防治行动计划。该行动计划历时 3 年、50 余次易稿，对今后一个时期我国土壤污染防治工作做出全面战略部署。

"土十条"明确了土壤污染防治的总体要求：立足我国国情和发展阶段，着眼经济社会发展全局，以改善土壤环境质量为核心，以保障农产品质量和人居环境安全为出发点，坚持预防为主、保护优先、风险管控，突出重点区域、行业和污染物，实施分类别、分用途、分阶段治理，严控新增污染、逐步减少存量，形成政府主导、企业担责、公众参与、社会监督的土壤污染防治体系，促进土壤资源永续利用。确立了土壤污染防治的工作目标：到2020年，全国土壤污染加重趋势得到初步遏制，土壤环境质量总体保持稳定，农用地和建设用地土壤环境安全得到基本保障，土壤环境风险得到基本管控。到2030年，全国土壤环境质量稳中向好，农用地和建设用地土壤环境安全得到有效保障，土壤环境风险得到全面管控。到本世纪中叶，土壤环境质量全面改善，生态系统实现良性循环。规定了土壤污染防治的主要指标：到2020年，受污染耕地安全利用率达到90%左右，污染地块安全利用率达到90%以上。到2030年，受污染耕地安全利用率达到95%以上，污染地块安全利用率达到95%以上。

"土十条"规定了推进土壤污染防治的十项措施：①开展土壤污染调查，掌握土壤环境质量状况；②推进土壤污染防治立法，建立健全法规标准体系；③实施农用地分类管理，保障农业生产环境安全；④实施建设用地准入管理，防范人居环境风险；⑤强化未污染土壤保护，严控新增土壤污染；⑥加强污染源监管，做好土壤污染预防工作；⑦开展污染治理与修复，改善区域土壤环境质量；⑧加大科技研发力度，推动环境保护产业发展；⑨发挥政府主导作用，构建土壤环境治理体系；⑩加强目标考核，严格责任追究。

（4）地方法规和规章

为加强土壤污染防治工作，一些省份先行先试，开展了土壤污染防治立法工作。2016年2月1日，湖北省十二届人大四次会议通过《湖北省土壤污染防治条例》，自2016年10月1日起施行，这是我国首部针对土壤污染防治的地方性法规。《湖北省土壤污染防治条例》分为总则、土壤污染防治的监督管理、土壤污染的预防、土壤污染的治理、特定用途土壤的环境保护、信息公开与社会参与、法律责任及附则，共八章六十五条。明确了土壤污染防治遵循的基本原则，即保护优先、预防为主、风险管控、综合治理、污染者担责。确定了土壤污染防治的监督管理体制，即政府负总责、环境保护主管部门统一监管、其他部门分工负责。此外，福建省人民政府于2015年9月22日公布了《福建省土壤污染防治办法》。目前，湖南、河南、广东等省份也已开展土壤污染防治立法工作，形成了草案，正在进一步修改完善。

（5）环境标准

1）土壤环境质量标准

包括：《土壤环境质量标准》（GB 15168—1995），《拟开放场址土壤中剩余放射性可接受水平规定（暂行）》（HJ 53—2000），《食用农产品产地环境质量评价标准》（HJ 332—2006），《温室蔬菜产地环境质量评价标准》（HJ 333—2006），《展览会用地土壤环境质量评价标准（暂行）》（HJ 350—2007）。

2）污染场地技术规范

包括：《场地环境调查技术导则》（HJ 25.1—2014），《污染场地环境监测技术导则》（HJ 25.2—2014），《污染场地风险评估技术导则》（HJ 25.3—2014），《污染场地土壤修复技术导则》（HJ 25.4—2014）。

三、土壤污染防治的法律规定

根据《中华人民共和国环境保护法》、环境污染防治单行法、自然资源保护单行法及

"土十条"的有关规定，土壤污染防治的主要法律规定包括以下方面。

1. 土壤污染防治的基本原则

（1）保护优先、预防为主、综合治理原则

土壤污染防治立法当务之急是保护、预防未受到污染的土地不再受到污染。土壤污染防治预防要把好第一道关，其次是已污染的土壤要避免污染扩散。土壤污染治理面临着诸多问题，最主要的是资金和技术。根据国外已有实践，预防成本相对治理成本低很多，有一个比方，污染之前土地的成本是1的话，那么污染之后，防止污染扩散以及防止污染造成后果的成本是10，而污染蔓延开来后治理完成则需要达到100。与此同时，我国土壤污染治理修复技术不成熟。据统计，针对国内土壤重金属污染治理的植物优选品种多达数十个，但从目前来看，还没有找到一种经济、有效、适合大规模农田治理的修复模式。因此，在目前土壤污染治理修复面临资金和技术双重瓶颈的条件下，与其重点治理已污染的土壤，不如把主要精力放在对未被污染的土壤进行保护和预防上。在做好保护和预防土壤污染的前提下，对于已污染的土壤，根据风险评估，分别采取风险管控措施和修复措施。

（2）土壤污染风险管控原则

土壤污染风险管控原则，是指对被污染地块或高污染风险地块进行风险管控，引导调整农作物种植结构或改变土地用途，防止被污染地块和高风险地块成为土壤污染源。"土十条"规定，到2020年，农用地和建设用地土壤环境安全得到基本保障，土壤环境风险得到基本管控。由于我国目前土壤污染形式严峻，而对于受到污染的土壤特别是重度污染的土壤，未来土壤污染防治的重点并不是投入大量资金进行治理，而是采取严格风险管控措施，土壤污染的转移或者扩散。

（3）污染者担责、治理者受益

按照"谁污染，谁治理"原则，造成土壤污染的单位或个人要承担治理与修复的主体责任。责任主体发生变更的，由变更后继承其债权、债务的单位或个人承担相关责任；土地使用权依法转让的，由土地使用权受让人或双方约定的责任人承担相关责任。责任主体灭失或责任主体不明确的，由所在地县级人民政府依法承担相关责任。通过政府和社会资本合作（PPP）模式，发挥财政资金撬动功能，按照"谁投资，谁受益"的原则，带动更多社会资本参与土壤污染防治。

（4）公众参与、社会监督

根据土壤环境质量监测和调查结果，适时发布全国土壤环境状况。各省（区、市）人民政府定期公布本行政区域各地级市（州、盟）土壤环境状况。重点行业企业要依据有关规定，向社会公开其产生的污染物名称、排放方式、排放浓度、排放总量，以及污染防治设施建设和运行情况。实行有奖举报，鼓励公众通过"12369"环保举报热线、信函、电子邮件、政府网站、微信平台等途径，对乱排废水、废气，乱倒废渣、污泥等污染土壤的环境违法行为进行监督。

2. 各级人民政府在土壤污染防治中的职责

县级以上人民政府对本行政区域内的土壤环境质量负责，应当将土壤污染防治工作纳入国民经济和社会发展规划，制定土壤污染防治政策、方案，确定重点任务和工作目标，提高土壤污染防治能力；应当统筹财政资金投入、土地出让收益、排污费等，建立土壤污染防治专项资金，用于土壤环境调查与监测评估、监督管理、治理与修复等工作，完善财政资金和社会资金相结合的多元化资金投入与保障机制；应当支持土壤污染防治科学技术的研究开发、成果转化和推广应用；应当加强土壤环境保护的宣传教育，增强公众土壤环境保护意识，拓展公众参与土壤环境保护途径。

3. 土壤污染防治监督管理体制

我国对土壤污染防治工作实行人民政府领导、政府各行政主管部门按职权划分，实施统一监督管理与部门分工负责管理的监督管理体制。县级以上人民政府环境保护主管部门对本行政区域内土壤污染防治实施统一监督管理。县级以上人民政府农业、住房和城乡建设、国土、发展和改革、经济和信息化、科技、财政、交通运输、水行政、林业、卫生、质量监督等主管部门在各自职责范围内对土壤污染防治实施监督管理。

"土十条"规定的每项工作计划后面，均备注了相应的牵头和参与部门名称，共涉及三十六个部门。"土十条"规定，按照"国家统筹、省负总责、市县落实"原则，全面落实土壤污染防治属地责任，逐步建立跨行政区域土壤污染防治联动协作机制。

4. 土壤污染防治的基本制度

（1）土壤环境监测制度

土壤污染监测是土壤污染防治的基础。"土十条"规定建设土壤环境质量监测网络。2017年底前，完成土壤环境质量国控监测点位设置，建成国家土壤环境质量监测网络，充分发挥行业监测网作用，基本形成土壤环境监测能力。2020年底前，实现土壤环境质量监测点位所有县（市、区）全覆盖。利用环境保护、国土资源、农业等部门相关数据，建立土壤环境基础数据库，构建全国土壤环境信息化管理平台，力争2018年底前完成。借助移动互联网、物联网等技术，拓宽数据获取渠道，实现数据动态更新。加强数据共享，编制资源共享目录，明确共享权限和方式，发挥土壤环境大数据在污染防治、城乡规划、土地利用、农业生产中的作用。

（2）土壤环境调查制度

土壤污染调查制度是土壤污染防治的核心制度之一。"土十条"规定的土壤环境调查包括两类：一类是由政府组织的土壤环境质量状况调查。查明农用地土壤污染的面积、分布及其对农产品质量的影响，以及重点行业企业用地中的污染地块分布及其环境风险情况。土壤环境质量状况定期调查制度，每10年开展1次。另一类是土壤环境状况调查评估。对拟收回土地使用权的有色金属冶炼、石油加工、化工、焦化、电镀、制革等行业企业用地，以及用途拟变更为居住和商业、学校、医疗、养老机构等公共设施的上述企业用地，由土地使用权人负责开展土壤环境状况调查评估；已经收回的，由所在地市、县级人民政府负责开展调查评估。重度污染农用地转为城镇建设用地的，由所在地市、县级人民政府负责组织开展调查评估。

（3）土壤分类管理制度

土壤分类管理制度是指根据土壤是否污染以及污染的严重程度对土壤的用途和土壤污染防治采取不同方式进行管理的制度。"土十条"规定农用地土壤按污染程度划为三个类别，未污染和轻微污染的划为优先保护类，轻度和中度污染的划为安全利用类，重度污染的划为严格管控类，以耕地为重点，分别采取相应管理措施，保障农产品质量安全。建设用地根据土壤环境调查评估结果，逐步建立污染地块名录及其开发利用的负面清单，合理确定土地用途。符合相应规划用地土壤环境质量要求的地块，可进入用地程序。暂不开发利用或现阶段不具备治理修复条件的污染地块，由所在地县级人民政府组织划定管控区域，设立标志，发布公告，开展土壤、地表水、地下水、空气环境监测；发现污染扩散的，有关责任主体要及时采取污染物隔离、阻断等环境风险管控措施。

（4）土壤污染治理修复制度

"土十条"规定，以拟开发建设居住、商业、学校、医疗和养老机构等项目的污染地块为重点，开展治理与修复。治理与修复工程原则上在原址进行，并采取必要措施防止污染土壤挖掘、堆存等造成二次污染；需要转运污染土壤的，有关责任单位要将运输时间、方式、线路和污染土壤数量、去向、最终处置措施等，提前向所在地和接收地环境保护部门报告。工程施工期间，责任单位要设立公告牌，公开工程基本情况、环境影响及其防范措施；所在地环境保护部门要对各项环境保护措施落实情况进行检查。工程完工后，责任单位要委托第三方机构对治理与修复效果进行评估，结果向社会公开。实行土壤污染治理与修复终身责任制。

5. 法律责任

根据《中华人民共和国固体废物污染环境防治法》规定，在基本农田保护区，建设工业固体废物集中贮存、处置的设施、场所和生活垃圾填埋场的，由县级以上人民政府环境保护行政主管部门责令停止违法行为，限期改正，处以一万元以上十万元以下的罚款。从事畜禽规模养殖未按照国家有关规定收集、贮存、处置畜禽粪便，造成环境污染的，责令限期改正，可以处五万元以下的罚款。工程施工单位不及时清运施工过程中产生的固体废物，造成环境污染的，工程施工单位不及时清运施工过程中产生的固体废物，造成环境污染的，处五千元以上五万元以下的罚款。

根据《土地复垦条例》规定，土地复垦义务人未按照规定对拟损毁的耕地、林地、牧草地进行表土剥离，由县级以上地方人民政府国土资源主管部门责令限期改正；逾期不改正的，按照应当进行表土剥离的土地面积处每公顷1万元的罚款。土地复垦义务人将重金属污染物或者其他有毒有害物质用作回填或者充填材料的，由县级以上地方人民政府环境保护主管部门责令停止违法行为，限期采取治理措施，消除污染，处十万元以上五十万元以下的罚款；逾期不采取治理措施的，环境保护主管部门可以指定有治理能力的单位代为治理，所需费用由违法者承担。

根据《废弃危险化学品污染环境防治办法》规定，危险化学品的生产、储存、使用单位在转产、停产、停业或者解散时，未按照国家有关环境保护标准和规范对厂区的土壤和地下水进行检测的，由县级以上环境保护部门责令限期改正，处以一万元以上三万元以下罚款。

第四节 防治固体废物污染的法律规定

一、固体废物的概述

固体废物，是指在生产、生活和其他活动中产生的丧失原有利用价值或者虽未丧失利用价值但被抛弃或者放弃的固态、半固态和置于容器中的气态的物品、物质以及法律、行政法规规定纳入固体废物管理的物品、物质。

从对环境危害的程度上，固体废物又分为一般固体废物和危险废物。一般固体废物对健康和环境的负面影响相对小一些，但需要妥善处置。危险废物是指具有急性毒性、毒性、腐蚀性、感染性、易燃易爆性的废物，对健康和环境的威胁极大，是管理和防治的重点。

与废水、废气相比，固体废物具有几个显著的特点。

① 固体废物的产生和排放源几乎包括了所有的社会生产和生活活动，具有量大面广的特点。固体废物的类型和品种众多，各种废物的物理、化学、生物性质复杂，它也是各种污

染物的终态。

② 固体废物具有污染环境的危害性和可资源化利用的特点。固体废物是主要的环境污染物质，长期堆放或地下填埋，会占用大量土地，污染土壤和水体；可以通过产生臭气、毒气、自燃和扬尘等方式污染大气；可以影响环境卫生，恶化城市居民生活条件，对人体健康产生危险；不当排放废物，会破坏生态环境，危害自然资源。

二、固体废物污染防治的立法概况

我国最早对固体废物进行管理的方式主要是开展对固体废物的综合利用。1956年12月在国务院颁布的《矿产资源保护试行条例》中首次对矿产资源实行综合勘探、综合开发和综合利用的方针和措施作出了规定。1974年在国务院环境保护领导小组转发的《环境保护规划要点和主要措施》中，就要求企业积极开展综合利用、改革工艺以消除污染危害。在1979年的《中华人民共和国环境保护法（试行）》中，除了对矿产资源的综合利用作出规定外，还规定要防治工矿企业和城市生活产生的废渣、粉尘、垃圾等对环境造成的污染和危害，特别是对废渣规定实行综合利用、化害为利，并对粉尘采取吸尘和净化、回收措施。国家环境保护总局于1992年发布了《防治尾矿污染环境管理规定》，1992年化工部发布了《关于防治铬化合物生产建设中环境污染的若干规定》，1992年国务院颁布了《城市市容和环境卫生管理办法》，1993年城乡建设部颁布了《城市生活垃圾管理办法》。

1995年10月，第八届全国人大常委会第十六次会议通过《中华人民共和国固体废物污染环境防治法》正式颁布执行。依据该法，原国家环境保护总局于1999年制定了《危险废物转移联单管理办法》和《废物进口环境保护暂行规定》。2004年5月，国务院颁布《危险废物经营许可证管理办法》。2004年12月29日，第十届全国人大常委会第十三次会议对《中华人民共和国固体废物污染环境防治法》进行修订，自2005年4月1日施行。此后，第十二届全国人民代表大会常务委员于2013年、2015年对该法进行了修正。

值得注意的是，我国关于农村生活垃圾的法律规定，还较为薄弱。虽然《中华人民共和国固体废物污染环境防治法》规定县级以上人民政府应当统筹安排建设城乡生活垃圾收集、运输、处置设施，这表明该法适用于农村生活垃圾的污染防治。但是该法仅在第四十九条规定"农村生活垃圾污染环境防治的具体办法，由地方性法规规定"。目前，我国农村生活垃圾污染防治形式严峻，截至2013年末，全国58.8万个行政村中，对生活垃圾进行无害化和非无害化处理的仅占37%，全国村庄生活垃圾无害化处理率只有11%，同期城市生活垃圾处理率为95%。

2015年初"农村垃圾治理"首次写入中央文件，党的十八届五中全会通过的"十三五"规划建议进一步提出，要"开展农村人居环境整治行动"，"坚持城乡环境治理并重，加大农业面源污染防治力度，统筹农村饮水安全、改水改厕、垃圾处理……"2015年11月，住房城乡建设部等十部门联合发布的《全面推进农村垃圾治理的指导意见》，是十部门第一次以联合发文形式推动农村垃圾治理工作的开展。但农村垃圾的治理难题的破解，必须要求完善法规和制度作为保障。

三、固体废物污染防治的法律规定

1. 固体废物的管理原则

由于固体废物产生的污染在途径上与其他污染物有所不同，《中华人民共和国固体废物污染环境防治法》对防治固体废物污染环境规定了一些相应的管理原则。

(1) 对固体废物实行减量化、资源化和无害化管理原则

所谓减量化是指在对资源能源的利用过程中，要最大限度地利用资源或能源，以尽可能地减少固体废物的产生量和排放量；资源化是指对已经成为固体废物的各种物质采取措施，进行回收、加工使其转化成为二次原料或能源予以再利用的过程；无害化是指对于那些不能再利用、或依靠当前技术水平无法予以再利用的固体废物进行妥善的贮存或处置，使其不对环境以及人身、财产的安全造成危害。

《中华人民共和国固体废物污染环境防治法》第三条规定，国家对固体废物污染环境的防治，实行减少固体废物的产生量和危害性、充分合理利用固体废物和无害化处置固体废物的原则，促进清洁生产和循环经济发展。国家采取有利于固体废物综合利用活动的经济、技术政策和措施，对固体废物实行充分回收和合理利用。国家鼓励、支持采取有利于保护环境的集中处置固体废物的措施，促进固体废物污染环境防治产业发展。

(2) 对固体废物实行全过程管理原则

全过程管理是指对固体废物从产生、收集、贮存、运输、利用直到最终处置的全部过程实行一体化的管理。这也通常被人们形象地比喻为"从摇篮到坟墓"的管理。

《中华人民共和国固体废物污染环境防治法》第十六条规定，产生固体废物的单位和个人，应当采取措施，防止或者减少固体废物对环境的污染。第十七条规定，收集、贮存、运输、利用、处置固体废物的单位和个人，必须采取防扬散、防流失、防渗漏或者其他防止污染环境的措施；不得擅自倾倒、堆放、丢弃、遗撒固体废物。

(3) 对固体废物实行分类管理原则

固体废物根据其性质、状态和来源进行分类。如有机和无机废物；有害废物和一般废物，工业固体废物、矿业固体废物、城市固体废物、农业固体废物和放射性固体废物等。《中华人民共和国固体废物污染环境防治法》从实际管理角度出发，将固体废物分为工业固体废物、生活垃圾和危险废物三类。由于危险废物对人体健康和环境的严重危害存在可能性，《中华人民共和国固体废物污染环境防治法》对工业固体废物、城市生活垃圾的污染防治适用一般性的管制措施，而对危险废物则采取较严格的管制措施。

(4) 污染者担责原则

《中华人民共和国固体废物污染环境防治法》第五条规定，国家对固体废物污染环境防治实行污染者依法负责的原则。产品的生产者、销售者、进口者、使用者对其产生的固体废物依法承担污染防治责任。第十八条第二款规定，生产、销售、进口依法被列入强制回收目录的产品和包装物的企业，必须按照国家有关规定对该产品和包装物进行回收。它要求生产者不仅对其生产过程中的环境污染承担法律责任，还要求对其生产的产品和整个生命周期内的环境污染和破坏承担责任。

2. 固体废物污染防治的监督管理体制

我国固体废物污染防治工作，实行统一管理与分部门管理、中央与地方分级管理的管理体制。《中华人民共和国固体废物污染环境防治法》第十条规定了固体废物污染防治的监督管理体制：①国务院环境保护行政主管部门对全国固体废物污染环境的防治工作实施统一监督管理。国务院有关部门在各自的职责范围内负责固体废物污染环境防治的监督管理工作。②县级以上地方人民政府环境保护行政主管部门对本行政区域内固体废物污染环境的防治工作实施统一监督管理。县级以上地方人民政府有关部门在各自的职责范围内负责固体废物污

染环境防治的监督管理工作。③国务院建设行政主管部门和县级以上地方人民政府环境卫生行政主管部门负责生活垃圾清扫、收集、贮存、运输和处置的监督管理工作。

3. 固体废物污染防治的一般规定

（1）产生固体废物者防治义务的规定

产生固体废物的单位和个人，应当采取措施，防止或者减少固体废物对环境的污染。收集、贮存、运输、利用、处置固体废物的单位和个人，必须采取防扬散、防流失、防渗漏或者其他防止污染环境的措施；不得擅自倾倒、堆放、丢弃、遗撒固体废物。以免污染危害环境。

（2）禁止向水体等倾倒、堆放固体废物的规定

禁止任何单位或者个人向江河、湖泊、运河、渠道、水库及其最高水位线以下的滩地和岸坡等法律、法规规定禁止倾倒、堆放废弃物的地点倾倒、堆放固体废物。

（3）产品包装物的环境保护和回收利用规定

产品和包装物的设计、制造，应当遵守国家有关清洁生产的规定。国务院标准化行政主管部门应当根据国家经济和技术条件、固体废物污染环境防治状况以及产品的技术要求，组织制定有关标准，防止过度包装造成环境污染。

生产、销售、进口依法被列入强制回收目录的产品和包装物的企业，必须按照国家有关规定对该产品和包装物进行回收。

其中"有关清洁生产的规定"是指《中华人民共和国清洁生产促进法》第二十条规定：产品和包装物的设计，应当考虑其在生命周期中对人类健康和环境的影响，优先选择无毒、无害、易于降解或者便于回收利用的方案。企业对产品的包装应当合理，包装的材质、结构和成本应当与内装产品的质量、规格和成本相适应，减少包装性废物的产生，不得进行过度包装。

（4）防治农用薄膜污染的规定

国家鼓励科研、生产单位研究、生产易回收利用、易处置或者在环境中可降解的薄膜覆盖物和商品包装物。使用农用薄膜的单位和个人，应当采取回收利用等措施，防止或者减少农用薄膜对环境的污染。

（5）从事畜禽规模养殖者应当防止污染环境的规定

从事畜禽规模养殖应当按照国家有关规定收集、贮存、利用或者处置养殖过程中产生的畜禽粪便，防止污染环境。

（6）加强管理维护固体废物处理设施、设备和场所的规定

对收集、贮存、运输、处置固体废物的设施、设备和场所，应当加强管理和维护，保证其正常运行和使用。

（7）控制固体废物污染转移的规定

固体废物污染转移，包括境内转移和境外转移。《中华人民共和国固体废物污染环境防治法》第二十三条至第二十六条，对固体废物污染转移作了严格的规定。

① 跨省转移固体废物须经批准。《中华人民共和国固体废物污染环境防治法》第二十三条规定，转移固体废物出省、自治区、直辖市行政区域贮存、处置的，应当向固体废物移出地的省、自治区、直辖市人民政府环境保护行政主管部门提出申请。移出地的省、自治区、直辖市人民政府环境保护行政主管部门应当商经接受地的省、自治区、直辖市人民政府环境保护行政主管部门同意后，方可批准转移该固体废物出省、自治区、直辖市行政区域。未经

批准的,不得转移。

② 对固体废物进口实行严格管制。《中华人民共和国固体废物污染环境防治法》规定了两种管制措施:一是禁止进口。根据该法第二十四条和第二十五条规定,禁止中华人民共和国境外的固体废物进境倾倒、堆放、处置,禁止进口不能用作原料或者不能以无害化方式利用的固体废物。二是限制进口。根据该法第二十五条规定,对可以用作原料的固体废物实行限制进口和非限制进口分类管理。国务院环境保护行政主管部门会同有关部门制定、调整并公布禁止进口、限制进口和非限制进口的固体废物目录。

4. 工业固体废物污染防治的规定

(1) 落后工艺设备淘汰制度

工业制造工艺、设备落后,是造成环境污染的重要根源。要从根源上防治环境污染,必须大力开发和应用资源节约型、环境友好型工艺设备,淘汰落后工艺设备。《中华人民共和国固体废物污染环境防治法》第二十八条规定,国务院经济综合宏观调控部门应当会同国务院有关部门组织研究、开发和推广减少工业固体废物产生量和危害性的生产工艺和设备,公布限期淘汰产生严重污染环境的工业固体废物的落后生产工艺、落后设备的名录。生产者、销售者、进口者、使用者必须在规定的期限内分别停止生产、销售、进口或者使用列入前款规定的名录中的设备。生产工艺的采用者必须在规定的期限内停止采用列入前款规定的名录中的工艺。列入限期淘汰名录被淘汰的设备,不得转让给他人使用。

(2) 清洁生产制度

企业事业单位应当合理选择和利用原材料、能源和其他资源,采用先进的生产工艺和设备,减少工业固体废物产生量,降低工业固体废物的危害性。

(3) 储存、处置设施及场所的管理

企业事业单位应当根据经济、技术条件对其产生的工业固体废物加以利用;对暂时不利用或者不能利用的,必须按照规定建设贮存设施、场所,安全分类存放,或者采取无害化处置措施。禁止擅自关闭、闲置或者拆除生活垃圾处置的设施、场所;确有必要关闭、闲置或者拆除的,必须经所在地的市、县人民政府环境卫生行政主管部门和环境保护行政主管部门核准,并采取措施,防止污染环境。产生工业固体废物的单位需要终止的,应当事先对工业固体废物的贮存、处置的设施、场所采取污染防治措施,并对未处置的工业固体废物做出妥善处置。

5. 生活垃圾污染防治

生活垃圾,是指在日常生活中或者为日常生活提供服务的活动中产生的固体废物以及法律、行政法规规定视为生活垃圾的固体废物。《中华人民共和国固体废物污染环境防治法》关于生活垃圾的规定主要如下。

(1) 污染防治职责

该法第三十八条规定,县级以上人民政府应当统筹安排建设城乡生活垃圾收集、运输、处置设施,提高生活垃圾的利用率和无害化处置率,促进生活垃圾收集、处置的产业化发展,逐步建立和完善生活垃圾污染环境防治的社会服务体系。该法第三十九条规定,县级以上地方人民政府环境卫生行政主管部门应当组织对城市生活垃圾进行清扫、收集、运输和处置,可以通过招标等方式选择具备条件的单位从事生活垃圾的清扫、收集、运输和处置。

(2) 倾倒、堆放规定

该法第四十条规定,对城市生活垃圾应当按照环境卫生行政主管部门的规定,在指定的地点放置，不得随意倾倒、抛撒或者堆放。

(3) 清扫、清运和处置规定

该法第四十一条规定，清扫、收集、运输、处置城市生活垃圾，应当遵守国家有关环境保护和环境卫生管理的规定，防止污染环境。该法第四十二条规定，对城市生活垃圾应当及时清运，逐步做到分类收集和运输，并积极开展合理利用和实施无害化处置。

6. 危险废物污染防治的特别规定

危险废物，是指列入国家危险废物名录或者根据国家规定的危险废物鉴别标准和鉴别方法认定的具有危险特性的固体废物。《中华人民共和国固体废物污染环境防治法》第四章对危险废物污染防治作了专门的规定。

(1) 危险废物名录和鉴别制度

该法第五十一条规定，国务院环境保护行政主管部门应当会同国务院有关部门制定国家危险废物名录，规定统一的危险废物鉴别标准、鉴别方法和识别标志。2008年6月，环境保护部、国家发改委联合发布《国家危险废物名录》。2016年3月30日，环境保护部、国家发改委、公安部联合发布修订后的《国家危险废物名录》。修订后的名录主要修改内容如下。

一是规定危险废物范围。具有下列情形之一的固体废物（包括液态废物），列入本名录：①具有腐蚀性、毒性、易燃性、反应性或者感染性等一种或者几种危险特性的；②不排除具有危险特性，可能对环境或者人体健康造成有害影响，需要按照危险废物进行管理的。明确医疗废物属于危险废物。医疗废物分类按照《医疗废物分类目录》执行。明确列入《危险化学品目录》的化学品废弃后属于危险废物。

二是调整《国家危险废物名录》废物种类。2008年版《国家危险废物名录》共有49个大类别400种危险废物。本次修订将危险废物调整为46大类别479种（362种来自原名录，新增117种）。

三是增加《危险废物豁免管理清单》。列入豁免管理清单的废物共16种/类，在所列的豁免环节，且满足相应的豁免条件时，可以按照豁免内容的规定实行豁免管理。仅豁免了危险废物在特定环节的部分管理要求，在豁免环节的前后环节，仍应按照危险废物进行管理；且在豁免环节内，可以豁免的内容也仅限于满足所列条件下的列明的内容，其他危险废物或者不满足豁免条件的此类危险废物的管理仍需执行危险废物管理的要求。如：生活垃圾焚烧飞灰满足《生活垃圾填埋场污染控制标准》（GB 16889—2008）中6.3条要求且进入生活垃圾填埋场填埋，填埋过程可不按危险废物管理；如果不能满足《生活垃圾填埋场污染控制标准》（GB 16889—2008）中6.3条要求或不进入生活垃圾填埋场，则处置过程仍然需要按照危险废物管理。

(2) 危险废物识别标准制度

该法第五十二条对危险废物的容器和包装物以及收集、贮存、运输、处置危险废物的设施、场所，必须设置危险废物识别标志。

(3) 危险废物经营许可证制度

该法第五十七条规定，从事收集、贮存、处置危险废物经营活动的单位，必须向县级以上人民政府环境保护行政主管部门申请领取经营许可证；从事利用危险废物经营活动的单位，必须向国务院环境保护行政主管部门或者省、自治区、直辖市人民政府环境保护行政主管部门申请领取经营许可证。禁止无经营许可证或者不按照经营许可证规定从事危险废物收集、贮存、利用、处置的经营活动。禁止将危险废物提供或者委托给无经营许可证的单位从事收集、贮存、利用、处置的经营活动。

根据环境保护部《关于做好下放危险废物经营许可审批工作的通知》（环办函［2014］551号），由环境保护部负责的危险废物经营许可审批事项下放至省级环保部门，由环境保护部下放到省级环保部门的危险废物经营许可审批事项，不应再次下放到地市级或县级环保部门。

（4）危险废物转移联单制度

《中华人民共和国固体废物污染环境防治法》第五十九条规定，转移危险废物的，必须按照国家有关规定填写危险废物转移联单，并向危险废物移出地设区的市级以上地方人民政府环境保护行政主管部门提出申请。移出地设区的市级以上地方人民政府环境保护行政主管部门应当商经接受地设区的市级以上地方人民政府环境保护行政主管部门同意后，方可批准转移该危险废物。未经批准的，不得转移。该法第六十六条规定，禁止经中华人民共和国过境转移危险废物。

7. 法律责任

① 建设项目需要配套建设的固体废物污染环境防治设施未建成、未经验收或者验收不合格，主体工程即投入生产或者使用的，由审批该建设项目环境影响评价文件的环境保护行政主管部门责令停止生产或者使用，可以并处十万元以下的罚款。

② 拒绝县级以上人民政府环境保护行政主管部门或者其他固体废物污染环境防治工作的监督管理部门现场检查的，由执行现场检查的部门责令限期改正；拒不改正或者在检查时弄虚作假的，处二千元以上二万元以下的罚款。

③ 生产、销售、进口或者使用淘汰的设备，或者采用淘汰的生产工艺的，由县级以上人民政府经济综合宏观调控部门责令改正；情节严重的，由县级以上人民政府经济综合宏观调控部门提出意见，报请同级人民政府按照国务院规定的权限决定停业或者关闭。

④ 无经营许可证或者不按照经营许可证规定从事收集、贮存、利用、处置危险废物经营活动的，由县级以上人民政府环境保护行政主管部门责令停止违法行为，没收违法所得，可以并处违法所得三倍以下的罚款。不按照经营许可证规定从事活动的，还可以由发证机关吊销经营许可证。

⑤ 将中华人民共和国境外的固体废物进境倾倒、堆放、处置的，进口属于禁止进口的固体废物或者未经许可擅自进口属于限制进口的固体废物用作原料的，由海关责令退运该固体废物，可以并处十万元以上一百万元以下的罚款；构成犯罪的，依法追究刑事责任。进口者不明的，由承运人承担退运该固体废物的责任，或者承担该固体废物的处置费用。

⑥ 造成固体废物污染环境事故的，由县级以上人民政府环境保护行政主管部门处二万元以上二十万元以下的罚款；造成重大损失的，按照直接损失的百分之三十计算罚款，但是最高不超过一百万元，对负有责任的主管人员和其他直接责任人员，依法给予行政处分；造成固体废物污染环境重大事故的，并由县级以上人民政府按照国务院规定的权限决定停业或者关闭。

⑦ 受到固体废物污染损害的单位和个人，有权要求依法赔偿损失。造成固体废物污染环境的，应当排除危害，依法赔偿损失，并采取措施恢复环境原状。

第五节　防治环境噪声污染的法律规定

一、环境噪声污染及危害

1. 环境噪声的概念和特点

噪声来源于物体的振动，按照产生的机理可分为机械噪声、气体动力噪声和电磁性噪声等。环境噪声主要是城市环境噪声,城市环境噪声又可分为工业噪声、建筑施工噪声、交通运输噪声和社会生活噪声等。

噪声是一种感觉性公害,只有当声音超过一定的限度成为人们所不需要的、干扰人们生活和工作的时候就成为噪声。因此,世界各国都只将超过一定限度的声音作为噪声进行控制和法律规范。噪声的污染具有暂时性、局部性和多发性的特点,当噪声源停止振动或声源被隔离或移动一定距离后,噪声的污染会大大减轻。因此,噪声对周围环境的影响具有局部性,但由于噪声源种类繁多、排放方式多样以及排放地分散,噪声的污染又具有多发性的特点。在城市环境噪声源中交通运输噪声和建筑施工噪声是影响人们生活和休息的主要噪声源。

2. 环境噪声污染及危害

根据《中华人民共和国环境噪声污染防治法》第二条的规定,"环境噪声"是指在工业生产、建筑施工、交通运输和社会生活中所产生的干扰周围生活环境的声音。"环境噪声污染"是指所产生的环境噪声超过国家规定的环境噪声排放标准,并干扰他人正常生活、工作和学习的现象。《中华人民共和国环境噪声污染防治法》是以国家或地方制定的环境噪声排放标准确定的最高限值为界限,以界定和区分"环境噪声"与"环境噪声污染"。对于在环境噪声排放标准规定的数值以内排放的噪声可称为环境噪声;对于超过环境噪声排放标准规定的数值排放噪声及其产生了干扰现象的,则称为环境噪声污染。

噪声的危害是多方面的。噪声可以使人的听力受到损伤。人在没有思想准备的情况下,强度极高的爆震性噪声(如突然放炮、爆炸时)可以使人的听力瞬间丧失,人的听力器官将遭受严重损害。噪声作用于人的中枢神经系统,使人们的基本生理过程——大脑皮层的兴奋与抑制的平衡失调,使脑血管张力受到损害。会导致病理上的变化,使人产生头痛、脑胀、耳鸣、失眠、记忆力衰退和全身疲乏无力等症状。

3. 我国环境噪声污染现状

根据《2015年中国环境状况公报》,2015年我国321个进行昼间监测的地级以上城市,区域声环境质量平均值为54.1dB(A)。324个进行昼间监测的地级以上城市,道路交通噪声平均值为67.0dB(A)。308个开展城市功能区声环境监测的地级以上城市,昼间监测点次达标率平均为92.4%,夜间监测点次达标率平均为74.3%。

二、环境噪声污染防治立法概况

早在20世纪50年代我国制定的《工厂安全卫生规程》中就对工厂内各种噪声源规定了防治措施。1957年中国制定的《治安管理处罚条例》中,也对在城市任意发射高大声响、影响周围居民的工作和休息且不听制止者规定了处罚条款。1979年的《中华人民共和国环境保护法(试行)》第二十二条就对城市区域、工业交通运输等环境噪声的污染防治作了原则性规定。1989年国务院公布了专门的《中华人民共和国环境噪声污染防治条例》。1996年10月29日第八届全国人民代表大会常务委员会第二十二次会议通过了《中华人民共和国环境噪声污染防治法》,该法共有八章六十四条,从公布之日起执行。

国家还颁布了一系列声环境质量标准和环境噪声排放标准。

三、环境噪声污染防治的法律规定

1. 环境噪声污染防治的监督管理体制

由于我国在环境保护管理方面实行着统一管理与部门分工负责管理相结合的行政管理体制,《中华人民共和国环境噪声污染防治法》明确规定如下。

① 国务院环境保护行政主管部门对全国环境噪声污染防治实施统一监督管理。县级以上地方人民政府环境保护行政主管部门对本行政区域内的环境噪声污染防治实施统一监督管理。

② 各级公安、交通、铁路、民航等主管部门和港务监督机构,根据各自的职责,对交通运输和社会生活噪声污染防治实施监督管理。

③ 国务院环境保护行政主管部门分不同的功能区制定国家声环境质量标准。县级以上地方人民政府根据国家声环境质量标准,划定本行政区域内各类环境质量标准的适用区域,并进行管理。

2. 工业噪声污染防治的规定

工业噪声是指在工业生产活动中使用固定的设备时产生的干扰周围生活环境的声音。根据《中华人民共和国环境噪声污染防治法》第二十三条至第二十七条的规定,工业噪声污染防治主要规定如下。

（1）达标排放

城市范围内向周围生活环境排放工业噪声的,应当符合国家规定的工业企业厂界环境噪声排放标准。

（2）噪声排放申报登记

在工业生产中因使用固定的设备造成环境噪声污染的工业企业,必须按照国务院环境保护行政主管部门的规定,向所在地的县级以上地方人民政府环境保护行政主管部门申报拥有的造成环境噪声污染的设备的种类、数量以及在正常作业条件下所发出的噪声值和防治环境噪声污染的设施情况,并提供防治噪声污染的技术资料。

在城市范围内从事生产活动确需排放偶发性强烈噪声的,必须事先向当地公安机关提出申请,经批准后方可进行。当地公安机关应当向社会公告。

3. 建筑施工噪声污染防治的规定

根据《中华人民共和国环境噪声污染防治法》第二十八条至第三十条的规定,工业噪声污染防治主要规定如下。

（1）达标排放

在城市市区范围内向周围生活环境排放建筑施工噪声的,应当符合国家规定的建筑施工场界环境噪声排放标准。

（2）噪声排放申报登记

在城市市区范围内,建筑施工过程中使用机械设备,可能产生环境噪声污染的,施工单位必须在工程开工十五日以前向工程所在地县级以上地方人民政府环境保护行政主管部门申报该工程的项目名称、施工场所和期限、可能产生的环境噪声值以及所采取的环境噪声污染防治措施的情况。

（3）夜间作业的限制

在城市市区噪声敏感建筑物集中区域内,禁止夜间进行产生环境噪声污染的建筑施工作业，但抢修、抢险作业和因生产工艺上要求或者特殊需要必须连续作业的除外。这里的"夜间"是指晚二十二点至晨六点之间的期间。

因特殊需要必须连续作业的，必须有县级以上人民政府或者其有关主管部门的证明。并且必须公告附近居民。

4. 交通运输噪声污染的防治

交通运输噪声是指机动车辆（包括汽车和摩托车）、铁路机车、机动船舶、航空器等交通运输工具在运行时所产生的干扰周围生活环境的声音。根据《声环境质量标准》，交通干线道路两侧的噪声标准值为昼间70分贝（A）、夜间55分贝（A）。

《中华人民共和国环境噪声污染防治法》第二十八条至第三十条对噪声污染防治作了专门规定，主要内容如下。

（1）在城市市区范围内行驶的机动车辆的消声器和喇叭必须符合国家规定的要求。必须加强维修和保养，保持技术性能良好，防治环境噪声污染。城市人民政府公安机关可以根据本地城市市区区域声环境保护的需要，划定禁止机动车辆行驶和禁止其使用声响装置的路段和时间，并向社会公告。

（2）建设经过已有的噪声敏感建筑物集中区域的高速公路和城市高架、轻轨道路，有可能造成环境噪声污染的，应当设置声屏障或者采取其他有效的控制环境噪声污染的措施。

（3）警车、消防车、工程抢险车、救护车等机动车辆安装、使用警报器，必须符合国务院公安部门的规定；在执行非紧急任务时，禁止使用警报器。

（4）除起飞、降落或者依法规定的情形以外，民用航空器不得飞越城市市区上空。城市人民政府应当在航空器起飞、降落的净空周围划定限制建设噪声敏感建筑物的区域；在该区域内建设噪声敏感建筑物的，建设单位应当采取减轻、避免航空器运行时产生的噪声影响的措施。民航部门应当采取有效措施，减轻环境噪声污染。

5. 社会生活噪声污染防治的规定

社会生活噪声，是指人为活动所产生的除工业噪声、建筑施工噪声和交通运输噪声之外的干扰周围生活环境的声音。《中华人民共和国环境噪声污染防治法》第四十一条至第四十七条对噪声污染防治作了专门规定，主要内容如下。

（1）噪声排放申报登记

在城市市区噪声敏感建筑物集中区域内，因商业经营活动中使用固定设备造成环境噪声污染的商业企业，必须按照国务院环境保护行政主管部门的规定，向所在地的县级以上地方人民政府环境保护行政主管部门申报拥有的造成环境噪声污染的设备的状况和防治环境噪声污染的设施的情况。

（2）达标排放

新建营业性文化娱乐场所的边界噪声必须符合国家规定的环境噪声排放标准；不符合国家规定的环境噪声排放标准的，文化行政主管部门不得核发文化经营许可证，工商行政管理部门不得核发营业执照。经营中的文化娱乐场所，其经营管理者必须采取有效措施，使其边界噪声不超过国家规定的环境噪声排放标准。在商业经营活动中使用空调器、冷却塔等可能产生环境噪声污染的设备、设施的，其经营管理者应当采取措施，使其边界噪声不超过国家规定的环境噪声排放标准。

（3）控制声响器材的规定

禁止任何单位、个人在城市市区噪声敏感建筑物集中区域内使用高音广播喇叭。在城市市区街道、广场、公园等公共场所组织娱乐、集会等活动，使用音响器材可能产生干扰周围生活环境的过大音量的，必须遵守当地公安机关的规定。使用家用电器、乐器或者进行其他家庭室内娱乐活动时，应当控制音量或者采取其他有效措施，避免对周围居民造成环境噪声污染。

（4）限制室内装修活动的噪声

在已竣工交付使用的住宅楼进行室内装修活动，应当限制作业时间，并采取其他有效措施，以减轻、避免对周围居民造成环境噪声污染。

6. 违反《中华人民共和国环境噪声污染防治法》的法律责任

《中华人民共和国环境噪声污染防治法》第四十八条到第六十二条规定了违反该法的法律责任。主要包括如下内容。

① 建设项目中需要配套建设的环境噪声污染防治设施没有建成或者没有达到国家规定的要求，擅自投入生产或者使用的，由批准该建设项目的环境影响报告书的环境保护行政主管部门责令停止生产或者使用，可以并处罚款。

② 排放环境噪声的单位违反该法第二十一条的规定，拒绝环境保护行政主管部门或者其他依照本法规定行使环境噪声监督管理权的部门、机构现场检查或者在被检查时弄虚作假的，环境保护行政主管部门或者其他依照本法规定行使环境噪声监督管理权的监督管理部门、机构可以根据不同情节，给予警告或者处以罚款。

③ 经营中的文化娱乐场所，造成环境污染的，由县级以上地方人民政府环境保护行政主管部门责令改正，可以并处罚款。

④ 建筑施工单位在城市市区噪声敏感建筑物集中区域内，夜间进行禁止进行的产生环境噪声污染的建筑施工作业的，由工程所在地县级以上地方人民政府环境保护行政主管部门责令改正，可以并处罚款。

⑤ 受到环境噪声污染危害的单位和个人，有权要求加害人排除危害；造成损失的，依法赔偿损失。赔偿责任和赔偿金额的纠纷，可以根据当事人的请求，由环境保护行政主管部门或者其他环境噪声污染防治工作的监督管理部门、机构调解处理；调解不成的，当事人可以向人民法院起诉。当事人也可以直接向人民法院起诉。

第六节 防治海洋污染的法律规定

一、海洋环境污染概述

1. 海洋环境与海洋环境污染概念

世界上的海和洋都相互沟通，连成一片，称为世界大洋，总面积约 3.61 亿平方千米，占地球总面积 70.8%。海洋环境指地球上广大连续的海和洋的总水域。包括海水、溶解和悬浮于海水中的物质、海底沉积物和海洋生物。海洋是生命的摇篮和人类的资源宝库。

我国是一个有着包括大陆岸线及岛屿岸线在内的总长度达 32000 多公里的海岸线的国家，拥有约 300 多万平方公里的管辖海域。《2015 年中国海洋经济统计公报》显示，2015 年我国海洋生产总值 64669 亿元，海洋生产总值占国内生产总值的 9.6%，全国涉海就业人员 3589 万人，海洋经济总体保持了平稳持续的增长态势。

《中华人民共和国海洋环境保护法》第九十五条规定，所谓海洋环境污染损害，就是指直接或者间接地把物质或者能量引入海洋环境，产生损害海洋生物资源、危害人体健康、妨碍渔业和海上其他活动、损害海水使用素质和减损环境质量等有害影响。污染海洋的物质众多，按污染物的性质和毒性，以及对海洋环境危害方式，大体可以把污染物分成以下几类：一是营养盐类和有机物质，如工业排出的纤维素、糖醛、油脂等，生活污水中的粪便、洗涤剂和食物残渣等；二是细菌和病毒等病原体，大多是由陆地废弃物携带进入海洋的；三是重金属和酸碱类物质，主要有汞、铜、锌、钴、镉、铬等重金属，以及砷、硫、磷等非金属和各种酸碱；四是有毒化学制品，主要是化肥和农药的残留物。

2. 海洋环境污染现状

根据《2015年中国海洋环境状况公报》，2015年我国近岸局部海域污染依然严重，河流排海污染物总量居高不下，枯水期、丰水期和平水期，77条河流入海监测断面水质劣于第Ⅴ类地表水水质标准的比例分别为58%、56%和45%。监测的河口、海湾、珊瑚礁等生态系统86%处于亚健康和不健康状态。综合2011～2015年监测结果，"十二五"期间，我国海洋环境质量总体基本稳定，污染主要集中在近岸局部海域，典型海洋生态系统多处于亚健康状态，局部海域赤潮仍处于高发期，绿潮影响范围有所增大。

3. 海洋环境污染的危害

海水污染物质通过食物链的富集，直接或间接对人体健康产生危害。大量的污染物质排入海洋，损害海水水质。有毒有害物质进入海洋，破坏了海洋生物的栖息环境，威胁到海洋生物的生长、繁殖和生存。某些不合理的海岸工程建设，给海洋环境带来的严重影响，使得海涂湿地、红树林、珊瑚礁、河口三角洲等生态系统减少，危及滨海地区生态平衡。海水富营养化给海洋渔业带来巨大经济损失，给当地渔业造成了重大损失，赤潮直接威胁着人类生存的环境，已经成为我国目前最主要的海洋灾害之一。

二、防治海洋污染的法律规定

我国从20世纪70年代以来，陆续颁布了有关保护海洋环境，防治海洋污染损害的法律、法规。1974年国务院颁布了《防止沿海水域污染暂行规定》，1982年颁布了海洋环境保护的综合性法律文件《中华人民共和国海洋环境保护法》。此后，国务院于1983年颁布《海洋石油勘探开发环境保护管理条例》，1985年颁布《海洋倾废管理条例》（2011年修改），1988年颁布《防止拆船污染环境管理条例》（2016年修改），1990年颁布《防治陆源污染物损害海洋环境管理条例》和《防治海岸工程建设项目污染损害海洋环境管理条例》，2009年颁布《防止船泊污染海域管理条例》。

除这些法律、法规外，我国还制定了《海水水质标准》《船舶污染物排放标准》《渔业水质标准》等海洋环境保护规范。我国还积极参加了海洋环境保护的国际合作，加入了《国际防止船舶污染公约》和《联合国海洋法公约》。

1999年12月25日第九届全国人大常委会第十三次会议修订《中华人民共和国海洋环境保护法》并于2000年4月1日起实行。修订后的海洋环境保护法包括总则、海洋环境监督管理、海洋生态保护、防治陆源污染物对海洋环境的污染损害、防治海岸工程建设项目对海洋环境的污染损害、防治海洋工程建设项目对海洋环境的污染损害、防治倾倒废弃物对海洋环境的污染损害、防治船舶及有关作业活动对海洋环境的污染损害、法律责任、附则等共十章九十八条，主要包括如下内容。

1. 适用范围的法律规定

① 海洋环境保护法适用于中华人民共和国内水、领海、毗连区、专属经济区、大陆架以及中华人民共和国管辖的其他海域。

② 在中华人民共和国管辖海域内从事航行、勘探、开发、生产、旅游、科学研究及其他活动,或者在沿海陆域内从事影响海洋环境活动的任何单位和个人,都必须遵守海洋环境保护法。

③ 在中华人民共和国管辖海域以外,造成中华人民共和国管辖海域污染的,也适用海洋环境保护法。

2. 海洋环境保护的监督管理体制

根据《中华人民共和国海洋环境保护法》第五条的规定,我国海洋环境监督管理实行"统一监督、分工分级负责"的原则。具体如下:

国务院环境保护行政主管部门作为对全国环境保护工作统一监督管理的部门,对全国海洋环境保护工作实施指导、协调和监督,并负责全国防治陆源污染物和海岸工程建设项目对海洋污染损害的环境保护工作。

国家海洋行政主管部门负责海洋环境的监督管理,组织海洋环境的调查、监测、监视、评价和科学研究,负责全国防治海洋工程建设项目和海洋倾倒废弃物对海洋污染损害的环境保护工作。

国家海事行政主管部门负责所辖港区水域内非军事船舶和港区水域外非渔业、非军事船舶污染海洋环境的监督管理,并负责污染事故的调查处理;对在中华人民共和国管辖海域航行、停泊和作业的外国籍船舶造成的污染事故登轮检查处理。船舶污染事故给渔业造成损害的,应当吸收渔业行政主管部门参与调查处理。

国家渔业行政主管部门负责渔港水域内非军事船舶和渔港水域外渔业船舶污染海洋环境的监督管理,负责保护渔业水域生态环境工作,并调查处理前款规定的污染事故以外的渔业污染事故。

军队环境保护部门负责军事船舶污染海洋环境的监督管理及污染事故的调查处理。

沿海县级以上地方人民政府行使海洋环境监督管理权的部门的职责,由省、自治区、直辖市人民政府根据本法及国务院有关规定确定。

3. 海洋环境保护法律制度

(1) 重点海域排污总量控制制度

《中华人民共和国海洋环境保护法》第三条规定,国家建立并实施重点海域排污总量控制制度,确定主要污染物排海总量控制指标,并对主要污染源分配排放控制数量。具体办法由国务院制定。海域排污总量控制控制的对象是"重点海域"的"主要污染物"。

(2) 海洋功能区划制度

海洋功能区划是根据海域的地理位置、自然资源状况、自然环境条件和社会需求等因素而划分的不同的海洋功能类型区,用来指导、约束海洋开发利用实践活动,保证海上开发的经济、环境和社会效益。《中华人民共和国海洋环境保护法》第六条规定,国家海洋行政主管部门会同国务院有关部门和沿海省、自治区、直辖市人民政府拟定全国海洋功能区划,报国务院批准。沿海地方各级人民政府应当根据全国和地方海洋功能区划,科学合理地使用海域。

2012 年,国务院批准《全国海洋功能区划(2011—2020 年)》(以下简称《区划》),

《区划》由国家海洋局会同有关部门和沿海 11 个省、自治区、直辖市人民政府编制，《区划》范围为我国的内水、领海、毗连区、专属经济区、大陆架以及管辖的其他海域，《区划》期限为 2011 年至 2020 年。《区划》将我国全部管辖海域划分为农渔业、港口航运、工业与城镇用海、矿产与能源、旅游休闲娱乐、海洋保护、特殊利用、保留等八类海洋功能区。

2015 年，国务院发布《全国海洋主体功能区规划》，该规划是《全国主体功能区规划》的重要组成部分。《全国海洋主体功能区规划》将海洋主体功能区按开发内容分为产业与城镇建设、农渔业生产、生态环境服务三种功能。依据主体功能，将海洋空间划分为以下四类区域：①优化开发区域，是指现有开发利用强度较高，资源环境约束较强，产业结构急需调整和优化的海域。②重点开发区域，是指在沿海经济社会发展中具有重要地位，发展潜力较大，资源环境承载能力较强，可以进行高强度集中开发的海域。③限制开发区域，是指以提供海洋水产品为主要功能的海域，包括用于保护海洋渔业资源和海洋生态功能的海域。④禁止开发区域，是指对维护海洋生物多样性，保护典型海洋生态系统具有重要作用的海域，包括海洋自然保护区、领海基点所在岛屿等。

（3）重大海上污染事故应急制度

《中华人民共和国海洋环境保护法》第十八条规定，国家根据防止海洋环境污染的需要，制定国家重大海上污染事故应急计划。国家海洋行政主管部门负责制定全国海洋石油勘探开发重大海上溢油应急计划，报国务院环境保护行政主管部门备案。国家海事行政主管部门负责制定全国船舶重大海上溢油污染事故应急计划，报国务院环境保护行政主管部门备案。沿海可能发生重大海洋环境污染事故的单位，应当依照国家的规定，制定污染事故应急计划，并向当地环境保护行政主管部门、海洋行政主管部门备案。

（4）海洋环境监测监视制度

《中华人民共和国海洋环境保护法》第十四条规定，国家海洋行政主管部门按照国家环境监测、监视规范和标准，管理全国海洋环境的调查、监测、监视，制定具体的实施办法，会同有关部门组织全国海洋环境监测、监视网络，定期评价海洋环境质量，发布海洋巡航监视通报。依照本法规定行使海洋环境监督管理权的部门分别负责各自所辖水域的监测、监视。其他有关部门根据全国海洋环境监测网的分工，分别负责对入海河口、主要排污口的监测。

4. 海洋生态保护的规定

《中华人民共和国海洋环境保护法》设专章对海洋生态保护作出严格规定，具体的规定如下。

为保护海洋生态环境，国务院和沿海地方各级人民政府应当采取有效措施，保护红树林、珊瑚礁、滨海湿地、海岛、海湾、入海河口、重要渔业水域等具有典型性、代表性的海洋生态系统，珍稀、濒危海洋生物的天然集中分布区，具有重要经济价值的海洋生物生存区域及有重大科学文化价值的海洋自然历史遗迹和自然景观。应当根据保护海洋生态的需要，选划、建立海洋自然保护区。开发利用海洋资源，应当根据海洋功能区划合理布局，不得造成海洋生态环境破坏。

开发海岛及周围海域的资源，应当采取严格的生态保护措施，不得造成海岛地形、岸滩、植被以及海岛周围海域生态环境的破坏。沿海地方各级人民政府应当结合当地自然环境的特点，建设海岸防护设施、沿海防护林、沿海城镇园林和绿地，对海岸侵蚀和海水入侵地区进行综合治理。禁止毁坏海岸防护设施、沿海防护林、沿海城镇园林和绿地。

5. 防治陆源污染物对海洋环境的污染损害

《中华人民共和国海洋环境保护法》第二十条到第四十一条对防止陆源污染物对海洋环境的污染作出了规定。

（1）入海排污口的设置

入海排污口位置的选择，应当根据海洋功能区划、海水动力条件和有关规定，经科学论证后，报设区的市级以上人民政府环境保护行政主管部门审查批准。环境保护行政主管部门在批准设置入海排污口之前，必须征求海洋、海事、渔业行政主管部门和军队环境保护部门的意见。

在海洋自然保护区、重要渔业水域、海滨风景名胜区和其他需要特别保护的区域，不得新建排污口。在有条件的地区，应当将排污口深海设置，实行离岸排放。设置陆源污染物深海离岸排放排污口，应当根据海洋功能区划、海水动力条件和海底工程设施的有关情况确定，具体办法由国务院规定。

（2）向海域排放陆源污染物的规定

向海域排放陆源污染物，必须严格执行国家或者地方规定的标准和有关规定。排放陆源污染物的单位，必须向环境保护行政主管部门申报拥有的陆源污染物排放设施、处理设施和在正常作业条件下排放陆源污染物的种类、数量和浓度，并提供防治海洋环境污染方面的有关技术和资料。排放陆源污染物的种类、数量和浓度有重大改变的，必须及时申报。

禁止向海域排放油类、酸液、碱液、剧毒废液和高、中水平放射性废水；严格控制向海域排放含有不易降解的有机物和重金属的废水；含病原体的医疗污水、生活污水和工业废水必须经过处理，符合国家有关排放标准后，方能排入海域。

含有机物和营养物质的工业废水、生活污水，应当严格控制向海湾、半封闭海及其他自净能力较差的海域排放。

6. 防治海岸工程和海洋工程建设项目对海洋环境的污染损害

在依法划定的海洋自然保护区、海滨风景名胜区、重要渔业水域及其他需要特别保护的区域，不得从事污染环境、破坏景观的海岸工程项目建设或者其他活动。

海岸工程建设项目的单位，必须在建设项目可行性研究阶段，对海洋环境进行科学调查，根据自然条件和社会条件，合理选址，编报环境影响报告书。海岸工程建设项目的环境保护设施，必须与主体工程同时设计、同时施工、同时投产使用。

禁止在沿海陆域内新建不具备有效治理措施的化学制浆造纸、化工、印染、制革、电镀、酿造、炼油、岸边冲滩拆船以及其他严重污染海洋环境的工业生产项目。

海洋工程建设项目的环境保护设施，必须与主体工程同时设计、同时施工、同时投产使用。

海洋石油钻井船、钻井平台和采油平台的含油污水和油性混合物，必须经过处理达标后排放；残油、废油必须予以回收，不得排放入海。经回收处理后排放的，其含油量不得超过国家规定的标准。

7. 防治倾倒废弃物对海洋环境的污染损害

任何单位未经国家海洋行政主管部门批准，不得向中华人民共和国管辖海域倾倒任何废弃物。需要倾倒废弃物的单位，必须向国家海洋行政主管部门提出书面申请，经国家海洋行政主管部门审查批准，发给许可证后方可倾倒。

禁止中华人民共和国境外的废弃物在中华人民共和国管辖海域倾倒。向海洋倾倒废弃物,应当按照废弃物的类别和数量实行分级管理。

国家海洋行政主管部门监督管理倾倒区的使用,组织倾倒区的环境监测。对经确认不宜继续使用的倾倒区,国家海洋行政主管部门应当予以封闭,终止在该倾倒区的一切倾倒活动。

8. 防治船舶及有关作业活动对海洋环境污染损害的措施

在中华人民共和国管辖海域,任何船舶及相关作业不得违反本法规定向海洋排放污染物、废弃物和压载水、船舶垃圾及其他有害物质。从事船舶污染物、废弃物、船舶垃圾接收、船舶清舱、洗舱作业活动的,必须具备相应的接收处理能力。

船舶必须按照有关规定持有防止海洋环境污染的证书与文书,在进行涉及污染物排放及操作时,应当如实记录。船舶必须配置相应的防污设备和器材。

9. 法律责任

(1) 违反现场检查制度

拒绝现场检查,或者在被检查时弄虚作假的,由行使海洋环境监督管理权的部门予以警告,并处二万元以下的罚款。

(2) 违反环境影响评价制度

① 未持有经批准的环境影响报告书,兴建海岸工程建设项目的,由县级以上地方人民政府环境保护行政主管部门责令其停止违法行为和采取补救措施,并处五万元以上二十万元以下的罚款;或者由县级以上地方人民政府责令其限期拆除。

② 海洋工程建设项目未经环评审批开工兴建的,由海洋行政主管部门责令其停止施工或者生产、使用,并处五万元以上二十万元以下的罚款。

(3) 违反三同时制度

① 海岸工程建设项目未建成环境保护设施,或者环境保护设施未达到规定要求即投入生产、使用的,由环境保护主管部门责令其停止生产或者使用,并处二万元以上十万元以下的罚款。

② 海洋工程建设项目未建成环境保护设施、环境保护设施未达到规定要求即投入生产、使用的,由海洋行政主管部门责令其停止施工或者生产、使用,并处五万元以上二十万元以下的罚款。

③ 擅自拆除、闲置环境保护设施的,由县级以上地方人民政府环境保护行政主管部门责令重新安装使用,并处一万元以上十万元以下的罚款。

(4) 违反海洋倾倒废弃物的规定

① 未取得海洋倾倒许可证,向海洋倾倒废弃物的,由国家海洋行政主管部门责令限期改正,并处以三万元以上二十万元以下罚款。

② 不按照本法规定向海洋排放污染物,或者超过标准排放污染物的,由国家海洋行政主管部门责令限期改正,并处以三万元以上二十万元以下罚款。

(5) 有关污染损害赔偿的规定

① 造成海洋环境污染损害的责任者,应当排除危害,并赔偿损失;完全由于第三者故意或者过失造成海洋环境污染损害的,由第三者排除危害,并承担赔偿责任。

② 对破坏海洋生态、海洋水产资源、海洋保护区,给国家造成重大损失的,由规定行使海洋环境监督管理权的部门代表国家对责任者提出损害赔偿要求。

练习题

一、问答题

1. 水污染防治的主要措施有哪些?
2. 大气污染防治的主要措施有哪些?

3. 什么是土壤污染？我国土壤污染防治的基本原则和制度有哪些？
4. 我国防治固体废物污染环境的原则有哪些？并简述其含义。
5. 我国关于控制固体废物污染转移的法律规定主要有哪些？对危险废物管理有哪些法律规定？
6. 什么是环境噪声？什么是环境噪声污染？
7. 《中华人民共和国海洋环境保护法》与《中华人民共和国水污染防治法》的适用范围有何区别？

二、案例分析

1. 2016 年 3 月 17 日，福建某市环保局接到群众投诉反映某水泥有限公司粉尘污染问题。2016 年 3 月 19 日，某市环保局对该企业进行现场检查，发现污染源自动监控设备停用。经现场监测，发现该企业 5 个废气排放口颗粒物均超过了福建省规定的排放标准（该企业废气执行《福建省水泥工业大气污染物排放标准》（DB 35/1311—2013）中表 2 的排放标准。

   问：某水泥有限公司违反了环境法的那些规定，应如何处罚？

2. 勤辉混凝土有限公司成立于 2006 年 2 月，位于黄浦江上游沿岸，经营范围包括混凝土生产、加工、销售。2010 年 3 月，该公司住所地和实际生产经营地被划入上海市黄浦区上游饮用水水源二级保护区。2015 年 2 月，上海市奉贤区人民政府以勤辉公司在饮用水水源二级保护区内从事混凝土制品制造，生产过程中排放粉尘等污染物为由，根据《中华人民共和国水污染防治法》的相关规定，作出责令该公司关闭的处罚决定。勤辉混凝土有限公司不服诉至法院，要求撤销上述处罚决定。

   问：上海市奉贤区人民政府的行政处罚决定是否正确？请说明理由。

3. 2015 年 12 月 24 日，某县环保局执法人员检查时发现，某动力装备有限公司沉淀池中的石灰药剂搅拌机未运行，并使用水泵和软管直接将未经有效处理的废水抽到车间外排口，进入污水管网。经采样监测，入网口 pH、化学需氧量、氟化物、悬浮物、氨氮均超标。

   问：某动力装备有限公司违反了环境法的那些规定，应如何处罚？

4. 2014 年 12 月 15 日，兰州市环境保护局、兰州市公安局环保分局和永登县环境保护局对兰州劲源有限责任公司进行联合现场检查，发现该公司存在涉嫌擅自倾倒危险废物的环境违法行为。经调查发现，自 2014 年 6 月以来，兰州劲源有限责任公司陆续向兰州市永登县苦水镇大路村三社东山沟内非法倾倒含氟化物的危险废物约 140 吨。

   问：兰州劲源有限责任公司违反了环境法的哪些规定，应承担哪些法律责任？

5. 沈海俊系机械工业第一设计研究院（以下简称机械设计院）退休工程师，住该院宿舍。为增加院内暖气管道输送压力，机械设计院在沈海俊的住宅东墙外侧安装了增压泵。2014 年，沈海俊认为增压泵影响其休息向法院提起诉讼。后双方达成和解，沈海俊撤回起诉，机械设计院将增压泵移至沈海俊住宅东墙外热交换站的东侧。2015 年，沈海俊又以增压泵影响其睡眠、住宅需要零噪声为由，再次诉至法院，要求判令机械设计院停止侵害，拆除产生噪声的增压泵，赔偿其精神损害费 1 万元。根据沈海俊的申请，法院委托蚌埠市环境监测站对增压泵进行监测，结果显示沈海俊居住卧室室内噪声所有指标均未超过规定的限值。

   问：法院应如何判决？请说明理由。

第六章 防治环境污染的其他法律规定

学习目标

了解清洁生产的概念,掌握清洁生产的有关法律规定。了解我国放射性污染、电磁辐射污染、危险化学品污染的现状,掌握相关的主要法律规定。

第一节 清洁生产的法律规定

一、清洁生产概述

世界上最先明确提出清洁生产概念的是美国。美国国会 1990 年 10 月就通过了"污染预防法",把污染预防作为美国的国家政策,取代了长期采用的末端处理的污染控制政策,要求工业企业进行源削减。1992 年 6 月在巴西里约热内卢召开的联合国环境与发展大会通过了《21 世纪议程》。该议程制定了可持续发展的重大行动计划并将清洁生产看作是实现可持续发展的关键因素,号召工业企业提高能效,开发更清洁的技术,更新、替代对环境有害的产品和原材料,实现环境、资源的保护和有效管理。

《中华人民共和国清洁生产促进法》所称清洁生产,是指不断采取改进设计,使用清洁的能源和原料,采用先进的工艺技术与设备、改善管理,综合利用等措施,从源头削减污染,提高资源利用效率,减少或者避免生产、服务和产品使用过程中污染物的产生和排放,以减轻或者消除对人类健康和环境的危害。

二、清洁生产的立法概况

2002 年 6 月 29 日,第九届全国人民代表大会第二十八次会议通过了《中华人民共和国清洁生产促进法》,2012 年第十一届全国人民代表大会常务委员会第二十五次会议对该法进行了修改。国家发改委、原国家环境保护总局于 2004 年制定了《清洁生产审核暂行办法》,于 2016 年对其进行修订后颁布了《清洁生产审核办法》,以进一步规范清洁生产审核程序。2014 年修订后的《中华人民共和国环境保护法》规定,国家促进清洁生产和资源循环利用。《中华人民共和国大气污染防治法》《中华人民共和国水污染防治法》《中华人民共和国固体废物污染环境防治法》都有关于清洁生产的规定。

为深入贯彻实施《中华人民共和国清洁生产促进法》，提高清洁生产水平，环境保护部（原国家环境保护总局）先后制定了《清洁生产标准　制革行业（猪轻革）》（HJ/T 127—2003）、《清洁生产标准　煤炭采选业》（HJ 446—2008）、《清洁生产标准　宾馆饭店业》（HJ 514—2009）、《清洁生产标准　酒精制造业》（HJ 581—2010）等 60 多个行业清洁生产标准。

三、清洁生产的法律规定

1. 清洁生产的实施领域

根据《中华人民共和国清洁生产促进法》第三条规定，我国清洁生产实施领域主要有两类：一是全部生产和服务领域的单位；二是从事相关管理活动的部门。

2. 清洁生产的管理体制

国务院和县级以上地方人民政府，应当将清洁生产促进工作纳入国民经济和社会发展规划、年度计划以及环境保护、资源利用、产业发展、区域开发等规划。

国务院清洁生产综合协调部门负责组织、协调全国的清洁生产促进工作。国务院环境保护、工业、科学技术、财政部门和其他有关部门，按照各自的职责，负责有关的清洁生产促进工作。

县级以上地方人民政府负责领导本行政区域内的清洁生产促进工作。县级以上地方人民政府确定的清洁生产综合协调部门负责组织、协调本行政区域内的清洁生产促进工作。县级以上地方人民政府其他有关部门，按照各自的职责，负责有关的清洁生产促进工作。

3. 推行清洁生产的财政政策

各级政府应优先采购或者按国家规定比例采购节能、节水、废物再生利用等有利于环境与资源保护的产品。对在清洁生产工作中做出显著成绩的单位和个人，由人民政府给予表彰和奖励。对从事清洁生产研究、示范和培训，实施国家清洁生产重点技术改造项目和自愿削减污染物的符合规定的技术改造项目，各级人民政府应给予资金补助。

县级以上政府应当鼓励和支持国内外经济组织通过金融市场、政府拨款、环境保护补助资金、社会捐款等渠道依法筹集中小企业清洁生产投资基金。企业用于清洁生产审核和培训的费用，列入企业经营成本。

4. 实行落后生产技术、工艺、设备和产品的限期淘汰制度

国家对浪费资源和严重污染环境的落后生产技术、工艺、设备和产品实行限期淘汰制度。国务院有关部门按照职责分工，制定并发布限期淘汰的生产技术、工艺、设备以及产品的名录。

5. 清洁生产的实施

（1）产品、生产规模的设计

新建、改建和扩建项目应当进行环境影响评价，对原料使用、资源消耗、资源综合利用以及污染物产生与处置等进行分析论证，优先采用资源利用率高以及污染物产生量少的清洁生产技术、工艺和设备。产品设计应该能够做到充分和合理地利用资源，产品应无害于人体的健康和生态环境，反之则应限制或淘汰。

（2）原材料的选择

原材料的选择与生产过程中污染物的产生有直接的关系。因此减少、替代或淘汰有毒、

有害物料的使用，减少生产过程和产品使用过程中的危害是企业在新、扩、改建过程中应遵循的一个重要原则。

（3）改革工艺，加强物料循环

企业在改、扩建过程中，应积极改革生产工艺、更新生产设备，提高原材料和能源的利用率，减少生产过程中资源的流失浪费和污染物的产生；在提高利用率的同时，加强物料的回收利用。

（4）包装物的设计

在包装物的设计方面，从本质上说，包装物也是一种产品，其生命周期分析与上述产品一样。企业应当对产品进行合理包装，减少包装材料的过度使用和包装性废物的产生，并使包装材料本身易于降解，或易于回收利用。

6. 清洁生产审核

清洁生产审核，是指按照一定程序，对生产和服务过程进行调查和诊断，选定并实施技术经济及环境可行的清洁生产方案的过程。

（1）管理体制

国家发展和改革委员会会同环境保护部负责全国清洁生产审核的组织、协调、指导和监督工作。县级以上地方人民政府确定的清洁生产综合协调部门会同环境保护主管部门、管理节能工作的部门（以下简称"节能主管部门"）和其他有关部门，根据本地区实际情况，组织开展清洁生产审核。

（2）清洁生产审核范围

清洁生产审核分为自愿性审核和强制性审核。有下列情形之一的企业，应当实施强制性清洁生产审核：①污染物排放超过国家或者地方规定的排放标准，或者虽未超过标准，但超过重点污染物排放总量控制指标的；②超过单位产品能源消耗限额标准构成高耗能的；③使用有毒有害原料进行生产或者在生产中排放有毒有害物质的。

（3）清洁生产审核实施

实施强制性清洁生产审核的企业，应当在名单公布后一个月内，在当地主要媒体、企业官方网站或采取其他便于公众知晓的方式公布企业相关信息。列入实施强制性清洁生产审核名单的企业应当在名单公布后两个月内开展清洁生产审核。

（4）对清洁生产审核的效果的评估验收

县级以上环境保护主管部门或节能主管部门，应当在各自的职责范围内组织清洁生产专家或委托相关单位，对以下企业实施清洁生产审核的效果进行评估验收：①国家考核的规划、行动计划中明确指出需要开展强制性清洁生产审核工作的企业；②申请各级清洁生产、节能减排等财政资金的企业。

7. 法律责任

（1）违反材料成分标注规定

《中华人民共和国清洁生产促进法》第二十一条规定："生产大型机电设备，机动运输工具以及国务院经济贸易行政主管部门指定的其他产品的企业，应当按照国务院标准化行政主管部门或其授权机构制定的技术规范，在产品的主体结构上注明材料成分的标准牌号。"违反该条规定，未标明产品的材料成分，或者不如实标注的，由县以上地方人民政府质量技术监督行政主管部门责令限期改正，拒不改正的，处以五万元以下罚款。

（2）违反清洁生产审核规定

不实施强制性清洁生产审核或者在清洁生产审核中弄虚作假的，或者实施强制性清洁生产审核的企业不报告或者不如实报告审核结果的，由县级以上地方人民政府负责清洁生产综合协调的部门、环境保护部门按照职责分工责令限期改正；拒不改正的，处以五万元以上五十万元以下的罚款。

（3）包装物的使用

《中华人民共和国清洁生产促进法》第二十七条规定："生产、销售被列入强制回收目录的产品和包装物的企业，应当在产品报废和包装物使用后对该产品和包装物进行回收"。违反该条规定，不履行产品或包装物回收义务的，依照该法第三十九条规定，由县级以上地方人民政府经济贸易行政主管部门责令限期改正；拒不改正的，处十万元以下的罚款。

（4）对污染严重企业的处罚

《中华人民共和国清洁生产促进法》第三十一条规定："列入污染严重企业名单的企业，应当按照国务院环境保护行政主管部门的规定公布重要污染物排放的情况，接受公众监督"。违反该条规定的，依照该法第四十一条的规定，由县级以上地方人民政府环境保护主管部门公布，可以并处十万元以下罚款。

第二节 防治放射性污染的法律规定

一、放射性污染概述

放射性污染，是指由于人类活动造成物料、人体、场所、环境介质表面或者内部出现超过国家标准的放射性物质或者射线。放射性污染是由于人们生产、生活或者其他活动，致使环境中的放射性水平超过国家标准，造成对人体健康或者其他生物受到放射性物质或者射线污染危害的现象。放射性物质是指人工合成、生成的放射性物质，也包括经人工开采、运输、冶炼和贮存的天然放射性物质，还包括含有放射性物质的废水、废气、废液和固体废物等。

放射性物质进入环境后，能引起人体多种疾病，甚至致人死亡；能损伤遗传物质，使孕妇流产，胎儿畸形甚至死亡；能对大气、水、土壤、农作物、动物等造成放射性污染；能对动植物造成污染，导致财产损失。放射性污染与一般的大气污染、水污染等相比较，具有以下特征：无色、无味，能以物质和能量等无形的形态危害人体健康，且一旦发生污染则难以治理和恢复。

随着核能和核技术的广泛开发和利用，涉及的核安全和放射性污染防治问题越来越突出。我国核工业自创建以来，尚未发生过严重的环境污染事故，在环境保护方面保持了较好的记录。作为国际原子能机构的成员国和《核安全公约》的签约国，我国初步形成了既与国际通行实践相一致又适合我国国情的核安全监管体系。经过多年坚持不懈的努力，我国核安全和辐射安全总体来说处于受控状态。《2014年中国环境状况公报》表明，2014年，我国22台运行核电机组均处于安全状态，26台在建核电机组建造质量处于受控状态，19座民用研究堆总体情况良好。

二、放射性污染防治立法概述

我国对放射性污染防治十分重视。现行的放射性污染防治法律、法规、规章主要有《放射性同位素与射线装置放射防护条例》《民用核设施安全监督管理条例》《核电厂核事故应急管理条例》《核材料管制条例》《放射环境管理办法》《城市放射性废物管理办法》《放射性药品管理法》《核电站基本建设环境保护管理办法》《航空运输放射性同位素的规定》《危险货物运输规则》《放射性诊断标准及处理原则》《医用治疗X线卫生防护规定》《食品中放射性物质限制量》等。2003年6月28日全国人民代表大会常务委员会第三次会议通过了《中华人民共和国放射性污染防治法》，并于同年10月1日起实施。此外，我国还颁布了《放射卫生防护基本标准》《核辐射环境质量评价一般规定》《辐射防护规定》《放射性废物分类标准》等环境保护标准。

三、放射性污染防治的法律规定

《中华人民共和国放射性污染防治法》分总则、放射性污染防治监督管理、核设施的放射性污染防治、核技术应用的放射性污染防治、铀（钍）矿和伴生矿的放射性污染防治、放射性废物管理、法律责任、附则，共八章六十三条，该法的主要内容如下。

1. 《中华人民共和国放射性污染防治法》适用范围

《中华人民共和国放射性污染防治法》适用于中华人民共和国领域和管辖的其他海域在核设施选址、建造、运行、退役和核技术、铀（钍）矿、伴生放射性矿开发利用过程中发生的放射性污染的防治活动。电磁辐射污染不适用该法。

2. 放射性污染防治的方针

由于放射性污染的特征，对其防治必须实行"预防为主、安全第一"的方针。《中华人民共和国放射性污染防治法》第三条规定，国家对放射性污染的防治，实行预防为主、防治结合、严格管理、安全第一的方针。

3. 放射性污染防治的监督管理体制

根据《中华人民共和国放射性污染防治法》第八条规定，国务院环境保护行政主管部门对全国放射性污染防治工作依法实施统一监督管理；国务院卫生行政部门和其他有关部门依据国务院规定的职责，对有关的放射性污染防治工作依法实施监督管理。国务院环境保护行政主管部门的统一监督管理职责包括：制定并联合标准化行政主管部门发布放射性污染防治标准；会同国务院有关部门组织环境监测网并对放射性污染实施监测管理；对核设施、铀（钍）开发利用中的放射性污染防治进行监督检查；负责涉核技开发利用单位环境影响评价文件审批等。"其他部门"是指公安、国防科工和交通部门。

4. 放射性污染防治的综合性法律制度和措施

（1）资格资质管理制度

该法第十四条规定，国家对从事放射性污染防治的专业人员实行资格管理制度；对从事放射性污染监测工作的机构实行资质管理制度。

（2）涉核单位的主体责任制度

根据该法第十二条、第十三条规定，涉核单位的主体责任主要包括：

① 污染的防治责任。核设施营运单位、核技术利用单位、铀（钍）矿和伴生放射性矿开发利用单位，负责本单位放射性污染的防治，接受环境保护行政主管部门和其他有关部门的监督管理，并依法对其造成的放射性污染承担责任。

② 预防义务。核设施营运单位、核技术利用单位、铀（钍）矿和伴生放射性矿开发利用单位，必须采取安全与防护措施，预防发生可能导致放射性污染的各类事故，避免放射性

污染危害。

③ 员工安全教育义务。核设施营运单位、核技术利用单位、铀（钍）矿和伴生放射性矿开发利用单位，应当对其工作人员进行放射性安全教育、培训，采取有效的防护安全措施。

（3）标识与警示制度

该法第十六条规定，放射性物质和射线装置应当设置明显的放射性标识和中文警示说明。生产、销售、使用、贮存、处置放射性物质和射线装置的场所，以及运输放射性物质和含放射源的射线装置的工具，应当设置明显的放射性标志。

（4）产品材料符合标准的规定

该法第十七条规定，含有放射性物质的产品，应当符合国家放射性污染防治标准；不符合国家放射性污染防治标准的，不得出厂和销售。使用伴生放射性矿渣和含有天然放射性物质的石材做建筑和装修材料，应当符合国家建筑材料放射性核素控制标准。

5. 核设施放射性污染防治措施

核设施是指：核动力厂（核电厂、核热电厂、核供汽供热厂等）和其他反应堆（研究堆、实验堆、临界装置等）；核燃料生产、加工、贮存和后处理设施；放射性废物的处理和处置设施等。《中华人民共和国放射性污染防治》第三章对核设施放射性污染防治作了具体规定，主要内容如下。

（1）对核设施选址、建造、运行和退役实施行政许可

① 核设施选址、建造、运行和退役前需进行环境影响评价。根据《中华人民共和国放射性污染防治》第十八条、第二十条规定，核设施营运单位应当在办理核设施选址审批手续和申请领取核设施建造、运行许可证和办理退役审批手续前编制环境影响报告书，报国务院环境保护行政主管部门审查批准。这种分阶段进行环境影响评价，可以更加有效的预防或减轻各阶段可能造成的放射性环境污染。此外，该法第二十一条还规定了核设施项目应当执行环境保护"三同时"制度。

② 核设施选址、建造、装料、运行、退役需进行审批。《中华人民共和国放射性污染防治》第十八条、第十九条规定，核设施选址，应当进行科学论证，并按照国家有关规定办理审批手续。核设施营运单位在进行核设施建造、装料、运行、退役等活动前，必须按照国务院有关核设施安全监督管理的规定，申请领取核设施建造、运行许可证和办理装料、退役等审批手续。

（2）核设施进口的规定

进口核设施，应当符合国家放射性污染防治标准；没有相应的国家放射性污染防治标准的，采用国务院环境保护行政主管部门指定的国外有关标准。

（3）划定规划限制区的规定

核动力厂等重要核设施外围地区应当划定规划限制区。核设施营运单位应当对核设施周围环境中所含的放射性核素的种类、浓度以及核设施流出物中的放射性核素总量实施监测，并定期向国务院环境保护主管部门和所在地省级环境保护主管部门报告监测结果。

（4）核设施安全保卫制度

根据该法第二十五条规定，核设施营运单位应当建立健全安全保卫制度，加强安全保卫工作，并接受公安部门的监督指导。核设施营运单位应当按照核设施的规模和性质制定核事故场内应急计划，做好应急准备。出现核事故应急状态时，核设施营运单位必须立即采取有

效的应急措施控制事故,并向核设施主管部门和环境保护行政主管部门、卫生行政部门、公安部门以及其他有关部门报告。

(5) 核事故应急制度

核设施主管部门、环境保护行政主管部门、卫生行政部门、公安部门以及其他有关部门,在本级人民政府的组织领导下,按照各自的职责依法做好核事故应急工作。中国人民解放军和中国人民武装警察部队按照国务院、中央军事委员会的有关规定在核事故应急中实施有效的支援。

6. 核技术利用管理措施

核技术利用,是指密封放射源、非密封放射源和射线装置在医疗、工业、农业、地质调查、科学研究和教学等领域中的使用。《中华人民共和国放射性污染防治》第四章对核设施放射性污染防治作了具体规定,主要内容如下。

(1) 核技术利用许可制度

该法第二十八条规定,生产、销售、使用放射性同位素和射线装置的单位,应当按照规定申请领取许可证,办理登记手续。该法第二十九条规定,生产、销售、使用放射性同位素和加速器、中子发生器以及含放射源的射线装置的单位,应当在申请领取许可证前编制环境影响评价文件报省级人民政府环境保护主管部门审查批准。

(2) 放射性同位素和射线装置管理

放射性同位素,是指某种发生放射性衰变的元素中具有相同原子序数但质量不同的核素。根据该法第三十一条、第三十二条规定,放射性同位素应当单独存放,不得与易燃、易爆、腐蚀性物品等一起存放,其贮存场所应当采取有效的防火、防盗、防射线泄漏的安全防护措施,并指定专人负责保管。贮存、领取、使用、归还放射性同位素时,应当进行登记、检查,做到账物相符。生产、使用放射性同位素和射线装置的单位,应当按照规定对其产生的放射性废物进行收集、包装、贮存。

《放射性同位素与射线装置安全和防护条例》第八条规定,生产、销售、使用放射性同位素和射线装置的单位,应当事先向有审批权的环境保护主管部门提出许可申请。

(3) 放射源管理

放射源,是指除研究堆和动力堆核燃料循环范畴的材料以外,永久密封在容器中或者有严密包层并呈固态的放射性材料。该法第三十二条、第三十三条规定,生产放射源的单位,应当按照规定回收和利用废旧放射源;使用放射源的单位,应当按照规定将废旧放射源交回生产放射源的单位或者送交专门从事放射性固体废物贮存、处置的单位。生产、销售、使用、贮存放射源的单位,应当建立健全安全保卫制度,指定专人负责,落实安全责任制,制定必要的事故应急措施。发生放射源丢失、被盗和放射性污染事故时,有关单位和个人必须立即采取应急措施,并向公安部门、卫生行政部门和环境保护主管部门报告。

7. 放射性废物管理措施

《中华人民共和国放射性污染防治》第六章对放射性废物管理作了具体规定,主要内容如下。

① 涉核单位应当合理选择和利用原材料,采用先进的生产工艺和设备,尽量减少放射性废物的产生量。

② 向环境排放符合标准的放射性废气、废液,应当向审批环境影响评价文件的环境保护主管部门申请放射性核素排放量,并定期报告排放计量结果。

③ 排放符合标准的放射性废液，必须采用符合规定的排放方式。禁止利用渗井、渗坑、天然裂隙、溶洞或者国家禁止的其他方式排放放射性废液。

④ 低、中水平放射性固体废物在符合国家规定的区域实行近地表处置。高水平放射性固体废物实行集中的深地质处置。禁止在内河水域和海洋上处置放射性固体废物。

⑤ 设立专门从事放射性固体废物贮存、处置的单位，必须经国务院环境保护主管部门审查批准，取得许可证；禁止未经许可或者不按照许可的有关规定从事贮存和处置放射性固体废物的活动，禁止将放射性固体废物提供或者委托给无许可证的单位贮存和处置。

8. 法律责任

根据《中华人民共和国放射性污染防治法》第四十九至第五十八条规定，不按照规定报告有关环境监测结果的；拒绝环境保护行政主管部门和其他有关部门进行现场检查，或者被检查时不如实反映情况和提供必要资料的。由县级以上人民政府环境保护行政主管部门或者其他有关部门依据职权责令限期改正，可以处二万元以下罚款。违反该法规定，未编制环境影响评价文件，或者环境影响评价文件未经环境保护行政主管部门批准，擅自进行建造、运行、生产和使用等活动的，由审批环境影响评价文件的环境保护行政主管部门责令停止违法行为，限期补办手续或者恢复原状，并处一万元以上二十万元以下罚款。未建造放射性污染防治设施、放射防护设施，或者防治防护设施未经验收合格，主体工程即投入生产或者使用的，由审批环境影响评价文件的环境保护行政主管部门责令停止违法行为，限期改正，并处五万元以上二十万元以下罚款。

根据《放射性同位素与射线装置安全和防护条例》规定，违反本条例规定，生产、销售、使用放射性同位素和射线装置的单位有下列行为之一的，由县级以上人民政府环境保护主管部门责令停止违法行为，限期改正；逾期不改正的，责令停产停业或者由原发证机关吊销许可证；有违法所得的，没收违法所得；违法所得十万元以上的，并处违法所得一倍以上五倍以下的罚款；没有违法所得或者违法所得不足十万元的，并处一万元以上十万元以下的罚款：①无许可证从事放射性同位素和射线装置生产、销售、使用活动的；②未按照许可证的规定从事放射性同位素和射线装置生产、销售、使用活动的；③改变所从事活动的种类或者范围以及新建、改建或者扩建生产、销售、使用设施或者场所，未按照规定重新申请领取许可证的；④许可证有效期届满，需要延续而未按照规定办理延续手续的；⑤未经批准，擅自进口或者转让放射性同位素的。

第三节 防治电磁辐射污染的法律规定

一、电磁辐射概念及其污染危害

电磁辐射是指以电磁波形式通过空间传播的能量流，且限于非电离辐射，包括信息传递中的电磁波发射，工业、科学、医学应用中的电磁辐射，高压变电中产生的电磁辐射。电磁辐射应用非常广泛，但也会给环境造成污染，对人体及动植物造成危害。社会生产生活中产生电磁辐射的建设项目有广播电视发射塔、移动通信基站、输变电项目、雷达站、电气化铁路、轻轨、强工频设备，应用电磁能的工业、医疗及科研设备，如电子仪器、医疗设备、激光照拍设备和办公自动化设备等。

电磁辐射对人体的危害极大。电磁辐射是造成儿童患白血病的原因之一，医学研究证明，长期处于高电磁辐射的环境中，会使血液、淋巴液和细胞原生质发生改变。能够诱发癌症并加速人体的癌细胞增加；会影响人们的生殖系统，主要表现为男子精子质量降低，孕妇发生自然流产和胎儿畸形等；可以导致儿童智力残缺；造成儿童患白血病等对人体会产生不同程度的危害。

我国对电磁辐射环境保护工作非常重视为，加强电磁辐射环境保护工作的管理，有效地保护环境，保障公众健康，原国家环境保护局于1997年颁布了《电磁辐射环境保护管理办法》。此外，还颁布了配套的环境标准，主要有《电磁辐射防护规定》（GB 8702）、《辐射环境保护管理导则 电磁辐射监测仪器和方法》（HJ/T 10.2—1996）等。

二、电磁辐射污染防治法律规定

《电磁辐射环境保护管理办法》共三十四条，主要内容包括以下方面。

1. 监督管理体制

县级以上人民政府环境保护行政主管部门对本辖区电磁辐射环境保护实施统一监督管理。国务院环境行政主管部门负责下列建设项目环境保护申报登记、环境影响报告书的审批和"三同时"验收及监督检查：总功率在200千瓦的电视发射塔；总功率在1000千瓦以上的广播台、站；跨省级行政区电磁辐射建设项目；国家规定的限额以上电磁辐射建设项目。

省级环境保护主管部门负责上述规定所列项目以外，在豁免水平以上的电磁辐射建设项目和设备的环境保护申报登记和环境影响报告书的审批、"三同时"验收及监督检查；参与辖区内由国务院环境行政主管部门负责的环境影响报告书的审批、"三同时"制度执行情况的检查和项目竣工验收以及项目建成后对环境影响的监督检查；负责对辖区内因电磁辐射活动造成的环境影响实行环境监督管理和监督性监测；根据国家有关电磁辐射防护标准的规定，负责确认电磁辐射建设项目和设备豁免水平。

2. 电磁辐射建设项目和设备名录制度

为界定电磁辐射环境监督管理的范围，原国家环境保护局于1997年发布《电磁辐射建设项目和设备名录》，列入名录的电磁辐射建设项目和拥有名录所列设备的单位和个人，应当遵守有关电磁辐射环境保护管理的规定。

3. 申报登记制度

从事电磁辐射活动的单位和个人建设或者使用《电磁辐射建设项目和设备名录》中所列的电磁辐射建设项目或者设备，必须在建设项目申请立项前或者在购置设备前，按本办法的规定，向有环境影响报告书（表）审批权的环境保护行政主管部门办理环境保护申报登记手续。

4. 环境影响评价制度

从事电磁辐射活动的单位或个人，必须对电磁辐射活动可能造成的环境影响进行评价，编制环境影响报告书（表），并按规定的程序报相应环境保护行政主管部门审批。凡是已通过环境影响报告书（表）审批的电磁辐射设备，不得擅自改变已经批准的功率。确需要改变经批准的功率的，应重新编制电磁辐射环境影响报告书（表），并按规定程序报原审批部门重新审批。从事电磁辐射环境影响评价的单位，必须持有相应的专业评价资格证书。

5. 环保设施竣工验收制度

从事电磁辐射活动的单位和个人必须遵守国家有关环境保护设施竣工验收管理的规定，在电磁辐射建设项目和设备正式投入生产和使用前，向原审批环境影响报告书（表）的环境保护行政主管部门提出环境保护设施竣工验收申请,并按规定提交验收申请报告及第十五条要求的两个阶段的环境影响报告书等有关资料。验收合格的,由环境保护行政主管部门批准验收申请报告,并颁发《电磁辐射环境验收合格证》。

6. 污染事故报告和处理制度

因发生事故或其他突发性事件,造成或可能造成电磁辐射污染事故的单位,必须立即采取措施,及时通报可能受到电磁辐射污染危害的单位和居民,并向当地环境保护行政主管部门和有关部门报告,接受调查处理。环保部门收到电磁辐射污染环境的报告后,应当进行调查,依法责令产生电磁辐射的单位采取措施,消除影响。发生电磁辐射污染事件,影响公众的生产或生活质量或对公众监控造成不利影响时,环境保护部门应会同有关部门调查处理。

第四节 ▎防治危险化学品污染的法律规定

一、危险化学品概念及其污染危害

危险化学品,是指具有毒害、腐蚀、爆炸、燃烧、助燃等性质,对人体、设施、环境具有危害的剧毒化学品和其他化学品。在我国,危险化学品指《危险化学品名录》中所列化学品。危险化学品是生物难以降解的物质,其对人体或者环境的损害具有潜在性、持久性等特点,危害极大,是世界面临的全球性环境问题之一。1984年12月3日印度博帕尔镇联合碳化物厂发生的异氰酸甲酯泄漏事故,使20万人受害,2500人丧生,是迄今为止世界上最为惨烈的危险化学品污染事件。

我国化学工业自本世纪初以来增长迅速,2010年总产值位居世界第一位,现有规模以上化工企业达2.5万多家,农药、染料、甲醇、化肥等产品的产量已达世界第一。我国现有生产使用记录的化学物质4万多种,其中3千余种已列入当前《危险化学品名录》。近年来,由危险化学品生产事故、交通运输事故以及非法排污引起的突发环境事件频发。2008~2011年,环境保护部共接报突发环境事件568起,其中涉及危险化学品287起,占突发环境事件的51%。2010年以来,相继发生紫金矿业泄漏污染事件、大连中石油国际储运有限公司陆上输油管道爆炸火灾引发海洋污染事件、杭州苯酚槽罐车泄露引发新安江污染事件等重大突发环境事件。2015年8月12日,位于天津市滨海新区天津港的瑞海国际物流有限公司危险品仓库发生特别重大火灾爆炸事故,事故造成165人遇难,8人失踪,798人受伤住院治疗;304幢建筑物、12428辆商品汽车、7533个集装箱受损,直接经济损失68.66亿元人民币。

二、危险化学品污染防治立法概况

在法律层面,我国目前还没有制定有关危险化学品污染防治的专门法律,仅在《中华人民共和国环境保护法》《中华人民共和国大气污染防治法》《中华人民共和国水污染防治法》中对危险化学品污染防治作了一些原则性规定。《中华人民共和国环境保护法》第四十八条规定,生产、储存、运输、销售、使用、处置化学物品和含有放射性物质的物品,应当遵守国家有关规定,防止污染环境。

行政法规层面,国务院于1987年颁布《化学危险物品安全管理条例》,在《化学危险物品安全管理条例》中将爆炸品、压缩气体和液化气体、易燃液体、易燃固体、自燃物品与遇湿易燃物品、氧化剂和有机过氧化物、毒害品和腐蚀品七类危险物品列入了管理范畴。2002

年,该条例修改为《危险化学品安全管理条例》(以下简称《化学品条例》)。2011 年,国务对该条例再次进行了修该,明确了环境保护主管部门负责组织危险化学品的环境危害性鉴定和环境风险程度评估,确定实施重点环境管理的危险化学品,负责危险化学品环境管理登记和新化学物质环境管理登记,依照职责分工调查相关危险化学品环境污染事故和生态破坏事件,负责危险化学品事故现场的应急环境监测。

部门规章层面,原国家环境保护局、能源部于 1991 年联合发布《防止含多氯联苯电力装置及其废物污染环境的规定》,原国家环境保护局、化工部于 1992 年联合发布《关于防治铬化物生产建设中环境污染的若干规定》,原国家环境保护局于 1994 年发布《化学品首次进口和有毒化学品进出口环境管理规定》,原国家环境保护总局于 2003 年发布《新化学物质环境管理办法》,环境保护部于 2009 年发布修订后的《新化学物质环境管理办法》,国家安全生产监督管理总局于 2011 年发布《危险化学品生产企业安全生产许可证实施办法》,环境保护部于 2012 年发布《危险化学品环境管理登记办法(试行)》,国家安全生产监督管理总局于 2012 年发布《危险化学品经营许可证管理办法》和《危险化学品建设项目安全监督管理办法》。

我国还积极加入相关国际环境公约,包括《关于持久性有机污染物的斯德哥尔摩公约》、《关于在国际贸易中对某些危险化学品和农药采用事先知情同意程序的鹿特丹公约》。为实施上述公约,2008 年 7 月,原国家环保总局发布"高污染、高环境风险"产品名录。2009 年 4 月,环境保护部会同国家发展改革委、工业和信息化部等十部委联合发布《关于禁止生产、流通、使用和进出口滴滴涕、氯丹、灭蚁灵及六氯苯的公告》,加速了有毒有害化学品淘汰进程。2010 年 10 月,环境保护部会同外交部、国家发展改革委等九部委联合发布《关于加强二噁英污染防治的指导意见》,大力推进二噁英污染防治。通过以外促内,进一步推动了危险化学品环境管理工作的深入开展。

三、危险化学品污染防治的主要法律规定

1. 危险化学品污染防治的原则

(1) 预防为主、全程防控原则

坚持源头预防,积极主动做好环境风险预防,严格准入,优化布局。对危险化学品的生产、经营、储存、运输、使用和危险化学品废弃处置的各个环节实施全过程管制。《化学品条例》规定,危险化学品安全管理,应当坚持安全第一、预防为主、综合治理的方针。危险化学品生产、储存、使用、经营和运输的安全管理,适用该条例。废弃危险化学品的产生、收集、运输、贮存、利用、处置活动污染环境的防治,适用《废弃危险化学品污染环境防治办法》。

(2) 突出重点、分类实施原则

根据不同类型的环境风险防控物质对象,实施不同的防控对策,大力推进重点防控行业、企业的化学品环境管理和风险防控,提高化工园区环境风险防范水平。

(3) 风险控制原则

危险化学品具有潜在性生态风险,欧美等发达国家大多都将风险控制作为危险化学品管理的指导思想和原则,实行危险化学品风险评估制度。《化学品条例》规定实行安全评价制度,全面加强化学品环境风险防控能力,减少危险化学品污染环境的发生率,切实保障人体健康和环境安全。

(4) 政府主导、企业负责原则

大力强化规划、准入、标准、审批、监管、预案、应急等手段,引导和推动化学品环境

风险防范；化学品相关企业担负化学品环境风险防控主体责任，负责落实各项管理规定和要求，预防和减少化学品突发环境事件发生。

有毒化学品污染防治的法律规定是在科学界定"有毒化学品"的基础上进行的，制定有毒化学品的法律规定的管理原则包括：全面管理，重点控制的原则，即对一般化学物质实行信息管理，而对有毒化学品实行严格的管理和控制；从研制、生产、销售、运输、使用、储存和废弃等全过程管理原则；风险管理原则；环境、安全、质量管理"三位一体"原则；分类管理和区域控制原则。

2. 危险化学品安全监督管理体制

《化学品条例》第六条对危险化学品安全监督管理体制作了规定，明确了危险化学品的生产、储存、使用、经营、运输实施安全监督管理的有关部门的职责。

① 安全生产监督管理部门负责危险化学品安全监督管理综合工作，组织确定、公布、调整危险化学品目录，对新建、改建、扩建生产、储存危险化学品（包括使用长输管道输送危险化学品，下同）的建设项目进行安全条件审查，核发危险化学品安全生产许可证、危险化学品安全使用许可证和危险化学品经营许可证，并负责危险化学品登记工作。

② 公安机关负责危险化学品的公共安全管理，核发剧毒化学品购买许可证、剧毒化学品道路运输通行证，并负责危险化学品运输车辆的道路交通安全管理。

③ 质量监督检验检疫部门负责核发危险化学品及其包装物、容器（不包括储存危险化学品的固定式大型储罐，下同）生产企业的工业产品生产许可证，并依法对其产品质量实施监督，负责对进出口危险化学品及其包装实施检验。

④ 环境保护主管部门负责废弃危险化学品处置的监督管理，组织危险化学品的环境危害性鉴定和环境风险程度评估，确定实施重点环境管理的危险化学品，负责危险化学品、新化学物质的环境管理登记；依照职责分工调查相关危险化学品环境污染事故和生态破坏事件，负责危险化学品事故现场应急环境监测。

⑤ 交通运输主管部门负责危险化学品道路运输、水路运输的许可以及运输工具的安全管理，对危险化学品水路运输安全实施监督，负责危险化学品道路运输企业、水路运输企业驾驶人员、船员、装卸管理人员、押运人员、申报人员、集装箱装箱现场检查员的资格认定。铁路主管部门负责危险化学品铁路运输的安全管理，负责危险化学品铁路运输承运人、托运人的资质审批及其运输工具的安全管理。民用航空主管部门负责危险化学品航空运输以及航空运输企业及其运输工具的安全管理。

⑥ 卫生主管部门负责危险化学品毒性鉴定的管理，负责组织、协调危险化学品事故受伤人员的医疗卫生救援工作。

⑦ 工商行政管理部门依据有关部门的许可证件，核发危险化学品生产、储存、经营、运输企业营业执照，查处危险化学品经营企业违法采购危险化学品的行为。

⑧ 邮政管理部门负责依法查处寄递危险化学品的行为。

3. 危险化学品监管法律制度

（1）危险化学品目录制度

为加强危险化学品安全管理，《化学品条例》规定在危险化学品相关领域制定相应目录，具体如下。

① 危险化学品。根据《化学品条例》第三条规定，由国务院安全生产监督管理部门会同国务院工业和信息化、公安、环境保护、卫生、质量监督检验检疫、交通运输、铁路、民用航空、

农业主管部门，根据化学品危险特性的鉴别和分类标准确定、公布，并适时调整。2015年2月27日，国务院安监总局等十部门联合发布《危险化学品目录（2015年版）》，于2015年5月1日起实施，《危险化学品名录（2002版）》、《剧毒化学品目录（2002年版）》同时予以废止。

② 易制爆危险化学品。根据《化学品条例》第二十三条规定，国务院公安部门规定可用于制造爆炸物品的危险化学品（以下简称易制爆危险化学品）。2011年11月15日，公安部编制了《易制爆危险化学品名录》(2011年版)。

③ 内河禁运危险化学品。根据《化学品条例》第五十四条，禁止通过内河封闭水域运输剧毒化学品以及国家规定禁止通过内河运输的其他危险化学品。其他内河水域，禁止运输国家规定禁止通过内河运输的剧毒化学品以及其他危险化学品。禁止通过内河运输的剧毒化学品以及其他危险化学品的范围，由交通运输部会同环境保护部、工业和信息化部、安全监管总局根据危险化学品的危险特性、危险化学品对人体和水环境的危害程度以及消除危害后果的难易程度等因素规定并公布。2015年7月2日，交通运输部、环境保护部、工业和信息化部、安全监管总局联合发布《内河禁运危险化学品目录（2015年版）》（试行）。

④ 危险化学品使用量的数量标准。根据《化学品条例》第二十九条的规定，使用危险化学品从事生产并且使用量达到规定数量的化工企业（属于危险化学品生产企业的除外），应当依照该条例的规定取得危险化学品安全使用许可证。2013年4月19日，国家安全监管总局、公安部和农业部联合发布《危险化学品使用量的数量标准（2013年版）》。

⑤ 重点环境管理危险化学品。根据《危险化学品环境管理登记办法（试行）》第三条，国务院环境保护主管部门根据危险化学品的危害特性和环境风险程度等，确定实施重点环境管理的危险化学品，制定、公布《重点环境管理危险化学品目录》，并适时调整。2014年4月3日，环境保护部发布《重点环境管理危险化学品目录》，全面启动危险化学品环境管理登记工作。根据该目录，符合下列条件之一的化学品，列入《重点环境管理危险化学品目录》：具有持久性、生物累积性和毒性的；生产使用量大或者用途广泛，且同时具有高的环境危害性和（或）健康危害性；属于需要实施重点环境管理的其他危险化学品，包括《关于持久性有机污染物的斯德哥尔摩公约》《关于汞的水俣公约》管制的化学品等。

⑥ 实行生产许可证制度管理的危险化学品。《化学品条例》第十四条规定，生产列入国家实行生产许可证制度的工业产品目录的危险化学品的企业，应当依照《工业产品生产许可证管理条例》的规定，取得工业产品生产许可证。《工业产品生产许可证管理条例》第二条规定，国家对生产重要工业产品的企业实行生产许可证制度，其中包括生产危险化学品及其包装物、容器等影响生产安全、公共安全的产品的企业。2012年11月20日，国家质量监督检验检疫总局发布《实行生产许可证制度管理的产品目录》，该目录产品包括危险化学品及其包装物。

（2）许可证制度

《化学品条例》规定对危险化学品生产、经营和使用实行许可证制度，具体内容如下。

① 危险化学品安全生产许可制度。《化学品条例》第十四条规定，危险化学品生产企业进行生产前，应当依照《安全生产许可证条例》的规定，取得危险化学品安全生产许可证。危险化学品安全生产许可依据《危险化学品生产企业安全生产许可证实施办法》实施。

② 危险化学品安全使用许可制度。《化学品条例》第二十九条规定，使用危险化学品从事生产并且使用量达到规定数量的化工企业，应当依照条例的规定取得危险化学品安全使用许可证。申请危险化学品安全使用许可证的化工企业，应当向所在地设区的市级人民政府安

全生产监督管理部门提出申请。依法取得危险化学品安全生产许可证的单位，不需再取得危险化学品安全使用许可证。

③ 危险化学品经营许可制度。《化学品条例》第三十三条规定，国家对危险化学品经营实行许可制度。未经许可，任何单位和个人不得经营危险化学品。危险化学品经营许可依据《危险化学品经营许可证管理办法》实施。

《化学品条例》还规定，任何单位和个人不得生产、经营、使用国家禁止生产、经营、使用的危险化学品。国家对危险化学品的使用有限制性规定的，任何单位和个人不得违反限制性规定使用危险化学品。禁止向个人销售剧毒化学品（属于剧毒化学品的农药除外）和易制爆危险化学品。

（3）安全评价制度

《化学品条例》第二十二条规定，生产、储存危险化学品的企业，应当委托具备国家规定的资质条件的机构，对本企业的安全生产条件每3年进行一次安全评价，提出安全评价报告。安全评价报告的内容应当包括对安全生产条件存在的问题进行整改的方案。申请危险化学品安全使用许可证的化工企业，应当进行安全评价。

（4）安全条件审查制度

新建、改建、扩建生产、储存危险化学品的建设项目，应当由安全生产监督管理部门进行安全条件审查。建设单位应当对建设项目进行安全条件论证，委托具备国家规定的资质条件的机构对建设项目进行安全评价，并将安全条件论证和安全评价的情况报告报建设项目所在地设区的市级以上人民政府安全生产监督管理部门；安全生产监督管理部门应当自收到报告之日起45日内作出审查决定，并书面通知建设单位。

（5）危险化学品登记制度

① 危险化学品登记制度。危险化学品生产企业、进口企业，应当向国务院安全生产监督管理部门负责危险化学品登记的机构（以下简称危险化学品登记机构）办理危险化学品登记。对同一企业生产、进口的同一品种的危险化学品，不进行重复登记。危险化学品生产企业、进口企业发现其生产、进口的危险化学品有新的危险特性的，应当及时向危险化学品登记机构办理登记内容变更手续。

② 危险化学品环境管理登记制度。危险化学品环境管理登记，依据《危险化学品环境管理登记办法（试行）》实施。

③ 新化学物质环境管理登记制度。新化学物质环境管理登记，依照《新化学物质环境管理办法》的规定执行。

（6）备案制度

① 安全评价报告以及整改方案的落实情况备案。《化学品条例》第二十二条规定，生产、储存危险化学品的企业，应当将安全评价报告以及整改方案的落实情况报所在地县级人民政府安全生产监督管理部门备案。在港区内储存危险化学品的企业，应当将安全评价报告以及整改方案的落实情况报港口行政管理部门备案。

② 储存剧毒化学品以及储存数量构成重大危险源的其他危险化学品的备案。《化学品条例》第二十五条规定，对剧毒化学品以及储存数量构成重大危险源的其他危险化学品，储存单位应当将其储存数量、储存地点以及管理人员的情况，报所在地县级人民政府安全生产监督管理部门（在港区内储存的，报港口行政管理部门）和公安机关备案。

③ 剧毒化学品、易制爆危险化学品销售情况备案。《化学品条例》第四十一条规定，剧

毒化学品、易制爆危险化学品的销售企业、购买单位应当在销售、购买后 5 日内，将所销售、购买的剧毒化学品、易制爆危险化学品的品种、数量以及流向信息报所在地县级人民政府公安机关备案，并输入计算机系统。

④ 生产、储存危险化学品的单位转产、停产、停业或者解散的，应当采取有效措施，及时、妥善处置其危险化学品生产装置、储存设施以及库存的危险化学品，不得丢弃危险化学品；处置方案应当报所在地县级人民政府安全生产监督管理部门、工业和信息化主管部门、环境保护主管部门和公安机关备案。

⑤ 危险化学品事故应急预案备案。《化学品条例》第七十条规定，危险化学品单位应当将其危险化学品事故应急预案报所在地设区的市级人民政府安全生产监督管理部门备案。

4. 危险化学品管理的其他措施

(1) 关于危险化学品禁止与限制的规定

《化学品条例》第四十九条规定未经公安机关批准，运输危险化学品的车辆不得进入危险化学品运输车辆限制通行的区域。《化学品条例》第五十四条规定，禁止通过内河封闭水域运输剧毒化学品以及国家规定禁止通过内河运输的其他危险化学品。《化学品条例》第五十八条规定，通过内河运输危险化学品，危险化学品包装物的材质、型式、强度以及包装方法应当符合水路运输危险化学品包装规范的要求。

(2) 作业场所和安全设施、设备安全警示的规定

《化学品条例》第二十条规定，生产、储存危险化学品的单位，应当在其作业场所和安全设施、设备上设置明显的安全警示标志。目前已经发布的相关法规有：《作业场所职业健康监督管理暂行规定》和《化学品作业场所安全警示标志编制规范》。

(3) 剧毒化学品、易制爆危险化学品准购、准运的规定

《化学品条例》第三十八条规定，依法取得危险化学品安全生产许可证、危险化学品安全使用许可证、危险化学品经营许可证的企业，凭相应的许可证件购买剧毒化学品、易制爆危险化学品。民用爆炸物品生产企业凭民用爆炸物品生产许可证购买易制爆危险化学品。前款规定以外的单位购买剧毒化学品的，应当向所在地县级人民政府公安机关申请取得剧毒化学品购买许可证。

(4) 从事危险化学品运输企业的资质认定的规定

《化学品条例》第四十三条规定，从事危险化学品道路运输、水路运输的，应当分别依照有关道路运输、水路运输的法律、行政法规的规定，取得危险货物道路运输许可、危险货物水路运输许可，并向工商行政管理部门办理登记手续。

(5) 危险化学品环境释放信息报告的规定

《化学品条例》第十六条规定，生产实施重点环境管理的危险化学品的企业，应当按照国务院环境保护主管部门的规定，将该危险化学品向环境中释放等相关信息向环境保护主管部门报告。环境保护主管部门可以根据情况采取相应的环境风险控制措施。

(6) 化学品危险性鉴定规定

《化学品条例》第一百条规定，化学品的危险特性尚未确定的，由国务院安全生产监督管理部门、国务院环境保护主管部门、国务院卫生主管部门分别负责组织对该化学品的物理危险性、环境危害性、毒理特性进行鉴定。

(7) 危险化学品污染事故应急的规定

危险化学品单位应当制定本单位危险化学品事故应急预案，配备应急救援人员和必要的

应急救援器材、设备,并定期组织应急救援演练。危险化学品单位应当将其危险化学品事故应急预案报所在地设区的市级人民政府安全生产监督管理部门备案。

发生危险化学品事故,事故单位主要负责人应当立即按照本单位危险化学品应急预案组织救援,并向当地安全生产监督管理部门和环境保护、公安、卫生主管部门报告;道路运输、水路运输过程中发生危险化学品事故的,驾驶人员、船员或者押运人员还应当向事故发生地交通运输主管部门报告。发生危险化学品事故,有关地方人民政府应当立即组织安全生产监督管理、环境保护、公安、卫生、交通运输等有关部门,按照本地区危险化学品事故应急预案组织实施救援,不得拖延、推诿。

练习题

一、问答题

1. 什么是清洁生产?清洁生产的适用的领域有哪些?
2. 简述清洁生产审核的范围。
3. 我国对核设施管理的措施主要有哪些?
4. 防治电磁辐射的主要法律制度有哪些?
5. 简述危险化学品污染防治的主要法律规定。

二、案例分析

1. 某医院为了吸引患者就医,于2013年5月引进一台伽马刀设备用于手术。当地卫生部门在监督检查中发现该医院使用伽马刀,且未经卫生部门许可,该医院没有制定任何伽马刀的管理规范。经立案调查,发现该医院将伽马刀投入使用前没有向环保部门提交环评文件。为此,卫生部门对该医院的擅自使用伽马刀的行为进行处罚,责令停业整顿,并没收违法所得9万元。

问:(1)关于医疗射线装置使用的法律规定有哪些?

(2)本案中卫生部门对医院做出处罚是否符合法律规定?

2. 朱某、李某等五人(以下简称申请人)通过向某省环境保护厅(以下简称被申请人)申请政府信息公开得知中国移动某省公司在某市建设的TD二期工程未经建设项目竣工环境保护验收于2009年投入运行。申请人于2011年11月9日向被申请人提出申请,要求被申请人责令第三人停止使用TD二期南京工程,并处10万元罚款。被申请人于2012年1月16日,对中国移动某公司环境违法行为进行了调查,2月14日,被申请人向中国移动某省公司作出《行政处罚事先(听证)告知书》。被申请人于2012年3月约见了中国移动某省公司有关负责人,要求其限期申请环保验收。该项目于2012年3月通过了建设项目竣工环境保护验收。申请人认为被申请人至今未履行法定职责,其不作为行为涉嫌违法,遂于2012年4月6日向复议机关提出复议申请,请求确认被申请人行政不作为违法,并责令被申请人依法责令第三人停止使用TD二期工程,并处10万元罚款。

问:(1)关于电磁辐射污染防治的制度有哪些?

(2)本案中被申请人是否履行了法定职责?请说明理由。

第七章
自然资源保护法

学习目标

了解自然资源保护法与环境保护法的关系，了解自然资源单行法的立法概况。掌握自然资源保护法的主要制度，掌握各自然资源单行法的主要法律规定。

第一节 ▎保护土地和水资源的法律规定

一、保护土地资源的法律规定

1. 土地资源概述

土地是地球陆地的表层。它是人类赖以生存和发展的物质基础和环境条件，是社会生产活动中最基本的生产资料。土地还是植物生长发育和动物栖息及繁衍后代的场所。因为，土地是土壤、水以及由此所养育的动植物所构成的。其土壤是覆盖地球表面的无机质碎屑物（质），由于气候、地形（特别是水的作用）的影响以及生物（特别是植物）的作用，经过一定的时间，获得一定的断面形态和机能的物质，还要加上生物的作用，才能在地球生物圈首次形成土壤。而今仍与生物的生命维持机构有着密切的联系。通常认为，宝贵的土壤在现在的气候、植被等条件下，要经过几百年到几千年才能生成。作为人类环境的土壤是植物（作物）的生息地，是粮食生产的场所，在环境构成要素（土壤、空气、水、生活空间、矿物、野生动物、森林）中其重要性相对最大。土壤对环境净化，健康生活和作为工业材料也是必不可缺，正是土壤为分解者提供了居住场所土壤是一种有限的资源，也是自然资源的依托，随着对土地和自然资源的需求日益增长，乃产生了竞争和冲突，从而引起土地退化。

2. 我国土地资源的基本情况

根据国土资源部公布的数据，2008 年全国耕地 18.2574 亿亩（15 亩 = 1 公顷，后同），林地 35.41 亿亩，牧草地 39.27 亿亩。2012 年我国批准建设用地 61.52 万公顷，其中转为建设用地的农用地 42.91 万公顷，耕地 25.94 万公顷，同比分别增长 0.6%、4.5%、2.5%。

3. 保护土地的法律规定

保护土地的法律，主要有《中华人民共和国土地管理法》（1986 年 6 月 25 日颁布，1998 年 8 月 29 日第一次修改，2004 年 8 月 28 日第二次修改）、《中华人民共和国农村土地承包法》（2003 年 3 月 1 日起施行）、《中华人民共和国城市房地产管理法》（2007 年 8 月 30 日起施行）、《中华人民共和国农业法》（2003 年 3 月 1 日起施行）等。保护土地的行政法规，主要有《中华人民共和国土地管理法实施条例》（1998 年 12 月 27 日颁布，2011 年 1 月 8 日第一次修改，2014 年 7 月 29 日第二次修改）、《基本农田保护条例》（1999 年 1 月 1 日起施行）、《土地复垦条例》（2011 年 2 月 22 日起施行）、《土地复垦条例实施办法》（2013 年 3 月 1 日起施行）等。有关保护土地资源的法律制度，主要包括以下几个方面。

(1) 土地所有权和使用权的规定

我国实行土地的社会主义公有制，即全民所有制和劳动群众集体所有制。

全民所有，即国家所有土地的所有权由国务院代表国家行使。属于全民所有即国家所有的土地有：①城市市区的土地；②农村和城市郊区中已经依法没收、征收、征购为国有的土地；③国家依法征用的土地；④依法不属于集体所有的林地、草地、荒地、滩涂及其他土地；⑤农村集体经济组织全部成员转为城镇居民的，原属于其成员集体所有的土地；⑥因国家组织移民、自然灾害等原因，农民成建制地集体迁移后不再使用的原属于迁移农民集体所有的土地。

农村和城市郊区的土地，除由法律规定属于国家所有的以外，属于农民集体所有；宅基地和自留地、自留山，属于农民集体所有。

任何单位和个人不得侵占、买卖或者以其他形式非法转让土地。土地使用权可以依法转让。买卖或者以其他形式非法转让土地的，由县级以上人民政府土地行政主管部门没收违法所得；对直接负责的主管人员和其他直接责任人员，依法给予行政处分；构成犯罪的，依法追究刑事责任。

(2) 土地的利用和保护规定

① 国家建立土地调查统计制度。县级以上人民政府土地管理部门同有关部门进行土地调查统计。

② 总体规划。地方人民政府制定的土地利用总体规划经上级人民政府批准执行，城市规划和土地利用总体规划应当协调。在城市规划区内，土地利用应当符合城市规划。在江河、湖泊的安全区内，土地利用应当符合江河、湖泊综合开发利用规划。

③ 开发建设。国有荒山、荒地、滩涂用于农、林、牧、渔业生产的，由县级以上人民政府批准，可以确定给开发单位使用。采矿、取土后能够复垦的土地，用地单位或者个人应当负责复垦、恢复利用。使用国有土地，有下列情形之一的，由土地管理部门报县级以上人民政府批准，可以收回土地使有权：为公共利益需要使用土地的；为实施城市规划进行旧城区改建，需要调整使用土地的；土地出让等有偿使用合同约定的使用期限届满，土地使用者未申请续期或者申请续期未获批准的；因单位撤销、迁移等原因，停止使用原划拨的国有土地的；公路、铁路、机场、矿场等经核准报废的。

(3) 耕地的保护

① 各级人民政府应当采取措施，保护耕地，维护排灌工程设施，改良土壤，提高地力，防止土地沙化、盐渍化、水土流失、制止荒废破坏耕地的行为。国家建设和乡（镇）村建设必须节约使用土地，可以利用荒地的，不得占用耕地；可以利用劣地的，不得占用好地。

② 实行占用耕地补偿制度。为了防止耕地减少，实现耕地动态平衡，国家对耕地实行特殊保护，非农业建设经批准占用耕地的，应按照"占多少、垦多少"的原则，由占用耕地的单位负责开垦与所占用耕地的数量与质量相当的耕地；没有条件开垦或者开垦的耕地不符合要求的。应当按照省级人民政府的规定缴纳耕地开垦费，专款用于开垦的耕地。

③ 保证耕地总量不减少。省级人民政府应当严格执行土地利用总体规划和土地利用年度计划，采取措施，确保本行政区域内耕地总量不减少；耕地总量减少的，由国务院责令在规定期限内组织开垦与所减少耕地的数量与质量相当的耕地，并由国务院土地行政主管部门会同农业行政主管部门验收。个别省、直辖市确因土地后备资源匮乏，新增建设用地后，新开垦耕地的数量不足以补偿所占用耕地的数量的，必须报经国务院批准减免本行政区域内开垦耕地的数量，进行异地开垦。

④ 实行基本农田保护制度。根据《基本农田保护条例》规定，基本农田是指根据一定时期人口和社会经济发展对农产品的需求以及对建设用地的预测，根据土地利用总体规划而确定的长期不得占用的耕地。基本农田保护区，是指为对基本农田实行特殊保护而依据土地利用总体规划和依照法定程序确定的特定保护区域。下列耕地应当划入基本农田保护区：第一，经国务院有关主管部门或者县级以上地方人民政府批准确定的粮、棉、油生产基地内的耕地；第二，有良好的水利与水土保持设施的耕地，正在实施改造计划以及可以改造的中、低产田；第三，蔬菜生产基地；第四，农业科研、教学试验田。

(4) 国家建设用地规定

建设占用土地，涉及农用地转为建设用地的，应当办理农用地转用审批手续。

省、自治区、直辖市人民政府批准的道路、管线工程和大型基础设施建设项目、国务院批准的建设项目占用土地，涉及农用地转为建设用地的，由国务院批准。

在土地利用总体规划确定的城市和村庄、集镇建设用地规模范围内，为实施该规划而将农用地转为建设用地的，按土地利用年度计划分批次由原批准土地利用总体规划的机关批准。在已批准的农用地转用范围内，具体建设项目用地可以由市、县人民政府批准。

征收下列土地的由国务院批准：① 基本农田；② 基本农田以外的耕地超过三十五公顷的；③ 其他土地超过七十公顷的。征收上述规定以外的土地的，由省、自治区、直辖市人民政府批准，并报国务院备案。

(5) 乡（镇）村建设用地规定

乡（镇）村建设应当按照合理布局、节约用地的原则制订规划，经县级人民政府批准执行。城市规划区内的乡（镇）村建设规划，经市人民政府批准执行。农村居民住宅建设，乡（镇）村企业建设，乡（镇）村公共设施、公益事业建设等乡（镇）村建设，应当按照乡（镇）村建设规划进行。

农村居民建住宅，应当使用原有的宅基和村内空闲地。使用耕地的，经乡级人民政府审核后，报县级人民政府批准；使用原有住宅基地，村内空闲地和其他土地的，由乡级人民政府批准。

乡（镇）村公共设施、公益事业建设，需要使用土地的，经乡（镇）人民政府审核，向县级以上地方人民政府土地行政主管部门提出申请，按照省、自治区、直辖市规定的批准权限，由县级以上地方人民政府批准。

农民集体所有的土地的使用权不得出让、转让或者出租用于非农业建设。

(6) 法律责任规定

① 占用耕地建窑、建坟或者擅自在耕地上建房、挖砂、采石、采矿、取土等，破坏种植条件的，或者因开发土地造成土地荒漠化、盐渍化的，由县级以上人民政府土地行政主管部门责令限期改正或者治理，可以并处罚款；构成犯罪的，依法追究刑事责任。

② 拒不履行土地复垦义务的，由县级以上人民政府土地行政主管部门责令限期改正；逾期不改正的，责令缴纳复垦费，专项用于土地复垦，可以处以罚款。

③ 未经批准或者采取欺骗手段骗取批准，非法占用土地的，由县级以上人民政府土地行政主管部门责令退还非法占用的土地，对违反土地利用总体规划擅自将农用地改为建设用地的，限期拆除在非法占用的土地上新建的建筑物和其他设施，恢复土地原状；对非法占用土地单位的直接负责的主管人员和其他直接责任人员，依法给予行政处分；构成犯罪的，依法追究刑事责任。

④ 擅自将农民集体所有的土地的使用权出让、转让或者出租用于非农业建设的，由县级以上人民政府土地行政主管部门责令限期改正，没收违法所得，并处罚款。

⑤ 建设单位或者个人对责令限期拆除的行政处罚决定不服的，可以在接到责令限期拆除决定之日起十五日内，向人民法院起诉；期满不起诉又不自行拆除的，由作出处罚决定的机关依法申请人民法院强制执行，费用由违法者承担。

⑥ 土地行政主管部门的工作人员玩忽职守、滥用职权、徇私舞弊，构成犯罪的，依法追究刑事责任；尚不构成犯罪的，依法给予行政处分。

二、保护水资源的法律规定

1. 水资源概述

水是自然环境的基本要素，又是一种宝贵的自然资源，它在自然界中以固态、液态和气态三种聚集状态存在。水和水资源是两个不同的概念。水包括资源水和商品水，水资源一般是指处于自然状态下的水，包括江河、湖池、冰川等地表水和位于地壳上部岩石中的浅层地下水。

我国是一个干旱缺水严重的国家。淡水资源总量为28000亿立方米，占全球水资源的6%，居世界第四位，但人均只有2300立方米，仅为世界平均水平的1/4、美国的1/5，在世界上名列121位，是全球13个人均水资源最贫乏的国家之一。

2. 保护水资源的法律规定

保护水资源的法律主要有《中华人民共和国水法》（1998年1月21颁布，2002年8月29日第一次修改，2009年8月27日，2016年7月2日第三次修改）、《中华人民共和国防洪法》1997年8月29日颁布，2009年8月27日第一次修改，2015年4月24日第二次修改，2016年7月2日第三次修改）。保护水资源的行政法规主要有《河道管理条例》（1988年6月10日起实施）、《防汛条例》（2005年7月15日起实施）、《取水许可和水资源费征收管理条例》（2006年4月15日起施行）。有关保护水资源的法律规定，主要有以下几个方面。

（1）管理体制

国家对水资源实行流域管理与行政区域管理相结合的管理体制，国务院水行政主管部门负责全国水资源的统一管理和监督工作。流域管理就是将流域作为基本单元，把地表水与地下水，水量与水质，水资源与水环境作为一个相互依存的完整系统而实施的综合管理。

（2）水资源规划

开发、利用、节约、保护水资源和防治水害，应当按照流域、区域统一制定规划。规划分为流域规划和区域规划。流域规划包括流域综合规划和流域专业规划；区域规划包括区域综合规划和区域专业规划。综合规划，是指根据经济社会发展需要和水资源开发利用现状编制的开发、利用、节约、保护水资源和防治水害的总体部署。专业规划，是指防洪、治涝、灌溉、航运、供水、水力发电、竹木流放、渔业、水资源保护、水土保持、防沙治沙、节约用水等规划。

流域范围内的区域规划应当服从流域规划，专业规划应当服从综合规划。水资源规划的编制及审批机关，见表7-1。

表 7-1　水资源规划的编制及审批机关

规划类型	编制机关	审批机关	备注
国家确定的重要江河、湖泊的流域综合规划	国务院水行政主管部门会同国务院有关部门和有关省、自治区、直辖市人民政府	国务院批准	
跨省、自治区、直辖市的其他江河、湖泊的流域综合规划和区域综合规划	有关流域管理机构会同江河、湖泊所在地的省、自治区、直辖市人民政府水行政主管部门和有关部门	国务院或者其授权的部门批准	分别经有关省、自治区、直辖市人民政府审查提出意见后,报国务院水行政主管部门审核;国务院水行政主管部门征求国务院有关部门意见后,报国务院或者其授权的部门批准
其他江河、湖泊的流域综合规划和区域综合规划	县级以上地方人民政府水行政主管部门会同同级有关部门和有关地方人民政府	本级人民政府或者其授权的部门	报上一级水行政主管部门备案
专业规划	县级以上人民政府有关部门	本级人民政府批准	防洪规划、水土保持规划的编制、批准,依照防洪法、水土保持法的有关规定执行

（3）水资源、水域和水工程的保护

禁止在饮用水水源保护区内设置排污口。在饮用水水源保护区内设置排污口的,由县级以上地方人民政府责令限期拆除、恢复原状;逾期不拆除、不恢复原状的,强行拆除、恢复原状,并处五万元以上十万元以下的罚款。在江河、湖泊新建、改建或者扩大排污口,应当经过有管辖权的水行政主管部门或者流域管理机构同意,由环境保护行政主管部门负责对该建设项目的环境影响报告书进行审批。擅自在江河、湖泊新建、改建或者扩大排污口的,由县级以上人民政府水行政主管部门或者流域管理机构依据职权,责令停止违法行为,限期恢复原状,处五万元以上十万元以下的罚款。

禁止在江河、湖泊、水库、运河、渠道内弃置、堆放阻碍行洪的物体和种植阻碍行洪的林木及高秆作物。禁止在河道管理范围内建设妨碍行洪的建筑物、构筑物以及从事影响河势稳定、危害河岸堤防安全和其他妨碍河道行洪的活动。

在河道管理范围内建设桥梁、码头和其他拦河、跨河、临河建筑物、构筑物,铺设跨河管道、电缆,应当符合国家规定的防洪标准和其他有关的技术要求,工程建设方案应当依照防洪法的有关规定报经有关水行政主管部门审查同意。

（4）取水许可证制度和有偿使用制度

直接从江河、湖泊或者地下取用水资源的单位和个人,应当按照国家取水许可制度和水资源有偿使用制度的规定,向水行政主管部门或者流域管理机构申请领取取水许可证,并缴纳水资源费,取得取水权。但是,家庭生活和零星散养、圈养畜禽饮用等少量取水的除外。《中华人民共和国水法》第六十九条规定,未经批准擅自取水的,由县级以上人民政府水行政主管部门或者流域管理机构依据职权,责令停止违法行为,限期采取补救措施,处二万元以上十万元以下的罚款。

（5）法律责任

① 在河道管理范围内建设妨碍行洪的建筑物、构筑物,或者从事影响河势稳定、危害河岸堤防安全和其他妨碍河道行洪的活动的,由县级以上人民政府水行政主管部门或者流域管理机构依据职权,责令停止违法行为,限期拆除违法建筑物、构筑物,恢复原状;逾期不

拆除、不恢复原状的，强行拆除，所需费用由违法单位或者个人负担，并处一万元以上十万元以下的罚款。

② 擅自修建水工程，或者建设桥梁、码头和其他拦河、跨河、临河建筑物、构筑物，铺设跨河管道、电缆，且防洪法未作规定的，由县级以上人民政府水行政主管部门或者流域管理机构依据职权，责令停止违法行为，限期补办有关手续；逾期不补办或者补办未被批准的，责令限期拆除违法建筑物、构筑物；逾期不拆除的，强行拆除，所需费用由违法单位或者个人负担，并处一万元以上十万元以下的罚款。

③ 在饮用水水源保护区内设置排污口的，由县级以上地方人民政府责令限期拆除、恢复原状；逾期不拆除、不恢复原状的，强行拆除、恢复原状，并处五万元以上十万元以下的罚款。未经水行政主管部门或者流域管理机构审查同意，擅自在江河、湖泊新建、改建或者扩大排污口的，由县级以上人民政府水行政主管部门或者流域管理机构依据职权，责令停止违法行为，限期恢复原状，处五万元以上十万元以下的罚款。

④ 未经批准擅自取水的，或未依照批准的取水许可规定条件取水的，由县级以上人民政府水行政主管部门或者流域管理机构依据职权，责令停止违法行为，限期采取补救措施，处二万元以上十万元以下的罚款；情节严重的，吊销其取水许可证。

第二节 水土保持与防沙治沙的法律规定

一、水土保持的法律规定

1. 水土保持概述

水土保持，是指对自然因素，和人为活动造成水土流失所采取的浸润和治理措施。水土流失是指土壤在水的浸润的冲击作用下，结构发生破碎和松散，随水流失而散失现象。它主要发生在无良好的覆盖物的土壤地区，水土流失既能使土地的面积，尤其是农用地面积的减少，而且还能使土壤质量，即土地质量恶化，从而使土地的生产能力及环境效能降低乃至消失。

我国的水土流失非常严重，根据 2013 年 5 月公布的《第一次全国水利普查水土保持情况公报》，目前我国土壤侵蚀总面积 294.91 万平方公里，占普查范围（中华人民共和国大陆境内，未含香港、澳门特别行政区和台湾省）总面积的 31.12%，其中水力侵蚀 129.32 万平方公里、风力侵蚀 165.59 万平方公里。

2. 水土保持的法律规定

水土保持是指对自然因素和人为活动造成水土流失所采取的预防和治理措施。水土保持的法律，主要有《中华人民共和国水土保持法》（1991 年 6 月 29 日通过，2011 年 3 月 1 日修订实施）。水土保持的行政法规，主要有《水土保持法实施条例》（1993 年 8 月 1 日颁布，2011 年 1 月 8 日修改）。有关水土保持的法律规定，主要有以下几个方面。

（1）预防水土流失的措施

① 各级人民政府应当组织全民植树造林，鼓励种草，扩大森林覆盖在积，增加植被。应根据情况，组织农业集体经济组织和国营农林、牧场，种植薪炭林和饲草、绿肥植物，有计划地进行封山育林育草、轮封轮牧，防风固沙，保持植被。禁止毁林开荒、烧山开荒和在陡坡地、干旱地区铲草皮、挖树兜。

② 禁止在 25 度以上陡坡地开垦种植农作物。违反规定，由县级以上地方人民政府水行政主管部门责令停止违法行为，采取退耕、恢复植被等补救措施；按照开垦或者开发面积，可以对个人处每平方米二元以下的罚款、对单位处每平方米十元以下的罚款。

开垦禁止开垦坡度以下 5 度以上的荒坡地，必须经县级人民政府水行政主管部门批准；开垦国有荒坡地，经县级人民政府水行政主管部门批准后，方可向县级以上人民政府申请办理土地开垦手续。

③ 在山区、丘陵区、风沙区以及水土保持规划确定的容易发生水土流失的其他区域开办可能造成水土流失的生产建设项目，生产建设单位应当编制水土保持方案，报县级以上人民政府水行政主管部门审批。

④ 依法应当编制水土保持方案的生产建设项目，生产建设单位未编制水土保持方案或者水土保持方案未经水行政主管部门批准的，生产建设项目不得开工建设。

依法应当编制水土保持方案的生产建设项目中的水土保持设施，应当与主体工程同时设计、同时施工、同时投产使用；生产建设项目竣工验收，应当验收水土保持设施；水土保持设施未经验收或者验收不合格的，生产建设项目不得投产使用。

(2) 治理水土流失的措施

① 土地承包使用者治理水土流失的责任。国家鼓励承包治理水土流失，对荒山、荒沟、荒丘、荒滩水土流失的治理实行承包的，应当按照谁承包治理谁受益的原则，签订水土保持承包治理合同；承包治理所种植的林木及其果实，归承包者所有，因承包治理而新增加的土地，由承包者使用。国家保护承包治理合同当事人的合法权益。在承包治理合同有效期内，承包人死亡时，继承人可以依照承包治理合同的约定继续承包。

② 企业事业单位的治理责任。开办生产建设项目或者从事其他生产建设活动造成水土流失的，应当进行治理。

③ 国家加强江河源头区、饮用水水源保护区和水源涵养区水土流失的预防和治理工作，多渠道筹集资金，将水土保持生态效益补偿纳入国家建立的生态效益补偿制度。在容易发生水土流失的区域开办生产建设项目或者从事其他生产建设活动，损坏水土保持设施、地貌植被，不能恢复原有水土保持功能的，应当缴纳水土保持补偿费，专项用于水土流失预防和治理。专项水土流失预防和治理由水行政主管部门负责组织实施。

在崩塌、滑坡危险区或者泥石流易发区从事取土、挖砂、采石等可能造成水土流失的活动的，由县级以上地方人民政府水行政主管部门责令停止违法行为，没收违法所得，对个人处一千元以上一万元以下的罚款，对单位处二万元以上二十万元以下的罚款。

(3) 法律责任

① 在禁止开垦坡度以上陡坡地开垦种植农作物，或者在禁止开垦、开发的植物保护带内开垦、开发的，由县级以上地方人民政府水行政主管部门责令停止违法行为，采取退耕、恢复植被等补救措施；按照开垦或者开发面积，可以对个人处每平方米二元以下的罚款、对单位处每平方米十元以下的罚款。

② 有下列行为之一的，由县级以上人民政府水行政主管部门责令停止违法行为，限期补办手续；逾期不补办手续的，处五万元以上五十万元以下的罚款；对生产建设单位直接负责的主管人员和其他直接责任人员依法给予处分：

a. 依法应当编制水土保持方案的生产建设项目，未编制水土保持方案或者编制的水土保持方案未经批准而开工建设的；

b. 生产建设项目的地点、规模发生重大变化,未补充、修改水土保持方案或者补充、修改的水土保持方案未经原审批机关批准的;

c. 水土保持方案实施过程中,未经原审批机关批准,对水土保持措施作出重大变更的。

③ 水土保持设施未经验收或者验收不合格将生产建设项目投产使用的,由县级以上人民政府水行政主管部门责令停止生产或者使用,直至验收合格,并处五万元以上五十万元以下的罚款。

④ 开办生产建设项目或者从事其他生产建设活动造成水土流失,不进行治理的,由县级以上人民政府水行政主管部门责令限期治理;逾期仍不治理的,县级以上人民政府水行政主管部门可以指定有治理能力的单位代为治理,所需费用由违法行为人承担。

二、防沙治沙的法律规定

1. 防沙治沙概述

所谓防沙治沙,就是指预防土地沙化,治理沙化土地,维护生态安全的活动。土地沙化是指因气候变化和人类活动所导致的天然沙漠扩张和沙质土壤上植被破坏,沙土裸露的过程。《中华人民共和国防沙治沙法》所称的土地沙化,是指主要因人类不合理活动所导致的天然沙漠扩张和沙质土壤上植被及覆盖物被破坏,形成流沙及沙土裸露的过程;《中华人民共和国防沙治沙法》所称所称沙化土地包括已经沙化的土地和具有明显沙化趋势的土地。

我国北方分布有广大面积的沙漠、戈壁及沙漠化土地,涉及内蒙古、黑龙江、吉林、辽宁、河北、山西、陕西、宁夏、甘肃、青海、新疆等省和自治区,共212个县旗。沙漠、戈壁主要分布在狼山-贺兰山-乌鞘岭广大地区,而且绝大部分都分布在内陆盆地中。如塔克拉玛干沙漠便位于塔里木盆地内。盆地中一些内陆河流冲积物及湖泊堆积物,在干旱气候条件下成为沙的主要来源。戈壁可以分成两种:一种是以洪积冲积为主的砂砾石戈壁,主要分布在山前地带,如昆仑山、祁连山及天山的山前地带等;另一种是剥蚀为主的碎石戈壁,如新疆东部、甘肃西北和内蒙古的西部等地。

根据2011年国家林业局发布的《中国荒漠化和沙化状况公报》,国家林业局于2009~2010年组织相关部门的单位和专家开展了第四次全国荒漠化和沙化监测工作。监测结果显示,截至2009年底,我国荒漠化土地面积为262.37万平方公里,沙化土地面积为173.11万平方公里。与2004年相比,5年间荒漠化土地面积净减少12454平方公里,年均减少2491平方公里。沙化土地面积净减少8587平方公里,年均减少1717平方公里。监测结果表明,我国土地荒漠化和沙化整体得到初步遏制,荒漠化和沙化土地面积持续减少,局部地区仍有扩展,全国尚有明显沙化趋势的土地31.10万平方公里,川西北高原、塔里木河下游等区域沙化土地仍处于扩展状态。

2. 防沙治沙的法律规定

我国现行的防沙治沙的法律,主要有《中华人民共和国防沙治沙法》(2002年1月1日起实施)。防沙治沙的行政法规,主要有《国务院关于进一步加强防沙治沙工作的决定》(2005年9月8日发布)、《省级政府防沙治沙目标责任考核办法》(2009年3月23日发布)。2013年1月29日,国家林业局等七部委联合发布《全国防沙治沙规划(2011—2020年)》。有关防沙治沙的法律规定,主要有以下几个方面。

(1) 防沙治沙工作的基本原则

① 统一规划,因地制宜,分步实施,坚持区域防治与重点防治相结合;

② 预防为主，防治结合，综合治理；
③ 保护和恢复植被与合理利用自然资源相结合；
④ 遵循生态规律，依靠科技进步；
⑤ 改善生态环境与帮助农牧民脱贫致富相结合；
⑥ 国家支持与地方自力更生，政府组织与社会各界参与相结合，鼓励单位、个人承包防沙治沙；
⑦ 保障防沙治沙者的合法权益。

（2）政府部门有关职责

① 国务院和沙化土地所在地区的县级以上地方人民政府，应当将防沙治沙纳入国民经济和社会发展计划，保障和支持防沙治沙工作的开展。沙化地区所在地各级人民政府，应当采取有效措施，预防土地沙化，治理沙化土地，保护和改善本行政区域的生态质量。国家在沙化土地所在地区，建立政府行政领导防沙治沙任期目标责任考核奖惩制度。沙化土地所在地区的县级上地方人民政府，应当向同级人民代表及其常务委员会报告防沙治沙工作情况。

② 在国务院领导下，国务院林业行政主管部门负责组织、协调、指导全国防沙治沙工作。国务院林业、农业、水利、土地、环境保护等行政主管部门和气象主管机构，按照有关法律规定，各负其责，密切配合，共同做好防沙治沙工作。县级以上地方人民政府组织、领导所属有关部门，按照职责分工，各负其责，密切配合，共同做好本行政区域的防沙治沙工作。使用土地的单位和个人，有防治该土地沙化的义务。使用已经沙化的土地的单位和个人，有治理该沙化土地的义务。

③ 国家支持防沙治沙科学研究和技术推广工作和支持开展防沙治沙的国际合作。在防沙治沙工作中做出显著成绩的单位和个人，由人民政府给予表彰和奖励；对保护和改善生态质量做出贡献的，应当给予重奖。

（3）防沙治沙规划的规定

防沙治沙实行统一规划。从事防沙治沙的及在沙土化土地范围内从事开发利用活动，必须遵循防沙治沙规划。规划应当对遏制土地沙化扩展趋势，逐步减少沙化土地的时限、步骤、措施等作出明确规定，并将具体实施方案纳入国民经济和社会发展五年计划和年度计划。规划有：国务院林业行政主管部门会同有关部门编制全国防沙治沙规划，报国务院批准后实施；省、自治区、直辖市人民政府依据全国防沙治沙规划，编制本行政区域的防沙治沙规划，报国务院指定的有关部门批准后实施；沙化土地所在地区的市、县人民政府，据上一级的防沙治沙规划，组编制本行政区防沙治沙规划，报上一级人民政府批准后实施。未经批准，不得改变规划。

防沙治沙规划应当与土地利用总体规划相衔接；防沙治沙规划中确定的沙化土地用途，应当符合本级人民政府的土地利用总体规划。

（4）预防土地沙化的规定

① 实行土地沙化情况的监测和预报。国务院林业行政主管部门组织其他有关行政主管部门对全国土地沙化情况进行监测、统计和分析，并定期公布监测结果。各级气象主管机构应当组织对气象干旱和沙尘暴天气进行监测、预报，发现气象干旱或者沙尘暴天气征兆时，应当及时报告当地人民政府。

② 加强植被的营造和保护。沙化土地所在地区的县级以上地方人民政府应当按照防沙治沙规划，划出一定比例的土地，因地制宜地营造防风固沙林网、林带，种植多年生灌木和

草本植物。除了抚育更新性质的采伐外，不得批准对防风固沙林进行采伐。

③ 加强草原的管理和建设。草原地区的地方各级人民政府，应当指导、组织农牧民建设人工草场，控制载畜量，推行牲畜圈养和草场轮牧，保护草原植被，防止草原退化和沙化。草原实行以产草量确定载畜量的制度。由农（牧）业行政主管部门负责制定载畜量的标准和有关规定，并逐级组织实施。

④ 实行封禁保护。在沙化土地封禁保护区范围内，禁止一切破坏植被的活动。禁止在沙化土地封禁保护区范围内安置移民。未经国务院或者国务院指定的部门同意，不得在沙化土地封禁保护区范围内进行修建铁路、公路等建设活动。

⑤ 加快沙区生活能源结构调整。沙区地方各级人民政府要采取有效措施，妥善解决城乡居民生活能源问题。积极发展替代燃料，因地制宜开发利用风能、太阳能、沼气等能源，有条件的地方应鼓励农牧民营造薪炭林。

⑥ 实行环境影响评价制度。在沙化土地范围内从事开发建设活动的，必须事先就该项目可能对当地及相关地区生态产生的影响进行环境影响评价，依法提交环境影响报告；环境影响报告应当包括有关防沙治沙的内容。

（5）沙化土地治理的规定

① 因地制宜，综合治理。沙化土地所在地区的地方各级人民政府，应当按照防沙治沙规划，组织有关部门、单位和个人，因地制宜地采取退耕还林还草、退牧还草、生态移民等措施，治理已经沙化的土地。

② 对土地的使用权人和承包经营权人的管理。使用已经沙化的国有土地的使用权人和农民集体所有土地的承包经营权人，必须采取治理措施，改善土地质量；确实无能力完成治理任务的，可以委托他人治理或者与他人合作治理。

③ 对营利性治沙活动的管理。国家保护沙化土地治理者的合法权益。在治理者取得合法土地权属的治理范围内，未经治理者同意，其他任何单位和个人不得从事治理或者开发利用活动。

④ 实行沙化土地单位治理责任制。沙区县级以上地方人民政府对铁路、公路、河流和水渠两侧以及城镇、村庄、厂矿和水库周围的沙化土地，要落实单位治理责任制，限期由责任单位负责组织造林种草或者采取其他措施治理。

（6）防沙治沙的保障措施

① 防沙治沙工作实行政府负责制。沙区地方各级人民政府对本行政区域的防沙治沙工作负总责。

② 防沙治沙的财政支持。各级人民政府要随着财力的增强，加大对防沙治沙的资金投入，并纳入同级财政预算和固定资产投资计划。

③ 防沙治沙的政策优惠。国家根据防沙治沙的需要，组织设立防沙治沙重点科研项目和示范、推广项目。凡纳入国家重点工程项目的公益性治沙活动，经县级以上有关行政主管部门检查验收合格后，享受国家重点工程项目的资金补助等政策。

④ 保障治理者的合法权益。沙化土地可以通过承包、租赁等多种形式落实经营主体，按照签订的合同，限期进行治理。使用国有沙化土地从事防沙治沙活动的，其土地使用权的期限最高可至70年，治理后的沙化土地承包经营权可以依法继承和流转。

（7）法律责任

① 在沙化土地封禁保护区范围内从事破坏植被活动的，由县级以上地方人民政府林业、

农（牧）业行政主管部门按照各自的职责，责令停止违法行为；有违法所得的，没收其违法所得；构成犯罪的，依法追究刑事责任。

② 国有土地使用权人和农民集体所有土地承包经营权人未采取防沙治沙措施，造成土地严重沙化的，由县级以上地方人民政府农（牧）业、林业行政主管部门按照各自的职责，责令限期治理；造成国有土地严重沙化的，县级以上人民政府可以收回国有土地使用权。

③ 进行营利性治沙活动，造成土地沙化加重的，由县级以上地方人民政府负责受理营利性治沙申请的行政主管部门责令停止违法行为，可以并处每公顷五千元以上五万元以下的罚款。

④ 不按照治理方案进行治理的，或者经验收不合格又不按要求继续治理的，由县级以上地方人民政府负责受理营利性治沙申请的行政主管部门责令停止违法行为，限期改正，可以并处相当于治理费用一倍以上三倍以下的罚款。

⑤ 截留、挪用防沙治沙资金的，对直接负责的主管人员和其他直接责任人员，由监察机关或者上级行政主管部门依法给予行政处分；构成犯罪的，依法追究刑事责任。

第三节 保护森林、草原的法律规定

一、保护森林的法律规定

1. 森林资源的基本情况

森林是指由比较密集生长在一起的乔木及其他木本植物占优势的植物群落。森林资源，包括森林、林木、林地以及依托森林、林木、林地的野生动物、植物和微生物。森林是重要环境要素之一，又是重要的自然资源。它在维持和保护人类赖以生存的自然环境方面起着极大的无法取代的作用。森林是国家重要的、不可替代的财富，它除了提供木材和各种林副产品外，还具有涵养水源、保持水土、防风固沙、调节气候、净化大气、阻隔噪声、保障农业生产、保存森林生物物种、维持生态平衡等重要作用。历史证明在我国自然灾害频繁时期，森林尤有特殊重要的意义，如长江中上游和东北地区森林的水源涵养功能，对减少长江和东北三江的泥沙量、调节江河水量，保障长江中下游平原和松嫩、三江平原的农田起着重要的作用。天山、阿尔泰山等干旱区的山地森林对涵养水源、保障山麓农区的用水十分重要。

我国属于森林资源贫乏国家。第七次全国森林资源清查结果（2004—2008 年）显示，我国森林面积 19545.22 万公顷，森林覆盖率 20.36%。活立木总蓄积 149.13 亿立方米，森林蓄积 137.21 亿立方米。除港、澳、台地区外，全国林地面积 30378.19 万公顷，森林面积 19333.00 万公顷，活立木总蓄积 145.54 亿立方米，森林蓄积 133.63 亿立方米。我国森林覆盖率只有全球平均水平的 2/3，排在世界第 139 位。人均森林面积 0.145 公顷，不足世界人均占有量的 1/4；人均森林蓄积 10.151 立方米，只有世界人均占有量的 1/7。

森林是陆地生态系统的主体，是人类赖以生存的重要的自然资源。森林具有调节净化功能，表现在它能吸收二氧化碳、释放氧气和贮存水分。森林是大自然吸收有毒气体、制造氧气的"天然工厂"，是"天然"的吸尘器，对粉尘具有阻挡、过滤和吸附作用，能吸收二氧化碳、二氧化硫和含氯、含氟气体，可以净化空气。森林是国家进行社会主义现代化建设和人民生活不可缺少的重要的自然资源。森林具有蓄水保土、防风固沙和调节气候等多种功能，它对保护农牧业免受风沙、干旱等灾害，保障农牧业稳产高产提供了生态屏障。森林还是保存林区生物物种的需要,如果森林遭到破坏,将导致野生动物的灭绝。因此,保护森林对于保障人体健康、实现经济社会可持续发展具有重大意义。

2. 保护森林的法律规定

保护森林的法律主要是《中华人民共和国森林法》(1984年9月20日颁布,1998年4月29日修改)。保护森林的行政法规,主要有《森林采伐更新管理规定》(1987年8月25日起实施)、《森林防火条例》(1988年3月5日起实施)、《森林法实施条例》(2000年1月29日起实施)、《退耕还林条例》(2003年1月20日起实施)、《国家处置重特大火灾应急预案》(2006年1月14日起实施)。保护森林的部门规章,主要有《林业行政程序处罚规定》(1996年10月1日起实施)、《森林植被恢复费征收使用管理暂行办法》(2003年1月1日起实施)、《中央森林生态效益补偿基金管理办法》(2004年10月21日起实施)、《林业统计管理办法》(2005年7月1日起实施)、《突发林业有害生物事件处置办法》(2005年7月1日起实施)、《开展林木转基因工程活动审批管理办法》(2006年7月1日起实施)。有关保护森林的法律制度,主要包括以下几个方面。

(1) 管理体制

《中华人民共和国森林法》第十条规定,国务院林业主管部门主管全国林业工作。县级以上地方人民政府林业主管部门,主管本地区的林业工作。乡级人民政府设专职或者兼职人员负责林业工作。《中华人民共和国森林法》第十三条规定,各级林业主管部门依照本法规定,对森林资源的保护、利用、更新,实行管理和监督。

(2) 森林经营管理规定

① 各级林业主管部门依照本法规定,对森林资源的保护、利用、更新,实行管理和监督。并负责组织森林资源清查,建立资源档案制度,掌握资源变化情况。应当指导农村经济组织和国家场、牧场、工矿企业等单位编制森林经营方案。

② 各级人民政府应当制度林业长远规划。国营林业企业事业单位和自然保护区,应当根据林业长远规划,编制森林经营方案,经上级主管部门批准后实行。

③ 任何单位之间,发生的林木、林地所有权和使用权争议由当地县级或者乡级人民政府处理。在林木、林地权属争议解决以前,任何一方不得砍伐有争议的林木。

④ 进行勘察设计、修筑工程设施、开采矿藏,应当不占或少占林地;必占用或者征用林地的,按照有关法律规定办理。占用、征用林地面积2000亩以上的,报国务院批准。

(3) 森林保护的规定

① 建立林业基金制度。林业基金由国家对林业的投资、各级财政的拨款、银行的贷款、按照规定提取的育林基金和更新改造资金、接收的捐赠款、经过批准的其他资金等组成,主要用于营林生产性支出,专款专用。

② 设立森林生态效益补偿基金。《中华人民共和国森林法》规定,国家设立森林生态效益补偿基金,用于提供生态效益的防护林和特种用途林的森林资源、林木的营造、抚育、保护和管理。森林生态效益补偿基金必须专款专用,不得挪作他用。

③ 征收森林植被恢复费。指对进行勘查、开采矿藏和各项建设工程的单位因占用或者征用林地时,必须缴纳一定数额的费用,以恢复森林植被。森林植被恢复费专款专用,由林业主管部门依照规定统一安排植树造林,恢复森林植被,植树造林面积不得少于因占用、征用林地而减少的森林植被面积。

④ 建立护林组织,负责护林工作。地方各级人民政府应当组织有关部门建立护林组织,

负责护林工作。护林员的主要职责是：巡护森林，制止破坏森林资源的行为；对造成森林资源破坏的，有权要求当地有关部门处理。

依照国家有关规定在林区设立的森林公安机关负责维护辖区社会治安秩序，保护辖区内的森林资源，并可依法在国务院林业主管部门授权的范围内代行行政处罚权。武装森林警察部队执行国家赋予的预防和扑救森林火灾的任务。

⑤ 防治森林火灾。防治森林火灾工作实行"预防为主，积极消灭"的方针。其主要措施是：第一，规定森林防火期间，在森林防火期内，禁止在林区野外用火，因特殊情况需要用火的，必须经县级人民政府或其授权的机关批准；第二，在林区设置防火设施；第三，发生森林火灾，必须立即组织有关部门扑救。

⑥ 防治森林病虫害。森林病虫害防治实行"预防为主，综合治理"的方针和"谁经营、谁防治"的责任制度。各级林业主管部门负责组织森林病虫害防治工作，规定林木种苗的检疫对象，划定疫区和保护区，对林木种苗进行检疫。

⑦ 禁止毁林行为。《中华人民共和国森林法》第二十三条规定，禁止毁林开垦和毁林采石、采砂、采土以及其他毁林行为；禁止在幼林地和特种用途林内砍柴、放牧；进入森林和森林边缘地区的人员，不得擅自移动或者毁坏为林业服务的标志。

⑧ 建立自然保护区。《中华人民共和国森林法》第二十四条规定，国务院林业主管部门和省级人民政府，应当在不同自然地带的典型森林生态地区、珍贵动物和植物生长繁殖的林区、天然热带雨林区和具有特殊保护价值的其他天然林区，划定自然保护区，加强保护管理。

（4）植树造林的规定

各级人民政府应当制定植树造林规划，因地制宜地确定本地区提高森林覆盖率的奋斗目标。应当组织各行业和城乡居民完成植树造林任务。

全民所有制单位营造的林木，由营造单位经营并按照国家规定支配林木收益。集体所有制单位的林木，归该单位所有。农民屋前后、自留地种植林木归个人所有，城镇居民和职工在自有房屋庭院内种植的林木，归个人所有。

新造幼林地和其他必须封山育林的地方，由当地人民政府组织封山育林。

（5）森林采伐规定

① 严格控制森林年采伐量。国家根据用材林的消耗量低于生长量的原则，严格控制森林年采伐量。全民所有的森林和林木以国营林业企事业单位、农场、厂矿为单位，有的森林和林木以县为单位，制定年采伐限额，由省、自治区、直辖市林业主管部门汇总，经同级人民政府审核后，报国务院批准。国家制定统一的年度木材生产计划。年度木材生产计划不得超过批准的年采伐限额。计划管理的范围由国务院规定。

② 采伐林木必须申请采伐许可证。采伐林木必须申请采伐许可证，按许可证的规定进行采伐，农村居民采伐自留地和房前屋后个人所有零星林木除外。审核发放采伐许可证部门，不得超过批准的年采伐限额发放采伐许可证。采伐林木的单位或者个人，必须按照采伐许可证规定的面积、株数、树种、限期完成更新造林任务，更新造林的面积和植树必须大于采伐的面积和株数。

（6）法律责任

① 盗伐森林行政处罚和刑事处罚。盗伐森林或者其他林木情节轻微的由林业主管部门责令赔偿损失，补种盗伐株数十倍的树木，并处以违法所得三至十倍的罚款。滥伐森林或其

他林木,情节轻微的,由林业主管部门责令补种株数五倍的树木。并处以违法所得二至五倍的罚款。盗伐、滥伐森林或其他林木,情节严重的,依照《中华人民共和国刑法》第一百二十八条的规定追究刑事责任。盗伐林木据为己有,数额巨大的,依照《中华人民共和国刑法》第一百五十二条的规定追究刑事责任。

② 超过采伐限额规定的处罚。超过批准的年采伐限额发放林木采伐许可证或超越职权发放林木采伐许可证的,对直接责任人员给予行政处分;情节严重,致使森林遭受严重破坏的,对直接责任人依照《中华人民共和国刑法》第一百八十七条的规定追究刑事责任;伪造或者倒卖林木采伐许可证的,由林业主管部门没收违法所得,处以罚款;情节严重的,比照《中华人民共和国刑法》第一百二十条的规定追究刑事责任。

③ 开发活动毁坏森林、林木的处罚。在进行开垦、采石、采砂、采土、采脂、砍柴和其他活动,致使森林、林木受到毁坏的,由林业主管部门责令赔偿损失,补种毁坏株数一至三倍的树木;采伐林木的单位或者个人没有按照规定完成更新造林任务的,发放采伐许可证的部门有权不再发给采伐许可证,直到完成更新造林任务为止;情节严重的,可以由林业主管部门处以罚款,对直接责任人员由所在单位或者上级主管机关给予行政处分。

二、保护草原的法律规定

1. 草原的概念

草原是指在中纬度地带大陆性半湿润半干旱气候条件下,由多年生耐旱、耐低温的以禾草占优势的植物群落的总称。《中华人民共和国草原法》所称的草原包括天然草原和人工草地。

我国北方地区草原生态系统的退化和资源的破坏是严重的,合理开发利用草原,防止环境进一步恶化,使资源得以永续利用是一项紧迫任务。应当采取的对策是:加强草原建设,治理退化草地;加强畜牧业的科学管理,改变目前落后状况;大力开辟新能源,以减轻对天然植被的破坏。同时要切实保护现有天然林木和灌丛,大力发展薪炭林和农田及草地防护林;加强自然保护区建设和管理。

2. 保护草原的法律规定

1985年第六届全国人大常委会第十一次会议通过了《中华人民共和国草原法》,1993年国务院发布了《草原防火条例》,2002年12月28日,第九届全国人民代表大会常务委员会第三十一次会议修订《中华人民共和国草原法》,并于2003年3月1日起施行,其主要内容如下。

(1) 监督管理体制

国务院草原行政主管部门主管全国草原监督管理工作。县级以上地方人民政府草原行政主管部门主管本行政区域内草原监督管理工作。

(2) 关于草原权属规定

草原属于国家所有,由法律规定属于集体所有的除外。国家所有的草原,由国务院代表国家行使所有权国家所有的草原,可以依法确定给全民所有制单位、集体经济组织等使用。依法确定给全民所有制单位、集体经济组织等使用的国家所有的草原,由县级以上人民政府登记,核发使用权证,确认草原使用权。集体所有的草原,由县人民政府登记,核发所有权证,确认草原所有权。

(3) 关于草原规划制度

国家对草原保护、建设、利用实行统一规划制度。国务院草原行政主管部门会同国务院有关部门编制全国草原保护、建设、利用规划，报国务院批准后实施。

县级以上地方人民政府草原行政主管部门会同同级有关部门依据上一级草原保护、建设、利用规划编制本行政区域的草原保护、建设、利用规划，报本级人民政府批准后实施。经批准的草原保护、建设、利用规划确需调整或者修改时，须经原批准机关批准。

(4) 草原调查、统计制度

① 国家建立草原调查制度。县级以上人民政府草原行政主管部门会同同级有关部门定期进行草原调查；草原所有者或者使用者应当支持、配合调查，并提供有关资料。国务院草原行政主管部门会同国务院有关部门制定全国草原等级评定标准。

② 国家建立草原统计制度。县级以上人民政府草原行政主管部门和同级统计部门共同制定草原统计调查办法，依法对草原的面积、等级、产草量、载畜量等进行统计，定期发布草原统计资料。草原统计资料是各级人民政府编制草原保护、建设、利用规划的依据。

(5) 合理利用草原的规定

① 草原承包经营者应当合理利用草原。不得超过草原行政主管部门核定的载畜量；草原承包经营者应当采取种植和储备饲草饲料、增加饲草饲料供应量、调剂处理牲畜、优化畜群结构、提高出栏率等措施，保持草畜平衡。

② 实行划区轮牧，提倡牲畜圈养。牧区草原承包经营者应当实行划区轮牧，合理配置畜群，均衡利用草原。国家提倡在农区、半农半牧区和有条件的牧区实行牲畜圈养。

③ 交纳草原补偿费和草原植被恢复费。因建设征用集体所有的草原的，应依照《中华人民共和国土地管理法》的规定给予补偿；因建设使用国家所有的草原的，应当依照国务院有关规定对草原承包经营者给予补偿。因建设征用或者使用草原的，应当交纳草原植被恢复费。

④ 临时占用草原。需要临时占用草原的，应当经县级以上地方人民政府草原行政主管部门审核同意。临时占用草原的期限不得超过二年。

(6) 保护草原的规定

1) 基本草原保护制度。下列草原应当划为基本草原，实施严格管理。

① 重要放牧场；

② 割草地；

③ 用于畜牧业生产的人工草地、退耕还草地以及改良草地、草种基地；

④ 对调节气候、涵养水源、保持水土、防风固沙具有特殊作用的草原；

⑤ 作为国家重点保护野生动植物生存环境的草原；

⑥ 草原科研、教学试验基地；

⑦ 国务院规定应当划为基本草原的其他草原。

2) 建立草原自然保护区。国务院草原行政主管部门或者省、自治区、直辖市人民政府可以按照自然保护区管理的有关规定在下列地区建立草原自然保护区：具有代表性的草原类型；珍稀濒危野生动植；具有重要生态功能和经济科研价值的草原。

3) 禁止开垦草原。对水土流失严重、有沙化趋势、需要改善生态环境的已垦草原，应当有计划、有步骤地退耕还草；已造成沙化、盐碱化、石漠化的，应当限期治理。

4) 实行禁牧、休牧制度。对严重退化、沙化、盐碱化、石漠化的草原和生态脆弱区的草原，实行禁牧、休牧制度。

5）加强草原鼠害、病虫害和毒害草防治。县级以上地方人民政府应当做好草原鼠害、病虫害和毒害草防治的组织管理工作。禁止在草原上使用剧毒、高残留以及可能导致二次中毒的农药。

（7）关于监督检查的规定

① 监督管理机构的设立。国务院草原行政主管部门和草原面积较大的省、自治区的县级以上地方人民政府草原行政主管部门设立草原监督管理机构，负责草原法律、法规执行情况的监督检查，对违反草原法律、法规的行为进行查处。

② 监督管理机构的职责。草原监督检查人员履行监督检查职责时，有权采取下列措施：第一，要求被检查单位或者个人提供有关草原权属的文件和资料，进行查阅或者复制；第二，要求被检查单位或者个人对草原权属等问题作出说明；第三，进入违法现场进行拍照、摄像和勘测；第四，责令被检查单位或者个人停止违反草原法律、法规的行为，履行法定义务。

（8）法律责任

① 非法转让草原。买卖或者以其他形式非法转让草原，构成犯罪的，依法追究刑事责任；尚不够刑事处罚的，责令限期改正，没收违法所得，并处违法所得一倍以上五倍以下的罚款。

② 非法使用草原，构成犯罪的，依法追究刑事责任；尚不够刑事处罚的，责令退还非法使用的草原，对违反草原保护、建设、利用规划擅自将草原改为建设用地的，限期拆除在非法使用的草原上新建的建筑物和其他设施，恢复草原植被，并处草原被非法使用前三年平均产值六倍以上十二倍以下的罚款。

③ 非法开垦草原。构成犯罪的，依法追究刑事责任；尚不够刑事处罚的，责令停止违法行为，限期恢复植被，没收非法财物和违法所得，并处违法所得一倍以上五倍以下的罚款；没有违法所得的，并处五万元以下的罚款；给草原所有者或者使用者造成损失的，依法承担赔偿责任。

④ 破坏草原植被。在荒漠、半荒漠和严重退化、沙化、盐碱化、石漠化、水土流失的草原，以及生态脆弱区的草原上采挖植物或者从事破坏草原植被的其他活动的，责令停止违法行为，没收非法财物和违法所得，可以并处违法所得一倍以上五倍以下的罚款；没有违法所得的，可以并处五万元以下的罚款。

⑤ 未经批准或者未按照规定的时间、区域和采挖方式在草原上进行采土、采砂、采石等活动的，责令停止违法行为，限期恢复植被，没收非法财物和违法所得，可以并处违法所得一倍以上二倍以下的罚款；没有违法所得的，可以并处二万元以下的罚款；给草原所有者或者使用者造成损失的，依法承担赔偿责任。

第四节 保护野生动植物的法律规定

一、保护野生动物的法律规定

1. 野生动物的概念

《中华人民共和国野生动物保护法》所保护的野生动物，是指珍贵、濒危的陆生、水生野生动物和有重要经济、科学研究价值的陆生野生动物。由此可见，不是所有的野生动物都需要进行法律保护，属于《野生动物保护法》保护对象的野生动物如下。

① 珍贵、濒危的陆生和水生野生动物，如大熊猫、华南虎、中华鲟等。

② 有重要经济、科学研究价值的陆生野生动物。这类野生动物一般数量较多，但在维护生态平衡方面有重要作用或者有重要的经济、科学研究价值，如鸟类、蛙类和蛇类等。

③ 我国政府签署的或者加入的国际公约、双边协定中规定保护的野生动物，也属于法律保护的对象。

2. 保护野生动物的法律规定

保护野生动物的法律，主要有《中华人民共和国野生动物保护法》（1988年11月8日通过，2004年8月28日第一次修改，2009年8月27日第二次修改，2016年7月2日第三次修改，2017年1月1日实施）。保护野生动物的行政法规，主要有《陆生野生动物保护实施条例》（1992年2月12日起实施）、《水生野生动物保护实施条例》（1993年10月5日起实施）、《濒危野生动植物进出口管理条例》（2006年9月1日起实施）。我国现已加入的有关保护野生动物的国际公约主要有《濒危野生动植物国际贸易公约》《关于特别是作为水禽栖息地的国际重要湿地公约》《生物多样性保护公约》。有关保护野生动物的法律制度，主要包括以下几个方面。

（1）野生动物保护制度

① 国家对珍贵、濒危的野生动物实行重点保护。国家把野生动物分成三个层次保护，即国家重点保护野生动物、地方重点保护野生动物和有重要生态、科学、社会价值的野生动物。国家对珍贵、濒危的野生动物实行重点保护。国家重点保护的野生动物分为一级保护野生动物和二级保护野生动物。

② 保护野生动物栖息地。省级以上人民政府依法划定相关自然保护区域，保护野生动物及其重要栖息地，保护、恢复和改善野生动物生存环境。对不具备划定相关自然保护区域条件的，县级以上人民政府可以采取划定禁猎（渔）区、规定禁猎（渔）期等其他形式予以保护。国务院野生动物保护主管部门应当会同国务院有关部门，根据野生动物及其栖息地状况的调查、监测和评估结果，确定并发布野生动物重要栖息地名录。

（2）野生动物管理制度

① 对野生动物猎捕的管理。第一，禁止猎捕、杀害国家重点保护野生动物。因科学研究、驯养繁殖、展览或者其他特殊情况，需要捕捉、捕捞国家一级保护野生动物的，必须向国务院野生动物行政主管部门申请特许猎捕证；猎捕国家二级保护野生动物的，必须向省级人民政府野生动物行政主管部门申请特许猎捕证。第二，猎捕非国家重点保护野生动物的，必须向县级以上人民政府野生动物行政主管部门申请，由其核发狩猎证。第三，禁止使用毒药、爆炸物、电击或者电子诱捕装置以及猎套、猎夹、地枪、排铳等工具进行猎捕，禁止使用夜间照明行猎、歼灭性围猎、捣毁巢穴、火攻、烟熏、网捕等方法进行猎捕，但因科学研究确需网捕、电子诱捕的除外。

② 野生动物人工繁育管理的规定。国家支持有关科学研究机构因物种保护目的人工繁育国家重点保护野生动物，除此以外人工繁育国家重点保护野生动物的，应当经省、自治区、直辖市人民政府野生动物保护主管部门批准，取得人工繁育许可证。

③ 野生动物经营利用管理的规定。

禁止出售、购买、利用国家重点保护野生动物及其制品。因科学研究、人工繁育、公众展示展演、文物保护或者其他特殊情况，需要出售、购买、利用国家重点保护野生动物及其制品的，应当经省、自治区、直辖市人民政府野生动物保护主管部门批准，并按照规定取得和使用专用标识。出售、利用非国家重点保护野生动物的，应当提供狩猎、进出口等合法来源证明。

利用野生动物及其制品的，应当以人工繁育种群为主，有利于野外种群养护，符合生态文明建设的要求，尊重社会公德，遵守法律法规和国家有关规定。野生动物及其制品作为药品经营和利用的，还应当遵守有关药品管理的法律法规。

运输、携带、寄递国家重点保护野生动物及其制品、不再列入国家重点保护野生动物名录的野生动物及其制品出县境的，应当持有或者附有规定的许可证、批准文件的副本或者专用标识，以及检疫证明。运输非国家重点保护野生动物出县境的，应当持有狩猎、进出口等合法来源证明，以及检疫证明。

进出口我国参加的国际公约所禁止或者限制贸易的野生动物或者其制品，出口国家重点保护野生动物或者其制品，应当经国务院野生动物保护主管部门或者国务院批准，并取得国家濒危物种进出口管理机构核发的允许进出口证明书。依法实施进出境检疫。海关凭允许进出口证明书、检疫证明按照规定办理通关手续。

（3）野生动物管理体制

国务院林业、渔业主管部门分别主管全国陆生、水生野生动物保护工作。

县级以上地方人民政府林业、渔业主管部门分别主管本行政区域内陆生、水生野生动物保护工作。

二、保护野生植物的法律规定

1. 野生植物的概念

《野生植物保护条例》所保护的野生植物，是指原生地天然生长的珍贵植物和原生地天然生长并具有重要经济、科学研究、文化价值的濒危、稀有植物。

我国有苔藓、蕨类和种子植物3万种，约占世界植物种类的10%，珍稀和濒危植物有1019种。由于乱砍滥伐、乱采滥挖、毁林开荒、毁草种植，使野生植物及其生存环境受到严重破坏，面积不断缩小。此外，我国还受到外来植物的入侵，包括紫茎泽兰、加拿大一枝黄花、凤眼莲、豚草、水葫芦、恶草、飞机草等。外来植物的入侵对我国农、林业带来巨大的危害，每年造成的经济损失高达600多亿元，并给生态平衡造成严重威胁，有的甚至危及人体健康。

2. 保护野生植物的法律规定

我国保护野生植物的行政法规，主要有《野生植物保护条例》（1997年1月1日起实施）、《野生药材资源保护管理条例》（1987年12月1日起实施）、《濒危野生动植物进出口管理条例》（2006年9月1日起实施）。保护野生植物的部门规章，主要有《国家重点保护野生植物名录（第一批）》（1999年9月9日起实施）。有关保护野生动物的法律制度和措施，主要包括以下几个方面：

（1）野生植物保护制度

国家重点保护野生植物和地方重点保护野生植物，禁止任何单位和个人非法采集。国家重点保护野生植物分为国家一级保护野生植物和国家二级保护野生植物。

（2）保护野生植物生长环境的规定

国家保护野生植物的生长环境，禁止任何单位和个人破坏其生长环境。

① 建立自然保护区，加强保护管理。在国家重点保护野生植物物种和地方重点保护野生植物物种的天然集中分布地区，建立自然保护区。

② 监视、监测环境对重点保护野生植物生长的影响。

③ 实行环境影响评价制度。规划和建设项目对国家重点保护野生植物和地方重点保护野生植物的生长环境产生不利影响的，规划编制单位和建设单位提交的环境影响报告书中必须对此作出评价；环境保护部门在审批环境影响报告书时，应当征求野生植物行政主管部门的意见。

(3) 野生植物管理的法律规定

① 野生植物采集管理的规定。采集国家重点保护野生植物的单位和个人，必须按照采集证规定的种类、数量、地点、期限和方法进行采集。

② 野生植物经营利用管理的规定。禁止出售、收购国家一级保护野生植物。出售、收购国家二级保护野生植物的，必须经省级人民政府野生植物行政主管部门或者其授权的机构批准。

③ 对外国人采集、考察野生植物的管理。外国人不得在中国境内采集或者收购国家重点保护野生植物。外国人在中国境内对国家重点保护野生植物进行野外考察的，必须经有关部门批准。

(4) 法律责任

未取得采集证或者未按照采集证的规定采集国家重点保护野生植物的，由野生植物行政主管部门没收所采集的野生植物和违法所得，可以并处违法所得10倍以下的罚款；有采集证的，并可以吊销采集证。

出售、收购国家重点保护野生植物的，由工商行政管理部门或者野生植物行政主管部门按照职责分工没收野生植物和违法所得，可以并处违法所得10倍以下的罚款。

非法进出口野生植物的，由海关依照海关法的规定处罚。伪造、倒卖、转让采集证、允许进出口证明书或者有关批准文件、标签的，由野生植物行政主管部门或者工商行政管理部门按照职责分工收缴，没收违法所得，可以并处5万元以下的罚款。

外国人在中国境内采集、收购国家重点保护野生植物，或者未经批准对国家重点保护野生植物进行野外考察的，由野生植物行政主管部门没收所采集、收购的野生植物和考察资料，可以并处5万元以下的罚款。

第五节 特殊环境保护法

一、特殊环境保护法概述

1. 特殊环境的概述

特殊环境，是相对于一般环境而言的，是指各类对于维护自然生态系统的平衡具有特殊作用，以及在科学、文化、教育、历史、观赏、旅游等方面具有特殊价值，并受到保护国家法律特殊的环境结构。

根据其环境的功能，特殊环境可以分成两类：一是生态保护类。这些特殊环境对于保护具有代表性的自然生态系统，珍稀濒危野生动植物物种，以及有特殊意义的自然遗迹有重要作用，如各类自然保护区。二是科研、教学、旅游类。这一类特殊环境景观集中，有较高的科学、教学、美学文化价值，可以作为供人们进行科学研究、教学、旅游休闲的场所，如风景名胜区、国家公园、人文遗迹等。

2. 特殊环境保护法概念

特殊环境保护法，是指调整因保护某些特殊的自然和人工环境，维护生态平衡和环境的优美而产生的社会关系的法律规范的总称。目前，我国关于特殊环境保护的规范性法律文件主要包括《自然保护区条例》《森林和野生动物类型自然保护区管理办法》《水生动植物自然保护区管理办法》《风景名胜区管理暂行条例》《森林公园管理办法》等。此外，《中华人民共和国环境保护法》《中华人民共和国文物保护法》《中华人民共和国森林法》《中华人民共和国野生动物保护法》等也有关于特殊环境保护的规定。这些规定大致可以分为两个方面：一是关于自然保护区保护的法律规定；二是关于风景名胜区保护的法律规定。

二、保护自然保护区的法律规定

1. 自然保护区的概念

自然保护区是指对有代表性的自然生态系统、珍惜濒危野生动植物物种的天然集中分布区、有特殊意义的自然遗迹等保护对象所在的陆地、陆地水体或者海域，依法划出一定面积予以特殊保护和管理的区域。自然保护区是依法定程序建立的，其目的在于有效保护在科学、文化等方面具有重要意义和特殊价值的自然地域，是对生态环境和自然资源进行特殊保护的有效形式。

2. 保护自然保护区的立法概况

我国保护自然保护区的法律规定，主要有《森林和野生动物类型自然保护区管理办法》《自然保护区条例》《水生动植物自然保护区管理办法》。另外，《中华人民共和国环境保护法》《中华人民共和国海洋环境保护法》《中华人民共和国森林法》《中华人民共和国野生动物保护法》等，也设有保护自然保护区的规定。

3. 保护自然保护区的主要法律制度

（1）关于自然保护区管理体制的规定

国家对自然保护区实行综合管理与分部门管理相结合的管理体制。

国务院环境保护行政主管部门负责全国自然保护区的综合管理。国务院林业、农业、地质矿产、水利、海洋等有关行政主管部门在各自的职责范围内，主管有关的自然保护区。县级以上地方人民政府负责自然保护区管理的部门的设置和职责，由省、自治区、直辖市人民政府根据当地具体情况确定。

（2）关于自然保护区建设的规定

① 建立自然保护区的条件。《自然保护区条例》第十条规定，凡具有下列条例之一的，应当建立自然保护区：第一，典型的自然地理区域、有代表性的自然生态系统区域以及已经遭受破坏但经保护能够恢复的同类自然生态系统区域；第二，珍稀、濒危野生动植物物种的天然集中分布区域；第三，具有特殊保护价值的海域、海岸、岛屿、湿地、内陆水域、森林、草原和荒漠；第四，具有重大科学文化价值的地质构造、著名溶洞、化石分布区、冰川、火山、温泉等自然遗迹；第五，经国务院或者省、自治区、直辖市人民政府批准，需要予以特殊保护的其他自然区域。

② 自然保护区的分类。根据自然保护区保护对象，将其分为三个类别。

a. 自然生态系统类自然保护区，如内蒙古锡林郭勒自然保护区、湖南东洞庭湖自然保护区；

b. 野生生物类自然保护区，如四川卧龙大熊猫自然保护区、辽宁蛇岛自然保护区；

c. 自然遗迹类自然保护区，如湖南张家界森林公园。

③ 自然保护区的分级。根据自然保护区的重要程度及其在国内外影响的大小，我国自然保护区分为国家级自然保护区和地方级自然保护区两级。

④ 自然保护区的分区。为实现对自然保护区的有效保护和管理，可以将自然保护区分为核心区、缓冲区和实验区。核心区禁止任何单位和个人进入；除依照《自然保护区条例》第二十七条的规定经批准外，也不允许进入从事科学研究活动。缓冲区只准进入从事科学研

究观测活动；实验区。缓冲区外围划为实验区，可以进入从事科学试验、教学实习、参观考察、旅游以及驯化、繁殖珍稀、濒危野生动植物等活动。

此外，原批准建立自然保护区的人民政府认为必要时，可以在自然保护区的外围划定一定面积的外围保护地带。

(3) 关于自然保护区管理的规定

① 自然保护区管理机构及其职责。自然保护区行政主管部门应当在自然保护区内设立专门的管理机构，配备专业技术人员，负责自然保护区的具体管理工作。自然保护区所在地的公安机关，可以根据需要在自然保护区设置公安派出机构，维护自然保护区内的治安秩序。

② 对自然保护区内开展活动的限制。禁止在自然保护区内进行砍伐、放牧、狩猎、捕捞、采药、开垦、烧荒、开矿、采石、挖沙等活动；但是，法律、行政法规另有规定的除外。禁止进入自然保护区的核心区。禁止在自然保护区的缓冲区开展旅游和生产经营活动。在自然保护区的核心区和缓冲区内，不得建设任何生产设施。在自然保护区的实验区内，不得建设污染环境、破坏资源的生产设施；建设其他项目，其污染物排放不得超过国家和地方规定的污染物排放标准，污染物排放超过国家和地方规定的排放标准的，应当限期治理；造成损害，必须采取补救措施。

三、保护风景名胜区的法律规定

1. 保护风景名胜区的立法概况

为了加强对风景名胜区的管理，国等院于 1985 年颁布《风景名胜区管理暂行条例》，原城乡建设环境保护部于 1987 年颁布《风景名胜区管理暂行条例实施办法》，原建设部于 1993 年发布了《风景名胜区建设管理规定》。

2. 保护风景名胜区的立法概况

(1) 关于风景名胜区管理体制的规定

住房和城乡建设部主管全国风景名胜区工作。地方各级人民政府城乡建设部门主管本地区的风景名胜区工作。风景名胜区没有设立人民政府的，应当设立管理机构，在所属人民政府领导下，主持风景名胜区的管理工作。设在风景名胜区内的所有单位，除各自业务受上级主管部门领导外，都必须服从管理机构对风景名胜区的统一规划和管理。

(2) 关于风景名胜区分级的规定

风景名胜区按其景物的观赏、文化、科学价值和环境质量、规模大小、游览条件等，划分为三级：市、县级风景名胜区；省级风景名胜区；国家重点风景名胜区。

(3) 关于风景名胜区建设管理的规定

① 在风景名胜区及其外围保护地带内，不得建设工矿企业、铁路、站场、仓库、医院等同风景和游览无关以及破坏景观、污染环境、妨碍游览的项目和设施。

② 在游人集中的游览区内，不得建设旅馆、招待所、疗养机构、管理机构、生活区以及其他大型工程等设施。

③ 下列建设应从严控制，严格审查：公路、索道与缆车；大型文化、体育与游乐设施；旅馆建筑；设置中国国家风景名胜区徽志的标志建筑；由上级建设主管部门认定的其他重大建设项目。但从目前我国风景名胜区保护保护现状来看，这一规定还显得十分软弱。

(4) 风景名胜区保护的规定

① 保护风景名胜区的动植物及其生息环境。风景名胜区的动植物及其生息环境是风景名胜资源的重要组成部分，应当切实保护。风景名胜区及其外围保护地带的林木，不得砍伐；确需进行更新、抚育性采伐的，须经地方主管部门批准；古树、名木，严禁采伐。

② 保护风景名胜区的人文景物和原有的自然和历史风貌。风景名胜的地貌必须严加保护，禁止开山采石、挖沙取土等经营活动；景区内维护工程必须就地取用的沙石料，应在不破坏地貌的前提下，由地方主管部门安排适当地点，限量采取。

③ 风景名胜区应保持原有的自然和历史风貌，禁止在景区内大兴土木和大规模地进行改变地貌和自然环境的活动，防止风景名胜区的人化和城市化倾向。

④ 按照规划组织游览，不得无限制地超量接纳游览者。

练习题

一、问答题

1. 简述水资源有偿使用制度的主要内容。
2. 《中华人民共和国土地管理法》关于耕地保护的基本制度有哪些？
3. 我国矿产资源保护的法律制度有哪些？
4. 什么是森林资源？我国森林保护的基本制度有哪些？
5. 野生动物经营利用的法律规定有哪些？
6. 什么是水土保持？什么是防沙治沙？简述我国防沙治沙的经济措施。
7. 什么是自然保护区？简述自然保护区的分区保护制度。

二、案例分析

1. 2008年5月，某县某镇某村将1799.88平方米集体土地使用权出租给一私营企业新建厂房，双方签订了《租用土地协议书》，协议租期10年，并约定该村负责完善土地的审批手续。土地租赁协议签订后，私营企业先期支付租金人民币一万八千元，但是该村并未履行报批手续，私营企业按照协议约定在该土地上兴建企业厂房。

问：某村行为违反了环境法哪些规定？应如何处罚？

2. 2007年8月8日，东莞市水政监察支队接到群众举报，东莞市宝瑞实业公司未经水行政主管部门批准，擅自在东莞市东城区主山大井头工业区宝瑞实业有限公司内打了六口井，违法开采地下水。接到举报后，市水政监察支队迅速派人员到现场调查取证，深入到厂区每个角落进行拍照取证，现场勘验。据查实该公司从2006年初开始违法抽取地下水，日取水量达180立方米左右。

问：宝瑞实业公司的取水行为是否违法？请说明理由。

第八章
环境法律责任

  学习目标

了解环境民事责任、环境行政责任、环境刑事责任的概念与特征，掌握环境民事责任、环境行政责任、环境刑事责任的构成要件，掌握环境民事责任的形式、环境行政责任的形式，掌握污染环境事故罪的定罪量刑标准，了解其他罪名。

第一节 ▎环境法律责任概述

一、法律责任

1. 法律责任的定义与种类

（1）法律责任的定义

法律责任指的是行为人由于违法行为、违约行为或者由于法律规定而应承受的某种不利的法律后果。广义的违法行为，指所有违反法律的行为，包括犯罪行为和狭义的违法行为。狭义的违法行为，也可以称为一般侵权行为，包括民事侵权行为和行政侵权行为，指除犯罪外所有非法侵犯他人人身权、财产权、政治权利、精神权利或知识产权的行为。

（2）法律责任的种类

法律责任可以依据不同标准进行分类。以责任的内容为标准，法律责任分为财产责任和非财产责任；以责任的程度为标准，分为有限责任和无限责任；以行为人过错为标准，分为过错责任与无过错责任；以引起责任的行为的性质为标准，分为刑事责任、行政责任、民事责任。

2. 法律责任与法律制裁的关系

法律制裁是指由国家对应当承担法律责任的单位或个人依法实施的强制性惩罚措施。法律制裁的目的是恢复被破坏的法律秩序，教育违法者本人，保护现行的社会制度和社会秩序。

法律责任与法律制裁既有联系，又有区别。法律责任与法律制裁存在联系，法律责任是法律制裁的存在的前提和依据，法律制裁是法律责任的实现方式。但二者又存在区别，表现在：一是法律责任是由于违反一定义务而导致的法律上的负担，而法律制裁是国家根据法律责任对违法者的惩罚，是国家运用其物质力量追究法律责任的方式，是国家运用强大的公共权力迫使义务人被动的履行义务；二是法律责任与法律制裁不是一一对应的关系，法律责任作为行为主体因违法行为对国家和社会承担的不利后果，包含了法律制裁的可能，但并不等于法律制裁的实现。由于法律规定的某些主观条件或客观条件，可以部分或全部免除违法者的法律责任，不受到法律制裁。例如，超过时效，即违法者在其违法行为发生一定期限后，不再承担法律责任。

二、环境法律责任

1. 环境法律责任的概念

环境法律责任是指违法者对其环境违法行为所应承担的具有强制性的法律后果。环境法律责任与环境违法行为紧密相连，只有实施违法行为的人，才承担相应的法律责任，因此，环境违法行为是承担环境法律责任的前提，环境法律责任则是环境违法行为的必然结果。

从整体看，环境法律责任与环境违法行为之间存在着相关性，由于环境违法行为多种多样，其社会危害性的程度及性质也各不相同，法律规定的追究责任的程序也不一样，因此环境法规定了几种不同的法律责任形式。环境法律责任作为环境法律规范的组成部分，与环境法律规范的特征密不可分，由于环境法律规范整体上有不同于传统民法规范、行政法规范和刑法规范的特殊属性，因而，环境法律责任也有着不同于传统法律责任的理论、归责原则以及责任内容。

依据违法环境行为的性质为标准，环境法律责任分为环境刑事责任、环境行政责任和环境民事责任。

2. 环境法律责任的主体

在相当长的一段时间内，造成环境问题的企业或个人只要没有对具体的人或财产造成直接损害就不承担任何责任。随着环境问题的加剧，各国政府开始对环境保护实行财政援助，这实质上是以全体纳税人的投资来治理由个别企业或个人造成的环境问题。显然这是一种不公平的现象，它不仅无助于抑制环境污染和破坏，甚至可能助长污染和破坏环境的行为。1972年，西方24国首先提出了"污染者负担原则"或"污染者付费原则"，从环境的污染问题开始，明确了环境责任的主体。

企业和个人，尤其是企业，是造成各种环境污染和破坏的主要行为者，应对其污染环境行为和破坏环境行为承担责任。《中华人民共和国环境保护法》第六条规定，一切单位和个人都有保护环境的义务。企业事业单位和其他生产经营者应当防止、减少环境污染和生态破坏，对所造成的损害依法承担责任。《中华人民共和国大气污染防治法》第八十一条规定，任何单位和个人不得在当地人民政府禁止的区域内露天烧烤食品或者为露天烧烤食品提供场地。

国家要承担环境责任是由环境责任的特点所决定的。环境问题是具有全局性、社会性和综合性的问题。一个问题往往涉及社会各个方面以及政府各个部门。要协调各方面的工作，就必须依靠各级政府。《中华人民共和国环境保护法》第四条规定，国家采取有利于节约和循环利用资源、保护和改善环境、促进人与自然和谐的经济、技术政策和措施，使经济社会发展与环境保护相协调。该法第六条规定，地方各级人民政府应当对本行政区域的环境质量负责。

3. 环境法律责任的追究

环境法律责任是违反环境法律法规，实施破坏或污染环境的单位或个人应承担的责任。是由环境法律法规明确加以规定，以国家强制力保证其实施，由国家授权机关依法追究的不同于其他社会责任的法律制裁。根据我国环境法规定，受违法行为所侵害的被害人，以及法律赋予有监督权的人，均可依法律规定的程序，向特定的国家机关提出申诉、控告、检举或者诉讼，请求追究环境违法人的法律责任。

《中华人民共和国环境保护法》第六章对于环境法律责任作了明确规定，体现了追究环境法律责任的基本原则，如重在教育、个人负责、依法追究法律责任等。尤其值得指出的是：环境法律责任追究中的"依法追究法律责任"原则有其特定含义，在一般法律责任中，依法追究法律责任表现为只有违反该法律规定者才承担法律责任；而在环境法中，除了规定违法者必须承担法律责任外，还规定在某些特殊情况下，即使行为人的行为合法，但只要造成了污染和破坏环境、危害他人身体健康的后果，就要对其行为后果承担相应的法律责任。《中华人民共和国环境保护法》第六十四条规定，因污染环境和破坏生态造成损害的，应当依照《中华人民共和国侵权责任法》的有关规定承担侵权责任。《中华人民共和国侵权责任法》第六十五条规定，因污染环境造成损害的，污染者应当承担侵权责任。根据这一规定，有些符合国家排放标准的排污行为，可能造成环境污染从而产生社会危害，这种排污行为不能视为违法行为，但环境法规定对这种行为要承担民事赔偿责任和治理责任。

第二节 ▍环境行政责任

一、环境行政责任概述

1. 环境行政责任的概念

环境行政责任是指违反了环境保护法，实施污染或者破坏环境的单位和个人所应承担的行政方面的法律责任。环境行政责任具有以下特征。

第一，环境行政责任是环境行政法律关系主体的责任，包括环境行政管理主体和环境行政管理相对人的责任。

第二，环境行政责任是一种法律责任，任何环境行政法律关系主体不履行法律义务都应依法承担法律责任。

第三，环境行政责任是环境行政违法行为的必然法律后果。环境行政法律责任必须以环境违法行为为前提。

2. 环境行政责任的构成要件

在一般情况下，构成环境行政法律责任必须具备两个要件，即行为人有违法行为，主观有过错。在特定情况下，除具备上述两个条件外，还必须具备其他条件，即违法行为的危害后果，违法行为与危害结果的因果关系。

（1）行为违法

行为人实施违法行为是构成环境行政法律责任的必要条件，行为人只有在违法的情况下才须承担行政法律责任，否则就不承担法律责任。而且行为人的违法行为一般是比较轻微的才承担行政法律责任，如严重违法并已触犯刑律，则需要承担刑事法律责任。

违反环境法的行为，可以表现为作为，如某工厂未经批准擅自排放未经过处理的工业废水；也可以表现为不作为，如某工厂发生水污染事故，却未立即采取应急措施，也未向可能受到水污染危害或损害的单位通报情况的行为。

（2）行为有危害结果

是指违反环境法规的单位或个人的行为所造成的污染或破坏环境的后果。例如，因超标排放污染物造成环境质量下降，农作物受污染，鱼类死亡等。危害结果的大小是承担行政责任程度的根据，一般说，危害结果越大，承担环境行政责任的程度就越重。如果造成财产损失，则应同时承担民事责任。

必须指出，我国一些环境法规并未将"危害结果"作为行为人承担行政责任的要件，这是符合环境保护的"预防为主"原则的。但在另一些场合，法律则明确规定，必须具备危害结果才承担行政责任。由此可见，"危害结果"是否作为承担环境行政责任的必要条件依各具体环境法的规定为准。

（3）行为和危害结果的因果关系

行为与结果之间的因果关系是指行为与结果之间存在内在的、本质的、必然的联系，而非偶然的、空想中的联系。也就是说，危害结果是由此种违法行为所引起。这种违法行为必然产生如此的危害结果。科学地确定违法行为与危害结果之间是否存在着因果关系，对正确判定行政责任承担者有着极为重要的意义。

这是以危害结果作为承担环境行政责任必要条件的场合所要求的另一个必要条件。在环境法不要求将危害结果作为承担环境行政责任的必要条件时，则不存在确定因果关系的问题。

（4）行为人有过错

行为人主观上有过错是承担行政责任的必要条件。过错分为故意和过失两种。故意指行为人明知自己的行为会造成破坏或污染环境的结果并且希望或放任这种结果的发生。希望该危害结果发生，为直接故意；放任这种结果发生，为间接故意。过失是指行为人应当预见自己的行为可能发生危害环境的结果，因疏忽大意而没有预见到，或者已经预见到但轻信可以避免，以至发生破坏或污染环境的结果。由此可见，过失分为疏忽大意的过失和过于自信的过失两种。

判断行为人有无过错及过错的形式，对于行为人是否承担环境行政法律责任以及应受到何种法律制裁有着密切的关系。行为人有过错是承担环境行政法律责任的必要条件，没有过错就不应当承担行政法律责任；而过错越严重，所承担的法律责任相应的就越大。在实践中，破坏自然环境和自然资源的行为多表现为故意，而对环境的污染则多表现为过失或间接故意。

二、环境行政处罚

1. 概述

环境行政处罚是环境保护监督管理部门依法对违反环境行政法律规范的相对人所给予的制裁。其目的是保障和监督环境保护行政主管部门有效实施环境管理，保护公民、法人或者其他组织的合法权益。

我国现行有关环境行政处罚的立法，主要有《中华人民共和国行政处罚法》，该法于1996年颁布，2009年进行了修改。为规范环境行政处罚的实施，2009年，环境保护部发布《环境行政处罚办法》。为贯彻执行《中华人民共和国行政处罚法》，配合《环境行政处罚办法》的实施，进一步规范环境行政处罚听证程序，2010年，环境保护部发布《环境行政处罚听证程序规定》。

2. 环境行政处罚的原则

环境行政处罚的原则是指环境行政处罚中必须遵守的准则。依据我国环境法律法规及有关行政法的规定，环境行政处罚必须遵守以下原则。

(1) 依法实施行政处罚原则

行政处罚原则也称行政处罚法定原则，是指环境保护监督管理部门必须严格依照环境保护法规定的依据、处罚形式和幅度、处罚程序对承担行政责任者实施行政处罚。该项原则包含以下三方面的含义。

1) 实施行政处罚必须具有法定的依据　首先，实施行政处罚的行政机关依法享有行政处罚权（含对该违法行为的管辖权）；其次，该违法行为依法应给予行政处罚，而不是其他的法律制裁。

2) 必须严格遵守环境保护法规定的行政处罚形式和幅度　例如，《中华人民共和国大气污染防治法》第九十九条规定，通过逃避监管的方式排放大气污染物的，由县级以上人民政府环境保护主管部门责令改正或者限制生产、停产整治，并处十万元以上一百万元以下的罚款；情节严重的，报经有批准权的人民政府批准，责令停业、关闭。执法机关不得处以其他的行政处罚形式，同时还必须根据不同情节在法定的幅度内给予行政处罚，避免畸轻畸重或显失公正。

3) 必须按照法定程序实施行政处罚　《中华人民共和国行政处罚法》规定，行政机关及其执法人员在作出处罚决定之前，不向当事人告知给予行政处罚的事实、理由和依据，或者拒绝听取当事人的陈述、申辩的，行政处罚决定不能成立。该法第三条还规定：不遵守法定程序（如管辖、立案、调查、检查、回避、听证、审查、决定、告知诉权等）的，行政处罚无效。

(2) 行政处罚的轻重与行政责任的大小相当原则

设定或实施行政处罚，必须根据破坏或者污染环境行为的事实、性质、情节以及社会危害程度来设定或者决定对其实施行政处罚的轻重程度。危害小则责任小，对其处罚也轻；危害大则责任大，对其处罚就重。该项原则也称"过罚相当"原则。其含义包括以下三个方面。

1) 行政处罚规范必须与行政责任规范相当　立法机关在设定行政处罚规范时，必须使违法者所应承担的行政责任的大小与行政处罚的轻重相对应，协调一致，既不能遗漏也不能偏轻偏重。

2) 必须全面认定违法事实和正确适用法律　违法事实包括违法的时间、地点、对象、违法的手段、违法者的心理状态、违法的目的、动机、违法前后的表现、违法行为造成或者可能造成的危害后果以及性质等。这些都需要通过全面收集材料、仔细分析和判断证据，才能正确适用法律。执法实践中，存在将损失大小作为处罚轻重的主要甚至是唯一依据，而不问违法者的心理状态如何的做法，这显然不妥。因为，在同样的损失条件下，故意要比过失的危害大，在某些场合，过失并不负行政责任。

3) 行政处罚的轻重必须在法定的处罚形式和幅度之内　环境保护法针对不同的违法行为规定了不同的处罚形式和幅度，其中也规定对同一违法行为可以选用几种处罚形式中的一种，执法人员可以根据违法事实自由裁量。在这种场合下，执法人员必须依照法律的精神，正确把握违法事实，准确量处。一些地方对不同情节的违法行为一律予以罚款的做法不妥，这是对自由裁量权的滥用，忽视了不同情节的处罚形式不同。
（3）公正、公开原则
指执法部门在对当事人提起行政处罚程序，确认其承担行政责任的要件和情节，以至实施行政处罚时，必须客观、平等、不偏不倚、不隐瞒。该项原则要求：
① 作出行政处罚的法律规范必须公布；
② 执法机关在作出行政处罚决定之前，应当告知当事人作出行政处罚决定的事实、理由及依据，并告知当事人依法享有的权利，如陈述、提出证据、申辩、听证、复议申请、提起诉讼等；
③ 案件调查人员与行政处罚决定人员应当分开，对情节复杂或者重大违法行为需要给予较重的行政处罚时，行政机关的负责人应当集中讨论决定；
④ 执法人员与当事人有直接利害关系的应当回避；
⑤ 听证由行政机关指定的非该案调查人员主持；
⑥ 行政机关在调查或者进行检查时，执法人员不得少于两人，并应当向当事人或者有关人员出示证件；
⑦ 执法人员当场作出行政处罚决定的，应当向当事人出示执法身份证件等。这些都是为了防止在行政处罚中因偏听偏信、主观臆断使处罚不公，也有利于群众监督，防止侵犯相对人的合法权益和行政处罚权的滥用。
3. 环境行政处罚的实施机关
根据《中华人民共和国行政处罚法》和《环境行政处罚办法》的规定，环境行政处罚的实施机关有以下几类。
（1）县级以上环境保护主管部门
县级以上环境保护部门在法定职权范围内实施环境行政处罚，是实施环境环境行政处罚的主要机关，包括环境保护、国土、农业、水利、林业等部门。
（2）法律法规授权的机构
授权执法是指法律、行政法规、地方性法规将某项或某一方面的行政职权的一部分或全部，通过法定方式授予某个组织执行的法律行为。授权执法的法律后果使被授权的组织取得了行政执法主体资格，成为法定的行政执法主体，使该组织可以自己的名义行使执法权并承担由此而产生的法律后果。
根据《环境行政处罚办法》规定，经法律、行政法规、地方性法规授权的环境监察机构在授权范围内实施环境行政处罚，适用关于环境保护主管部门的规定。如根据《重庆市环境保护条例》规定，市环境保护行政主管部门行使的行政处罚权，可以由市环境监察机构依照本条例规定实施。
根据《中华人民共和国水土保持法实施条例》第四条规定，地方人民政府根据当地实际情况设立的水土保持机构，可以行使《中华人民共和国水土保持法》和本条例规定的水行政主管部门对水土保持工作的职权。
（3）受委托执法的机构
委托执法是指行政执法主体将其执法职权的一部分，依法委托给其他组织来执行的法律行为。环境保护主管部门可以在其法定职权范围内委托环境监察机构实施行政处罚。受委托的环境监察机构在委托范围内，以委托其处罚的环境保护主管部门名义实施行政处罚。委托处罚的环境保护主管部门，负责监督受委托的环境监察机构实施行政处罚的行为，并对该行为的后果承担法律责任。委托方式一般是以书面委托的方式进行，签订委托执法协议书，规定委托执法的范围、权限、委托执法责任、委托期限等。

4. 环境行政处罚的形式

根据我国环境法的有关规定，环境行政处罚的形式包括如下几种。

（1）警告

是指环境行政主体对违法的相对人所进行的批评教育、谴责和警戒。这是一种最轻微的行政处罚。中国各主要的环境保护法律、法规，都有该种处罚的规定。警告的上述特点决定了其只能单独适用。

（2）罚款

是指由环境保护监督管理部门强制违法的相对人向国家缴纳一定数额的款项的经济上的行政制裁。

罚款属行政处罚中的财产罚，与民事责任中的赔偿损失和刑罚中的罚金不同。

对单位的罚款，企业不得摊入生产成本；其他法人在预算外资金或者包干节余的经费中支付；个人在本人的财产中支付。环境保护监督管理部门收缴罚款时，必须向当事人出具省级财政部门统一制发的罚款收据，并按法定期限缴付指定的银行。

（3）按日连续处罚

2014年修订后的《中华人民共和国环境保护法》第五十九条规定，企业事业单位和其他生产经营者违法排放污染物，受到罚款处罚，被责令改正，拒不改正的，依法作出处罚决定的行政机关可以自责令改正之日的次日起，按照原处罚数额按日连续处罚。按日连续处罚制度，即按照违法排污行为拒不改正的天数累计每天的处罚额度，违法时间越长，罚款数额越高，从而有利于实现过罚相当，有效解决"守法成本高，违法成本低"的问题，达到督促违法行为及时改正的目的。按日连续处罚是比罚款更为严厉的一种处罚方式。为规范实施按日连续处罚，2014年12月19日，环境保护部发布了《环境保护主管部门实施按日连续处罚办法》（以下简称《办法》），《办法》对按日连续处罚的适用范围、实施程序、计罚方式等作了详细规定。

1）适用范围 《办法》第五条规定，按日连续处罚适用于违法排放环境污染物的行为，具体包括以下行为：超过国家或者地方规定的污染物排放标准，或者超过重点污染物排放总量控制指标排放污染物的；通过暗管、渗井、渗坑、灌注或者篡改、伪造监测数据，或者不正常运行防治污染设施等逃避监管的方式排放污染物的；排放法律、法规规定禁止排放的污染物的；违法倾倒危险废物的；其他违法排放污染物行为。

《办法》第六条还规定，地方性法规可以根据环境保护的实际需要，增加按日连续处罚的违法行为的种类。

2）适用条件 《中华人民共和国环境保护法》规定，实施按日连续处罚必须具备四个条件：企业事业单位和其他生产经营者违法排放污染物，受到罚款处罚，被责令改正，拒不改正。这四个条件之间有一定的逻辑关系：只有企业事业单位和其他生产经营者违法排放污染物，才能受到罚款处罚；只有被责令改正，才存在拒不改正的情形。

3）实施程序 《办法》第三章规定了实施按日连续处罚程序，即初次处罚、责令改正、复查、作出按日连续处罚决定等流程。

① 初次处罚。环境保护主管部门检查发现排污者违法排放污染物的，应当进行调查取证，并依法作出行政处罚决定。

② 责令改正。环境保护主管部门可以当场认定违法排放污染物的，应当在现场调查时向排污者送达责令改正违法行为决定书，责令立即停止违法排放污染物行为。需要通过环境监测认定违法排放污染物的，环境监测机构应当按照监测技术规范要求进行监测。环境保护主管部门应当在取得环境监测报告后三个工作日内向排污者送达责令改正违法行为决定书，责令立即停止违法排放污染物行为。

排污者对责令改正违法行为决定书可以提起复议或诉讼。排污者提起复议或诉讼的，不影响环保部门对排污者违法行为的改正情况实施复查，但环保部门复查发现排污者未停止违法排污行为的，应当在复议、诉讼结束之后，再决定是否作出按日连续处罚决定。

③ 复查。环境保护主管部门应当在送达责令改正违法行为决定书之日起三十日内，以暗查方式组织对排污者违法排放污染物行为的改正情况实施复查。

④ 作出按日连续处罚。环境保护主管部门复查时发现排污者拒不改正违法排放污染物行为的，可以对其实施按日连续处罚。环境保护主管部门检查发现排污者违法排放污染物，应当进行调查取证，就检查当日的违法行为，依法作出一个独立的行政处罚决定。排污者拒不改正违法排污行为，环保部门依法实施按日连续处罚，按日连续处罚的处罚决定书应当在原处罚决定书之后发出，但按日连续处罚告知书不受原处罚决定作出时间的限制，即按日连续处罚告知书可以先于原处罚决定书发出。被处罚单位对原处罚决定提起复议或者诉讼的，按日连续处罚不停止实施，即按日连续处罚决定可以在复议、诉讼结束之前作出。

复查时排污者已经改正违法排放污染物行为或者已经停产、停业、关闭的，不启动按日连续处罚。复查时排污者被认定为拒不改正违法排放污染物行为的，环境保护主管部门应当按规定再次作出责令改正违法行为决定书并送达排污者，责令立即停止违法排放污染物行为，并应当依照《办法》的规定对排污者再次进行复查。

《办法》规定了"拒不改正违法排污行为"的认定标准，一是复查发现仍在继续违法排放污染物的；二是拒绝、阻挠环境保护主管部门实施复查的。

4) 计罚方式　按日连续处罚的计罚日数为责令改正违法行为决定书送达排污者之日的次日起，至环境保护主管部门复查发现违法排放污染物行为之日止。再次复查仍拒不改正的，计罚日数累计执行。再次复查时违法排放污染物行为已经改正，环境保护主管部门在之后的检查中又发现排污者有本办法第五条规定的情形的，应当重新作出处罚决定，按日连续处罚的计罚周期重新起算。按日连续处罚次数不受限制。

5) 与其他环保制度的关系　《办法》专门对按日连续处罚制度与其他相关环保制度的并用关系进行了说明，规定环境保护主管部门针对违法排放污染物行为实施按日连续处罚的，可以同时适用责令排污者限制生产、停产整治或者采取查封、扣押等措施；因采取上述措施使排污者停止违法排污行为的，不再实施按日连续处罚。

（4）没收违法所得

违法所得是指当事人违法所获得的全部收入扣除当事人直接用于经营活动的合理支出，为违法所得。全国人民代表大会常务委员会《关于惩治生产、销售伪劣商品犯罪的决定》中所规定的"违法所得数额"，是指生产、销售伪劣产品获利的数额。《工商行政管理机关行政处罚案件违法所得认定办法》（国家工商行政管理总局令　第37号）第二条规定："工商行政管理机关认定违法所得的基本原则是：以当事人违法生产、销售商品或者提供服务所获得的全部收入扣除当事人直接用于经营活动的适当的合理支出，为违法所得。本办法有特殊规定的除外。"

没收违法所得只适用于有违法所得的情形。《中华人民共和国固体废物污染环境防治法》第七十七条第一款规定:"无经营许可证或者不按照经营许可证规定从事收集、贮存、利用、处置危险废物经营活动的,由县级以上人民政府环境保护行政主管部门责令停止违法行为,没收违法所得,可以并处违法所得三倍以下的罚款。"

(5) 吊销许可证

是指特定行政机关吊销行为人从事某项活动必需的许可证,以剥脱行为人从事某项生产或经营活动权的处罚。根据《中华人民共和国固体废物污染环境防治法》第七十七条第一款规定,不按照经营许可证规定从事活动的,可以由发证机关吊销经营许可证。

(6) 责令停业、关闭

这是一种极重的行政处罚,对生产单位适用责令关闭,对非生产单位适用责令停业。

《中华人民共和国环境保护法》第六十条规定,企业事业单位和其他生产经营者超过污染物排放标准或者超过重点污染物排放总量控制指标排放污染物,情节严重的,报经有批准权的人民政府批准,责令停业、关闭。

《中华人民共和国大气污染防治法》第九十九条规定,未依法取得排污许可证排放大气污染物的、超过大气污染物排放标准或者超过重点大气污染物排放总量控制指标排放大气污染物的或者通过逃避监管的方式排放大气污染物,情节严重的,报经有批准权的人民政府批准,责令停业、关闭。

《中华人民共和国水污染防治法》规定,排放水污染物超过国家或者地方规定的水污染物排放标准,或者超过重点水污染物排放总量控制指标的,由县级以上人民政府环境保护主管部门按照权限责令限期治理,逾期未完成治理任务的,报经有批准权的人民政府批准,责令关闭。

此外,《环境保护主管部门实施限制生产、停产整治办法》规定,责令停业、关闭还包括以三种下情形:两年内因排放含重金属、持久性有机污染物等有毒物质超过污染物排放标准受过两次以上行政处罚,又实施前列行为的;被责令停产整治后拒不停产或者擅自恢复生产的;停产整治决定解除后,跟踪检查发现又实施同一违法行为的。

(7) 行政拘留

1) 行政拘留定义与特点 行政拘留是指法定的行政机关(专指公安机关)依法对违反行政法律规范的人,在短期内限制人身自由的一种行政处罚。行政拘留是最严厉的一种行政处罚,通常适用于严重违反治安管理但不构成犯罪,而警告、罚款不足以惩戒的情况。行政拘留裁决权属于县级以上公安机关;期限一般为10日以内,较重的不超过15日。

行政拘留不同于刑事拘留。前者是依照行政法律规范对违反治安管理法规的人采取的惩戒措施;后者是依照刑事诉讼法的规定而采取的临时剥夺犯罪嫌疑人的人身自由的刑事强制措施。行政拘留不同于司法拘留。后者是人民法院依照诉讼法的规定对妨害民事、行政诉讼程序的人所实施的临时剥夺其人身自由的强制措施。

2008年修订的《中华人民共和国水污染防治法》规定了这一处罚方式。2008年7月,环境保护部《关于转发全国人大法工委〈对违法排污行为适用行政拘留处罚问题的意见〉的通知》中规定:"根据《中华人民共和国水污染防治法》、《中华人民共和国治安管理处罚法》和《意见》的规定,排污单位违反国家规定,向水体排放、倾倒毒害性、放射性、腐蚀性物质或者传染病病原体等危险物质,构成非法处置危险物质的,可以适用行政拘留处罚。"并对案件的移送程序及证据材料进行了简单的规定。2014 年修订后的《中华人民共和国环境保护法》对行政拘留作了明确规定。为规范环境违法案件行政拘留的实施，公安部、工业和信息化部、环境保护部、农业部于 2014 年 12 月联合发布《行政主管部门移送适用行政拘留环境违法案件暂行办法》（以下简称《案件移送办法》），办法对《中华人民共和国环境保护法》规定的适用行政拘留的情形做了进一步细分，并规定了环境保护部门向公安机关移送环境违法案件的程序。

2）环境违法行政拘留的适用情形　《中华人民共和国环境保护法》第六十三条对行政拘留作了明确规定，列举了适用的四种情形：一是建设项目未依法进行环境影响评价，被责令停止建设，拒不执行的；二是违反法律规定，未取得排污许可证排放污染物，被责令停止排污，拒不执行的；三是通过暗管、渗井、渗坑、灌注或者篡改、伪造监测数据，或者不正常运行防治污染设施等逃避监管的方式违法排放污染物的；四是生产、使用国家明令禁止生产、使用的农药，被责令改正，拒不改正的。

3）环境违法行政拘留的特点　根据《中华人民共和国环境保护法》及《案件移送办法》的规定，环境违法行政拘留具有如下特点：

第一，环境违法行政拘留适用的环境违法行为，情节较为严重但尚未构成犯罪，而警告、罚款处罚不足以惩戒。

第二，环境违法行政拘留的对象，是企业和其他生产经营单位的直接负责的主管人员和其他直接责任人员。直接负责的主管人员是指违法行为主要获利者和在生产、经营中有决定权的管理、指挥、组织人员；其他直接责任人员是指直接排放、倾倒、处置污染物或者篡改、伪造监测数据的工作人员等。

第三，环境违法行政拘留不免除其他行政处罚。环保部门和负有监管职责的部门在对案件作出罚款、责令停产等处罚决定后，发现仍需移送公安机关处以行政拘留的，才需进行移送，而非一移了之。

4）案件移送程序

① 移送审批。县级以上人民政府环境保护主管部门或者其他负有环境保护监督管理职责的部门向公安机关移送环境违法案件，应当制作案件移送审批单，报经本部门负责人批准。

案件移送部门应当向公安机关移送下列案卷材料：移送材料清单；案件移送书；案件调查报告；涉案证据材料；涉案物品清单；其他有关涉案材料等。移送的案卷材料应当为原件，移送前应当将案卷材料复印备查。案件移送部门对移送材料的真实性、合法性负责。

② 案件移送。案件移送部门应当在作出移送决定后 3 日内将案件移送书和案件相关材料移送至同级公安机关；

③ 移送案件受理。公安机关应当按照《公安机关办理行政案件程序规定》的要求受理。公安机关经审查，认为案件违法事实不清、证据不足的，可以在受案后 3 日内书面告知案件移送部门补充移送相关证据材料，也可以按照《公安机关办理行政案件程序规定》调查取证。

④ 作出决定。公安机关对移送的案件，认为事实清楚、证据确实充分，依法决定行政拘留的，应当在作出决定之日起 3 日内将决定书抄送案件移送部门。

公安机关对移送的案件，认为事实不清、证据不足，不符合行政拘留条件的，应当在受案后 5 日内书面告知案件移送部门并说明理由，同时退回案卷材料。案件移送部门收到书面告知及退回的案卷材料后应当依法予以结案。

⑤ 结案归档。实施行政拘留的环境违法案件案卷原件由公安机关结案归档。案件移送部门应当将行政处罚决定书、送交回执等公安机关制作的文书以及其他证据补充材料复印存档，公安机关应当予以配合。

此外，《案件移送办法》规定，上级环境保护主管部门或者其他负有环境保护监督管理职责的部门负责对下级部门经办案件的稽查，发现下级部门应当移送而未移送的，应当责令移送。

5. 环境行政处罚程序

环境行政处罚由县级以上环境保护行政主管部门或其他依法享有环境监督管理权的机关在法定职权范围内实施。环境保护行政主管部门也可以在其法定职权范围内委托环境监察机构实施行政处罚。受委托的环境监察机构在委托范围内，以委托其处罚的环境保护行政主管部门名义实施行政处罚。委托处罚的环境保护行政主管部门，负责监督受委托的环境监理机构实施行政处罚的行为，并对该行为的后果承担法律责任。

根据《中华人民共和国行政处罚法》《环境保护行政处罚办法》的规定，环境行政处罚的程序包括简易程序、一般程序和听证程序。

（1）简易程序

环境保护监督管理部门对违法事实确凿、情节轻微并有法定依据，对公民处以 50 元以下、对法人或者其他组织处以 1000 元以下罚款或者警告的行政处罚，可以当场作出行政处罚决定。当场作出行政处罚决定时，环境保护执法人员不得少于两人，并应遵守下列程序。

① 执法人员应向当事人出示行政执法证件；
② 现场查清当事人的违法事实，并制作现场检查笔录；
③ 向当事人说明违法的事实、行政处罚的理由和依据；
④ 听取当事人的陈述和申辩；
⑤ 填写预定格式、编有号码的行政处罚决定书，由执法人员签名或者盖章，并将行政处罚决定书当场交付当事人；
⑥ 告知当事人如对当场作出的行政处罚决定不服，可以依法申请行政复议或者提起行政诉讼。

执法人员当场作出的行政处罚决定，必须在决定之日起 3 日内报本部门法制工作机构备案。

（2）一般程序

除可以适用简易程序当场作出决定和应适用听证程序的行政处罚外，环境保护监督管理部门实施的其他行政处罚均适用一般程序。一般程序主要包括以下内容。

1）立案　对初步审查符合立案条件的环境违法行为，应予立案。对登记立案的环境违法行为，必须指定专人负责，及时组织调查取证。环境违法行为发生之日起到被发现之日止超过两年的不予立案。违法行为处于连续或继续状态的，从行为终了之日起计算。

2）调查取证　环境保护执法人员在调查过程中，有权进入现场进行调查和取证，查阅或者复制排污单位的排污记录和其他有关资料。调查终结，环境保护监督管理部门组织调查的机构应当提出已查明违法行为的事实和证据以及依法给予行政处罚的初步意见，送本部门法制工作机构审查。

3）案例审查　环境保护监督管理部门法制工作机构应对案件的以下内容进行审查。

① 违法事实是否清楚；

② 证据是否确凿；
③ 调查取证是否符合法定程序；
④ 适用法律是否正确；
⑤ 处罚种类和幅度是否适当；经审查发现违法事实不清、证据不足或者调查取证不符合法定程序时，应当通知执行调查任务的执法人员补充调查取证或者依法重新调查取证。

4）告知和听证　告知当事人将要作出的处罚的事实、理由和依据，同时告知有陈述和申辩的权利。

5）处理决定　机关负责人经过审查，分别作出如下处理。
① 违法事实成立，依法应当给予行政处罚的，根据其情节轻重及具体情况，作出行政处罚决定；
② 违法行为轻微，依法可以不予行政处罚的，不予行政处罚；
③ 涉嫌违法依法应当由人民政府实施责令停产整顿、责令停业、关闭的案件，环境保护主管部门应当立案调查，并提出处理建议报本级人民政府。
④ 涉嫌违法依法应当实施行政拘留的案件，移送公安机关。
⑤ 涉嫌违反党纪、政纪的案件，移送纪检、监察部门。
⑥ 涉嫌犯罪的案件，按照《行政执法机关移送涉嫌犯罪案件的规定》等有关规定移送司法机关，不得以行政处罚代替刑事处罚。

案情复杂或者对重大违法行为给予较重的行政处罚，环境保护主管部门负责人应当集体审议决定。

环境保护行政处罚案件应当自立案之日起的 3 个月内作出处理决定。案件办理过程中听证、公告、监测、鉴定、送达等时间不计入期限。

行政处罚决定书应当送达当事人，并根据需要抄送与案件有关的单位和个人。送达行政处罚文书可以采取直接送达、留置送达、委托送达、邮寄送达、转交送达、公告送达、公证送达或者其他方式。

（3）听证程序

听证程序是一般程序中的一个特别程序，听证程序只适用一般程序中重大的行政处罚。听证程序对于保证行政处罚的合法、公正具有重大意义。

① 适用条件　根据《环境行政处罚听证程序规定》第五条、第六条的规定，环境保护主管部门在作出以下行政处罚决定之前，应当告知当事人有申请听证的权利；当事人申请听证的，环境保护主管部门应当组织听证。

a. 拟对法人、其他组织处以人民币 50000 元以上或者对公民处以人民币 5000 元以上罚款的；

b. 拟对法人、其他组织处以人民币（或者等值物品价值）50000 元以上或者对公民处以人民币（或者等值物品价值）5000 元以上的没收违法所得或者没收非法财物的；

c. 拟处以暂扣、吊销许可证或者其他具有许可性质的证件的；

d. 拟责令停产、停业、关闭的。

《环境行政处罚听证程序规定》还规定，环境保护主管部门在作出责令停止建设、责令停止生产或使用的行政命令之前，认为需要组织听证的，可以参照本程序规定执行。

② 步骤

a. 向当事人送达听证告知书。

b. 当事人提出听证申请。

c. 送达听证通知书。环境保护行政主管部门在收到当事人听证申请的 5 日内，确定主持人，决定听证的时间和地点。在听证举行的 7 日前，将听证通知书送达当事人，并由当事人在送达回执上签字。

d. 听证会举行。听证主持人由环境保护行政主管部门的法制工作机构的非本案调查人员担任。当事人有权申请听证主持人回避，并说明理由。听证由当事人、调查人员、证人以及与本案处理结果有直接利害关系的第三人参加。当事人可以委托 1 至 2 人代理参加听证。

e. 制作听证笔录。组织听证的环境保护行政主管部门，对听证必须安排笔录。听证结束后，听证笔录应交当事人审核无误后签字或者盖章。听证终结后，主持人应及时将听证结果报告本部门负责人。

（4）环境行政处罚决定的执行

1) 行政处罚不停止执行　行政处罚决定依法作出后，当事人应当在行政处罚决定的期限内予以履行。当事人对行政处罚决定不服申请行政复议或者提起行政诉讼的，行政处罚不停止执行，法律另有规定的除外。

2) 罚款决定与收缴分离　作出罚款决定的行政机关应当与收缴罚款的机构分离。除依照《中华人民共和国行政处罚法》第四十七条、第四十八条的规定当场收缴的罚款外，作出行政处罚决定的行政机关及其执法人员不得自行收缴罚款。当事人应当自收到行政处罚决定书之日起十五日内，到指定的银行缴纳罚款。

3) 当场收缴罚款　根据《中华人民共和国行政处罚法》第四十七条、第四十八条的规定，依法当场作出行政处罚决定，有下列情形之一的，执法人员可以当场收缴罚款：①依法给予二十元以下的罚款的；②不当场收缴事后难以执行的；在边远、水上、交通不便地区，当事人向指定的银行缴纳罚款确有困难，经当事人提出，行政机关及其执法人员可以当场收缴罚款。

行政机关及其执法人员当场收缴罚款的，必须向当事人出具省、自治区、直辖市财政部门统一制发的罚款收据；不出具财政部门统一制发的罚款收据的，当事人有权拒绝缴纳罚款。

4) 执行措施　当事人逾期不履行行政处罚决定的，作出行政处罚决定的行政机关可以采取下列措施：

① 到期不缴纳罚款的，每日按罚款数额的百分之三加处罚款；

② 根据法律规定，将查封、扣押的财物拍卖或者将冻结的存款划拨抵缴罚款；

③ 申请人民法院强制执行。

三、环境行政命令

1. 环境行政命令概述

（1）环境行政命令的定义

行政命令是指行政主体依法要求相对人进行一定的作为或不作为的意思表示，是具体行政行为的一种形式。行政命令具有强制力，它包括两类：一类是要求相对人进行一定作为的命令，如命令纳税、命令外国人出境；另一类是要求相对人履行一定的不作为的命令，称为禁（止）令，如因修建马路禁止通行，禁止携带危险品的旅客上车等。

环境行政命令属于行政命令的范畴，是指环境行政主体依法要求环境行政相对人为一定的行为，或不为一定行为的意思表示。前者如对违反环境影响评价制度，建设项目未批先建的，责令停止建设；后者如对擅自拆除环境污染防治设施的，责令重新安装使用。根据《环境行政处罚办法》规定，环境保护主管部门实施行政处罚时，应当及时作出责令当事人改正或者限期改正违法行为的行政命令。责令当事人改正或者限期改正违法行为是一种典型的环境行政命令。

（2）环境行政命令的法律性质

① 环境行政命令是一种设定义务的行政行为。环境行政命令实质是为相对人赋课作为义务或者不作为义务，而不是赋予相对人权利。环境行政命令是环境行政处理的一种特殊形式。环境行政命令不是一种处罚方式，而是实现行政处罚的补救性功能的具体手段，是行政机关依照职权要求违法当事人对不法状态予以纠正的一种措施。《中华人民共和国行政处罚法》第二十三条规定，"行政机关实施行政处罚时，应当责令改正或者限期改正违法行为。"

② 环境行政命令不属于行政处罚。行政处罚是行政主体对违反行政管理秩序的行为，依法定程序所给予的法律制裁，以达到对违法者予以惩戒，促使其以后不再犯的目的；而行政命令是行政主体实施行政处罚的过程中对违法行为人发出的一种作为命令，以制止和纠正违法行为，其本身并不是制裁，只是要求违法行为人履行法定义务，停止违法行为，消除其不良后果，恢复原状。环境行政命令不适用行政处罚程序的规定。环境行政命令可以单独作出，也可以与行政处罚一起作出。

③ 环境行政命令以行政处罚或行政强制为保障。行政相对人违反行政命令，行政主体可依法对其进行制裁，有时也可以采取行政强制执行。如根据《中华人民共和国环境保护法》第六十三条规定，建设项目未依法进行环境影响评价，被责令停止建设，拒不执行的，对其直接负责的主管人员和其他责任人员，予以行政拘留。

2. 环境行政命令的形式

《环境行政处罚办法》列举的责令改正或者限期改正违法行为的行政命令的具体形式有：责令停止建设；责令停止试生产；责令停止生产或者使用；责令限期建设配套设施；责令重新安装使用；责令限期拆除；责令停止违法行为；责令限期治理。《中华人民共和国环境保护法》第六十条规定，环境行政命令的形式还包括责令限制生产、停产整治。

（1）责令限制生产、停产整治

《中华人民共和国环境保护法》第六十条规定，企业事业单位和其他生产经营者超过污染物排放标准或者超过重点污染物排放总量控制指标排放污染物的，县级以上人民政府环境保护主管部门可以责令其采取限制生产、停产整治等措施；情节严重的，报经有批准权的人民政府批准，责令停业、关闭。为规范实施限制生产、停产整治措施，环境保护部于2014年10月24日发布了《环境保护主管部门实施限制生产、停产整治办法》。

1）责令限制生产的适用情形。排污者超过污染物排放标准或者超过重点污染物日最高允许排放总量控制指标的，环境保护主管部门可以责令其采取限制生产措施。

2）责令停产整治的适用情形。排污者有下列情形之一的，环境保护主管部门可以责令其采取停产整治措施：①通过暗管、渗井、渗坑、灌注或者篡改、伪造监测数据，或者不正常运行防治污染设施等逃避监管的方式排放污染物，超过污染物排放标准的；②非法排放含重金属、持久性有机污染物等严重危害环境、损害人体健康的污染物超过污染物排放标准三倍以上的；③超过重点污染物排放总量年度控制指标排放污染物的；④被责令限制生产后仍然超过污染物排放标准排放污染物的；⑤因突发事件造成污染物排放超过排放标准或者重点污染物排放总量控制指标的；⑥法律、法规规定的其他情形。

具备下列情形之一的排污者，超过污染物排放标准或者超过重点污染物排放总量控制指标排放污染物的，环境保护主管部门应当按照有关环境保护法律法规予以处罚，可以不予实施停产整治：①城镇污水处理、垃圾处理、危险废物处置等公共设施的运营单位；②生产经营业务涉及基本民生、公共利益的；③实施停产整治可能影响生产安全的。

3）实施程序

① 调查取证。环境保护主管部门在作出限制生产、停产整治决定前，应当做好调查取证工作。责令限制生产、停产整治的证据包括现场检查笔录、调查询问笔录、环境监测报告、视听资料、证人证言和其他证明材料。

② 审批。作出限制生产、停产整治决定前，应当书面报经环境保护主管部门负责人批准；案情重大或者社会影响较大的，应当经环境保护主管部门案件审查委员会集体审议决定。

③ 告知。环境保护主管部门作出限制生产、停产整治决定前，应当告知排污者有关事实、依据及其依法享有的陈述、申辩或者要求举行听证的权利；就同一违法行为进行行政处罚的，可以在行政处罚事先告知书或者行政处罚听证告知书中一并告知。

④ 作出决定。环境保护主管部门作出限制生产、停产整治决定的，应当制作责令限制生产决定书或者责令停产整治决定书，也可以在行政处罚决定书中载明。

⑤ 送达。环境保护主管部门应当自作出限制生产、停产整治决定之日起七个工作日内将决定书送达排污者。

4）期限。限制生产一般不超过三个月。情况复杂的，经本级环境保护主管部门负责人批准，可以延长，但延长期限不得超过三个月。停产整治的期限，自责令停产整治决定书送达排污者之日起，至停产整治决定解除之日止。

5）履行

① 整治方案备案。排污者应当在收到责令限制生产决定书或者责令停产整治决定书后立即整改，并在十五个工作日内将整改方案报作出决定的环境保护主管部门备案并向社会公开。整改方案应当确定改正措施、工程进度、资金保障和责任人员等事项。

② 开展环境监测。被限制生产的排污者在整改期间，不得超过污染物排放标准或者重点污染物日最高允许排放总量控制指标排放污染物，并按照环境监测技术规范进行监测或者委托有条件的环境监测机构开展监测，保存监测记录。

6）解除

排污者完成整改任务的，应当在十五个工作日内将整改任务完成情况和整改信息社会公开情况，报给作出限制生产、停产整治决定的环境保护主管部门备案，并提交监测报告以及整改期间生产用电量、用水量、主要产品产量与整改前的对比情况等材料。限制生产、停产整治决定自排污者报环境保护主管部门备案之日起解除。

从上述规定可知，限制生产、停产整治决定的解除与否不再依赖于环保部门的核查、验收等程序，而是取决于排污者自身，可以极大地调动排污者的整改积极性；同时，排污者备案提交的各类材料主要用于证明其完成整改的事实，因此需要对其所提交资料的真实性负责。若涉嫌提供虚假资料或篡改、伪造监测数据等，排污者需依法承担责任，这样有利于加强排污者自律。

（2）责令停产整顿

《中华人民共和国水污染防治法》第七十五条规定，在饮用水水源保护区内设置排污口的，由县级以上地方人民政府责令限期拆除，处十万元以上五十万元以下的罚款；逾期不拆除的，强制拆除，所需费用由违法者承担，处五十万元以上一百万元以下的罚款，并可以责令停产整顿。除前款规定外，违反法律、行政法规和国务院环境保护主管部门的规定设置排污口或者私设暗管的，由县级以上地方人民政府环境保护主管部门责令限期拆除，处二万元以上十万元以下的罚款；逾期不拆除的，强制拆除，所需费用由违法者承担，处十万元以上五十万元以下的罚款；私设暗管或者有其他严重情节的，县级以上地方人民政府环境保护主管部门可以提请县级以上地方人民政府责令停产整顿。

（3）责令停止生产或使用

指建设项目防治污染的设施没有建成或者没有达到国家规定的要求，投入生产或者使用的，责令停止生产或使用。该处罚一旦作出，有关建设项目就要停止生产或停止使用，等到防治污染设施建成或者达到国家规定的要求后，才能投产或使用。

（4）责令重新安装使用

指环境保护监督管理部门对未经同意而擅自拆除或者闲置防治污染设施，污染物的排放又超过规定排放标准的单位，令其重新安装使用。其中擅自闲置者，令其重新使用。

《中华人民共和国固体废物污染环境防治法》第六十八条规定，擅自关闭、闲置或者拆除工业固体废物污染环境防治设施、场所的，由县级以上人民政府环境保护行政主管部门责令停止违法行为，限期改正，处一万元以上十万元以下的罚款。《中华人民共和国水污染防治法》第七十三条规定，不正常使用水污染物处理设施，或者未经环境保护主管部门批准拆除、闲置水污染物处理设施的，由县级以上人民政府环境保护主管部门责令限期改正，处应缴纳排污费数额一倍以上三倍以下的罚款。

四、环境行政强制

1. 行政强制的定义和种类

行政强制，包括行政强制措施和行政强制执行。行政强制措施，是指行政机关在行政管理过程中，为制止违法行为、防止证据损毁、避免危害发生、控制危险扩大等情形，依法对公民的人身自由实施暂时性限制，或者对公民、法人或者其他组织的财物实施暂时性控制的行为。行政强制执行，是指行政机关或者行政机关申请人民法院，对不履行行政决定的公民、法人或者其他组织，依法强制履行义务的行为。

2. 行政强制的法律性质

行政强制措施是一种中间行为，它是为保证最终行政行为的作出所采取的一种临时性措施，它没有到达对事件最终处理完毕的状态。如扣押财物，扣押本身不是最终的目的，它是为保证尔后行政处理决定的最终作出和执行所采取的临时措施。行政处罚则是一种最终行政行为，行政处罚的作出表明该行政违法案件已被处理完毕。如没收财物，它表达了行政主体对该财物的最终处理。而环境行政强制执行是保证环境行政处罚、行政命令等得以执行的重要保障。

3. 环境行政强制措施

根据《中华人民共和国行政强制法》规定，行政强制措施的种类有：限制公民人身自由；查封场所、设施或者财物；扣押财物；冻结存款、汇款；其他行政强制措施。根据《中华人民共和国环境保护法》第二十五条的规定，环境保护主管部门行使的环境行政强制措施有两种形式，即查封、扣押造成污染物排放的设施、设备。为规范实施查封、扣押，环境保护部于2014年12月15日颁布了《环境保护主管部门实施查封、扣押办法》。

(1) 适用范围

1) 排污者有下列情形之一的,环境保护主管部门可以依法实施查封、扣押:①违法排放、倾倒或者处置含传染病病原体的废物、危险废物、含重金属污染物或者持久性有机污染物等有毒物质或者其他有害物质的;②在饮用水水源一级保护区、自然保护区核心区违反法律法规规定排放、倾倒、处置污染物的;③违反法律法规规定排放、倾倒化工、制药、石化、印染、电镀、造纸、制革等工业污泥的;④法律、法规规定的其他造成或者可能造成严重污染的违法排污行为。

2) 排污者有下列情形之一的,环境保护主管部门应当实施查封、扣押:①通过暗管、渗井、渗坑、灌注或者篡改、伪造监测数据,或者不正常运行防治污染设施等逃避监管的方式违反法律法规规定排放污染物的;②较大、重大和特别重大突发环境事件发生后,未按照要求执行停产、停排措施,继续违反法律法规规定排放污染物的。

3) 可以不予实施查封、扣押的情形。①城镇污水处理、垃圾处理、危险废物处置等公共设施的运营单位;②生产经营业务涉及基本民生、公共利益的;③实施查封、扣押可能影响生产安全的。如大型电力、石化行业,如果查封、扣押了造成污染物排放的设施、设备,可能造成大面积停产且带来较大损失,这种情况下,执法机关可以视情况不采用查封、扣押手段。

(2) 对象

查封、扣押的对象是企事业单位和其他生产经营者造成污染物排放的设施、设备,不得查封、扣押与违法行为无关的场所、设施。当事人的场所、设施已被其他国家机关依法查封的,不得重复查封。

(3) 实施程序

1) 调查。环境保护主管部门实施查封、扣押前,应当做好调查取证工作。查封、扣押的证据包括现场检查笔录、调查询问笔录、环境监测报告、视听资料、证人证言和其他证明材料。

2) 审批。需要实施查封、扣押的,应当书面报经环境保护主管部门负责人批准;案情重大或者社会影响较大的,应当经环境保护主管部门案件审查委员会集体审议决定。

3) 决定。环境保护主管部门决定实施查封、扣押的,应当制作查封、扣押决定书和清单。

4) 执行。实施查封、扣押应当符合下列要求:①由两名以上具有行政执法资格的环境行政执法人员实施,并出示执法身份证件;②通知排污者的负责人或者受委托人到场;③制作现场笔录;④当场清点并制作查封、扣押设施、设备清单;⑤现场笔录和查封、扣押设施、设备清单由排污者和执法人员签名或者盖章;⑥张贴封条或者采取其他方式,明示已实施查封、扣押。

5) 送达。查封、扣押决定书应当当场交付排污者负责人或者受委托人签收。排污者负责人或者受委托人应当签名或者盖章,注明日期。

6) 期限。查封、扣押的期限不得超过三十日;情况复杂的,经本级环境保护主管部门负责人批准可以延长,但延长期限不得超过三十日。

7) 解除。依申请解除:排污者在查封、扣押期限届满前,可以向决定实施查封、扣押的环境保护主管部门提出解除申请,并附具相关证明材料。环境保护主管部门应当自收到解除查封、扣押申请之日起五个工作日内,组织核查,并根据核查结果分别作出如下决定:①确已改正违反法律法规规定排放污染物行为的,解除查封、扣押;②未改正违反法律法规规定排放污染物行为的,维持查封、扣押。

主动解除:环境保护主管部门实施查封、扣押后,应当及时查清事实,有下列情形之一的,应当立即作出解除查封、扣押决定:①对违反法律法规规定排放污染物行为已经作出行政处罚或者处理决定,不再需要实施查封、扣押的;②查封、扣押期限已经届满的;③其他不再需要实施查封、扣押的情形。

4. 环境行政强制执行

环境行政强制执行主要包括代履行和滞纳金两种形式。

(1) 代履行

也称代执行,行政机关依法作出要求当事人履行排除妨碍、恢复原状等义务的行政决定,当事人逾期不履行,行政机关可以代履行,或者委托没有利害关系的第三人代履行。《中华人民共和国水污染防治法》第八十条规定,向水体倾倒船舶垃圾或者排放船舶废油,造成水污染,被责令限期采取治理措施,逾期不采取治理措施的,相关主管部门可以指定有能力的单位代为治理,所需费用由船舶承担。《中华人民共和国固体废物污染环境防治法》第五十九条规定,产生危险废物的单位,不按照国家规定处置危险废物,被环保主管部门责令限期改正,逾期不处置或处置不符合规定的,由环保主管部门指定单位代为处置,处置费用由产生危险废物的单位承担。

(2) 滞纳金

行政机关依法作出金钱给付义务的行政决定,当事人逾期不履行的,行政机关可以依法加处罚款或者滞纳金。加处罚款或者滞纳金的标准应当告知当事人。需要注意的是,加处罚款或者滞纳金的数额不得超出金钱给付义务的数额。计算加处罚款的期限应当在处罚决定送达后的六个月内,并应当扣去行政机关指定的被处罚人自动履行期间。当事人对加处罚款拒不履行的,行政机关在申请人民法院执行罚款处罚的同时一并申请执行加处罚款。

5. 申请人民法院强制执行

(1) 申请的机关

县级以上人民政府及其环境保护行政主管部门、依照有关法律规定对环境污染防治和自然资源保护实施监督管理的部门,有权申请人民法院强制执行。申请人民法院强制执行的环境行政行为主要有以下几类:①环境行政处罚决定,如罚款决定,这是环保部门最需要法院强制执行的行政行为;②环境行政收费决定,如排污单位和个人拒绝或者拖延缴纳排污费,环保部门可以依法申请法院强制征收;③环境行政命令,如责令改正违法行为的决定;④环境行政复议决定。

(2) 申请的条件

根据《最高人民法院关于执行〈中华人民共和国行政诉讼法〉若干问题的解释》(法释〔2000〕8号)规定,行政机关根据行政诉讼法第六十六条的规定申请执行其具体行政行为,应当具备以下条件:①具体行政行为依法可以由人民法院执行;②具体行政行为已经生效并具有可执行内容;③申请人是作出该具体行政行为的行政机关或者法律、法规、规章授权的组织;④被申请人是该具体行政行为所确定的义务人;⑤被申请人在具体行政行为确定的期限内或者行政机关另行指定的期限内未履行义务;⑥申请人在法定期限内提出申请;⑦被申请执行的行政案件属于受理申请执行的人民法院管辖。

根据《中华人民共和国行政强制法》第五十四条规定,行政机关申请人民法院强制执行前,应当催告当事人履行义务。催告书送达10日后当事人仍未履行义务的,行政机关可以向所在地有管辖权的人民法院申请强制执行。这一规定将催告程序确定为行政机关申请法院强制执行的前置程序，未经催告，不得向人民法院申请强制执行。

（3）申请强制执行的期限

《中华人民共和国行政强制法》第五十三条规定："当事人在法定期限内不申请行政复议或者提起行政诉讼，又不履行行政决定的，没有行政强制执行权的行政机关可以自期限届满之日起三个月内，依照本章规定申请人民法院强制执行。"根据这一规定，具体行政行为作出之后，当事人既不在六十日内申请行政复议，也不在六个月内提起行政诉讼，又不履行行政机关的行政处理决定的，行政机关应当自下达行政处罚决定书之日起满六个月期限后，在三个月内任何一个时间段内申请法院强制执行。但若超过三个月的最长期限再申请执行，法院就不会受理了。当事人提起行政复议，复议决定书送达后当事人未提起行政诉讼的，行政机关在复议决定书送达之日起十五日后起算的一百八十日内申请人民法院强制执行。当事人提起行政诉讼，申请强制执行的期限为：第一审行政判决后当事人未提出上诉的，在判决书送达之日起十五日后起算的一百八十日内；第一审行政裁定后当事人未提出上诉的，在裁定书送达之日起十日后起算的一百八十日内；第二审行政判决书送达之日起一百八十日内。

（4）强制执行措施

根据《中华人民共和国行政强制法》第五十八条规定，人民法院应当自受理之日起三十日内作出是否执行的裁定。裁定不予执行的，应当说明理由，并在五日内将不予执行的裁定送达行政机关。需要采取强制执行措施的，由人民法院负责强制执行非诉行政行为的机构执行。在环境行政强制执行中，对于罚款、排污费等金钱给付义务，主要执行措施是将查封、扣押的财物拍卖或者将冻结的存款划拨抵缴。对于停产、停业等指定行为，人民法院首先通知环境违法者主动执行，如果被执行人未执行的，人民法院强制其执行；可以委托第三人完成的，人民法院委托第三人完成，但费用由被执行人承担。

五、环境行政处分

1. 行政处分的概念

（1）行政处分的定义

指国家机关、企业事业单位依照行政隶属关系，对环境违法行为负有直接责任的主管人员和其他直接责任人员，在不构成刑事惩罚的情况下的一种制裁。

（2）行政处分的对象

行政处分的对象包括有环境保护违法违纪行为的国家行政机关及其工作人员、企业中由国家行政机关任命的人员。

2. 行政处分的种类

受环境行政处分的人员，既可能是企业单位的职工，也可能是国家机关的工作人员，身份不同，处分形式也有所不同。

《中华人民共和国公务员法》和《环境保护违法违纪行为处分暂行规定》规定的处分方式有警告、记过、记大过、降级、撤职、开除。

《企业职工奖惩条例》规定对职工的行政处分分为：警告，记过，记大过，降级，撤职，留用察看，开除。在给予上述行政处分的同时，可以给予一次性罚款。

地方各级人民政府、县级以上人民政府环境保护主管部门和其他负有环境保护监督管理职责的部门有下列行为之一的，对直接负责的主管人员和其他直接责任人员给予记过、记大过或者降级处分；造成严重后果的，给予撤职或者开除处分，其主要负责人应当引咎辞职。

① 不符合行政许可条件准予行政许可的；
② 对环境违法行为进行包庇的；
③ 依法应当作出责令停业、关闭的决定而未作出的；
④ 对超标排放污染物、采用逃避监管的方式排放污染物、造成环境事故以及不落实生态保护措施造成生态破坏等行为，发现或者接到举报未及时查处的；
⑤ 违反本法规定，查封、扣押企业事业单位和其他生产经营者的设施、设备的；
⑥ 篡改、伪造或者指使篡改、伪造监测数据的；
⑦ 应当依法公开环境信息而未公开的；
⑧ 将征收的排污费截留、挤占或者挪作他用的；
⑨ 法律法规规定的其他违法行为。

3. 行政处分的程序

行政处分的程序一般分为六个步骤，即立案、调查、本人申诉、决定、报批、通知本人及备案。

（1）立案

行政机关或者上级行政主管部门鲁，发现或者接受举报、控告所属人员有违法行为依法需要给予行政处分的，按照权限和管辖范围作出立案的决定。

（2）调查

行政机关或者上级主管部门有关人员（多为纪检、人事部门的工作人员），本着严肃认真、实事求是的态度，对违法的情节、违法行为所造成的后果、违法的主、客观原因，违法时的心理状态（包括故意、过失）以及违法的时间、地点等进行调查、了解；对有关的证据进行收集、分析等，以弄清案情。

（3）申辩

调查的结论应公开告知将受处分者，在作出处分决定之前，应当召开会议，通知当事人参加，让其申辩和提出有利于自己的证据材料。申辩可以是口头的，也可以用书面材料或者请人代为申辩。

（4）报批

行政机关在充分听取当事人的申辩和审查有关材料、证据（包括当事人提出的证据）之后，经过领导层的集体讨论，作出给予行政处分（包括行政处分的理由、依据和给予处分的种类）决定的意见书。在该意见书上应附有受处分人的签字（包括保留的意见），然后将处分决定意见书报本单位的审批机关或者上级主管部门审批。

（5）决定

给予行政机关公务员处分，应当自批准立案之日起 6 个月内作出决定；案情复杂或者遇有其他特殊情形的，办案期限可以延长，但是最长不得超过 12 个月。

（6）备案

监察机关对于立案调查的案件，应当报本级人民政府和上一级监察机关备案。如若受处分人对处分决定不服，可依照《监察机关处理不服行政处分申诉的办法》，在收到处分决定之日起十五日内提出复审申请；复审之后，如若再不服，还可向作出复审决定的上一级监察机关申请复核。

4. 行政处分与行政处罚的区别

(1) 制裁机关不同

行政处分由受处分人的所在单位或者上级主管机关作出；行政处罚由环境保护监督管理部门科处。前者存在行政上的隶属关系；后者一般不存在这种关系。

(2) 制裁对象不同

行政处分是对在环境保护领域中违法失职者或者是环境保护监督管理部门工作人员中因滥用职权、玩忽职守、徇私舞弊而违法但又不够刑事惩罚者实施；行政处罚则是对污染或者破坏环境的违法单位或者非履行环境保护公职的个人科处。

(3) 制裁情节不同

对违法失职者的行政处分，是由于单位实施了污染或者破坏环境的违法行为，情节又较重时，才对有关责任人员科处的；如果属于一般情节，则只对单位给予行政处罚。

(4) 制裁形式不同

行政处分包括记过、撤职、开除等，但不包括罚款；行政处罚包括罚款、责令重新安装使用、责令停业或者关闭、没收等形式，其中大多数形式只能对单位适用。

(5) 制裁程序不同

行政处分的程序如前述，行政处罚则一般依照《中华人民共和国行政处罚法》或者环境保护行政处罚。

(6) 救济措施不同

不服行政处分依照《监察机关处理不服行政处分申诉的办法》的规定，但不得依照《中华人民共和国行政复议法》申请行政复议，也不能依照《中华人民共和国行政诉讼法》提起行政诉讼。不服行政处罚则可据上述两部法律规定的程序申请行政复议或者提起行政诉讼。

第三节 ▎环境民事责任

一、环境民事责任的概念

1. 环境民事责任的定义

民事责任通常是指民事主体因不履行民事义务或实施侵权行为而应承担的民事法律后果。环境民事责任是指行为人因从事环境违法行为或环境污染破坏行为而侵害了他人的环境民事权利，依法所应承担的否定性的法律后果。根据环境民事责任产生的原因不同，可分为环境破坏民事责任和环境污染民事责任，其中环境污染民事责任又称为公害民事责任。环境民事责任在性质上属于民事责任范畴，且属于侵权民事责任。《中华人民共和国民法通则》第一百二十四条规定，违反国家保护环境防止污染的规定，污染环境造成他人损害的，应当依法承担民事责任。可见，环境民事责任中比较常见的是环境污染民事责任。通常所说的环境民事责任就是指环境污染民事责任。

2. 环境民事责任的构成要件

《中华人民共和国侵权责任法》第六条规定，行为人因过错侵害他人民事权益，应当承担侵权责任。根据这一规定可知，一般民事责任的构成要件为：实施违法行为、有损害后果、行为和后果间存在因果关系以及行为人主观上存在过错。《中华人民共和国侵权责任法》第六十五条规定，因污染环境造成损害的，污染者应当承担侵权责任。从这一规定可知，环境民事责任构成要件为：实施排污行为、有损害后果、行为和后果间存在因果关系。

（1）实施排污行为

排污者实施的污染危害环境的行为，既包括违法行为，也包括合法行为。即只要行为人实施了污染环境的行为，即便这种行为是合法的，均视为承担环境民事责任的要件。

（2）有损害后果

损害后果是环境侵权行为人对他人环境权益侵害的客观情况。损害事实既是侵权行为所产生的危害后果，也是承担民事责任的依据。因此，它也是构成环境民事责任的必备条件。在环境民事责任中，侵权所造成的损害事实主要是人身损害、财产损害方面的损害。

环境污染所造成的人身损害包括两个方面：一方面是公民的人身健康权和生命权受到侵害而造成的身体伤害，如排放有毒气体污染大气，使人们中毒、得病甚至死亡等；另一方面是精神损害，指公民的精神、心理受到侵害而产生的恐惧、悲伤、怨愤、绝望等精神痛苦。

环境污染造成的财产损害，包括直接财产损害、间接财产损害和可得利益的损失等。直接损害是指受害人因污染而导致现有财产的减少或丧失，如农作物减产、鱼虾苗死亡等；间接损害是指受害人在正常情况下应当得到但因受污染而未能得到的那部分收入，如渔民因鱼塘受污染致使鱼苗死亡而未能得到成鱼的收入。

（3）致害行为与损害后果之间有因果关系

在法律中，因果关系是指侵害行为与损害后果之间的逻辑联系。只有在侵权行为与损害之间存在因果关系的情况下，才要求行为人承担法律责任。

环境民事责任的特殊性决定了环境民事责任不以行为人主观上的过错为为构成要件，属于无过错责任。

二、无过错责任原则

1. 无过错责任原则概念

无过错原则是指一切污染环境的单位或个人，只要自己的污染危害环境行为给他人造成财产或人身损害，即使自己主观上没有故意或过失，也要对其所造成的损害承担赔偿责任。

在环境污染危害中之所以实行无过错责任原则，主要是由于环境污染危害大，后果严重，危害生物和人体的健康，甚至还威胁着人类的生存和发展，因此必须从严追究法律责任，而且由于环境污染危害案件一般都比较复杂，涉及一系列专门的科学技术和科学知识，受害人要直接证明侵害人主观上是否具有故意或过失，十分困难。采用无过错责任原则有利于保护受害人的合法权益，同时也有利于推动排污单位积极防治环境污染，增强排污单位的环境意识，促进环境保护工作的开展。

2. 无过错责任的免责条件

无过错责任的免责条件，是指环境法所规定的因环境污染和破坏造成他人财产和人身损害时排污者可以不承担法律责任的事由，又称抗辩事由，这种抗辩是针对承担环境民事责任的请求而提出来的。

《中华人民共和国侵权责任法》《中华人民共和国海洋环境保护法》《中华人民共和国水污染防治法》等对无过错责任原则的免责条件均有明确规定。概括起来，我国环境法中无过错责任原则的免责条件主要包括三种情形：不可抗力；受害者自身故意；第三人过错。

(1) 不可抗力

不可抗力是指不能预见、不能避免并不能克服的客观情况。不可抗力一般可分为两类：其一为不可抗拒的自然灾害，如地震、海啸、泥石流等；其二为某些不可抗拒的社会现象，如罢工、战争、恐怖活动等。

《中华人民共和国民法通则》第一百零七条规定："因不可抗力不能履行合同或造成他人损害的，不承担民事责任，法律另有规定的除外。"该规定是对民事责任中不可抗力的一般规定。《中华人民共和国侵权责任法》第二十九条规定："因不可抗力造成他人损害的，不承担责任。法律另有规定的，依照其规定。"《中华人民共和国水污染防治法》第八十五条第二款规定："由于不可抗力造成水污染损害的，排污方不承担赔偿责任；法律另有规定的除外。"

从上述规定来看，不可抗力并不是绝对的免责事由，使用不可抗力作为免责的前提条件是即使是发生不可抗力的情形，排污企业也要尽快采取措施，而不是坐视不管并以此作为免责的理由。这就避免了企业逃避责任，有利于督促企业积极采取措施防止污染的进一步扩大。

(2) 受害人自身故意

《中华人民共和国水污染防治法》第八十三条第三款规定："水污染损害是由受害人故意造成的，排污方不承担赔偿责任。水污染损害是由受害人重大过失造成的，可以减轻排污方的赔偿责任。"根据这一规定，如过受害人故意造成损害则排污方不承担责任；如果受害人重大过失则排污方减轻赔偿责任；如果受害人只是轻微过失，则排污方要承担全责。可见，环境污染民事责任中，受害者自身故意是排污方免责的事由，而受害人重大过失则只是减轻排污方赔偿责任的事由。《中华人民共和国侵权责任法》第二十七条规定："损害是因受害人故意造成的，行为人不承担责任"。从而进一步确立了这一免责规定。

(3) 第三人过错

第三人过错是指除排污者和受害者以外的第三者，对于受害者的损害发生具有过错，这种过错包括故意和过失。《中华人民共和国水污染防治法》第八十五条第四款规定："水污染损害由第三人造成的，排污方承担赔偿责任后，有权向第三人追偿。"《中华人民共和国水污染防治法》的规定从实质上没有把第三人责任作为免责事由，而只是规定排污方享有追偿权。这一规定有利于促使排污方积极采取措施保护环境，即使第三人导致污染事故发生，排污方仍然要采取措施避免污染的进一步扩大。《中华人民共和国侵权责任法》第六十八条规定："因第三人的过错污染环境造成损害的，被侵权人可以向污染者请求赔偿，也可以向第三人请求赔偿。污染者赔偿后，有权向第三人追偿。"

三、环境民事责任的形式

环境民事责任的形式即是对环境侵权行为的制裁措施。对于一般民事责任，《中华人民共和国侵权责任法》第六条规定承担侵权责任的方式主要有：停止侵害；排除妨碍；消除危险；返还财产；恢复原状；赔偿损失；赔礼道歉；消除影响、恢复名誉。环境民事责任属于特殊民事责任，并不能适用一般民事责任的所有责任形式。结合我国环境保护法律、法规的规定，环境民事责任主要包括赔偿损失、排除危害。

1. 赔偿损失

(1) 赔偿损失的定义

赔偿损失是指环境污染害者以自己的财产补偿对他人所造成的人身伤害和财产损失的民

事责任形式。我国环境保护法中与赔偿损失有关概念可分为：直接受到损害者与间接受到损害者、直接损失和间接损失、物质损失与精神损害等。

① 直接受到损害者与间接受到损害者。直接受到损害者，是指环境污染危害行为直接指向的公民、法人或者其他组织。例如某企业排污毒死养鱼塘中鱼苗案中，个体养鱼户是直接受到损害的人。个体养鱼户与某饭店签订了供应鱼的合同，后因鱼苗全部死亡而未能按合同供应鱼，致使饭店的经营蒙受损失，饭店便是间接受到损害者。

② 直接损失与间接损失。直接损失，是指因受环境污染危害而造成法律所保护的现有财产的减少或者丧失的实际，也称实际损失。间接损失也称可得利益的损失，是指由直接损失引发的其他损失，即在正常情况下应当得到，但因环境污染危害而得不到的那一部分合法收入。

③ 物质损失与精神损害。物质损失，是指受害者因环境污染危害所造成的财产上的损失；精神损害是指受害者因环境污染危害所造成的人格上的损害。精神损害对受害人及其家人的精神痛苦，往往较财产上的损失给受害人造成的伤害更大。通过精神损害赔偿，一定程度上可弥补受害人及其家属所受心理伤害。

(2) 赔偿损失的原则

根据环境法及相关法律规定，以及我国环境保护法的实践，在环境污染民事纠纷中，确定赔偿损失的范围及具体数额应遵循以下原则。

① 实行"全额赔偿"原则。即赔偿以受害者所受全部财产损失大小为客观依据，损失多少，赔偿多少。全部财产损失包括直接损失和间接损失两部分。

② 只赔偿直接受到损害者原则。因环境污染所造成的财产损失的，只对直接受到损害者进行赔偿，对间接受到损害者不予赔偿。

(3) 财产损失赔偿

根据全部赔偿原则，对财产损失的赔偿包括了直接损失的赔偿及间接损失的赔偿。对此，我国环境法尚未作出具体规定，但是我国许多地方在实践中积累的行之有效的做法值得总结和借鉴。

以企业排污污染个体养鱼塘水质毒死鱼苗案为例，个体养鱼户的财产损失包括直接损失和间接损失两部分。直接损失是指被毒死的鱼苗成本，包括购鱼苗费、运输费、鱼塘租金、鱼苗死前的饵料费及劳务费等。间接损失是指鱼苗长大成鱼后个体养鱼户通常应得的收入，即利润部分，通常从成鱼的价格中扣除成鱼过程中的必要费用（即成本部分）。在计算时，还应当考虑鱼的成活率、市场价格、鱼的品种及渔民养鱼经验、经营水平等因素，其计算公式一般为：

$$鱼苗数 \times 成活率（\%）\times 千克/尾 \times 元/千克 - 成鱼成本$$

此外，还有一种更为简便的方法，是按照正常情况下成鱼价格的一定百分比计算，一般按照40%~60%进行赔偿。

(4) 人身损害赔偿

环境污染导致的人身损害主要包括健康损害、人身伤残、死亡、和精神损害等。

① 健康损害和人身伤残引起的财产赔偿。根据《中华人民共和国民法通则》的规定，应该包括以下方面：医疗费；与医疗有关的交通费、住宿费、伙食费和营养费；因误工减少的工资收入或其他劳动收入；残废者生活补助费等。

② 因环境污染致人死亡引起的财产赔偿。应包括：死者死亡前医疗或抢救的医疗费用；

丧葬费；死亡赔偿金、死者生前由他扶养人的生活费用等。

③ 因环境污染致人死亡引起的精神损害赔偿。2001年《最高人民法院关于确定民事侵权精神损害赔偿责任若干问题的解释》第八条规定："因侵权致人精神损害，造成严重后果的，人民法院除判令侵权人承担停止侵害、恢复名誉、消除影响、赔礼道歉等民事责任外，可以根据受害人一方的请求判令其赔偿相应的精神损害抚慰金。"

2004年《最高人民法院关于审理人身损害赔偿案件适用法律若干问题的解释》第一条规定："因生命、健康、身体遭受侵害，赔偿权利人起诉请求赔偿义务人赔偿财产损失和精神损害的，人民法院应予受理。"

根据上述规定，如果环境污染造成严重后果的，致害人应赔偿受害人相应的精神损害赔偿抚慰金。但要注意，精神损害赔偿要在侵权之诉过程中提出，如果诉讼结果终结后仍基于同一事实单独提出精神损害赔偿，法院是不予受理的。

2. 排除危害

排除危害是指国家强令造成或可能造成环境污染危害者，排除可能发生的危害或停止已经发生的危害并消除其影响的一种民事责任形式。根据有关的法律解释和论著，排除危害的具体形式有停止侵害、排除妨碍和消除危险三种。

① 停止侵害　行为人实施的侵害他人环境权益或其他民事权益的行为仍在继续进行中，受害人可以依法请求法院责令侵害人停止其侵害行为。这种责任形式主要是能及时制止侵害行为，防止扩大损害后果。但是，这种责任形式以侵权行为正在进行或仍在继续中为适用条件，对尚未发生的或已经终止的侵权行为则不得适用。

② 排除妨碍　侵害人实施某种侵害行为而妨碍他人正常行使自己的环境权利或以环境为中介的民事权利，受害人有权请求排除妨碍。侵害人的妨碍既可能是针对受害人财产权利的，也可能是针对受害人人身权利的。排除妨碍所针对的应当是已经实际存在的妨碍或者即将必然出现的妨碍。

③ 消除危险　消除危险主要是指行为人的环境侵权行为对他人的人身或财产安全造成威胁，或者存在侵害他人人身或财产的巨大可能，他人有权要求行为人采取有效措施消除危险。这种责任形式适用于损害尚未实际发生，但行为人的行为确有可能造成损害后果并对他人构成威胁的情况。

第四节 ▎环境刑事责任

一、环境刑事责任的概念

1. 环境刑事责任的定义

环境刑事责任是指行为人违反环境保护法规定，严重污染或破坏环境资源，造成或者可能造成公私财产重大损失或者人身伤亡的严重后果，触犯刑法构成犯罪所应负的刑事方面的法律责任。

1997年《中华人民共和国刑法》分则第六章妨害社会管理秩序罪第六节规定了"破坏环境资源保护罪"，共计9个法条14个罪名。2011年2月25日，第十一届全国人民代表大会常务委员会第十九次会议通过《刑法修正案（八）》，加大了对污染环境犯罪行为的处罚力度。2013年6月17日，最高人民法院、最高人民检察院联合发布《最高人民法院、最高人民检察院关于办理环境污染刑事案件适用法律若干问题的解释》（以下简称《两高解释》），自2013年6月19日起施行。《两高解释》根据法律规定和立法精神，结合办理环境污染刑事案件取证难、鉴定难、认定难等实际问题，对有关环境污染犯罪的定罪量刑标准作出了新的规定。

2. 环境犯罪的构成要件

犯罪构成要件是指刑法所规定的组合犯罪构成有机整体的必要条件。这些要件是任何一种犯罪都必须具备的。

（1）犯罪客体

犯罪客体是指为刑法保护的而被犯罪行为侵害的社会利益。例如破坏环境资源保护罪的犯罪客体，是指环境保护法规定并为刑法所保护的环境保护权益，包括清洁、舒适的环境权益，合理开发、利用并可持续发展的自然资源权益等。

（2）犯罪的客观要件

犯罪的客观要件是指环境犯罪行为和由这种行为所造成的危害后果。《中华人民共和国刑法》规定的各类环境犯罪中，危害后果是一些犯罪的构成要件，即行为人实施了《中华人民共和国刑法》所禁止的行为，造成严重后果的才视为犯罪。如擅自进口固体废物作原料，造成重大环境污染事故，致使公私财产遭受重大损失或者严重危害人体健康的，才构成犯罪。而在另一些犯罪中，行为人只要实施了《中华人民共和国刑法》所禁止的行为，即使未造成实际危害后果，也应该处以刑罚。如利用渗井、渗坑、裂隙、溶洞等排放、倾倒、处置有放射性的废物、含传染病病原体的废物、有毒物质的行为。

（3）犯罪主体

刑法上的犯罪主体是指实施犯罪行为，依法应负刑事责任的人。在环境犯罪中，犯罪主体可以是个人，也可以是单位。环境污染和破坏行为主要伴随着生产经营活动而产生，环境法律关系的主体包括各种形式的法人，法人工作人员的行为接受法人的指示和领导，为实现整个法人的利益而实施，此时，该行为理当视为法人的行为。因此，环境法规定法人作为犯罪主体不仅是必要的而且是应该的。《中华人民共和国刑法》第三百四十六条规定："单位犯本节第三百三十八条至第三百四十五条规定之罪的，对单位判处罚金，并对其直接负责的主管人员和其他直接责任人员，依照本节各该条的规定处罚。"

（4）犯罪的主观要件

刑法上犯罪的主观要件是指犯罪主体对他所实施的犯罪行为极其危害后果所持的故意或过失的心理状态。我国刑法规定：行为在客观上虽然造成了损害结果，但不是出于故意或者过失，而是由于不能抗拒或者不能预见的原因引起的，不认为是犯罪。

所谓故意是指行为人明知自己的行为会发生危害社会的结果并且希望或者放任这种结果的发生而构成犯罪。所谓过失是指应当预见自己的行为可能发生危害社会的结果，因为疏忽大意没有预见，或者已经预见而轻信可以避免，以致发生这种结果而构成犯罪。

通常情况下，破坏环境犯罪的主观方面多为故意，而污染环境的犯罪的主观方面多为过失，也存在间接故意。如某单位曾因违法排污行为多次受到环保部门的行政处罚，后在未采取任何保护措施的情况下维修环保设施，将大量未经处理的污水排入水体中，导致重大环境污染事故。该单位在主观上即表现为间接故意。如果是直接故意实施的，则属于危害公共安全罪。

二、破坏环境资源保护罪

《中华人民共和国刑法》第六章第六节专门规定了"破坏环境资源保护罪",内容如下。

1. 污染环境罪

(1) 污染环境罪的概念

污染环境罪指违反环境保护法,排放、倾倒或者处置有害物质,严重污染环境,触犯《中华人民共和国刑法》构成犯罪的行为。《中华人民共和国刑法》第三百三十八条规定:"违反国家规定,排放、倾倒或者处置有放射性的废物、含传染病病原体的废物、有毒物质或者其他有害物质,严重污染环境的,处三年以下有期徒刑或者拘役,并处或者单处罚金;后果特别严重的,处三年以上七年以下有期徒刑,并处罚金。"

(2) 污染环境罪的构成要件

第一,犯罪客体(指直接客体,下同)是公民的环境权益。犯罪对象是非法排入环境的有毒有害物质(也称危险废物),而非一般废物。

第二,犯罪客观要件表现为非法排放、倾倒或者处置有害物质。其中的"非法"是指违反《中华人民共和国环境保护法》《中华人民共和国水污染防治法》《中华人民共和国大气污染防治法》《中华人民共和国固体废物污染环境防治法》《中华人民共和国放射性污染防治法》《中华人民共和国海洋环境保护法》《化学危险物品安全管理条例》等法律、法规和规章。

第三,犯罪主体。属于一般主体。包括中国人(含自然人和单位)、在中国境内的外国人、无国籍人及他们的单位。

第四,犯罪主观要件。表现间接故意和过失。如前所述,犯罪者的心理状态如果是直接故意,不应以本罪论处。

(3) 污染环境罪的处罚

《刑法修正案(八)》对刑法第三百三十八条作了重大完善,将定罪标准由修改前的"造成重大环境污染事故,致使公私财产遭受重大损失或者人身伤亡的严重后果"改为"严重污染环境",降低了入罪门槛。根据《中华人民共和国刑法》第三百三十八条的规定,污染环境罪设有两个法定量刑档次。"严重污染环境的",符合基本法定刑档次,处三年以下有期徒刑或者拘役,并处或者单处罚金;"后果特别严重的",处三年以上七年以下有期徒刑,并处罚金。《两高解释》第一条对"严重污染环境"的认定标准作了规定,共列举了十四种情形;第三条对"后果特别严重"的认定标准作了规定,共列举了十一种情形。

1) 具有下列情形之一的,应当认定为"严重污染环境"。

① 在饮用水水源一级保护区、自然保护区核心区排放、倾倒、处置有放射性的废物、含传染病病原体的废物、有毒物质的;

② 非法排放、倾倒、处置危险废物三吨以上的;

③ 非法排放含重金属、持久性有机污染物等严重危害环境、损害人体健康的污染物超过国家污染物排放标准或者省、自治区、直辖市人民政府根据法律授权制定的污染物排放标准三倍以上的;

④ 私设暗管或者利用渗井、渗坑、裂隙、溶洞等排放、倾倒、处置有放射性的废物、含传染病病原体的废物、有毒物质的;

⑤ 两年内曾因违反国家规定,排放、倾倒、处置有放射性的废物、含传染病病原体的

废物、有毒物质受过两次以上行政处罚，又实施前列行为的；
⑥ 致使乡镇以上集中式饮用水水源取水中断十二小时以上的；
⑦ 致使基本农田、防护林地、特种用途林地五亩（15亩＝1公顷，余同）以上，其他农用地十亩以上，其他土地二十亩以上基本功能丧失或者遭受永久性破坏的；
⑧ 致使森林或者其他林木死亡五十立方米以上，或者幼树死亡二千五百株以上的；
⑨ 致使公私财产损失三十万元以上的；
⑩ 致使疏散、转移群众五千人以上的；
⑪ 致使三十人以上中毒的；
⑫ 致使三人以上轻伤、轻度残疾或者器官组织损伤导致一般功能障碍的；
⑬ 致使一人以上重伤、中度残疾或者器官组织损伤导致严重功能障碍的；
⑭ 其他严重污染环境的情形。
2）具有下列情形之一的，应当认定为"后果特别严重"。
① 致使县级以上城区集中式饮用水水源取水中断十二个小时以上的；
② 致使基本农田、防护林地、特种用途林地十五亩以上，其他农用地三十亩以上，其他土地六十亩以上基本功能丧失或者遭受永久性破坏的；
③ 致使森林或者其他林木死亡一百五十立方米以上，或者幼树死亡七千五百株以上的；
④ 致使公私财产损失一百万元以上的；
⑤ 致使疏散、转移群众一万五千人以上的；
⑥ 致使一百人以上中毒的；
⑦ 致使十人以上轻伤、轻度残疾或者器官组织损伤导致一般功能障碍的；
⑧ 致使三人以上重伤、中度残疾或者器官组织损伤导致严重功能障碍的；
⑨ 致使一人以上重伤、中度残疾或者器官组织损伤导致严重功能障碍，并致使五人以上轻伤、轻度残疾或者器官组织损伤导致一般功能障碍的；
⑩ 致使一人以上死亡或者重度残疾的；
⑪ 其他后果特别严重的情形。

2. 非法处置固体废物罪

非法处置进口固体废物罪是指行为人违反国家规定将境外的固体废物进境倾倒、堆放、处置的行为。本罪的犯罪对象是进口的固体废物，具有特定性。若是境内的固体废物行为人非法倾倒、堆放、处置的不能以本罪论，构成犯罪的，应以重大环境污染事故罪处断。本罪在客观方面表现为违反国家规定，将境外的固体废物进境倾倒、堆放、处置的行为。危害后果不是本罪的构成要件，而是加重处罚的情节。本罪的犯罪主体是一般主体，但实践中主要是废物进口单位或废物利用单位。本罪的主观方面表现为间接故意。非法处置禁止进口的固体废物的，不构成本罪，而应按走私固体废物罪论处。

《中华人民共和国刑法》第三百三十九条第一款规定，犯非法处置进口固体废物罪，处五年以下有期徒刑或者拘役，并处罚金；造成重大环境污染事故，致使公私财产遭受重大损失或者严重危害人体健康的，处五年以上十年以下有期徒刑，并处罚金；后果特别严重的，处十年以上有期徒刑，并处罚金。

3. 擅自进口固体废物罪

擅自进口固体废物罪是指未经国务院有关主管部门许可，擅自进口固体废物用作原料，造成重大环境污染事故，致使公私财产遭受重大损失或者严重危害人体健康的行为。

本罪侵犯的客体是国家对固体废物污染防治的制度。本罪的犯罪对象具有特定性，只能是进口的用作原料的固体废物，而且该进口的固体废物是国家限制进口的固体废物。

本罪在客观方面表现为未经国务院有关主管部门许可，擅自进口固体废物用作原料，造成重大环境污染事故，致使公私财产遭受重大损失或者严重危害人体健康的行为。本罪属于结果犯，未造成重大污染事故的，不构成本罪。

《中华人民共和国固体废物污染环境防治法》第二十五条规定，禁止进口不能用作原料或者不能以无害化方式利用的固体废物；对可以用作原料的固体废物实行限制进口和自动许可进口分类管理。禁止进口列入禁止进口目录的固体废物。进口列入限制进口目录的固体废物，应当经国务院环境保护行政主管部门会同国务院对外贸易主管部门审查许可。进口列入自动许可进口目录的固体废物，应当依法办理自动许可手续。

《中华人民共和国刑法》第三百三十九条第一款规定，犯擅自进口固体废物罪，处五年以下有期徒刑或者拘役，并处罚金；后果特别严重的，处五年以上十年以下有期徒刑，并处罚金。

4. 非法捕捞水产品罪

非法捕捞水产品罪是指违反保护水产资源的规定，在禁渔区、禁渔期或者使用禁用的工具、方法捕捞水产品，情节严重触犯《中华人民共和国刑法》构成犯罪的行为。

《中华人民共和国刑法》第三百四十条规定，犯非法捕捞水产品罪，处3年以下有期徒刑、拘役、管制或者罚金。

5. 非法猎捕、杀害、运输、出售珍贵、濒危野生动物罪（第三百四十一条第一款）

是指违反野生动物保护法律法规，猎捕、杀害国家重点保护的珍贵、濒危野生动物的，触犯刑法构成犯罪的行为。

① 本罪侵犯的客体是国家对珍贵、濒危野生动物资源的保护制度。本罪的对象是国家重点保护的珍贵、濒危野生动物，包括陆生野生动物和水生野生动物。我国目前重点保护的野生动物分两级：一级保护野生动物和二级保护野生动物。详见国家公布的《国家重点保护野生动物名录》。需要注意的是，某些特定环境中的珍贵、濒危野生动物，如动物园中或公园中已经被人工驯养的野生动物，以及科学研究过程使用的野生动物也不例外。

② 本罪在客观方面表现为违反野生动物保护法律法规，非法猎捕、杀害、收购、运输、出售珍贵、濒危野生动物的行为。

③ 本罪的犯罪主体是一般主体，可以是自然人，也可以是单位。

④ 本罪的主观方面表现为故意，包括直接故意和间接故意，过失不构成本罪。

根据第三百四十一条规定，本罪分为三个量刑档次：一般情节，处五年以下有期徒刑或者拘役，并处罚金；情节严重的，处五年以上十年以下有期徒刑，并处罚金；情节特别严重的，处十年以上有期徒刑，并处罚金或者没收财产。

6. 非法收购、运输、出售珍贵、濒危野生动物制品罪

是指违反野生动物保护法规，非法收购、运输、出售国家重点保护的珍贵、濒危野生动物制品，触犯刑法构成犯罪的行为。

① 本罪侵犯的客体是国家对珍贵、濒危野生动物资源的保护制度。本罪的对象只能是国家重点保护的珍贵、濒危野生动物及其制品。包括陆生野生动物及其制品和水生野生动物及其制品。野生动物制品是指通过某种手段而获得的成品与半成品，如毛皮、脏器、标本等。

② 本罪在客观方面表现为，违反野生动物保护法规，非法收购、运输、出售珍贵、濒

危野生动物的行为。

③ 本罪的主体是一般主体，既可以是自然人，也可以是单位。

④ 本罪在主观方面表现为故意，过失不构成本罪。

本罪的刑罚与非法猎捕、杀害、收购、运输、出售珍贵、濒危野生动物罪的刑罚基本相同。

7. 非法狩猎罪

公民个人或单位违反狩猎法规，在禁猎区、禁猎期或者使用禁用的工具、方法进行狩猎，破坏野生动物资源，情节严重的，依照《中华人民共和国刑法》第三百四十一条第二款的规定处 3 年以下有期徒刑、拘役、管制或者罚金。

8. 非法占用耕地罪

是指公民个人或单位违反土地管理法规，非法占用耕地改作他用，数量较大，造成耕地大量毁坏的，依照《中华人民共和国刑法》第三百四十二条的规定处 5 年以下有期徒刑或者拘役，并处或者单处罚金。

9. 非法采矿罪

非法采矿罪是指违反矿产资源法的规定，未取得采矿许可证擅自采矿，擅自进入国家规划矿区、对国民经济具有重要价值的矿区和他人矿区范围采矿，或者擅自开采国家规定实行保护性开采的特定矿种，情节严重的，触犯《中华人民共和国刑法》构成犯罪的行为。

对本罪的刑罚：造成矿产资源破坏的，处三年以下有期徒刑、拘役或者管制，并处或者单处罚金；造成矿产资源严重破坏的，处三年以上七年以下有期徒刑，并处罚金。

10. 破坏性采矿罪

公民个人或单位违反矿产资源法的规定，采取破坏性的开采方法开采矿产资源，造成矿产资源严重破坏的，依照《中华人民共和国刑法》第三百四十三条第二款的规定处 5 年以下有期徒刑或者拘役，并处罚金。

11. 非法采伐、毁坏珍贵树木罪

公民个人或单位违反森林法的规定，非法采伐、毁坏珍贵树木的，依照《中华人民共和国刑法》第三百四十四条的规定处 3 年以下有期徒刑、拘役或者管制，并处罚金；情节严重的，处 3 年以上 7 年以下有期徒刑，并处罚金。

12. 盗伐林木罪

公民个人或单位盗伐森林或者其他林木，数量较大的，依照《中华人民共和国刑法》第三百四十五条第一款的规定处 3 年以下有期徒刑、拘役或者管制，并处或者单处罚金；数量巨大的，处 3 年以上 7 年以下有期徒刑，并处罚金；数量特别巨大的，处 7 年以上有期徒刑，并处罚金。

13. 滥伐林木罪

公民个人或单位违反森林法的规定，滥伐森林或者其他林木，数量较大的，依照《中华人民共和国刑法》第三百四十五条第二款的规定处 3 年以下有期徒刑、拘役或者管制，并处或者单处罚金；数量巨大的，处 3 年以上 7 年以下有期徒刑，并处罚金。

14. 非法收购盗伐、滥伐的林木罪

公民个人或单位以牟利为目的，在林区非法收购明知是盗伐、滥伐的林木，情节严重的，依照《中华人民共和国刑法》第三百四十五条第三款的规定处 3 年以下有期徒刑、拘役或者管制，并处或者单处罚金；情节特别严重的，处 3 年以上 7 年以下有期徒刑，并处罚金。

盗伐、滥伐国家级自然保护区内的森林或者其他林木的，从重处罚。

三、环境监管失职罪

1. 环境监管失职罪的概念

环境监管失职罪,是指负有环境保护监督管理职责的国家机关工作人员严重不负责任、导致发生重大环境污染事故,致使公私财产遭受重大损失或者造成人身伤亡的严重后果的行为。

环境监管失职罪不同于一般环境监管失职行为,一般环境监管失职行为是行为人具有环境监管失职行为,但并没有造成公私财产、国家和人民的利益重大损失或者人身伤亡的严重后果,或者虽然造成了损失但并没有达到《中华人民共和国刑法》所规定的重大损失的程度。

《中华人民共和国刑法》第四百零八条规定,负有环境保护监督管理职责的国家机关工作人员严重不负责任,导致发生重大环境污染事故,致使公私财产遭受重大损失或者造成人身伤亡的严重后果的,处3年以下有期徒刑或者拘役。

2. 环境监管失职罪的构成要件

(1) 客体要件

本罪侵犯的客体是国家对保护环境防治污染的管理制度。环境是人类自身赖以生存和发展的基础。保护环境是一切单位和每个公民应尽的义务,更是环境保护部门及其工作人员的职责。环境保护部门的工作人员,因严重不负责任,造成重大环境污染事故,导致公私财物重大损失或者人员伤亡的,是一种严重的渎职行为,直接危害了环境保护部门的正常管理活动,因此,必须依法予以刑事制裁。

(2) 客观要件

本罪在客观方面表现为严重不负责任,导致发生重大环境污染事故,致使公私财产遭受重大损失或者造成人身伤亡的严重后果的行为。

第一,必须有严重不负责任的行为。严重不负责任,是指行为人有《中华人民共和国环境保护法》《中华人民共和国水污染防治法》《中华人民共和国大气污染防治法》《中华人民共和国海洋环境保护法》《中华人民共和国固体废物污染防治法》等法律及其他有关法规所规定的关于环境保护部门监管工作人员不履行职责、工作极不负责的行为。

实践中,严重不负责任的表现多种多样,如对建设项目任务书中的环境影响报告不作认真审查,或者防治污染的设施不进行审查验收即批准投入生产、使用;对不符合环境保护条件的企业、事业单位,发现污染隐患,不采取预防措施,不依法责令其整顿,以防止污染事故发生;对通过不正常运行防治污染设施等逃避监管的方式排放污染物,超过污染物排放标准的排污者,应当作出停产整治决定而不作出决定;或者虽然作出决定,令其整治,但不认真检查、监督是否整治以及是否符合要求;应当现场检查排污单位的排污情况而不作现场检查,发现环境受到严重污染应当报告当地政府的却不报告或者虽作报告但不及时。

第二,严重不负责任的行为必须导致重大环境污染事故的发生,致使公私财产遭受重大损失或者造成人身伤亡的严重后果,才能构成本罪。

具备以下《两高解释》第一条第六项至第十三项规定情形之一的,应当认定为"致使公私财产遭受重大损失或者造成人身伤亡的严重后果":致使乡镇以上集中式饮用水水源取水中断十二小时以上的;致使基本农田、防护林地、特种用途林地五亩以上,其他农用地十亩以上,其他土地二十亩以上基本功能丧失或者遭受永久性破坏的;致使森林或者其他林木死亡五十立方米以上，或者幼树死亡二千五百株以上的；致使公私财产损失三十万元以上的；致使疏散、转移群众五千人以上的；致使三十人以上中毒的；致使三人以上轻伤、轻度残疾或者器官组织损伤导致一般功能障碍的；致使一人以上重伤、中度残疾或者器官组织损伤导致严重功能障碍的。

第三，严重不负责任行为与造成的重大损失结果之间，必须具有刑法上的因果关系，这是确定刑事责任的客观基础。严重不负责任行为与造成的严重危害结果之间的因果关系错综复杂，构成本罪，应当追究刑事责任的，则是指严重不负责任行为与造成的严重危害后果之间有必然因果联系的行为。

（3）主体要件

本罪主体为特殊主体，即是负有环境保护监督管理职责的国家机关工作人员，具体是指在国务院环境保护行政主管部门、县级以上地方人民政府环境保护行政主管部门从事环境保护工作的人员，以及在国家海洋行政主管部门、港务监督、渔政渔港监督、军队环境保护部门和各级公安、交通、铁路、民航管理部门中，依照有关法律的规定对环境污染防治实施监督管理的人员。

此外，县级以上人民政府的土地、矿产、林业、农业、水利行政主管部门中依照有关法律的规定对资源的保护实施监督管理的人员，也可以构成本罪的主体。负有环境保护监督管理职责的国家机关，既包括对环境保护工作实施统一监督管理工作的各级环境行政主管部门，也包括环境保护的协管部门，即依照有关法律规定对环境污染防治实施监督管理的其他部门。

例如：国家海洋行政主管部门负责组织海洋环境的调查、监测、监视、开展科学研究，并主管海洋石油勘探开发和防止海洋倾倒废物污染损害的环保工作；港务监督部门负责船舶排污的监督及调查处理、港区水域的监视。

由此可见，本罪主体范围十分广泛，并不局限于某一特定部门，凡对环境保护实行监督管理职责的工作人员，无论在政府的何种部门工作，都可以构成本罪。

（4）主观要件

本罪在主观方面必须出于过失，即针对发生重大环境污染事故，致使公私财产遭受重大损失或者造成人身伤亡的严重后果而言，是应当预见却由于疏忽大意而没有预见或者虽然预见但却轻信能够避免，以致发生了这种严重后果。

练习题

一、问答题

1. 简述环境行政责任的概念及其构成要件。
2. 简述环境行政处罚的形式。环境行政处罚与环境行政命令有何区别？
3. 什么是行政处分？它与行政处罚有何区别？
4. 简述环境民事责任的概念及其构成要件。
5. 什么是无过错责任原则？无过错责任原则的免责情形有哪些？
6. 简述环境污染事故罪的量罪情形。

二、案例分析

1. 2013 年 8 月 8 日，湖南省 L 市的钟某等四人在未办理合法手续的情况下，无证在当地的山岭上露天开采煤炭。8 月 9 日，与其开采地接壤的江西省 P 市某镇政府动用派出所的警力,将钟某等四人抓获关押。同日,该镇政府将钟某等所有的挖掘机、铲车及摩托车扣押,强令他们交纳罚款。8月13日,L市国土资源局给P市国土资源局某地矿分局出具授权委托书,同意该分局对钟某等四人"非法采煤一案"进行行政处罚;该分局又给镇政府出具授权委托书,同意镇政府对钟某等四人"非法开采露天煤矿一案"进行行政处罚。8月19日,钟某等四人向镇政府交纳4万元水土流失费后被解除拘留;9月8日,钟某等又向镇政府交纳4万元植被恢复费后,挖掘机、铲车和摩托车被放行。镇政府对钟某等实施水行政处罚和林业行政处罚行为,并收取其缴纳的罚款后,只开具行政事业单位的收款收据,无其他任何行政处罚手续出示。钟某等四人对镇政府处罚不服提起行政诉讼。

问:镇政府持有依法具备对该类违法行政行为具有行政处罚权的行政机关委托授权手续,其行政处罚是否合法有效?该行政处罚在程序上是否合法?镇政府是否有超越职权的地方?

2.2011年10月28日,某市环境保护局对某石材加工厂进行了检查,发现该厂石材加工建设项目需要配套建设的环境保护设施未经验收,主体工程于2000年1月正式投入生产,随即立案进行调查。经立案、调查询问和告知陈述申辩等程序,某市环境保护局作出《责令改正违法行为决定书》(以下简称《决定书》),责令申请人改正违法行为,停止使用该建设项目。某石材加工厂认为,企业规模小,属石材加工行业,地处山区人烟稀少,不存在配套的环境保护设施验收问题,且于2000年开业,如有违法情况也已经过了行政处罚时效,不应受到处罚,某市环境保护局的行为损害了企业合法经营权。该厂向行政复议机关申请行政复议,请求撤销某市环境保护局作出的《决定书》并赔偿其停产停业损失。

问:某市环境保护作出《决定书》是否符合法律规定?

3.2015年1月14日,贵州省环境监察局对某多晶硅材料有限公司进行现场监察,发现该公司2台矿热炉处于生产状态,但其配套烟气处理设施运行不正常,大量烟气通过炉门和炉体直接排放。执法人员现场对其下达《责令改正违法行为决定书》,责令其立即恢复环保设施正常运行、停止违法排污行为。2015年1月26日,贵州省环境监察局组织对该公司开展复查,发现该公司的上述2台矿热炉照常处于生产状态,但其配套烟气处理设施依旧没有恢复正常运行,大量烟气直接排向外环境。

问:某多晶硅材料有限公司上述行为违反了环境法的那些规定,应如何处罚?

4.在中铁五局(集团)有限公司(以下简称中铁五局)施工期间,距离施工现场20~30米的吴国金养殖场出现蛋鸡大量死亡、生产软蛋和畸形蛋等情况。吴国金聘请三位动物医学和兽医方面的专家到养殖场进行探查,认为蛋鸡不是因为疫病死亡,而是在突然炮声或长期噪声影响下受到惊吓,卵子进入腹腔内形成腹膜炎所致。吴国金提起诉讼,请求中铁五局、路桥公司赔偿损失150万余元。

问:本案中原告吴国金的举证责任有哪些?

5.2012年7月下旬,山东某新材料有限公司负责人刘某以每吨300元的价格,将35吨危险化学品硫酰氯交由被告人樊某处置。同年7月25日凌晨两点,樊某与王某、蔡某将35吨硫酰氯倾倒于山东高青县唐口村南小清河。硫酰氯遇水反应生成的毒气雾团飘至邹平县韩套村,致上百村民呼吸系统受损,一名村民死亡,并造成庄稼苗木等重大财产损失。

问:本案中承担法律责任的主体有哪些?违反了环境法的哪些规定?应承担哪些法律责任?

第九章 环境纠纷的处理

 学习目标

了解环境纠纷的特点、分类以及纠纷的解决途径，了解纠纷解决的常用方法。重点掌握环境民事纠纷的行政调解，掌握环境民事诉讼的特点，掌握环境行政复议与环境行政诉讼的主要法律规定。

环境纠纷是指环境法主体之间就其环境权利和义务而产生的争议。这种争议，既可以发生在公民之间、单位之间、公民与单位之间，也可以发生在这些主体和国家机关之间。其争议的内容，通常涉及环境污染破坏的责任由谁承担，环境损害赔偿金额应为多少，环境行政管理机关的具体环境行政行为是否合法与公正等。按纠纷的法律性质不同，可分为环境民事纠纷和环境行政纠纷。

第一节 环境民事纠纷的处理

一、环境民事纠纷处理概述

1. 环境民事纠纷处理的概念

环境民事纠纷按引起纠纷的行为性质不同，可分为环境污染民事纠纷和环境破坏民事纠纷。环境污染民事纠纷在诉至人民法院之前，主要由环境保护行政主管部门负责处理，而各种环境破坏民事纠纷则主要由各自然资源行政管理部门或者人民政府负责处理。本书所说环境民事纠纷仅指环境污染民事纠纷，即平等民事主体间因环境污染而产生的赔偿责任和赔偿金额方面的争执。

环境民事纠纷的处理，是指环境污染发生后，当事人通过自己、社会及国家三种渠道对环境污染造成损失引起的赔偿责任和赔偿金额纠纷进行处理解决的总称。

2. 环境民事纠纷处理的基本原则

（1）坚持当事人意思自治原则

"当事人意思自治"是民法调整社会关系应遵循的基本原则。在环境行政调解中，当事人是否愿意调解解决以及是否接受调解的结果并达成调解协议等，都必须坚持双方当事人自愿的原则。如果一方同意调解另一方不同意或是在调解过程中一方接受了调解结果而另一方不同意接受,则不能强求调解或接受。在环境民事诉讼中,当事人有权按照自己的意志支配、决定自己的实体权利和诉讼权利。

(2) 查明事实,分清是非

当事人之所以请求有关国家机关处理纠纷,其主要目的就在于分清是非。分清是非就是以国家法律、法令和社会主义的道德标准,区分什么是正确的,什么是错误的。只有在事实清楚的基础上分清是非才能使纠纷获得解决。解决环境民事纠纷,要进行全面的综合调查,弄清事实真相,包括查明纠纷发生的时间、地点、原因、责任者、受害者、危害程度等。在调查过程中,一定要重证据重调查,依靠群众和专家,尊重科学技术,防止偏听偏信和主观臆断,去伪存真,避免片面性。

(3) 纠纷的解决必须合法

在环境民事诉讼中,必须坚持以事实为根据,以法律为准绳。在民事诉讼调解和环境行政调解中,调解协议内容也应当合法。调解协议虽是在当事人互谅互让的基础上达成,但任何一方当事人要维护自己的合法权益也必须尊重对方的合法权益,互相让步不是法律上的要求,只是在法律允许的范围内当事人对自己实体权利的处分,这种处分不仅取决于当事人的意志,还取决于是否符合国家的法律。如果对权利的处分只是满足当事人的某种需求而不符合国家的法律,那么调解协议的内容就不可能合法。

(4) 经济赔偿与排除危害并重

环境污染纠纷处理中既要重视和污染受害人的经济赔偿,又要重视对污染的治理,排除污染危害。只有及时停止已经发生的环境污染危害行为,并对实际可能发生但尚未发生的环境危害隐患的予以排除,才能减轻或避免污染危害的进一步扩大,实现环境保护工作"保护环境、保障人体健康"的真正目的。

3. 环境民事纠纷处理的主要途径

目前,我国环境污染的纠纷处理途径可大致分为四类:一是污染致害人与受害人和解;二是仲裁;三是调解;四是民事诉讼。

(1) 和解

和解是指环境污染纠纷的双方当事人在完全自愿的前提下,经过磋商,达成和解协议以解决纠纷的活动。和解具有最高的自治性和非严格的规范性。和解属于一种自力救济方式,尽管没有第三方的参与,但当代世界各国均承认协商的合法性和积极意义,并鼓励当事人将其作为解决纠纷的首选方式。

和解基于纠纷双方自愿的基础上进行,是一种最为经济实惠的解决纠纷的方法和机制。但和解在解决环境污染纠纷中存在两点缺陷:一是企业在和解中处于主导地位。只要企业不拿出诚意来解决纠纷,不具有强制力的受害者就无计可施。同时,因为企业在经济实力和拥有知识信息等方面占据优势,受害者有可能在受骗、被蒙蔽的情况下,接受对自身条件不利的和解。二是由于和解协议是实践性的协议,而不是诺成性的,如果当事人不履行和解协议,则该协议就无法律约束力,因此和解协议的执行完全有赖于双方当事人的自觉,但许多污染者往往不愿意承担或者规避环境污染责任。

(2) 调解

调解是指居间第三者主持并促成发生纠纷的双方当事人互相协商,达成协议的活动。调解能使双方当事人了解对方的立场及环境问题的复杂性和不确定性,从而在相互谅解的基础上寻求妥协；经过当事人理性的协商和妥协，可能得到双赢的结果。调解分为民间调解和行政调解。民间调解主要是在人民调解委员会、村民或居民委员会的主持下进行的调解；行政调解主要是有关行政机关对环境污染纠纷进行的调解。这些机关包括环境保护行政主管部门、排污单位的主管部门或者是其他有关行政主管部门。其中以环境保护行政主管部门参与调解的环境污染纠纷居多，据统计，在环保部门受理的环境污染纠纷案件中，有80%以上可以通过调解解决。

（3）仲裁

仲裁又叫公断，是指在一个国家的法律许可或规定的范围内，纠纷当事人在纠纷发生前或纠纷发生后自愿达成书面协议，将他们之间发生争议的事项交给一定的非司法机构的第三者审理，并由其居中作出对当事人双方均有约束力的裁决的一种解决纠纷的制度。仲裁制度的特点如下。

① 以当事人意思自治为仲裁的首要原则，以仲裁协议为仲裁的前提条件；

② 以国家法律为仲裁的依据，以国家司法机关的支持、监督为后盾；

③ 以仲裁程序的规范性、灵活性和保密性使其成为公正、及时、迅速地处理社会矛盾和冲突的有机系统，并能有效地维护当事人的合法权益；

④ 快捷经济。仲裁实行一裁终局制，环境仲裁裁决一经仲裁庭作出即发生法律效力。这使得当事人之间的纠纷能够迅速得以解决，具有时间上的快捷性。

⑤ 仲裁裁决具有强制性，即仲裁裁决所具有的与法院判决同等的法律效力，来保证当事人之间的纠纷得以最终解决。

我国环境保护法律中，没有明确把仲裁作为解决环境纠纷的一种法定途径。根据2004年修订的《中国海事仲裁委员会仲裁规则》第二条第二款规定，"海洋资源开发利用、海洋环境污染所发生的争议"属于中国海事仲裁委员会受理争议案件的范围。据此，在处理涉外海洋环境污染损害赔偿案件时，可以适用前述规定。在处理国内环境纠纷时，1994年的《中华人民共和国仲裁法》对此未作明确规定。

（4）环境民事诉讼

环境民事诉讼是环境法主体在环境权利受到或可能受到环境污染损害时，依法提出诉讼，请求人民法院对其进行审理和裁判的活动。与其他环境民事纠纷解决方式比较，民事诉讼在解决环境污染纠纷中表现出来的缺点如下。

① 所谓"非黑即白"式的判决方式，使得环境污染纠纷这类利益冲突明显的纠纷，往往很难得到恰当的解决，或者处理的结果不能使当事人感到满意。

② 高额的诉讼费用和冗长的诉讼周期，加剧了受害者在环境污染纠纷中所处的劣势。

③ 对于这类专业性极强的诉讼案件，法官的知识及经验极为有限，需要补充专门知识，还必须高价聘请鉴定人。

二、环境行政调解处理

1. 环境行政调解处理概述

（1）环境行政调解处理概念

环境行政调解处理，是指环境保护监督管理部门根据当事人的请求，对因环境污染引起的赔偿责任和赔偿金额进行的调解和处理。

由于引起环境民事纠纷的环境污染危害行为具有积累性、潜在性、滞后性以及复合效应，环境污染纠纷的解决必须借助专业的环境科学技术知识，而民事调解人员以及法官对此不可能都熟悉和精通。因此，传统的民间调解及诉讼就具有一定的局限性。环境污染纠纷行政处理在环境污染纠纷解决中的作用日益凸显。

(2) 环境行政调解处理的性质

① 环境污染纠纷行政处理是一种居间调解处理。1989年《中华人民共和国环境保护法》第四十一条第二款规定："赔偿责任和赔偿金额的纠纷，可以根据当事人的请求，由环境保护行政主管部门或者其他依照法律规定行使环境监督管理权的部门处理，当事人对处理决定不服的，可以向人民法院起诉。当事人也可以直接向人民法院起诉。"然而对于该法规定的"处理"的法律性质，有过两种具有代表性且针锋相对的观点：一是环境民事纠纷行政调解说，即认为环境保护行政主管部门对环境污染损害赔偿民事纠纷的处理属于行政调解，不具有法律约束力；二是环境民事纠纷行政裁决说，即认为环境保护行政主管部门对环境污染损害赔偿民事纠纷的处理属于行政行为，有法律约束力。

为此，1992年1月31日，全国人大常委会法制工作委员会在"关于正确理解和执行《中华人民共和国环境保护法》第四十一条第二款的答复"中做出了明确解释："我们同意你们的意见"，即同意原国家环境保护局关于"处理"含义的意见——"环保部门对这类纠纷的处理，在性质上属于行政机关居间对当事人之间民事权益争议的调解处理。"同时还强调："根据当事人的请求，对因环境污染损害引起的赔偿责任和赔偿金额的纠纷所作的处理，当事人不服的，可以向人民法院提起民事诉讼，但这是民事纠纷双方当事人之间的民事诉讼，不能以作出处理决定的环境保护行政主管部门为被告提起行政诉讼。"

为避免对"处理决定"性质认识的歧义，现行的《中华人民共和国固体废物污染环境防治法》《中华人民共和国环境噪声污染防治法》《中华人民共和国水污染防治法》等均将"处理"改为"调解处理"，把"对处理决定不服"改为"调解不成"等，从而对环境污染纠纷行政处理的性质作了明确界定。

② 环境行政调解处理不是环境民事诉讼处理的前置程序　由于法律将处理环境污染纠纷途径的选择权赋予了当事人，当事人完全可以依照自己的意思自由地选择环境污染纠纷的解决途径，可以选择行政处理，对行政处理决定不服可以向人民法院起诉，当事人也可以不经行政处理而直接向人民法院起诉。

在环境污染纠纷处理的实践中，有个别地方基层法院对当事人的起诉以未经环境保护部门处理为由不予受理，也有些基层环境保护部门的执法人员对于当事人不经行政处理径行向人民法院起诉的做法抱有成见，干扰当事人行使法律赋予的诉权，甚至有的环境执法人员因当事人直接起诉后又基于举证的需要请求环境保护部门提供有关的证明时受到责难等等，都是有违法律规定精神的。

2. 环境行政调解处理的管辖

《中华人民共和国环境保护法》第十条规定："国务院环境保护主管部门，对全国环境保护工作实施统一监督管理；县级以上地方人民政府环境保护主管部门，对本行政区域环境保护工作实施统一监督管理。县级以上人民政府有关部门和军队环境保护部门，依照有关法律的规定对资源保护和污染防治等环境保护工作实施监督管理。"根据该法规定，因环境污染危害产生的赔偿责任和赔偿金额的纠纷，可以根据当事人的请求，由环境保护行政主管部门或者其他依照法律规定行使环境监督管理权的部门处理。

《中华人民共和国水污染防治法》第八十六条规定："因水污染引起的损害赔偿责任和赔

偿金额的纠纷，可以根据当事人的请求，由环境保护主管部门或者海事管理机构、渔业主管部门按照职责分工调解处理；调解不成的，当事人可以向人民法院提起诉讼。当事人也可以直接向人民法院提起诉讼。"

《船舶污染事故调查处理管理规定》第三十一条规定："海事管理机构可以受理由船舶污染事故引起民事纠纷的当事人提出的书面调解申请，并按照调解程序及有关法律、法规的规定，进行调解。"

根据上述法律规定，海洋行政主管部门负责由海洋工程建设项目和海洋倾倒废弃物对海洋污染损害引起民事纠纷的调解处理；海事管理机构负责由船舶污染事故引起民事纠纷的调解处理，船舶污染事故给渔业造成损害的，海事管理机构应当通知渔业主管部门参与调查处理；渔业主管部门负责渔业污染事故或者渔业船舶造成的水污染事故的调查处理；除此以外的环境污染事故引起的民事纠纷的调解处理一般由环境保护行政主管部门负责。

3. 环境行政调解处理的特征

（1）行政调解处理程序应当事人的请求而启动

环境民事纠纷的行政处理并非是一项必经程序，它是基于纠纷当事人的请求而来的，这是由环境民事纠纷的性质所决定的。环境民事纠纷是平等主体之间的人身权和财产权益纠纷在环境保护领域的一种表现形式，与其他民事权益纠纷一样具有主体平等性的特点。基于平等主体之间的人身权和财产权益发生的法律关系属于民法调整的范围。就民法调整社会关系的方式而言，除涉及国家利益和社会公共利益者外，应当贯彻"充分尊重当事人意思自治"的原则。

（2）当事人的法律地位平等

环境民事纠纷行政处理中，加害者（排污单位）和受害者（受环境污染危害的单位或个人）作为民事法律关系主体，其地位平等，即双方当事人均享有平等的民事权利和承担平等的民事义务。

（3）调解协议不具有强制力

环境污民事纠纷当事人双方在环境行政机关的调解下达成调解协议后，如果当事人不履行调解协议的，主持调解的环境行政机关无权向人民法院申请强制执行。

4. 环境行政调解处理的程序

根据《中华人民共和国环境保护法》的规定，结合我国环境监督管理的实践，环境民事纠纷行政调解处理的程序可分为申请、受理、调查、调解、归档五个阶段。

（1）申请

1）申请条件　申请是指当事人请求环境保护监督管理部门处理环境民事纠纷的一种行为，申请必须符合以下条件。

① 当事人必须是与本案有直接利害关系的行政相对人　直接利害关系是指与本纠纷有实体方面的民事权利义务关系，即必须是自身的财产、人身受到环境污染危害造成或者可能造成财产损失时，受害人才能提出处理的请求；必须是自己或者本单位的排污行为造成了他人财产、人身损害导致财产损失的加害人，才能提出处理的请求。

② 有明确的加害人　受害人在提出请求时必须明确提出谁是实施环境污染危害的加害者。由于环境污染危害的特殊性原因，属于"多因一果"、"多因多果"的现象较普遍。因此，受害人只要指出其中的一个加害人（排污者）就应视为已具备了申请条件。

③ 有具体的请求和事实根据　对赔偿损失的要求，受害人必须提出具体的内容和所依

据的事实及理由。值得注意的是，由于环境民事责任实行无过错责任和举证责任倒置原则，所以受害人提供证据时，可以不考虑加害人的过错及环境污染危害事实的证据；对于要求排除危害的，请求人必须提出已经受到环境污染危害或者可能继续受到污染危害，或者受到污染危害威胁的事实，但可以不提供事实上的证据。因为，如果加害人否认，则由其负举证责任。

④ 属于受理范围　如果不属于本系统环境保护监督管理部门受理的范围，例如，某企业排放废水造成某河湾养殖场财产损失纠纷，向当地环保行政主管部门请求处理的，其请求不会被渔政部门受理。

2）申请方式　可以是书面申请，也可以口头申请。一般应采用书面形式，填写《环境污染损害赔偿处理申请书》（以下简称《申请书》）。如果当事人书写有困难，应允许采用口头形式申请，环境管理人员应做好详细记录。

（2）受理

有管辖权和处理权的环境保护监督管理部门，接受当事人提出的调解处理环境民事纠纷请求的一种行政决定。受理阶段的主要任务，是审查当事人的申请是否符合受理条件，并作出是否受理的决定，其主要内容如下。

1）审查申请　审查的内容，主要围绕着申请条件进行，在七日内作如下处理。

① 应当移送的，应将《申请书》移送有处理权的环保部门；

② 需要委托下级环保部门处理的，应将委托处理书连同《申请书》一并发送下级环保部门；

③ 属于自己处理并接受处理的，应当立案并通知请求处理人，将《申请书》副本送达对方当事人，并通知其在《申请书》副本送达之日起十五天内提交《环境污染损害赔偿纠纷答辩书》（以下简称《答辩书》）；

④ 不予受理的，应向请求处理人说明理由。

2）不予受理的情形　环保行政部门接到环境污染损害赔偿处理申请后，审查发现如有下列情况之一的，不予受理。

① 违反治安管理条例的纠纷，告知申请人向公安机关申请解决；

② 依法应由其他部门处理的纠纷，告知申请人向有关部门申请解决；

③ 因污染环境，造成严重后果构成犯罪的纠纷；

④ 已向人民法院起诉，又以同一事实和理由申请的污染纠纷；

⑤ 不符合规定的申请条件和要求的污染纠纷。

3）成立调查小组　调查人员应视案情的具体情况而定。但一般应为2人以上的执法人员组成。与本案有利害关系的调查人员，应当自行回避。

（3）调查

调查的主要任务：一是认真审阅有关材料，进行调查研究、现场勘察、收集证据，查明污染损害事实，分清责任和确定赔偿金额；二是需要进行专业技术鉴定的，鉴定单位的法律地位应符合国家的有关规定，采用的标准和方法，必须符合国家规定的技术标准和技术规范的要求。鉴定单位和鉴定人必须在鉴定报告上签字。

（4）调解

① 调解开始　调查小组经过调查，即可主动进行调解工作，也可以应当事人的请求进行调解；调解一般由调查小组负责人主持或者由环境保护监督管理部门指定的负责人主持，

参加人员除双方当事人外，可以根据实际情况，通知有关人员或单位参加；调解的地点的确定应以方便当事人和便于取证及执行为原则，可选在环境保护行政机关内，也可以就地调解，以便于当事人、证人参加。

② 进行协商 由于调解协议必须建立在弄清事实、分清是非且符合环境法精神的基础上才有效。因此，在调解时应当先向与会者宣传环境保护法律、法规、规章的有关规定，坚持当事人自愿的原则，让当事人充分陈述各自的理由和主张；环保部门应当通报调查的情况，出示必要的证据和提出鉴定的意见，要用说服教育的方法进行调解工作；在分清是非，明确赔偿责任的基础上再由双方当事人反复进行协商，使当事双方自愿达成调解协议。

协商过程中如若当事人双方争执不下，调解主持人可提出调解意见供其参考；一般经过两次协商仍然无法达成协议，调解主持人则应宣布调解失败，并告知其可在法定期限内向人民法院提起民事诉讼。

③ 达成协议 通过调查小组深入细致的调解工作以及当事人双方充分的协商，在自愿的基础上本着互谅互让，不损害国家公共利益及他人利益的精神，对赔偿责任和赔偿金额纠纷达成协议之后，调查小组应当对协议内容进行全面审查。经审查，认为符合法律规定，且出于双方自愿的，应当予以认可，并立即制作书面调解书（或调解协议书）。并由当事人签名，调查处理人员署名，加盖环境监督管理部门印章。

关于调解书的格式及内容，我国环境法尚未作出统一规定。实践中一般参照最高人民法院制定的《关于民事诉讼文书样式（试用）》，确定环境污染民事纠纷调解书格式。

调解协议书生效后，任何一方不履行的，调解人员应告知当事人向人民法院起诉。

（5）归档

环境行政调解处理终结后，承办人员应及时将材料整理归档。

三、环境民事诉讼

1. 环境民事诉讼的特点

环境民事诉讼是环境法主体在环境权利受到或可能受到环境污染损害时，依法提出诉讼，请求人民法院对其进行审理和裁判的活动。与一般民事诉讼比较，环境民事诉讼具有其自身的特点。

（1）实行举证责任转移

传统的证据规则要求受害人提供充分的证据来证明和支持自己的主张，否则就要承担败诉的风险。显然如果在环境侵害诉讼中也实行这一举证原则，无疑会使受害人处于极其不利的地位。因为，受害人（一般是原告）常常因其财力不济或学识不足等原因，收集涉及污染者（一般是被告）商业秘密或高度专业化技术等方面的证据十分困难，而认定环境污染所需具备的复杂的科学技术知识，更是受害人自身缺乏的。为了保证污染受害者能够通过诉讼途径保护自身的合法权益，世界各国大多采用了举证责任转移原则，来改变环境侵权案件中受害人在举证上的不利地位。《最高人民法院关于适用〈中华人民共和国民事诉讼法〉若干问题的意见》第七十四条也规定对该类案件实行举证责任的转移，即受害人只需提出加害人污染行为已经发生并给受害人造成损失的初步证据，具体包括损害事实的存在、损害数额、加害行为与赔偿范围之间的因果关系。如果排污者（被告）要否认，则必须提出足够证据来否定这种因果关系的存在，否则不能免除其责任。

(2) 实行因果关系推定

传统民法理论认为：加害行为与损害事实之间必须存在因果关系是构成损害赔偿民事责任的基本要件之一。在环境侵害诉讼中，环境侵权行为与损害结果之间的因果关系认定是相当困难的。这是因为，损害的发生是经过较长时间的持续作用、多因素复合累积共同作用的结果。另外，污染物被排放到环境中，其浓度、含量、致被害人发病的分布和概率，以及有毒有害物质致病的机理等，涉及生物、化学、医学、环境科学等多学科领域，需要做的工作量大、繁杂，而且费用高；甚至还有相当一部分污染案件，限于目前科技发展水平的限制及污染形式的复杂多样性，尚无法科学的确定其因果关系。为此，国外学者先后创立了优势证据说、疫学因果关系说、间接反证说。我国法律中对因果关系推定尚无明确规定，但在环境纠纷诉讼案件的审理中已接受该原则。

(3) 实行较长的诉讼时效

诉讼时效的意义在于稳定财产关系，以免其长期处于不稳定状态；有利于促使权利人及时行使自己的权利，加速资金流转，提高社会经济活力；有利于法院及时解决纠纷，如果没有时效的限制，年代久远的纠纷难以解决。但如果时效规定的过短，则不利于保护受害人的权益。在环境侵害诉讼中，由于环境侵害的潜伏期长、短时间内难以发现；要查明致害人，提起诉讼也需要较长的时间。因此，环境侵害引起的民事纠纷的诉讼时效，应当与其他民事纠纷（包括环境资源破坏的民事纠纷）的诉讼时效有所不同。

根据《中华人民共和国民法通则》第一百三十五条的规定，向人民法院请求保护民事权利的诉讼时效期间为二年，同时还规定了一年的短期诉讼时效。该法第一百四十一条的规定："法律对诉讼时效另有规定的，依照法律规定。"而《中华人民共和国环境保护法》第六十六条规定："提起环境损害赔偿诉讼的时效期间为三年，从当事人知道或者应当知道其受到损害时起计算。"

此外，我国还规定了海洋环境保护中实行"代索赔"制度。《中华人民共和国海洋环境保护法》第九十条第二款规定："对破坏海洋生态、海洋水产资源、海洋保护区，给国家造成重大损失的，由依照本法规定行使海洋环境监督管理的部门代表国家对责任者提出赔偿请求。"根据该条规定，如果海洋环境污染给国家造成重大损失的，可以由行使海洋环境监督管理权的部门作为其诉讼主体的原告代表国家提起诉讼。

2. 环境民事诉讼原告资格

(1) 一般规定

根据《中华人民共和国民事诉讼法》第一百一十九条规定，民事诉讼原告是与本案有直接利害关系的公民、法人和其他组织。因此，环境民事诉讼中，公民、法人和其他组织提起诉讼的前提是：受到了环境污染的直接危害。否则，则不具体民事诉讼主体资格。

(2) 环境民事公益诉讼中的原告资格

《中华人民共和国民事诉讼法》第五十五条规定："对污染环境、侵害众多消费者合法权益等损害社会公共利益的行为，法律规定的机关和有关组织可以向人民法院提起诉讼。"2014年修订的《中华人民共和国环境保护法》第五十八条规定："对污染环境、破坏生态，损害社会生活公共利益的行为，符合下列条件的社会组织可以向人民法院提起诉讼：（一）依法在设区的市级以上人民政府民政部门登记；（二）专门从事环境保护公益活动连续五年以上且无违法记录。符合上述规定的社会组织向人民法院提起诉讼，人民法院应当依法受理。"环境保护法作为保护环境的特殊法，进一步明确了具有民事公益诉讼原告资格的主体——社会组织。2015年1月7日起实施的《最高人民法院关于审理环境民事公益诉讼案件适用法律若干问题的解释》第二条至第五条，对《中华人民共和国环境保护法》第五十八条规定的社会组织做了详细的司法解释。

需要指出的是，社会组织无论提出什么诉讼请求，都不能牟取经济利益。例如，社会组织要求污染者支付治理污染或者修复生态的费用，在获得人民法院支持后，污染致支付的费用不能由社会组织私分，只能用于污染治理和生态恢复。

3. 环境民事案件的管辖

（1）级别管辖

对环境民事案件的级别管辖，是指划分上下级人民法院受理第一审环境民事案件的分工和权限。级别管辖确定的依据是案件的性质、繁简难易和影响大小。依据《中华人民共和国民事诉讼法》的规定，关于第一审环境民事案件管辖权限如下。

① 基层人民法院管辖除中级人民法院、高级人民法院、最高人民法院管辖外其余的一切第一审环境民事案件。基层人民法院管辖第一审案件的范围最广、量最大。

② 中级人民法院管辖重大涉外环境民事案件，在本辖区有重大影响的环境民事案件，最高人民法院确定由中级人民法院管辖的案件。

③ 高级人民法院管辖在本辖区有重大影响的第一审环境民事案件。

④ 最高人民法院管辖的第一审环境民事案件包括，在全国有重大影响的案件，认为应当由本院审理的案件。

（2）地域管辖

环境民事案件的地域管辖是指确定同级人民法院在各自的辖区内管辖第一审民事案件的分工和权限。根据《中华人民共和国民事诉讼法》的规定，因环境民事侵权行为提起的诉讼，由侵权行为地或者被告住所地人民法院管辖。其侵权行为地如下。

① 污染、破坏环境行为发生地，即指实施环境民事侵权行为的地点或者侵权的连续进行地点；

② 环境侵权行为结果地，即损害后果发生地。因为环境侵权行为是一种特殊的民事侵权行为，在有些情况下，侵权行为发生地与损害后果地不一致。如某企业排出的生产废水不仅污染了它周围的自然环境，还可能污染与其邻近地区的自然环境，损害后果地可能跨多个人民法院的辖区，受损害的各人民法院都有对此案的管辖权。

（3）移送管辖和指定管辖

人民法院受理环境民事案件后，若发现自己对该案件没有管辖权，应将案件移送给有管辖权的人民法院审理。由于事实上和法律上的原因，有管辖权的人民法院不能行使管辖权，或两个以上法院对同一案件管辖权发生争议时，由上级人民法院指定管辖。环境民事案件的当事人对管辖权有异议的，应在提交答辩状期间提出，经法院审查，认为异议成立的，应当将案件移送有管辖权的人民法院；异议不成立的，裁定予以驳回。

第二节　环境行政纠纷的解决

环境行政纠纷通常也称环境行政争议，是指环境行政机关与公民、法人或其他组织因环境行政管理而发生的权益争执或异议。环境行政纠纷的一方必须是环境行政机关，争议所要解决的核心问题是认定环境行政机关因履行环境监督管理职权而作出的具体行政行为是否合法和适当。环境行政纠纷可以通过环境行政复议和环境行政诉讼加以解决。

一、环境行政复议

1. 环境行政复议概念及特点

环境行政复议是指公民、法人或者其他组织认为具体行政行为侵犯了其合法权益,依法向法定的行政复议机关提出复议申请,行政复议机关依法对该具体行政行为进行合法性、适当性审查,并作出行政复议决定的行政行为。

环境行政复议是环境行政机关的一种行政执法活动,环境行政复议不是由环境行政机关主动进行,而是基于环境行政管理相对人的申请。作为环境行政管理相对人申请行政复议,必须是环境行政机关的具体行政行为与其有一定的利益关系,如因被责令停业或者关闭而影响其生产经营权等。环境行政复议以具体环境行政行为的合法性和适当性为审查对象。环境行政复议机关通常是被申请人的上一级行政机关,因此环境行政复议是一种重要的内部行政监督机制。环境行政复议实行一级复议原则,即申请人复议后,对复议裁决不服只能依法提起行政诉讼,不能再申请复议。

关于行政复议的立法,法律层面主要有《中华人民共和国行政复议法》(1999年4月29日颁布),行政法规层面主要有《行政复议法实施条例》(2007年5月29日颁布)。此外,部门规章层面,主要有《环境行政复议办法》(环境保护部2008年12月30日颁布)。

2. 环境行政复议范围

根据《中华人民共和国行政复议法》《行政复议法实施条例》以及《环境行政复议办法》的规定,行政相对人对环境行政机关的下列具体行政行为不服的,可以申请行政复议。

① 对环境保护行政主管部门作出的查封、扣押财产等行政强制措施不服的;

② 对环境保护行政主管部门作出的警告、罚款、责令停止生产或者使用、暂扣、吊销许可证、没收违法所得等行政处罚决定不服的;

③ 认为符合法定条件,申请环境保护行政主管部门颁发许可证、资质证、资格证等证书,或者申请审批、登记等有关事项,环境保护行政主管部门没有依法办理的;

④ 对环境保护行政主管部门有关许可证、资质证、资格证等证书的变更、中止、撤销、注销决定不服的;

⑤ 认为环境保护行政主管部门违法征收排污费或者违法要求履行其他义务的;

⑥ 对行政机关作出的关于确认土地、矿藏、水流、森林、山岭、草原、荒地、滩涂、海域等自然资源的所有权或者使用权的决定不服的;

⑦ 申请行政机关履行法定职责,行政机关没有依法履行的;

⑧ 认为环境保护行政主管部门的其他具体行政行为侵犯其合法权益的。

3. 环境行政复议管辖

对县级以上地方人民政府工作部门的环境具体行政行为不服的,由申请人选择,向本级人民政府或上一级环境保护行政机关申请行政复议。

对地方各级人民政府的具体行政不服的复议申请,由上一级人民政府管辖。

对国务院环境保护行政主管部门或者省、自治区、直辖市人民政府的环境具体行政行为不服的,向作出该具体行政行为的国务院环境保护部门或者省、自治区、直辖市人民政府提起行政复议。

4. 环境行政复议程序

（1）环境行政复议的申请

公民、法人或者其他组织认为具体行政行为侵犯其合法权益的，可以自知道该具体行政行为之日起六十日内提出行政复议申请；但是法律规定申请期限超过六十日的除外。

申请人书面申请行政复议的，可以采取当面递交、邮寄或者传真等方式提交行政复议申请书及有关材料。以传真方式提交的，应当及时补交行政复议申请书原件及有关材料，审查期限自收到行政复议申请书原件及有关材料之日起计算。

（2）环境行政复议申请的受理

1）受理条件。环境行政复议申请符合下列规定的，应当予以受理。

① 有明确的申请人和符合规定的被申请人；

② 申请人与具体行政行为有利害关系；

③ 有具体的行政复议请求和理由；

④ 在法定申请期限内提出；

⑤ 属于行政复议法规定的行政复议范围；

⑥ 属于收到行政复议申请的行政复议机构的职责范围；

⑦ 其他行政复议机关尚未受理同一行政复议申请，人民法院尚未受理同一主体就同一事实提起的行政诉讼。

2）不予受理的情形。有下列情形之一的，环境行政复议机关不予受理并说明理由。

① 申请行政复议的时间超过了法定申请期限又无法定正当理由的；

② 不服环境保护行政主管部门对环境污染损害赔偿责任和赔偿金额等民事纠纷作出的调解或者其他处理的；

③ 申请人在申请行政复议前已经向其他行政复议机关申请行政复议或者已向人民法院提起行政诉讼，其他行政复议机关或者人民法院已经依法受理的；

④ 法律、法规规定的其他不予受理的情形。

行政复议机关收到行政复议申请后，应当在五日内进行审查，对不符合本法规定的行政复议申请，决定不予受理，并书面告知申请人；对符合本法规定，但是不属于本机关受理的行政复议申请，应当告知申请人向有关行政复议机关提出。除上述规定外，行政复议申请自行政复议机关负责法制工作的机构收到之日起即为受理。

（3）环境行政复议的审理

环境行政复议机构应当自受理行政复议申请之日起 7 个工作日内，制作行政复议答复通知书。被申请人应当自收到行政复议答复通知书之日起 10 日内提出行政复议答复书，被申请人无正当理由逾期未提交上述材料的，视为该具体行政行为没有证据、依据，环境行政复议机关应当制作行政复议决定书，依法撤销该具体行政行为。

行政复议原则上采取书面审查的办法，但是申请人提出要求或者行政复议机关负责法制工作的机构认为有必要时，可以向有关组织和人员调查情况，听取申请人、被申请人和第三人的意见。

（4）环境行政复议决定

环境行政复议机关应当自受理行政复议申请之日起 60 日内作出行政复议决定。情况复杂，不能在规定期限内作出行政复议决定的，经环境行政复议机关负责人批准，可以适当延长，但是延长期限最多不超过 30 日。

环境行政复议决定的种类如下。

1) 决定维持。具体行政行为认定事实清楚，证据确凿，适用依据正确，程序合法，内容适当的，行政复议机关应当决定维持。

2) 决定责令被申请人在一定期限内履行其法定职责。被申请人不履行法定职责的，行政复议机关应当决定其在一定期限内履行法定职责。

3) 决定撤销、变更或者确认具体行政行为违法。具体行政行为有下列情形之一的，决定撤销、变更或者确认该具体行政行为违法；决定撤销或者确认该具体行政行为违法的，可以责令被申请人在一定期限内重新作出具体行政行为。

① 主要事实不清、证据不足的；
② 适用依据错误的；
③ 违反法定程序的；
④ 超越或者滥用职权的；
⑤ 具体行政行为明显不当的。

重新作出具体行政行为的期限为60日。

4) 决定驳回行政复议申请。有下列情形之一的，行政复议机关应当决定驳回行政复议申请。

① 申请人认为行政机关不履行法定职责申请行政复议，行政复议机关受理后发现该行政机关没有相应法定职责或者在受理前已经履行法定职责的；
② 受理行政复议申请后，发现该行政复议申请不符合行政复议法和本条例规定的受理条件的。

(5) 环境行政复议决定的执行

被申请人应当履行行政复议决定。被申请人不履行或者无正当理由拖延履行行政复议决定的，行政复议机关或者有关上级行政机关应当责令其限期履行。

申请人逾期不起诉又不履行行政复议决定的，或者不履行最终裁决的行政复议决定的，按照下列规定分别处理。

① 维持具体行政行为的行政复议决定，由作出具体行政行为的行政机关依法强制执行，或者申请人民法院强制执行；
② 变更具体行政行为的行政复议决定，由行政复议机关依法强制执行，或者申请人民法院强制执行。

二、环境行政诉讼

1. 环境行政诉讼概述

(1) 环境行政诉讼的概念

环境行政诉讼，是指公民、法人和其他组织认为环境行政机关的具体行政行为侵犯其合法权益，依法向人民法院提起诉讼，请求人民法院对具体行政行为加以审查，并作出裁判的活动。《中华人民共和国行政诉讼法》明确规定："公民、法人或者其他组织认为行政机关和行政机关工作人员的具体行政行为侵犯其合法权益，有权依照本法向人民法院提起诉讼。"

有关环境行政诉讼的法律，主要有《中华人民共和国行政诉讼法》（1989年4月4日颁布，2014年11月1日修订，自2015年5月1日起施行）、《最高人民法院关于执行〈中华人民共和国行政诉讼法〉若干问题的解释》（法释［2000］8号）、《最高人民法院关于适用〈中华人民共和国行政诉讼法〉若干问题的解释》（法释［2015］9号）、《最高人民法院关于行政案件管辖若干问题的规定》（法释〔2008〕1号）。

（2）环境行政诉讼的原则

① 具体行政行为合法性审查原则　人民法院审理行政案件，是对具体行政行为是否合法进行审查，不是代替行政机关作出决定。因此，在一般情况下，人民法院或者以判决维持原具体行政行为，或者以判决撤销、部分撤销原具体行政行为，或者是判决被告在一定期限内履行法定职责，而不直接判决变更原具体行政行为。只有在行政处罚显失公正的情况下，才可以判决变更原行政处罚决定。

② 当事人在行政诉讼中的法律地位平等的原则　在行政管理活动中，行政机关代表国家行使行政权力，处于管理者的地位；公民、法人或者其他组织是行政管理相对一方，处于被管理者的地位，二者的法律地位是不平等的，但是，在行政诉讼中依照行政诉讼法提起诉讼的公民、法人或者其他组织是原告，由人民法院通知应诉的行政机关是被告，二者作为双方当事人，法律地位是平等的。

③ 不适用调解原则　人民法院审理行政案件，不适用调解，即不应当经过调解程序解决行政争议，不能以调解方式结案，而应由人民法院依据事实和法律直接作处裁判。

2. 环境行政诉讼的受案范围

《中华人民共和国行政诉讼法》第十二条规定了行政诉讼的受案范围，结合环境保护实践，人民法院受理行政诉讼案件的范围如下。

① 对行政拘留、暂扣或者吊销许可证和执照、责令停产停业、没收违法所得、没收非法财物、罚款、警告等行政处罚不服的；

② 对限制人身自由或者对财产的查封、扣押、冻结等行政强制措施和行政强制执行不服的；

③ 申请行政许可，行政机关拒绝或者在法定期限内不予答复，或者对行政机关作出的有关行政许可的其他决定不服的；

④ 申请行政机关履行法定职责，行政机关拒绝履行或者不予答复的；

⑤ 认为行政机关侵犯其他人身权、财产权等合法权益的。

3. 环境行政诉讼的管辖

根据《中华人民共和国行政诉讼法》的规定，环境行政诉讼的管辖包括如下问题。

（1）级别管辖　基层人民法院管辖第一审行政案件。

中级人民法院管辖下列第一审行政案件：①对国务院部门或者县级以上地方人民政府所作的行政行为提起诉讼的案件；②海关处理的案件；③本辖区内重大、复杂的案件；④其他法律规定由中级人民法院管辖的案件。

高级人民法院管辖本辖区内重大、复杂的第一审行政案件。

最高人民法院管辖全国范围内重大、复杂的第一审行政案件。

（2）地域管辖　行政案件由最初作出行政行为的行政机关所在地人民法院管辖。经复议的案件，也可以由复议机关所在地人民法院管辖。

因不动产提起的行政诉讼，由不动产所在地人民法院管辖。

4. 环境行政诉讼的当事人

环境行政诉讼的当事人，是指因具体行政行为发生争议，以自己的名义进行诉讼，并受人民法院判决、裁判约束的行政相对人。

（1）原告　环境行政诉讼原告，是指认为环境行政机关所作出的具体行政行为直接侵犯其合法权益，依法向人民法院提起诉讼的行政相对人。

有权提起诉讼的公民死亡，其近亲属可以提起诉讼。有权提起诉讼的法人或者其他组织终止，承受其权利的法人或者其他组织可以提起诉讼。

（2）被告　环境行政诉讼被告，是指因原告起诉而被人民法院通知应诉的环境行政机关。根据《中华人民共和国行政诉讼法》第二十六条规定，环境行政诉讼被告包括如下情形。

① 公民、法人或者其他组织直接向人民法院提起诉讼的，作出行政行为的行政机关是被告。

② 经复议的案件，复议机关决定维持原行政行为的，作出原行政行为的行政机关和复议机关是共同被告；复议机关改变原行政行为的，复议机关是被告。

③ 复议机关在法定期限内未作出复议决定，公民、法人或者其他组织起诉原行政行为的，作出原行政行为的行政机关是被告；起诉复议机关不作为的，复议机关是被告。

④ 两个以上行政机关作出同一行政行为的，共同作出行政行为的行政机关是共同被告。

⑤ 行政机关委托的组织所作的行政行为，委托的行政机关是被告。

⑥ 行政机关被撤销或者职权变更的，继续行使其职权的行政机关是被告。

5. 环境行政诉讼程序

（1）第一审程序

1）起诉　《中华人民共和国行政诉讼法》第四十九条规定，提起诉讼应当符合下列条件。

① 原告是行政行为的相对人以及其他与行政行为有利害关系的公民、法人或者其他组织；

② 有明确的被告；

③ 有具体的诉讼请求和事实根据；

④ 属于人民法院受案范围和受诉人民法院管辖。

起诉期限的规定：公民、法人或者其他组织不服复议决定的，可以在收到复议决定书之日起十五日内向人民法院提起诉讼。复议机关逾期不作决定的，申请人可以在复议期满之日起十五日内向人民法院提起诉讼。法律另有规定的除外。公民、法人或者其他组织直接向人民法院提起诉讼的，应当自知道或者应当知道作出行政行为之日起六个月内提出。法律另有规定的除外。

2）受理　人民法院在接到起诉状时对符合本法规定的起诉条件的，应当登记立案。

对当场不能判定是否符合本法规定的起诉条件的，应当接收起诉状，出具注明收到日期的书面凭证，并在七日内决定是否立案。

3）审理　人民法院公开审理行政案件，但涉及国家秘密、个人隐私和法律另有规定的除外。涉及商业秘密的案件，当事人申请不公开审理的，可以不公开审理。

人民法院审理行政案件，不适用调解。但是，行政赔偿、补偿以及行政机关行使法律、法规规定的自由裁量权的案件可以调解。

4）判决　人民法院应当在立案之日起六个月内作出第一审判决。有特殊情况需要延长的，由高级人民法院批准，高级人民法院审理第一审案件需要延长的，由最高人民法院批准。

人民法院经过审理，查明被告不履行法定职责的，判决被告在一定期限内履行。人民法院经过审理，查明被告依法负有给付义务的，判决被告履行给付义务。

行政行为有下列情形之一的，人民法院判决确认违法，但不撤销行政行为。

① 行政行为依法应当撤销，但撤销会给国家利益、社会公共利益造成重大损害的；

② 行政行为程序轻微违法，但对原告权利不产生实际影响的。

行政行为有下列情形之一，不需要撤销或者判决履行的，人民法院判决确认违法。

① 行政行为违法，但不具有可撤销内容的；

② 被告改变原违法行政行为，原告仍要求确认原行政行为违法的；

③ 被告不履行或者拖延履行法定职责，判决履行没有意义的。

（2）第二审程序

当事人不服人民法院第一审判决的，有权在判决书送达之日起十五日内向上一级人民法院提起上诉。当事人不服人民法院第一审裁定的，有权在裁定书送达之日起十日内向上一级人民法院提起上诉。逾期不提起上诉的，人民法院的第一审判决或者裁定发生法律效力。

人民法院对上诉案件，应当组成合议庭，开庭审理。经过阅卷、调查和询问当事人，对没有提出新的事实、证据或者理由，合议庭认为不需要开庭审理的，也可以不开庭审理。

练习题

一、问答题

1. 简述环境污染民事纠纷行政处理的性质及主要程序。
2. 简述环境民事诉讼的特点。
3. 什么是环境行政复议？环境行政复议遵循的基本原则有哪些？
4. 简述环境行政诉讼的受案范围。
5. 环境行政诉讼的被告包括哪些情况？

二、案例分析

1. 盐城市城东污水处理厂三期工程（以下简称涉案项目）经江苏省环境保护厅（以下简称被申请人）批准后开工建设。涉案项目以盐城市城东污水处理厂筹建处（以下简称筹建处）的名义报批环境影响报告书，其后以盐城市城东污水处理厂（以下简称申请人）名义申请试生产，2009年9月，被申请人向申请人作出《建设项目试生产（运行）环境保护核准通知》，同意涉案项目投入试运行，试运营期为三个月，即2009年12月2日期满。2012年8月17日，被申请人发现涉案项目投入运营前未经竣工环境保护验收，违反了《水污染防治法》的规定。2012年10月25日，被申请人以《行政处罚事先（听证）告知书》告知申请人陈述申辩权、听证申请权。根据申请人申请，被申请人于11月23日举行了听证会。2012年12月24日，被申请人作出《行政处罚决定书》，对盐城市城东污水处理厂作出了罚款25万元、责令停止使用，直至验收合格，并限期改正的行政处罚。鉴于涉案项目立即停止运行将影响公共利益，故将"责令停止使用"的决定缓期至2013年6月30日执行。申请人认为，被申请人处罚决定的对象错误。申请人不是适合主体。涉案项目的建设主体是盐城市城东污水处理厂筹建处，责任主体应是盐城市人民政府或盐城市建设局、盐城市规划局。

问：申请人是否为本案环境违法行为的责任主体？

2. 2012年9月1日至2013年12月11日，储卫清经常州市博世尔物资再生利用有限公司（以下简称博世尔公司）同意，使用该公司场地及设备，从事"含油滤渣"的处置经营活动。其间，无锡金科化工有限公司（以下简称金科公司）明知储卫清不具备处置危险废物的资质，允许其使用危险废物经营许可证并以该公司名义从无锡翔悦石油制品有限公司（以下简称翔悦公司）、常州精炼石化有限公司（以下简称精炼公司）等处违规购置油泥、滤渣，提炼废润滑油进行销售牟利，造成博世尔公司场地及周边地区土壤受到严重污染。2014年7月18日，常州市环境公益协会提起诉讼，请求判令储卫清、博世尔公司、金科公司、翔悦公司、精炼公司共同承担土壤污染损失的赔偿责任。

问：（1）常州市环境公益协会是否具有诉讼主体资格？
（2）本案中承担赔偿责任的主体有哪些？

第十章 国际环境法

学习目标

了解国际环境问题及国际环境法的产生和发展历史，了解我国参加的主要国际环境公约，掌握共同但有区别责任原则、国家环境主权及不损害国外环境责任原则等国际环境法的基本原则。

第一节　国际环境法概述

一、国际环境问题

国际环境问题也称全球环境问题或地球环境问题，是指超越主权国家的国界和管辖范围的、区域性的和全球性的环境污染和生态破坏问题。第二次世界大战以后，由于经济的快速发展，人类对环境利用的深度和广度加强，产生了大规模地球环境问题。这些问题由一个国家的污染发展到区域性的大范围污染和生态破坏，甚至演化成为全球性环境问题，日益威胁到全人类的生存和发展。国际环境问题主要表现为以下几个方面。

（1）全球性的气候变暖

由于世界能源消耗量大量增加和工业迅速发展，森林、草地及绿色植物的锐减，以二氧化碳为代表的温室效应猛增，使得全球气候正逐渐变暖。气候变暖的危害主要有：

① 两级冰川及雪山融化，海平面上升，使地处低洼的沿海地带葬身海底；

② 水量重新分配，旱涝剧变，森林、湿地区和极地冻土的破坏，直接威胁了原有自然环境生态系统的正常循环，从而导致许多物种的锐减与灭绝；

③ 出现极端高温、百年不遇的旱灾、异乎寻常的热浪、飓风和龙卷风将对人类和生物造成巨大的灾害。

（2）臭氧层的破坏

由于人为向大气大量排放臭氧层耗损物质，从而导致臭氧层变薄甚至出现空洞。导致太阳对地球紫外线辐射增强，其后果十分严重，它将引起皮肤癌发病率的增加，诱发白内障、呼吸道疾病等。

(3) 生物多样性的锐减

生物多样性包括遗传（生物基因）多样性、物种多样性和生态系统多样性。一项由联合国环境规划署和世界自然保护联盟（IUCN）的研究表明，热带非洲国家有65％的野生动植物和原始栖息地被移作他用。据估计，物种目前以每天30～300种的速度消失。有11000多个物种被列为濒危灭绝。

(4) 有毒化学品的污染及越境转移

据统计，现在投入市场的化学品已超过10万种，每年还要新增1000～2000种。有毒化学品给国际环境带来潜在的威胁。目前，发达国家纷纷向发展中国家越境转移危险废物，造成严重的污染扩散。

(5) 酸雨现象严重

酸雨对森林、土壤、水体等具有严重损害。目前世界上有三大酸雨中心，分别是斯堪的纳维亚地区、欧洲大陆和北美。在印度南部、日本列岛、中国长江以南地区也存在较严重的酸雨污染。

二、国际环境法的概念

所谓国际环境法，是指国际法主体（主要是国家）在调整国际社会因开发、利用、保护和改善环境时国际交往中形成的社会关系的法律规范的总称。国际环境法作为国际法的一个分支，与其他国际法部门相比，具有以下几个特点。

(1) 与科学技术的联系较密切

国际环境法同国内环境法一样，在很大程度上涉及自然生态规律和地理、气候、物理、化学、工程、建筑等自然科学技术方面的问题。国际环境法与科学技术的联系主要表现在以下几方面。

① 国际环境法的制定和实施在相当程度上依赖于环境科学技术。

② 国际环境法本身包含许多科技性法律规范。

(2) 公益性较强

国际环境法的根本目的是保护和改善人类赖以生存的基本物质条件，因此，国际环境法具有较强的公益性，它致力于在国际社会建立一个有利于人类社会和自然的持续发展的新的国际法律秩序。

(3) 广泛性

国际环境法的广泛性，是指参与国际环境立法和贯彻实施国际环境法，承担其义务的主体范围相当广泛，国际环境法在制定和实施的过程中，众多国家乃至整个国际社会的参与程度是其他国际法部门所不可比拟的。

(4) 边缘学科的特点突出

作为国际法的一个新领域，国际环境法处于多种学科的交汇点，融汇了多种学科的知识并对多种学科产生影响，具有比较显著的边缘学科的特征。

(5) 历史短、发展快

由于国际环境问题被人们真正认识是20世纪30～40年代以后的事情，国际环境法的历史相对来说很短。但是，国际环境法发展迅速，据不完全统计，全世界已缔结了700多个与环境保护有关的条约。

三、国际环境法的产生与发展

国际环境保护法是指调整国际间环境保护关系的行为规范的总称。这些行为规范主要来源于国际公约、双边或多边协定，以及有关国际会议和国际组织的宣言、决议、行动纲领等。国际环境保护法调整的范围包括人类赖以生存和发展的整个地球环境以及与人类密切相关的外层空间环境。

对于全球环境问题，最常见的法律手段就是签订国际环境公约。国际环境公约是国际公约的一种，它是为了保护、改善和合理利用环境资源而制定的国际公约。它规定国家或其他国际环境法各主体之间在保护、改善和合理利用环境资源等问题上的权利和义务。有些公约可能包含预想交涉中全部具有约束力的义务，也有些公约可能只是一个法律基础，为了明确有关细则作为制定出更加详细的法律手段（议定书）的依据。如果公约在形成以后，把制定更加详细的方案作为交涉的前提，那么这种公约被称为框架公约。框架公约一般不为缔约方规定明确的责任义务，只是制定一连串有关的原则、规范、目标及协调机制。框架公约形成以后，一般都需要经过数年围绕一个或多个议定书进行谈判，通过议定书的制定和修正开始实质的行动。典型的实例有：控制酸雨越境污染的《远程跨国界大气污染公约（LRTAP）》(1979)、《赫尔辛基议定书》（控制二氧化硫）(1985)、《索非亚议定书》（控制氮氧化物）(1988)以及《挥发性有机化合物议定书》(1994)；防止臭氧层破坏的《关于臭氧层保护的维也纳议定书》(1985)和《蒙特利尔议定书》(1987年制定，1990年修正)等。而1992年世界环发大会上通过的《21世纪议程》，是一项关于环境与发展领域国际合作及采取行动的纲领性文件，虽可能被认为是为了实现全球可持续发展的"包容性制度"（umbrella regime），但它却没有法律意义上的约束力。这种没有约束力的协定也能够对国家的行动在某种程度上产生了影响。面对着日益严重的区域性和全球性环境问题，世界各国政府和人民及众多的国际组织纷纷采取行动，提出携手合作，保护我们共同生存的地球，从而形成了国际环境保护活动。

国际环境保护法的遵守和履行（也称履约），是由各参加国在规定的范围和方式内采取的措施来保证的。如果侵害了他国或组织的环境权益，违背各国相互达成的环境保护义务，就违反了国际环境保护法，特别严重者则被视为国际犯罪。对违反国际环境保护法的行为所应承担的责任主要是赔偿损失、恢复被侵害的环境权益等。

我国一贯积极参与谈判、签署并履行一系列国际环境公约。中国在筹备UNCED讨论会议文件和谈判环境公约时，都发挥了建设性的作用。1991年6月，由中国政府发起，在北京召开了有41国参加的发展中国家环境与发展部长级会议，发布了《北京宣言》。这一宣言被UNCED秘书长斯特朗誉为"对UNCED筹备工作的一项极有价值的贡献"。1992年6月，李鹏总理出席了UNCED的首脑会议，并在联合国安理会5大国中率先签署了《气候变化框架公约》和《生物多样性公约》两个公约。

四、国际环境保护组织

围绕着解决全球环境问题，许多全球性或区域性国际组织都已投身于环境保护这一宏大的全人类事业。当前，全球性的国际组织主要有联合国系统的联合国教科文组织、联合国粮农组织、世界卫生组织、世界气象组织、政府间海事协商组织、国际原子能机构和联合国环境规划署。他们是目前全球环境合作的主要参与者。联合国环境规划署是专门的环境组织，在全球环境保护行动中发挥着重要作用。包括欧洲共同体、经济合作与发展组织等在内的区域性国际组织在全球环境保护中也做出了巨大努力。

1. 联合国环境规划署（UNEP）

联合国环境规划署（UNEP）成立于1973年1月，是联合国体系内负责处理与人类环境有关事务的国际组织，主要负责处理联合国在环境方面的日常事务，其总部设在肯尼亚首都内罗毕。这是联合国设在发展中国家的第一个全球环境组织。联合国环境规划署内设有环境规划理事会，以执行主任为首的秘书处，以及为各种环境保护项目提供资金的环境基金。

(1) 环境规划理事会

环境规划理事会是一个集体代表机关，它领导着环境规划署的整个组织机构，由58个会员国组成，任期3年。正常情况下每年召开一次会议，自1985年起每两年召开一次。

(2) 秘书处和执行主任

UNEP的秘书处是一个常设的国际机关，它负责协调全球自然保护工作、执行联合国大会关于评价环境状况和保护环境措施方面的决议，以及调整国际组织在环境方面的活动。秘书处的主要作用是保证联合国范围内环境保护领域的国际活动具有高效率。秘书处中重要的具体业务部门是环境规划项目办公室和环境基金与行政办公室，他们实际上承担着对环境保护领域的国际活动进行管理的工作。

(3) 环境基金

根据联合国2997号决议，从1973年1月1日开始，建立自愿基金。该基金在管理理事会第一次会议上被命名为联合国环境基金。

2. 经济合作与发展组织（OECD）的环境委员会

经济合作与发展组织（简称经合组织）前身是欧洲经济合作组织，成立于1960年。在1969年底的理事会上，经合组织提出了把环境问题作为工作焦点的报告。在1970年7月召开的理事会上，决定把有关环境的工作全部交给新设立的环境委员会。

经合组织环境委员会在保护环境方面开展了相当广泛的工作，包括分析各国环境保护政策及其与国际经济的关系；研究国际污染问题并提出解决办法；研究化学物质对人类健康与环境的危害，能源开发、生产和使用对环境造成的影响等，并提出改善环境的建议。它还特别重视环境政策和社会、经济政策的结合，它对成员国政府所认为的对保护环境有重要意义的政策和制度加以研究，然后交经合组织最高决策层审议，作为经合组织的决议或劝告通过，由各国政府付诸实施。

3. 世界自然保护基金会

世界自然保护基金会成立于1961年，原名世界野生生物基金会，是一个旨在全面开展自然保护活动的全球性非政府环境保护组织，主要为自然保护提供财政资助。它的组织机构包括国际会议、理事会和秘书处。自成立以来，该组织积极从事全球生物多样性的保护，野生生物及其生存环境的保护。其工作主要有：建立和管理自然保护区，保护野生生物的栖息地；促进物种及其生态的研究；自然保护教育计划；发展自然保护组织和机构；进行自然保护培训。

第二节 国际环境法的基本原则

国际环境法的基本原则，是指为各国公认的，在国际环境法领域里具有普遍指导意义的，体现国际环境法特点并构成国际环境法的基础的基本准则。

由于国际环境法是国际法的一个分支，因此，国际环境法的基本原则必须同国际法的基本原则保持一致并服从其指导，但又反映了本部门法的特征和规律。国际法的基本原则适用于国际法的全部领域，而国际环境法的基本原则只适用于国际环境法的领域。

一、国家环境主权及不损害国外环境责任原则

国家环境主权原则是国家主权原则在全球环境管理中的体现，是当代全球环境保护基本原则的核心。所谓国家的环境主权是指每个主权国家对本国范围内的环境保护问题拥有在国内的最高处理权和国际上的自主独立性，这体现了国际法上权利义务一致性的思想。它包含两层含义，一是每个主权国家对其自然资源拥有永久主权；二是在按本国政策开发本国自然资源时，必须保证不损害他国和国际公有地区的环境。

主权原则要求每个国家在环境问题上与他国的交往中，必须彼此尊重对方的主权，不得从事任何侵害别国环境主权的活动。在《人类环境宣言》中明确了该项原则，其中第 21 条规定，各国享有按自己的环境政策开发自己的自然资源的主权，同时还有义务保证在他们管辖或控制下的活动，不致损害他国的环境或属于本国管辖范围以外地区的环境。在《关于环境与发展的里约宣言》又重申了这一原则，即"各国拥有按照其本国的环境与发展政策开发本国自然资源的主权权利，并负有确保在其管辖范围内或在其控制下的活动不致损害其他国家或在各国管辖范围以外地区环境的责任。"

二、国际环境合作原则

全球环境问题不是个别国家短时间内可以解决的，它大多是跨越国界，且影响深远的。由于利益矛盾和认识上的差异，各国的立场错综复杂。但是，任何一个国家，无论其经济实力和科技实力多么雄厚，都不能依靠自己单独的力量从根本上解决环境问题，也无法阻止全球性环境恶化。正如《人类环境宣言》第 7 条所指："种类越来越多的环境问题，因为它们在范围上是地区性或全球性的，或者因为它们影响着共同的国际领域，将要求国与国之间广泛合作和国际组织采取行动以谋求共同的利益。"《里约环境与发展宣言》也强调，世界各国应在环境与发展领域内加强国际合作，为建立一种新的公平的全球伙伴关系而共同努力。

对于解决全球环境问题，中国一贯采取积极参与的态度。在 1992 年召开的联合国环境与发展大会上，中国政府明确提出了关于加强环境与发展领域国际合作的 5 点主张，即经济发展必须与环境保护相协调；保护环境是全人类的共同任务，但发达国家负有更大的责任；加强国际环境合作要以尊重国家主权为基础；保护环境和发展离不开世界的和平与稳定；处理环境问题应当兼顾各国现实的实际利益和世界长远利益。

三、共同但有区别责任的原则

共同但有区别的责任原则指的是由于地球生态系统的整体性和导致全球环境退化的各种

不同因素，各国对保护全球环境负有共同的但是又有区别的责任。共同但有区别的责任原则初步确立于 1992 年的联合国环境与发展大会。大会通过的《里约环境与发展宣言》在其原则 7 中宣布："各国应当本着全球伙伴精神，为保存、保护和恢复地球生态系统的健康和完整进行合作。鉴于导致全球环境退化的各种不同因素，各国负有共同的但是又有差别的责任。发达国家承认，鉴于他们的社会给全球环境带来的压力，以及他们所掌握的技术和财力资源，他们在追求可持续发展的国际努力中负有责任。"

共同但有区别的责任原则，包括两个互相关联的内容，即共同的责任和有区别的责任。共同责任指的是各国对保护全球环境负有共同的责任。有区别的责任是指就导致全球问题的原因而言，各国在环境保护义务的承担上应当是有所区别的，具体而言就是发达国家应当比发展中国家承担更大的或者是主要的责任。

四、损害预防原则

损害预防原则是指国家应尽早地在环境损害发生之前采取措施以制止、限制或控制在其管辖范围内或控制下的可能引起环境损害的活动或行为。

损害预防原则得到很多国际法律文件的确认。例如，1992 年《联合国气候变化框架公约》第二条规定公约的目标是将大气中温室气体的浓度稳定在防止气候系统受到危险的人为干扰的水平上。

五、风险预防原则

风险预防原则是指，各国为保护环境，应按照本国的能力，广泛适用预防措施，遇有严重或不可逆转损害的威胁时，不得以缺乏科学充分确实证据为理由，延迟采取符合成本效益的措施防止环境恶化。

风险预防原则与损害预防原则既有相同之处，又有区别。它们之间的相同之处主要是它们都以预防环境损害的发生为目的。它们之间的区别主要在于：风险预防原则重在采取预防措施以避免环境恶化之可能，而损害预防原则重在采取措施以阻碍环境损害的发生。

第三节 国际环境公约

一、主要国际环境公约

1. 国际环境纲领性法律文件

（1）《联合国人类环境宣言》

《联合国人类环境宣言》是 1972 年联合国在瑞典斯德哥尔摩召开的联合国人类环境会议通过的。该宣言是各国在保护环境方面权利义务的总宣言。

《联合国人类环境宣言》分为两个部分：第一部分是关于人类对环境问题共同达成的 7 个方面的深刻认识；第二部分是关于自然保护、生态平衡、污染防治、城市化等一系列范围广泛的环境保护方面的共同原则，共 26 个。

（2）《里约环境与发展宣言》

《里约环境与发展宣言》是联合国 1992 年在巴西首都里约热内卢召开联合国环境与发展大会上通过的。该宣言重申了 1972 年《联合国人类环境宣言》的基本原则，同时宣布了关于环境与发展问题的 27 条原则。

《里约环境与发展宣言》在《联合国人类环境宣言》的基础上有所发展与突破。它承认环境问题与发展问题之间具有密不可分的联系;提出建立新的公平的全球伙伴关系;提出人类社会与经济发展的新模式,即可持续发展的模式,并进一步明确指出实现可持续发展的基本途径,即改变传统的生产和消费方式并推行正确的人口政策;确定了在全球环境退化问题上各国负有"共同但有区别的责任"。

2. 有关国际大气环境保护的公约

为控制大气污染,控制和减少温室气体的排放,防止臭氧层的破坏,国际社会在全球和区域两个层次上签订了一些条约。

(1)《保护臭氧层维也纳公约》

《保护臭氧层维也纳公约》,1985 年 3 月 22 日在维也纳通过,1988 年 9 月 22 日开始生效,我国于 1989 年 9 月 11 日加入该公约。该公约由序言、正文 21 条和 2 个附件构成。该公约是联合国环境规划署首次制定的具有约束力的全球性的大气保护公约。但该公约只是一个框架式的原则性公约,并未对破坏臭氧层物质采取任何控制措施。

(2)《关于消耗臭氧层物质的蒙特利尔议定书》

为保证《保护臭氧层维也纳公约》的实施,1987 年,来自 43 个国家的环境部长和代表通过了《关于消耗臭氧层物质的蒙特利尔议定书》,该议定书于 1990 年 6 月修正,其主要内容是:控制氯氟烃的使用量,并规定了控制值的计算、限制贸易等措施。

修正后的《关于消耗臭氧层物质的蒙特利尔议定书》兼顾了发达国家和发展中国家的意愿,就建立基金和替代技术转让问题达成了协议,为环境领域的国际合作树立了典范。

(3)《联合国气候变化框架公约》及《京都议定书》

①《联合国气候变化框架公约》 于 1992 年 5 月 10 日在美国纽约通过,并于 1992 年 6 月在巴西里约热内卢召开的联合国环境与发展大会上供各国讨论和签署,我国签署了该条约。

该公约共 26 条,其主要内容是控制人为温室气体的排放,主要是指燃料矿物燃烧产生的二氧化碳。

这是一个有法律约束力的公约,目的是控制大气中二氧化碳、甲烷和其它造成"温室效应"的气体的排放,将温室气体的浓度稳定在使气候系统免遭破坏的水平上。《公约》对发达国家和发展中国家规定的义务以及履行义务的程序有所区别。《公约》要求发达国家作为温室气体的排放大户,要采取具体措施限制温室气体的排放,并向发展中国家提供资金以支付他们履行公约义务所需的费用。而发展中国家只承担提供温室气体源与温室气体汇的国家清单的义务。这是一个框架性文件,并未对控制温室气体的具体措施作出规定。

②《京都议定书》 全称为《联合国气候变化框架公约的京都议定书》,是联合国气候变化框架公约的补充条款,是 1997 年 12 月在日本京都由联合国气候变化框架公约参加国制定的。京都议定书规定工业化国家要减少温室气体排放,减少全球气候变暖和海平面上升的危险,发展中国家没有减排义务。到 2010 年,相对于 1990 年的温室气体排放量全世界总体排放要减少 5.2%,包括二氧化碳、甲烷、氮氧化物、氟利昂等 6 种气体。《京都议定书》需要在占全球温室气体排放量 55% 的至少 55 个国家批准之后才具有国际法效力。

中国于 1998 年 5 月签署并于 2002 年 8 月核准了该议定书。俄罗斯于 2004 年 11 月 5 日在《京都议定书》上签字,90 天后,即 2005 年 2 月 26 日《京都议定书》生效。

《京都议定书》设立了三种灵活机制，即联合履约机制、排放贸易机制和清洁生产机制。

3. 关于国际海洋环境保护的公约

为保护海洋环境，防止海洋污染，国际社会制定了一系列全球性及区域性的海洋环境保护公约，简要介绍如下。

(1)《联合国海洋法公约》

《联合国海洋法公约》是 1982 年 12 月在牙买加的蒙特哥湾通过的，我国于 1982 年 12 月 10 日签署，并于 1996 年 6 月 7 日批准加入该公约。公约的第十二部分以"海洋环境的保护和保全"为题，对国际海洋环境的保护作了些重要的原则性规定。

《联合国海洋法公约》规定各国有保护和保全海洋环境的义务，为此，《联合国海洋法公约》要求各国尽其能力，采用各自的方法，单独或集体地采用防止各种海洋污染源所需的一切步骤来控制海洋污染，保护海洋环境。

(2)《国际防止海洋油污污染公约》

《国际防止海洋油污污染公约》于 1954 年 5 月在伦敦开放签字，于 1958 年 7 月生效。公约规定，禁止船舶排出油或油性混合物，且公约同时规定了一些例外的情形。公约还规定，缔约国应在港口和载油站提供适当的设施；所有船舶应配备"附件"所具体规定的用油记录簿，填写操作记录。

4. 关于国际生物资源保护的国际公约

为保护地球生物资源，保证物种的多样性及丰富性，国际社会签订了许多保护生物资源的全球性条约和区域性条约、文件。简单介绍如下。

(1)《国际保护鸟类公约》

《国际保护鸟类公约》是 1950 年 10 月，针对欧洲鸟类的生存遭受到严重威胁，由欧洲一些国家签署的。公约于 1963 年 1 月 17 日正式生效。

(2)《国际植物保护公约》

《国际植物保护公约》于 1951 年 12 月 6 日在罗马通过，1952 年 4 月 3 日生效。公约的宗旨是维护并增进植物和植物产品病虫害管制的国际合作，防止其跨越国界的引入和传播。

(3)《濒危野生动植物物种国际贸易公约》(简称《濒危物种贸易公约》)

《濒危物种贸易公约》于 1973 年 3 月在华盛顿通过，1975 年 7 月生效。公约的宗旨在于设计一种进出口许可证制度，通过控制国际贸易，防止过度开发，以保护某些濒危物种。1981 年 1 月 8 日，中国政府向该公约保存国瑞士政府交存加入书。同年 4 月 8 日，该公约对我国生效。根据公约第 9 条的要求，中国政府已分别指定"中华人民共和国濒危物种进出口管理办公室"（隶属国家林业局）和中国科学院为有关的"管理机构"和"科学机构"。

加入公约后，中国不断加强野生动植物进出口管理的法制建设。中国专门调整野生濒危物种进出口的法律、法规主要有《中华人民共和国野生动物保护法》《野生植物保护条例》《进出境动植物检疫法》等。根据有关法律，中国对野生动植物濒危物种的进出口实行严格管制。进出口公约所限制进出口的野生动物或者其产品的，必须经进出口单位或个人所在地的省、自治区、直辖市人民政府林业行政主管部门审核，报国务院林业行政主管部门或者国务院批准，并取得国家濒危物种进出口管理中心核发的允许进出口证明书或者标签。海关凭允许进出口证明书或标签查验放行。

(4)《关于特别是水禽生境的国际重要湿地公约》(简称《湿地公约》)

《湿地公约》于1971年2月在拉姆萨尔通过,1975年生效,该公约于1992年7月31日对我国生效,公约的宗旨是制止目前和未来湿地的逐渐侵占和损害,确认湿地的基本生态作用及其经济、文化、科学和娱乐价值"。

(5)《联合国生物多样性公约》

《联合国生物多样性公约》于1992年5月在内罗毕通过,1993年12月生效。公约的宗旨在于保护并合理利用地球上的生物资源。公约的主要内容如下。

① 确定了生物资源和生物多样性的保护和持续利用的重点领域。
② 界定了一些有关的基本概念和术语。
③ 确认和重申有关的国际环境法原则。
④ 规定了有关保护和持续利用的基本措施。
⑤ 规定了关于遗传资源的取得、技术的取得和转让、生物技术利益的分配。

1992年11月7日,全国人大常委会决定批准该公约。1993年1月5日,中国交存批准书;同年12月29日,该公约对中国生效。中国是最早签署和批准该公约的国家之一。

尽管中国目前还没有生物多样性方面的专门立法,但中国相继颁布了《中华人民共和国环境保护法》《自然保护区条例》《中华人民共和国进出境动植物检疫法》《中华人民共和国种子法》《植物新品种保护条例》《野生植物保护条例》《农业转基因生物安全管理条例》,并修订了《中华人民共和国森林法》《中华人民共和国海洋环境保护法》《中华人民共和国渔业法》等法律、法规,使得生物多样性保护和持续利用的法律制度日趋完善。中国发布了《中国生物多样性国情研究报告》《中国生物多样性保护行动计划》《全国生态环境建设规划》《全国生态保护规划纲要》《中国自然保护区发展规划纲要》和《中国国家生物安全框架》,有关部门还制定了林业生物多样性、农业生物多样性、海洋生物多样性、湿地生物多样性、生物种质资源、大熊猫迁地保护等专项保护行动计划,使一些主要部门的生物多样性保护纳入国家行动计划之中。

5. 关于国际防治放射性和核污染的国际公约

为和平地利用核能,防止核能利用给人类带来危险,国际社会通过许多关于防治放射性和核污染方面的国际条约和公约,主要有1963年8月通过的《禁止核武器试验条约》、1968年7月通过的《不扩散核武器条约》、1980年《核材料实质保护公约》(1989年2月9日对我国生效)、1986年通过的《及早通报核事故公约》(1987年10月11日对我国生效)、1986年通过的《核事故或辐射紧急情况援助公约》(1987年10月11日对我国生效)。

6. 关于防治危险废物和有害化学品污染的国际公约和条约

关于防治危险废物和有害化学品污染方面的国际公约有1989年通过的《控制危险废物越境转移及其处置巴塞尔公约》。

7. 关于保护南极的国际公约

主要有1980年5月通过的《养护南极海洋生物资源公约》(1989年6月28日对我国生效)、1991年《南极条约环境保护议定书》(我国于1991年10月4日签署)。

二、我国参加和缔结的国际环境公约

我国本着对国际环境与资源保护事业积极负责的态度,参加或者缔结了环境与资源保护国际公约和条约30余件。我国加入的与环境和资源保护有关的主要国际公约包括:《防止海洋石油污染的国际公约》（1954年，伦敦），《捕鱼与养护公海生物资源公约》（1958年，日内瓦），《大陆架公约》（1958年，日内瓦），《南极条约》（1959年，华盛顿），《国际油污损害民事责任公约》（1969年，布鲁塞尔），《关于特别是水禽生境的国际重要湿地公约》（1971年，拉姆萨尔），《世界文化和自然遗产保护公约》（1972年，巴黎），《防止因倾弃废物及其他物质而引起海洋污染的公约》（1972年，伦敦），《濒危野生动植物种国际贸易公约》（1973年，华盛顿），《联合国海洋法公约》（1982年，蒙特哥湾），《保护臭氧层维也纳公约》（1985年，维也纳），《关于消耗臭氧层物质的蒙特利尔议定书》（1987年，蒙特利尔），《联合国气候变化框架公约》（1992年，里约热内卢），《生物多样性公约》（1992年，里约热内卢）。我国于1998年5月签署并于2002年8月核准了《京都议定书》，于2016年4月22日签署《巴黎协定》，显示了我国参与国际环境合作、促进世界可持续发展的坚定信心。作为一个负责任的大国，我国将在国际环境合作中一如既往，继续努力，为实现可持续发展、保护全球环境做出应有的贡献。

另外，我国还积极支持了有关国际环境与资源保护的许多重要文件，并把这些国际法文件的精神引入到我国的法律和政策之中。这些文件包括1972年在瑞典斯德哥尔摩发表的《联合国人类环境宣言》、1980年在世界许多国家同时发表的《世界自然资源保护大纲》、1982年在肯尼亚内罗毕发表的《内罗毕宣言》和1992年在巴西里约热内卢发表的《关于环境与发展的里约热内卢宣言》等。

三、我国履行国际环境公约情况

在国家环境保护工作中，我国一直本着积极负责的态度，积极履行在所加入的国际环境公约中所承担的义务。对于许多重要的国际环境公约，我国都制定了积极可行的行动计划。例如，我国先后制定了《我国消耗臭氧层物质逐步淘汰国家方案》和《我国履行生物多样性公约国家报告》等文件，并采取了一系列切实可行的措施履行国际公约。

1. 我国履行《蒙特利尔议定书》的情况

在过去的20年中，我国积极参与了保护臭氧层的各项国际活动。1986年、1987年我国分别派代表参加了保护臭氧层工作组会议和《议定书》签署会议。1989年我国正式加入《公约》，并在第一次缔约国会议上，首先提出了"关于建立保护臭氧层多边基金"的提案。1990年与世界各国一道，积极参与了《议定书》的修改工作。1991年我国正式加入《议定书》伦敦修正案，并及时成立了有15个部、委、局、总公司、总会参加的我国保护臭氧层领导小组办公室，负责《议定书》组织实施工作。1992年率先组织制定了《我国消耗臭氧层物质逐步淘汰的国家方案》，并在1993年初得到国务院与多边基金执委会的批准。1994年又组织制定了《烟草行业消耗臭氧层物质逐步淘汰的补充方案》。1995年率先组织制定了气溶胶、泡沫塑料、家用冰箱、工商制冷、汽车空调、哈龙灭火剂、电子零件清洗、受控物质生产等8个行业的逐步淘汰受控物质的战略研究，并得到多边基金执委会的批准。

到目前为止，通过世界银行、联合国开发计划署、联合国工业与发展组织、联合国环境规划署4个执行机构，以及美国、加拿大、德国和丹麦等国，我国已向多边基金执委会申请并得到批准的项目共156个，共获得多边基金10500万美元。如果这些项目全部完成，可削减受控物质（按消耗臭氧层潜能值计）3.18万吨。

到目前为止，已完成削减消耗臭氧层物质的项目6个，共削减受控物质2900吨，加上用自有资金进行的项目，共削减受控物质6400吨。

2. 我国履行《生物多样性公约》的情况

1992年联合国环境与发展大会以后，我国政府从自身的国情出发，以认真负责的态度，履行在联合国环境与发展大会上的承诺，确定了持续发展国家经济的战略，并将这种战略思想充分体现在国家各项经济政策中。1994年国务院批准发布的《中国21世纪议程——中国21世纪人口、环境和发展白皮书》，充分体现了国家可持续发展战略。1996年全国人大通过的《中华人民共和国国民经济和社会发展"九五"计划和2010年远景目标纲要》进一步明确了我国坚持实施可持续发展战略的方针。

我国政府认为，自然资源的永续利用和良好的生态环境是实施可持续发展战略的前提条件，并通过保护生物多样性、防止水土流失和荒漠化、发展森林和改善城乡生态环境、预防和控制环境破坏与污染、积极参与全球环境保护合作等措施，有效地实施国家可持续发展战略。在中央政府各部门的政策、规划和工作中以及在地方各级政府的国民经济与社会发展计划中，都融入了保护和持续利用生物多样性的内容。

在传统计划经济向市场经济的过渡过程中，我国政府致力促进农业生产由粗放型经济增长方式向集约型经济增长方式的改变。由于人口增长过快，自然资源利用过度，导致生态环境的日益恶化，水土流失和荒漠化加剧，生物资源消耗过快，这些都严重地制约了国家经济的发展，尤其是加剧了生态环境遭受破坏地区的贫困化。我国政府注重农村经济政策的改革，鼓励集约化生产方式，鼓励实施植树造林、种树种草、水土流失治理、荒漠化防治等生态建设工程，开发生态农业技术，等等。生态建设工程措施将发展农业生产和保护与持续利用生物多样性有效地结合起来。

多年来全国生态建设的实践已总结出许多有用的经验。例如，建设大型防风林、营造沙漠绿洲的经验、坡地改梯田、建设高产稳产田的经验；兴修大型水利和小型蓄水保土工程的经验；退耕还林、还草、恢复生态植被的经验；种植经济林、生态林、用材林相结合和种树种草相结合的经验；旱作农业、节水灌溉、采用先进生产技术的经验；山、水、田、林、路相配套，综合治理小流域的经验；荒山承包植树造林、种草的经验；治理草场退化、沙化、碱化的经验；等等。这些经验和做法对于保护生物多样性起到了十分积极的作用。

3. 履行国际环境公约是对我国的经济发展的新挑战

履行国际环境公约对我国的经济的发展提出了新的挑战。

第一，我国是《联合国气候变化框架公约》《生物多样性公约》等国际环境公约的缔约国，履行国际环境公约使我国的工业、农业、能源和国民经济发展面临着巨大的压力。主要是因为我国的环境状况比较严重。在我国现有的经济和技术条件下，既要履约，减少各种污染物排放，又要加快发展，协调难度很大。

第二，在加入世界贸易组织后，还需要应对"绿色壁垒"的挑战。"绿色壁垒"由于其合法性，近年来日趋全球化。我国工业要发展必须进入国际市场，参与国际竞争，但由于生产中不重视"绿色"标准，产品出口将日益受到限制。有关专家认为，"绿色壁垒"对我国外贸出口的影响程度已经并将超过"反倾销"案件的影响，已成为加入WTO后不容回避的问题。

第三，避免"污染转移"的挑战。加入WTO后，国际资本进入我国更加自由化。由于我国的环境标准总体水平低、限制少，在公平开放的市场原则下，国外的技术、产品、设备在进入我国市场的同时，很容易把污染也转移进来。比如，我国汽车排放标准低，国外的一些淘汰车型就可以很容易地进入我国；许多外资企业到我国建厂生产水泥，也因为我国水泥行业排放标准低；我国只对62种农药在食品中的最高残留量作出了规定，而日本规定了96种，美国规定了115种，这种情形不仅造成国外产品进来容易，而且使我国食品出口受损的风险加大。因此，如何在日益开放条件下避免国外污染向国内转移，是我国经济可持续发展需要加强研究的新课题。

练习题

一、问答题

1. 如何理解共同但有区别责任原则？
2. 国际环境法的损害预防原则与风险预防原则有何区别？
3. 国际生物资源保护的国际公约主要有哪些？
4. 《联合国气候变化框架公约》及《京都议定书》的主要内容是什么？

二、思考题

1. 谈一谈国际环境问题产生的主要原因。
2. 我国应如何参与环境保护领域的国际合作？

参考文献

[1] 国务院法制办公室.中华人民共和国环境法典[M].北京:中国法制出版社,2014.
[2] 韩德培,陈汉光.环境保护法教程(第七版)[M].北京:法律出版社,2015.
[3] 姜明安.行政法与行政诉讼法(第六版)[M].北京:北京大学出版社,2015.
[4] 高铭暄,马克昌.刑法学(第七版)[M].北京:北京大学出版社,2016.
[5] 王曦.国际环境法[M].北京:法律出版社,2005.
[6] 信春鹰.《中华人民共和国环境保护法》学习读本[M].北京:中国民主法制出版社,2014.
[7] 张荣顺,潘岳.《中华人民共和国大气污染防治法》释义[M].北京:中国民主法制出版社,2015.
[8] 环境保护部政策法规司.环境保护法律知识培训读本[M].北京:法律出版社,2014.
[9] 别涛.环境公益诉讼[M].北京:法律出版社,2007.
[10] 胡云腾.最高人民法院、最高人民检察院环境污染刑事司法解释理解与适用[M].北京:人民法院出版社,2014.
[11] 刘邵武.《行政主管部门移送适用行政拘留环境违法案件暂行办法》理解与适用[M].北京:中国民主法制出版社,2015.
[12] 李爱年,李慧玲.环境与资源保护法[M].杭州:浙江大学出版社,2008.
[13] 朴光洙.环境法与环境执法[M].北京:中国环境科学出版社,2008.
[14] 陈喜红.环境法规与标准(第二版)[M].北京:高等教育出版社,2015.
[15] 邰风.行政复议典型案例选编[M].北京:中国法制出版社,2010.
[16] 国土资源部政策法规司.国土资源行政复议典型案例评析[M].北京:中国法制出版社,2012.
[17] 黄锡生.环境与资源保护法学典型案例解析[M].重庆:重庆大学出版社,2010.
[18] 李广宇.政府信息公开司法解释读本[M].北京:法律出版社,2011.
[19] 齐文启,孙宗光,汪志国.环境污染事故应急预案与处理处置案例[M].北京:中国环境科学出版社,2007.
[20] 李国刚.环境化学污染事故现场应急监测技术与仪器设备[M].北京:化学工业出版社,2005.
[21] 曾俊宇.环境污染刑事案件监测数据准备及认可和审核探讨[J].广州环境科学,2015(12).
[22] 刘宝华,孔令丰.国内外现行电磁辐射防护标准介绍与比较[J].辐射防护,2008(1).
[23] 竺效.论新《环境保护法》中环评区域限批制度[J].法学,2014(6).
[24] 黄学贤,杨东升."按日连续处罚"的法律性质——《环境保护法》第59条评析[J].法学,2016(2).
[25] 冷罗生,徐淑琳.论环境侵权法律救济体系之构建——以《环境保护法》第64条为核心的评析[J].东北大学学报(社会科学版),2016(1).
[26] 肖建国.环境公益诉讼的基本原理与制度适用[J].中国人民大学学报,2016(2).
[27] 陈康嘉.对《环境保护法》第44条第二款区域限批适用的几点思考[J].黑龙江省政法管理干部学院学报,2015(2).
[28] 宋鹏,李翠霞.行政委托事项对外应以委托机关名义进行[N].人民法院报,2013-06-26(6).
[29] 崔书红,别涛,童卫东.中华人民共和国环境影响评价法修改解读与释义[M].北京:中国民主法制出版社.2016.
[30] 罗清泉.土壤污染防治立法知识读本[Z].北京:全国人大环资委印发资料.2015.